Rainer Glas
Johanna Schlagbauer

Pädagogik am Gymnasium

Praxiswissen für den Berufseinstieg

Cornelsen

Zahel

Umschlaggestaltung: Corinna Babylon, Berlin
Technische Umsetzung: zweiband.Media, Berlin

www.cornelsen.de

1. Auflage 2017

ISBN 978-3-589-15422-7

Druck: AZ Druck und Datentechnik GmbH, Kempten

PEFC
PEFC/04-31-2260

PEFC zertifiziert
Dieses Produkt stammt aus nachhaltig bewirtschafteten Wäldern und kontrollierten Quellen.
www.pefc.de

Vorwort

Der Buchtitel „Pädagogik am Gymnasium“ ist Feststellung und Forderung zugleich: Feststellung insofern, als es eine eigene Gymnasialpädagogik gibt, welche die Schüler und Schülerinnen einen Teil ihrer Kindheit und ihre ganze Jugendzeit bis hinein ins Erwachsenenalter begleitet. In dieser langen Zeit sollen sie je nach Alter in sich verändernder Weise unterrichtet, geführt und geprägt werden. Forderung insofern, als die Lehrkräfte am Gymnasium aufgerufen sind, sich als Fachleute für Unterricht, aber eben auch als pädagogische Führungskräfte zu begreifen.

Das Buch will die Schnittstelle zwischen der Theorie an der Universität und der Praxis pädagogischen Handelns am Gymnasium markieren. Während die Universität in erster Linie praxisorientierte Theorie vermittelt, ist es das Ziel der Lehrerausbildung in der Schule, die jungen Lehrer und Lehrerinnen in die Praxis einzuführen. So macht es sich das Buch zur Aufgabe, Material für die theoriegestützte Praxis anzubieten.

Es geht um einen Grad an Begriffl ichkeit, der den Lesern die Sicherheit gibt, vom Gleichen zu reden. Damit verbunden ist ein Anstoß zur Reflexion, denn pädagogische Praxis ist immer auch eine individuelle Auseinandersetzung mit der Theorie, die zu einer ebenso individuellen Praxis führt, ohne dass pädagogische allgemeinverbindliche „Regeln“ (z. B. pädagogischer Takt) in Abrede gestellt werden. Und schließlich soll das Buch Anregung für die Praxis sein, ohne sich als Rezeptbuch zu verstehen. Dass die Fachsitzung im Seminar, die Fachkonferenz von Lehrerinnen und Lehrern, das Gespräch in der Pause die Orte bleiben, wo Konzepte, Projekte, Probleme und Lösungsmöglichkeiten angesprochen und diskutiert werden, versteht sich von selbst. Nur dürfen sie nicht isoliert von jeglicher Theorie gesehen werden. Und auch dafür ist dieses Buch gedacht.

Sicherlich findet der Leser/die Leserin (Student/in, Praktikumsbesucher/in, Referendar/in, Lehrer/in) in diesem Band kein Kompendium gymnasialer Pädagogik, wohl aber theoretische Grundlagen, ohne die alle Praxis substanzlos wäre. Das Buch gibt Antworten und stellt Fragen und es nimmt Stellung, fordert also auch immer wieder zur Stellungnahme heraus.

Besonderer Dank gilt der Zentralen Fachberaterin für die Pädagogik am Gymnasium in Bayern Johanna Schlagbauer, deren sorgfältige, kenntnisreiche und kreative Redaktion das Buch entscheidend mitgeprägt hat.

Rainer Glas

In der Ausbildung im Studienseminar stehen die pädagogische „Praxis und deren theoriegeleitete Reflexion“ im Zentrum, wie es in den KMK-Standards für die Lehrerbildung heißt. Es war der Wunsch der bayerischen Seminarlehrerinnen und Seminarlehrer für Pädagogik am Gymnasium, ein Buch zur Verfügung zu haben, das entsprechend den KMK-Standards sowie den Inhalten der allgemeinen Ausbildung in Pädagogik im Studienseminar die nötigen theoretischen Grundlagen bereitstellt, um eine Refl exion der Praxis auf hohem Niveau zu erlauben und anzuregen. Der Dank gilt den Kolleginnen und Kollegen, die mit konzeptionellen Vorschlägen, Ideen und konkreter Mitarbeit am Zustandekommen des Buches beteiligt waren, im Besonderen den Mitautoren Stephan Reuthner, Anton Schwarzmann, Hermann Schmid, Rudolf Donig und Rosa Schnörer.

Johanna Schlagbauer

Rainer Glas hat über 30 Jahre am Gymnasium Deutsch und Sport unterrichtet, als Seminarlehrer für Pädagogik Referendare ausgebildet, ist in der Fortbildung von Seminarlehrern an der ALP in Dillingen und als Referent im ISB für die Seminarausbildung in Bayern tätig gewesen.

Johanna Schlagbauer unterrichtet Deutsch und Französisch am Gymnasium, ist Seminarlehrerin für Pädagogik und als Zentrale Fachberaterin für die allgemeine Ausbildung in Pädagogik am Studienseminar in Bayern auch in der Fortbildung von Seminarlehrerinnen und Seminarlehrern tätig.

Von den nachfolgend angeführten Seminarlehrkräften für Pädagogik wurden die jeweils in Klammern angefügten Kapitel verfasst:
Stephan Reuthner (1.4.3; 1.4.4; 1.4.6; 3; 4.3), Anton Schwarzmann (1.4.1; 1.4.2),
Hermann Schmid (1.4.5) und RosaSchnörer (2.4). Außerdem bildete ein ausführlicher Artikel zum Bildungsbegriff von Rudolf Donig die Grundlage für Teilkapitel 1.1.1.

Der Kürze und der besseren Lesbarkeit wegen werden nicht konsequent immer beide Geschlechter erwähnt. Wenn also z. B. von „Schülern“ oder „Lehrern“ die Rede ist, sind immer Schülerinnen und Schüler bzw. Lehrerinnen und Lehrer gemeint.

Inhaltsverzeichnis

1 Erziehen, bilden, führen

1.1 Bildungsinstitution Schule – Erziehen als Aufgabe der Lehrerinnen und Lehrer

1.1.1 Bildung

Bildung kommt von Bildschirm und nicht von Buch,
sonst hieße es ja Buchung.
Dieter Hildebrandt

Schulen sind Bildungsinstitutionen. Auftrag der allgemeinbildenden Schulen – Grund-, Haupt-, Realschule und Gymnasium – ist es vor allem, Allgemeinbildung zu vermitteln, den Schulabschlüssen entsprechend in gestufter Form und differenziert nach dem Lern- und Leistungsprofil ihrer Schülerinnen und Schüler: Von der in der Grundschule vermittelten grundlegenden Bildung zu der vom Gymnasium zu leistenden theoretisch abstrakten und modellhaft vertieften allgemeinen Bildung als Voraussetzung für ein Hochschulstudium und für hochrangige berufliche Ausbildungen (Wiater, in: Apel/Sacher 2005, S. 301 f.). Trotz aller Irritationen und Verwicklungen um den Bildungsbegriff und trotz der zeitweisen Dominanz konkurrierender Begriffe in Sachen Schule, wie Qualifikationen oder Kompetenzen, kann „Bildung" als Schlüsselbegriff zur Schulpädagogik und insbesondere zur Gymnasialpädagogik gesehen werden und soll in den folgenden Ausführungen als Orientierungsbegriff verstanden werden. Das Problem ist nur, dass der Begriff recht unterschiedlich verwendet wird (Aufstellung im Wesentlichen aus: Wiater, in Sacher/Apel, 2005 S. 304 f.):

- Bildung als **Vorgang**: Schüler absolviert Bildungsweg im Schulsystem, und
- Bildung als **Ergebnis** des Vorgangs: jemand hat Bildung, ist gebildet.
- Bildung als **Selbstbildung**: aus sich etwas machen durch selbst motiviertes Lernen,
- Bildung als **Fremdbildung**: Schule, Lehrer, Unterricht,
- Bildung als Differenzierungsmöglichkeit: z. B. **Gymnasialbildung**
- Bildung als trivialisierend-funktionalistisches **Bindestrichwort**: z. B. Bildungspolitik,
- Bildungsnotstand, Bildungswesen
- **formale Bildung** als Entwicklung und Formung der im Inneren ruhenden Kräfte und Befähigungen des Heranwachsenden wie z. B. selbstständiges Denken, Teamfähigkeit, Zivilcourage u. A. im Sinne inhaltsfreier Schlüsselqualifikationen
- **materiale Bildung** als Vermittlung, Aufnahme und Verfügen über kulturell wertvolle und bedeutsame Kenntnisse wie z. B. in Literatur, Sprachen, Ästhetik
- kategoriale Bildung als Integration formaler und materialer Bildung: Der Mensch erschließt sich ausgewählte für den Umgang mit der Welt bedeutsame Inhalte, die ihm Einsichten, Erlebnisse und Erfahrungen vermitteln, mit denen er wiederum in der Welt verantwortlich handeln kann („doppelseitige Erschließung" von Mensch und Welt – W. Klafki).

Die im Lehrplan des bayerischen Gymnasiums angesprochene Bildungstradition weist zurück auf das im Zuge der Aufklärung und des Idealismus geschaffene neuhumanistische Gymnasium. Der aus der Mystik des 14. Jahrhunderts stammende christliche Bildungsbegriff – sich bilden hieß, sich zu Gottes Ebenbild empor läutern (vgl. Böhm 2000, S. 75) – wird infolge einer säkularisierten Weltsicht umgedeutet, wobei sich zwei pädagogische Richtungen gegenüberstanden: die Philanthropisten, die den akuten Bedürfnissen gesellschaftlichen Lebens gerecht zu werden versuchten und bei allen Wissensgebieten zuerst nach deren materiellen Nutzen fragten (Fuhrmann 2002, S. 28), und die Neuhumanisten, deren idealistische, von Wilhelm von Humboldt entwickelte Bildungstheorie sich durchsetzte. Ein Grundgedanke Humboldtscher Bildungstheorie ist, wie die wachsende Fülle von Wissen in einem vernünftigen Bildungskonzept dargeboten werden kann, das Arbeitsteilung und Spezialisierung überwindet und über einem einengenden Utilitarismus den Blick für das Allgemeine und seine Entwicklung schärft. Damit steht Humboldt aber am Beginn bürgerlicher Bildungstheorie vor der gleichen Frage, vor der wir heute im Prinzip auch stehen: Wie kann aus der Fülle von Wissen ein überschaubares Kompendium extrahiert und vernetzt dargeboten werden, so dass der Schüler bestens auf ein Fachstudium oder auch eine Berufsausbildung und damit eine Spezialisierung und Vertiefung vorbereitet werden kann. Benner fasst die qualitative Bestimmung von Humboldts Bildungstheorie in drei Thesen zusammen:

- Der neuzeitliche, vom Ordogedanken „befreite“ Mensch kann nur in der Wechselwirkung mit der Welt sich entfalten. Der Maßstab für seine Bildung liegt nicht in den Objekten und auch nicht in ihm, sondern in der Wechselwirkung mit der Welt.
- Diese Wechselwirkung ist erst dann bildend, wenn im Prozess der Abarbeitung mit der entfremdeten Welt eine Rückkehr zu einem qualitativ erweiterten Ich entsteht, das ein neues Verhältnis zur Wirklichkeit und eine neue Wirklichkeit aufbauen kann.
- Dazu gehört es aber unabdingbar, dass wir unser Weltverhältnis nicht szientifisch einengen, sondern vielperspektivisch ausbilden. Dazu gehört, wie Benner dies in Anlehnung an Humboldt beschreibt, dass wir die Welt als „Begriff des Verstandes“, als „Bild der Einbildungskraft“ und als einen ästhetischen Gegenstand der „Anschauung der Sinne“ wahrnehmen. (Vgl. Benner, S. 106)

Bildung heute

Wenn man heute über Bildung und einen neuen Bildungsbegriff reflektiert, könnte man verschiedene Aspekte zur Thematisierung anführen:

- **Bildung als Qualifikation**

Bildung in diesem Sinn orientiert sich ganz konkret an den täglichen Herausforderungen. Der junge Mensch soll qualifiziert werden, diesen Herausforderungen zu begegnen. Dafür bedarf es neuer Lernziele und -inhalte, welche die gegenwärtige Welt repräsentieren. Bildung wird zur Ausbildung für die Arbeitswelt, der Verwertbarkeitsaspekt impliziert eine unmittelbare Anwendbarkeit, was eine ständige kurzfristige Orientierung am Markt bei einem lebenslangen Lernen für die unmittelbare Verwertbarkeit zur Folge hat. Dazu werden Schlüsselqualifikationen wie z.B. Fähigkeit zu lebenslangem Lernen, Fähigkeit zum sozialen Rollenwechsel usw. in den Mittelpunkt gestellt. Bönsch schreibt dazu: „Ich fürchte, dass Bildung heute eher utilitaristisch im Sinne einer Qualifikation für die Arbeitswelt verstanden wird, als emanzipatorisch im Sinne der Freisetzung zu einem selbstbestimmten und für alle auf der Welt lebenswürdigem Leben.“ (Bönsch, in Seibart/Serve 1996, S. 42)

- **Bildung als Orientierung in und Auseinandersetzung mit der Welt**

Hartmut von Hentig beginnt seinen Essay „Bildung“ aus dem Jahr 1995 mit der These: „Die Antwort auf unsere behauptete oder tatsächliche Orientierungslosigkeit ist Bildung – nicht Wissenschaft, nicht Information, nicht die Kommunikationsgesellschaft, nicht moralische Aufrüstung, nicht der Ordnungsstaat.“ (Hentig 1995, S. 13) Bildung sei, auch auf Humboldt bezogen, „die Anstrengung aller Kräfte eines Menschen, damit diese sich über die Aneignung der Welt in wechselseitiger Ver- und Beschränkung harmonisch proportionierlich entfalten und zu einer sich selbst bestimmenden Individualität führe.“ (Hentig 1995, S. 38) Sechs Grundkriterien stellt v. Hentig für die Bildung auf:

1. Abscheu und Abkehr von Unmenschlichkeit
2. Wahrnehmung von Glück
3. Fähigkeit und Wille sich zu verständigen
4. Bewusstsein von der Geschichtlichkeit der eigenen Existenz
5. Wachheit für letzte Fragen

6. Bereitschaft zur Selbstverantwortung und zur Verantwortung in der res publica (Hentig 1995, S. 73)

Der Mensch begibt sich in die Welt und muss in einem ständigen Prozess der Auseinandersetzung mit der Welt sich dieser gewachsen zeigen, sich also emanzipieren, nicht nur im Sinne nützlicher, sondern auch ethischer selbstbestimmter Weltbewältigung.

- **Bildung als Erwerb und Verfügen über Kompetenzen**

Kompetenzen sind „die bei Individuen verfügbaren oder durch sie erlernbaren kognitiven Fähigkeiten und Fertigkeiten, um bestimmte Probleme zu lösen, sowie die damit verbundenen motivationalen, volitionalen und sozialen Bereitschaften und Fähigkeiten, um die Problemlösungen in variablen Situationen erfolgreich und verantwortungsvoll nutzen zu können" (Weinert 2001, S. 27 f.) Die Kompetenz umfasst also netzartig zusammenwirkende Facetten wie Wissen, Fähigkeit, Verstehen, Können, Handeln, Erfahrung und Motivation und lässt sich gliedern in Sach- bzw. Fach-, Methoden-, Sozial- und personale Kompetenz. Sie wird verstanden als Disposition, die eine Person befähigt, konkrete Anforderungssituationen eines bestimmten Typs zu bewältigen.

Nicht der Mensch bestimmt, was er an Bildung zur Ausformung seiner Persönlichkeit benötigt, sondern die Welt bestimmt, was der Mensch an Ausstattung benötigt, um ein nützliches Mitglied der Welt zu sein.

Sehr deutliche Kritik an der letztgenannten Bildungskonzeption äußert der Pädagoge Erhard Meuler: „Mit dem heute alles dominierenden Kompetenz-Begriff gilt das Verwertungsinteresse nur noch dem starken Subjekt und seinem je aktuellen psychischen wie fachlichen Potenzial, für dessen Zustandekommen und Fortdauer es selbst verantwortlich ist. Jede/r Einzelne, der/die einer bezahlten Arbeit nachgehen will, sieht sich gezwungen, mittels ‚selbstgesteuerten Lernens' in einer sich ständig verändernden Arbeitswelt unablässig an der Herstellung und Vervollkommnung des für bezahlte Arbeit notwendigen funktionalen Wissens und der gerade auf dem Markt nachgefragten Fähigkeiten und Fertigkeiten zu arbeiten." (Meuler, S. 23)

Damit wird (aus Kostengründen?) auf eine allgemeine Bildung im Sinne Hentigs („Bildung als Orientierung in und Auseinandersetzung mit der Welt") immer mehr verzichtet. Gefragt ist im Sinne der neoliberalen Theorie das am Markt und seiner Nachfrage orientierte und sich qualifizierende Individuum, das auf je spezifische Anforderungen reagieren muss. Die Welt bestimmt, wie der Mensch auszusehen hat, der in ihr funktionieren soll.

Als Mensch in der Welt bestehen heißt aber nicht nur, ihren Forderungen zu entsprechen; es bedeutet auch, die eigenen Anlagen und Dispositionen auszuformen und selbstbestimmt nach ethischen Normen sich mit der Welt auseinandersetzen. Dies sollte der Bildungsbegriff sein, an dem sich die Schule orientiert.

1.1.2 Erziehung

Um ein Kind zu erziehen braucht man ein ganzes Dorf.
Afrikanisches Sprichwort

Erziehung ist ein schillernder Begriff, der im alltagssprachlichen wie im wissenschaftlichen Sprachgebrauch unterschiedliche Bedeutungen aufweist.

Erziehung

- bezeichnet sowohl einen **Vorgang** (Prozess) wie auch das **Ergebnis** (Produkt),
- wird verstanden als **intentionales** (zweck- und zielgerichtetetes), **planmäßiges Handeln** wie als **funktionales Geschehen** (unbeabsichtigte, zufällige Einflüsse),

- meint sowohl die **direkte Erziehung** (persönliches Einwirken des Erziehers) als auch die **indirekte Erziehung** (mittelbar durch Arrangement der Umweltverhältnisse),
- bedeutet **aktives Tun** (positive Erziehung) und auch **passives Erfahrenlassen** (negative Erziehung)
- ist ein **deskriptiver Begriff** (wertneutrale Beschreibung von Handlungen und Verhalten von Erziehern) und zugleich ein **programmatisch-präskriptiver Begriff** (Erziehung auf bestimmte bewertete Ziele und Verhaltensweisen hin. (nach Wiater, in Apel/Sacher 2005, S. 304 f.)

Diese Mehrdeutigkeit macht es notwendig, sich auf bestimmte Merkmale festzulegen. Nach Wiater (Wiater, 2002, S. 113) gilt heute mehrheitlich folgende Definition:

Erziehung ist eine notwendige, absichtsvolle und intergenerative Hilfe bei der Entwicklung des Heranwachsenden zu seiner Mündigkeit.

„Diese Definition legt sich fest", erläutert Wiater, und zwar in folgenden Punkten:
- „Erziehung ist notwendig – was gegen die Theorie der alles von allein bewirkenden Selbstentfaltungs- und Selbstregulierungskraft beim Menschen spricht.
- Erziehung ist absichtsvoll – was die so genannte „funktionale Erziehung" auch als Sozialisation zu interpretieren erlaubt.
- Erziehung ist eine Hilfe der Erwachsenen für Kinder und Jugendliche – was als Unterstützung bei deren Erlernen von Verantwortung und Selbstbestimmung zu verstehen ist.
- Erziehung hat die Mündigkeit der Kinder und Jugendlichen zum Ziel – was Zwang, Manipulation und Indoktrination ausschließt.
- Erziehung ist nicht erfolgssicher – was die Subjektivität und Unverfügbarkeit des Zöglings ernst nimmt und Erzogensein als eine Ko-Konstruktion von Zögling und Außenwirkungen versteht." (Wiater, 2002, S. 113)

Als noch stärker differenzierend führt Wiater die Definition von E. Weber (Weber, 1999, S. 219) an:

Erziehung im weiten, umfassenden Sinne ist das Insgesamt aller pädagogisch gemeinten bzw. pädagogisch bedeutsamen Lern- und Enkulturationshilfen, die auch sämtliche Sozialisations- und Personalisationshilfen mit einschließen. Erziehung im engeren, spezifischen Sinne ist die moralische Erziehung, die alle Fragen der sozialen, kollektiven Gesittung betrifft und alle Sozialisations- und Personalisationshilfen einschließt, die dem Kind/Jugendlichen zur personalen, autonomen Sittlichkeit verhelfen.

1.1.3 Erziehung im Kontext weiterer pädagogischer Grundbegriffe

Enkulturation

Wenn man vor dreißig Jahren als umfassendes Ziel der Erziehung die „Emanzipation" (Schwerpunkt Sozialisation) bezeichnete, hat sich in jüngerer Zeit der Begriff der „Mündigkeit" (Schwerpunkt Personalisation) durchgesetzt. Beide Begriffe meinen das Mensch-Werden als Person im Kontakt zu anderen Personen und zur Kultur. Nach diesem Verständnis waren Personalisation (Ausformen der eigenen Persönlichkeit), Sozialisation (Lernen sozialer Werte und Normen) und Enkulturation (Lernen von Kultur) Richtziele der Erziehung:

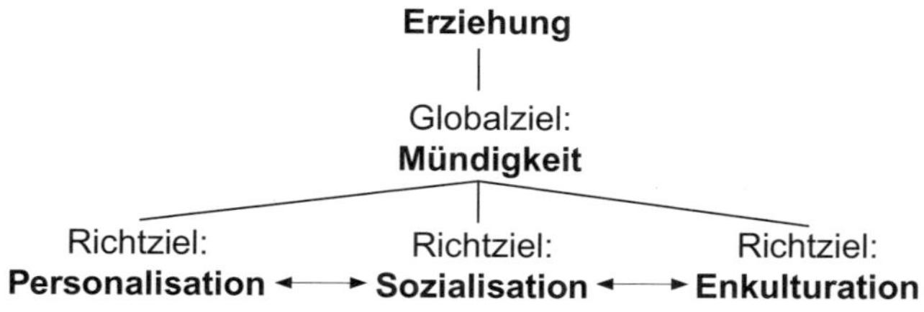

Wiater (in: Apel/Sacher 2002, S. 321) schafft einen Zusammenhang der um den Begriff „Bildung" erweiterten vier oben genannten Begriffe, ausgehend von der Überlegung, dass der weitestgefasste Begriff die „Enkulturation" ist.

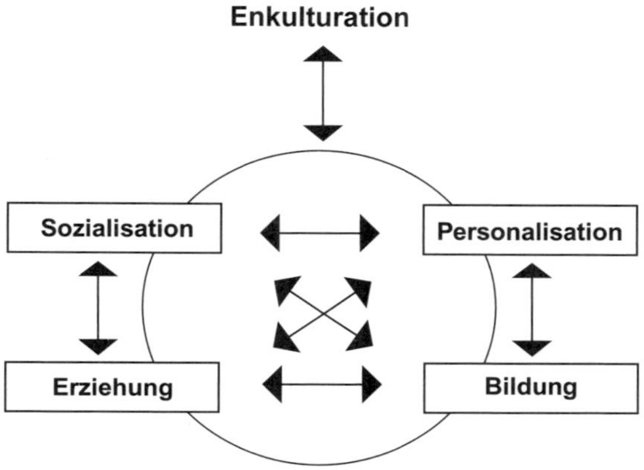

Nach diesem Verständnis ist „Enkulturation" zu verstehen als Hineinwachsen in die Kultur seines Lebensbereiches, sich selbst zu entwickeln und mit den Normen der Gesellschaft zurechtzukommen. Das Hineinwachsen in die Kultur geschieht in zweifacher Weise: einerseits die kulturellen Lebensweisen zu adaptieren und andererseits Kultur zu gestalten (innovieren). Die Enkulturation macht das Individuum handlungsfähig (mündig?). Sie geschieht in eigens von den jeweiligen Gesellschaften eingerichteten Institutionen: z. B: Sprache, Religion, Technik, Kunst, Wissenschaft, Erziehung, und in speziellen Organisationen: z. B. Familie, Schule u. a. (nach Kron, 2001, S. 50)
Im Enkulturationsprozess lernt der Mensch ein Doppeltes:

- zu sein wie alle anderen: Er lernt, großenteils durch Anpassung, eine Persönlichkeit auszubilden, die wie alle anderen in der Kultur leben und handeln kann.
- zu sein wie kein anderer: Er lernt auch, seine unverwechselbare Identität herauszubilden(Personalisation) (Akademiebericht Pädagogik, S. 11).

Bildung
siehe Kapitel 1.1.1

Personalisation
Personalisation ist der „Weg des Menschen, mittels Lernhilfen und Selbstbildungsprozessen sein prinzipielles Personsein zur Personalität individuell zu aktualisieren und zu entfalten, und zwar zur Mündigkeit und zur sittlichen Autonomie hin" (Wiater, in: Apel/Sacher 2002, a. a. O. S. 321). Dieser Begriff hängt eng mit Erziehung („Lernhilfen") und Bildung (Selbstformung – auch im enkulturellen Sinn) zusammen. Wäre der Begriff „Selbstverwirklichung" nicht durch Egomanen und Egozentriker verbraucht, weil verengt worden, dann wäre er sicherlich eine gute Übersetzung: die eigene Persönlichkeit wirklich werden zu lassen im Kontext von Kultur und Gesellschaft.

Sozialisation
„Durch Sozialisation wird die junge Generation im sozialen Bereich – also im Bereich von Werten und Normen, Wertorientierungen und Verhaltensweisen – gesellschaftlich oder im Bezug auf die Gruppe[n), der [denen] sie angehört, gesellschaftlich handlungsfähig. [... Sie] macht einerseits das Individuum handlungsfähig und andererseits das soziale System über Generationen funktions- und überlebensfähig.“ (Kron, S. 53)

1.1.4 Erziehungs- und Bildungsauftrag des Gymnasiums

Lehrerinnen und Lehrer sind sich bewusst, dass die Erziehungsaufgabe in der Schule eng mit dem Unterricht und dem Schulleben verknüpft ist.
Kompetenzbereich: Erziehen
Lehrerinnen und Lehrer üben ihre Erziehungsaufgabe aus.
Kompetenz 4: Lehrerinnen und Lehrer kennen die sozialen und kulturellen Lebensbedingungen von Schülerinnen und Schülern und nehmen im Rahmen der Schule Einfluss auf deren individuelle Entwicklung.
Kompetenz 6: Lehrerinnen und Lehrer finden Lösungsansätze für Schwierigkeiten und Konflikte in Schule und Unterricht.
(KMK-Standards für die Lehrerbildung)

Verpflichtender Erziehungs- und Bildungsauftrag
Den Erziehungs- und Bildungsauftrag zu diskutieren, erscheint überflüssig, sind doch Schulen klare Vorgaben gemacht. Artikel 131 (Abs. 1,3) schreibt vor:
„Die Schulen sollen nicht nur Wissen und Können vermitteln, sondern auch Herz und Charakter bilden. (...) Die Schüler sind im Geiste der Demokratie, in der Liebe zur bayerischen Heimat und zum deutschen Volk und in der Völkerversöhnung zu erziehen.“
Das Bayerische Erziehungs- und Unterrichtsgesetz macht ebenso wie der Lehrplan deutlich, dass Erziehung und Bildung Aufgaben sind, zu denen die Lehrer verpflichtet sind. Die Persönlichkeitsbildung zielt laut Lehrplan auf die in Art. 131 festgelegten obersten Bildungs- und Erziehungsziele (s.u. 1.2.1), auf kulturelle Identität, Werte, Sozialkompetenz und Urteilssicherheit (LP G8).

Begründung
Begründen lässt sich dieser Bildungs- und Erziehungsauftrag für das Gymnasium mit dem Anspruch des Gymnasiums, über neun bzw. acht Jahre Schülerinnen und Schüler zu begleiten, die als Kinder in diese Schulform eintreten und als junge Erwachsene das Gymnasium verlassen. Das bedeutet, dass die Schule für viele Jahre und fast an jedem Tag für viele Stunden als Umfeld die jungen Menschen prägt, ein Umfeld, das gestaltet werden muss. Wer sich in das jugendliche Leben derart extensiv „einmischt“, muss pädagogische Verantwortung übernehmen.

- **Von der Halbtags- zur Ganztagsschule**

Den ideologischen Streit um den Erziehungsauftrag der Schule hat über viele Jahre die Vorstellung geprägt, dass die Familie für die Erziehung weitgehend ausschließlich zuständig sei. Nicht zuletzt aus diesem Grund war die Halbtagsschule die Regel, weil die Kinder am Nachmittag den Eltern gehörten. Das Kurssystem der Oberstufe, die vielen Zusatzangebote der Schulen am Nachmittag und das achtjährige Gymnasium haben die starre Trennung zwischen schulischem Vormittag und Familiennachmittag verschwimmen lassen. Die Ganztagsschule ist zwar offiziell noch nicht allgemein eingeführt, aber die Konsequenz gilt auch heute schon: Wenn die Schule vermehrt Zeit mit den Kindern „verbringt“, muss sie auch mehr erzieherische Aufgaben übernehmen.

- **Wandel der Familie**

Die Familie hat sich gewandelt: Vater und Mutter sind berufstätig und können nicht in jedem Fall am Nachmittag ihren Kindern zur Verfügung stehen. Die Familie mit Vater, Mutter, Kind(ern) ist nicht mehr die Regel. Bis zu 30 % der Kinder (vor allem in Städten) haben eine alleinerziehende Mutter oder einen alleinerziehenden Vater und viele Kinder wachsen in der sogenannten Patchwork-Familie (Scheidung, Trennung, neuer Lebenspartner/in) auf. Hentig konstatiert deshalb ein Bedürfnis der Kinder nach Verlässlichkeit, da ihre gegenwärtige Lebenswelt reich an unverarbeiteten Eindrücken, unübersichtlich und zersplittert ist (Kowalczyk/Ottich, S. 33).
Dazu kommt, dass Kinder in Ein- und Zwei-Kind-Familien kaum Möglichkeiten haben, ein Sozialverhalten zu entwickeln, wie das in der Klassengruppe gelernt werden kann. Zwar ist es falsch, die Familie für die Personalisation, die Schule für die Sozialisation jeweils allein verantwortlich zu machen, aber die Erziehungsinstitution Schule kann viel dazu beitragen, dass die Kinder ihren Platz in der Gruppe finden, mitmenschliche Verhaltensweisen entwickeln und sich behaupten lernen.

- **Konkurrierende Einflüsse**

Den Eltern erwachsen in den Medien Konkurrenten, deren konsumorientiertes Wertesystem den Kindern attraktiver erscheint als elterliche Normen. Auch die Peergroup hat an Autorität gewonnen. Dass Jungen und Mädchen mit 15 Jahren häufig die Normen ihrer Gleichaltrigengruppe über alles stellen, verführt viele Eltern dazu, ihren Erziehungsanspruch frühzeitig in Frage zu stellen. Sie geben es auf zu erziehen, weil sie glauben, nichts mehr zu bewirken, oder haben nicht die Kraft konsequent zu handeln.
Andererseits brauchen Kinder und Jugendliche Führung und wollen sie auch. Dass mit der immer früher eintretenden Ablösung von den Eltern ein Autoritätsvakuum entsteht, spüren sie und suchen nach Orientierung, nach Möglichkeiten, ihre Grenzen auszuloten, ihren Platz in der Gruppe, in der Gesellschaft zu finden. Deshalb fordern sie die Auseinandersetzung mit den Erwachsenen. Wenn die Eltern dafür nicht zur Verfügung stehen (können), dann fällt diese Rolle der Schule und ihren Lehrern zu.

Gegenpositionen

Natürlich gibt es (noch) viele, vor allem gymnasiale Lehrer, die aus ihrem Selbstverständnis heraus, aus ihrer Vorstellung vom Gymnasium, aus ihrem Bild der Familie, aus dem Auftrag der Gesellschaft und aus ihrer Sicht der Pädagogik den Erziehungsauftrag – nicht den Bildungsauftrag – in Frage stellen. Im Sinne der Ausbildung bejahen sie den Auftrag, im Sinne der Persönlichkeitsbildung lehnen sie ihn ab:

- Dem Gymnasium würden immer neue Aufgaben übertragen, für die es nicht zuständig sei.
- Die Erziehungsaufgabe gehöre in die Familie. Es genüge, dass das Gymnasium zu einer Art pädagogischem Reparaturbetrieb verkommen sei.
- Die Lehrer hießen nicht Erzieher, sondern Lehrer. Sie sollten sich auf ihre genuine Aufgabe, das Lehren, das Unterrichten besinnen.
- Für die Aufgabe eines Sozialpädagogen seien Lehrer auch nicht ausgebildet; sie wären gezwungen zu dilettieren.
- Wenn Lehrer über pädagogischen Takt, Höflichkeit, Freundlichkeit und Einfühlungsvermögen verfügten, dann kämen sie mit den Schülern zurecht; dies genüge an Erziehung.
- Der Lehrer sei für Disziplin, eine gute Arbeitshaltung in der Klasse verantwortlich, nicht für den Charakter des Einzelnen.

Erziehungspartnerschaft
Auch in dem Berufsbild, auf das sich die KMK in ihren Standards für die Lehrerbildung bezieht, wird die Erziehungsaufgabe (als einzige der fünf dort formulierten übergeordneten Anforderungen) geteilt. Sie gelinge umso besser, „je enger die Zusammenarbeit mit den Eltern gestaltet wird. Beide Seiten müssen sich verständigen und gemeinsam bereit sein, konstruktive Lösungen zu finden, wenn es zu Erziehungsproblemen kommt oder Lernprozesse misslingen.“

Schule muss also den Erziehungsauftrag als gemeinsame Aufgabe von Eltern, Lehrern und Schulleitung begreifen. Hierfür ist es erforderlich, dass die drei Gruppen vertrauensvoll aufeinander zugehen. Wo der Lehrer den Eltern misstraut, die Mutter sich zunächst beim Direktor über den Lehrer beschwert, bevor sie das Gespräch mit ihm sucht, wo der Direktor Beschwerden entgegennimmt, ohne die betroffene Lehrerin zu hören, wo der Lehrer hörbar über das Erziehungsdefizit bei seinen Schülern räsoniert, kann diese Parterschaft nicht funktionieren.

Wie weit diese Partnerschaft gehen kann, gilt es zu diskutieren und auszuprobieren. Gehört der Pflichtbesuch des Klassenleiters in den Familien der Schüler seiner Klasse (vgl. Steinerschule) zu diesem Programm? Kann man sich Eltern als gelegentliche Lehrer im Unterricht vorstellen? Soll es ein Teilnahmerecht der Eltern im Disziplinarausschuss geben? Haben die Eltern ein Informationsrecht über Verhalten und Leistungen ihrer erwachsenen Kinder? Könnte das Direktorat Eltern, die im Erziehungsbereich sich kontraproduktiv verhalten (Blankoentschuldigungen, erlaubtes Schwänzen) offiziell ermahnen?

Neben diesen vielleicht utopisch anmutenden Vorschlägen gibt es aber auch Vorstufen einer Partnerschaft, die dem anderen das oben angesprochene Vertrauen signalisieren. Warum sollen in der Elternsprechstunde nur der Leistungsstand, das Arbeitsverhalten, die Disziplin und die mündliche Mitarbeit angesprochen werden? Der Lehrer kann auch Interesse am Freizeitverhalten, an den Mediengewohnheiten, an den Hobbys, an den außerschulischen Erfolgen seiner Schüler zeigen, die Mutter sich nach dem Sozialverhalten ihres Kindes, nach der Rolle in der Klasse erkundigen. Elternsprechstunden und auch Klassenelternabende sind Gelegenheiten, die zu nutzen sind, um über Unterricht und Erziehung zu sprechen.

Erziehender Unterricht
Der Begriff geht auf Herbart (1776–1841) zurück, der die beiden Elemente Unterricht und Erziehung als untrennbare Prozesse bezeichnet hat, wenn auch in dem Sinn von „Unterricht und Zucht“. Freilich gibt es auch außerhalb des Unterrichts Programme, die in der Schule der Erziehung dienen: Mediation, Regelkataloge, Schulverfassung, Sanktionen, Kontakt mit den Eltern, Disziplinarausschuss u. a.. Unterricht ausschließlich im Sinne reiner Wissensvermittlung ist kaum denkbar, denn jeder Versuch, einen ungestörten Unterrichtsablauf zu sichern, hat mit Erziehung zu tun. Schließlich nimmt der Lehrer Einfluss auf das Verhalten der Schüler, durch Motivation versucht er Einstellungen zu verändern und mit seinem eigenen Verhalten will und kann er Vorbild sein.

Wenn er darüber hinaus im Unterricht die Gelegenheiten nutzt, erzieherisch tätig zu sein, dann stehen sich nicht Lehren und Erziehen gegenseitig im Weg, sondern ergänzen sich synergetisch. „Ob dabei wirklich erzieherische Einwirkungen auf Schüler und Schülerinnen erfolgen“, hängt nach Wiater von zwei Bedingungen ab, vom „Willen und der Befähigung des Lehrers/der Lehrerin dazu (...) und andererseits von der inneren Bereitschaft des Schülers, sich darauf einzulassen“ (Wiater, 2002, S. 130).

Erziehung ist immer verknüpft mit der Frage, wozu erziehen? In der jüngeren Fachliteratur (vgl. Czerwanski u. a. S. 17 ff) werden als vier Zieldimensionen bzw. Kompetenzdimensionen schulischen Lernens genannt:

- Sach- bzw. Fachkompetenz
- Methodenkompetenz
- Sozialkompetenz
- Selbst- oder personale Kompetenz

Wagt man eine oberflächliche Zuordnung, so beziehen sich die beiden ersten Nennungen auf das Unterrichten, während Sozial- und Selbstkompetenz eher ins Erziehungsfeld passen.

Erziehungsbereiche im Unterricht

Soziale Kompetenz	Selbstkompetenz (personale Kompetenz)
Verantwortungsbewusstsein für sich und andere	Selbstkonzept gegründet auf Selbstvertrauen und Selbstwertgefühl
Kooperations- und Teamfähigkeit	Lernmotivation und Lernwille
Kommunikationsfähigkeit	Selbsteinschätzungsfähigkeit
Konfliktfähigkeit	Frustrationstoleranz
…	eigene Lern- und Verhaltensziele setzen
	Verantwortung für das eigene Leben

(Czerwanski, S. 8 gekürzt)

Was die Möglichkeiten betrifft, die der Lehrer/die Lehrerin nutzen kann, um Unterricht erzieherisch zu nutzen, unterscheidet Wiater drei Handlungsfelder:

1. „Erzieherisch reflektierte **didaktische Entscheidungen**", darunter u. a.:
   - die Beachtung erzieherisch wirksamer Unterrichtsprinzipien, z. B. Schülerorientierung, Selbsttätigkeit, angst- und repressionsfreie Unterrichtsgestaltung und Leistungsüberprüfung, Differenzierung (gegen Über- und Unterforderung von Schülern)
   - die Nutzung offener Unterrichtsformen (Freiarbeit, Projektarbeit, Lernzirkel o. Ä.)
   - die Auswahl von Unterrichtsinhalten, die zu Wertklärungen und Wertorientierungen Anlass geben, bei denen Recht und Unrecht, Pflicht und Neigung, Verantwortung und Freiheit thematisiert werden
   - die Nutzung von Unterrichtsmethoden, die geeignet sind für das Erlernen solidarischen und kommunikativen Verhaltens (Gruppen-, Partnerarbeit, Gesprächsformen), sowie Arbeitsweisen, die zu Sachgerechtigkeit, Genauigkeit, Pro- und Contra-Argumentation usw. veranlassen.
2. „Erzieherisch reflektierte **organisatorische Maßnahmen**", darunter u. a.:
   - Unterrichtssituationen zu normativer Orientierung nutzen (Konflikte, Störungen, positive Verhaltensweisen aufgreifen und bearbeiten)
   - reziproke Umgangsformen und dialogische Interaktionsformen zwischen L/S und S/S praktizieren (Regeln, Rituale, Delegieren u. a.)
   - gemeinsames Erstellen von Regeln, Ordnungen, Vereinbarungen zum Gemeinschaftsverhalten
   - Einübung von Selbstständigkeit, Hilfsbereitschaft, Zuverlässigkeit, Sachlichkeit oder Redlichkeit … im Unterricht
   - Gestaltung eines Lern- und Schulklimas, das Schülern Geborgenheit, Vertrauen und Selbstwerterfahrungen möglich macht

- Öffnung des Schulunterrichts für neue Formen der Zusammenarbeit mit Eltern und Institutionen

3. „Erzieherisch reflektiertes **personales Engagement**", darunter u. a.:
   - sich als Lehrer/Lehrerin um ein authentisches und nachahmenswertes Modellverhalten bemühen
   - Selbstreflexivität und Selbstkontrolle vergrößern sowie eine erfolgreiche Klassenführung praktizieren (Wiater, 2002, S. 130 ff)

Damit wird deutlich, dass es nicht darum geht, dem Unterricht weitere Aufgaben zu übertragen, sondern den Unterricht inhaltlich und methodisch so zu gestalten, dass Sach-, Fach- und Methodenkompetenz nicht leiden, aber der Förderung von Sozial- und Selbstkompetenz der notwendige Raum gegeben wird.

1.2 Aufgaben und Ziele schulischer Bildung und Erziehung

1.2.1 Bildungs- und Erziehungsziele

> Lehrerinnen und Lehrer vermitteln Werte und Normen und unterstützen selbstbestimmtes Urteilen und Handeln von Schülerinnen und Schülern.
>
> *KMK-Standards für die Lehrerbildung, Kompetenz 5*

Werte haben Konjunktur. Ob jemand den Wertewandel konstatiert oder beklagt, ob ein anderer den Begriff „Wertepluralismus" zur Beschreibung unserer Gesellschaft verwendet, ob ein dritter neue Werte oder einen neuen Wertekonsens fordert oder der Werteorientierung das Wort redet, ein jeder hat eine andere Vorstellung von „Werten". Wenn sich zu den Werten noch Normen und Tugenden, Sekundärtugenden und Sozialkompetenzen gesellen, ist die Versammlung an Begriffen endgültig verwirrend. Es geht im Folgenden nicht darum, eine neue Ordnung herzustellen, sondern einige wenige unterschiedliche Ansätze zu skizzieren, die es zu diskutieren gilt.

Begriffe und Hierarchie
Kron gibt folgende Begriffsdefinitionen:
Wert: „Objekt [...], das von Menschen (einer bestimmten Kultur oder Gesellschaft) allem Tun und Denken als übergeordnet anerkannt wird, das sie anstreben (kognitiv, affektiv und motivational) und im Tun und Denken zu erfüllen versuchen"(Kron [6]2001, S. 279).

Norm: „Vorschrift oder Richtschnur, etwas zu tun oder zu unterlassen. [...] Normen werden in der Regel aus Werten abgeleitet" (Kron, [6]2001, S. 279 f).

„Unter einem **Wert** versteht man, was der einzelne oder die Gesellschaft für wertvoll halten im Sinne von maßgeblich, verehrungswürdig, aber auch sittlich ‚gesollt'. Werte bestimmen als Zielgrößen kognitive und emotionale Einstellungen und steuern das Handeln. Hinter Werten steht die Erfahrung mit bestimmten Gütern oder der Wunsch nach diesen; Frieden, Harmonie mit der Natur, gelingende Partnerschaft sind Beispiele solcher angestrebten Objekte oder Zustände. [...] Das Werten ist der Vorgang des Bewertens nach bestimmten Kriterien, z.B. dem der Nützlichkeit, der Wissenschaftlichkeit, der praktischen Umsetzbarkeit. [...]
Unter **Normen** sind konkrete Verhaltensanweisungen gemeint, die etwas verbieten oder gebieten. Normen weisen entweder einen Wertbezug auf, wenn sie z.B. einen Wert sichern wollen, oder sie sind wertneutrale Verhaltensnormen. Normen regeln das Verhalten, sei es hinsichtlich sozialer Rollen, sei es hinsichtlich der Moral.

Tugenden sind auf Werte bezogene Handlungsmuster, Gewohnheiten und Haltungen." (Funiok, S. 16)

Es gilt zu fragen, wer denn etwas als wertvoll erachtet, wo und wann es zu Kollisionen über unterschiedliche Vorstellungen kommt. Der **Staat** hat zu allen Zeiten dezidierte Vorstellungen vom richtigen oder rechten Verhalten; die **gesellschaftlichen Gruppen** (z. B. Kirchen, Wirtschaftsverbände, Kulturinstitutionen) formulieren je nach ihren Interessen Ziele, denen sie bestimmte Werte zuordnen. Andererseits hat jeder **Einzelne** ureigene Vorstellungen von dem, was ihm wertvoll erscheint. Dies sind z.B. materielle Werte, aber auch Wünsche an sich selbst, die über die Gegenwart hinausgehen, ein – durchaus veränderliches – Wunschbild von sich, dem er entsprechen will, oder ein anderes, von dem er wünscht, dass ihm sein Kind, sein Schüler, seine Schülerin – möglicherweise in anderer Art – entspricht.

Werte wandeln sich zudem entsprechend Veränderungen im Bild des Menschen in verschiedenen Epochen oder Weltanschauungen, Veränderungen im Bereich politischer Herrschaftsverhältnisse, ökonomischer Bedingungen und kultureller Faktoren. Kennzeichen der Postmoderne ist dabei ein „radikaler Pluralismus" von Weltanschauungen und Ideologien, die deshalb im permanenten Widerstreit zueinander stehen, weil sich keine mehr als übergeordnet etablieren kann (Kaiser/Kaiser [8]1996, S. 104).
Aus diesen unterschiedlichen Vorstellungen entstehen Konflikte, da unterschiedliche Werte auch unterschiedliche Verhaltensweisen nach sich ziehen. Aus der Maslow´schen Bedürfnispyramide wissen wir überdies, dass sich die Hierarchie der Werte im Menschen auch noch ständig verändert.
Dennoch gibt es eine oberste Ebene *absoluter* Ideale der demokratischen Gesellschaft, die unstrittig gültig sind und sich auch in dynamisch sich entwickelnden Gesellschaften nicht wandeln, wie die Achtung vor der Würde des Menschen und die anderen in Art. 1–6 festgelegten Grundrechte sowie eher private Basiswerte wie Im-Frieden-Leben, Liebenkönnen und Geliebtwerden, Gesundheit, Schönheit (Funiok, 16 f).

Aber die sich verändernde Welt (Globalisierung, Katastrophen, Armut, Klimawandel, Fundamentalismus) ruft auch nach neuen Werten, die Entwicklungen korrigieren, den Verfall stoppen und das Leben für alle erträglicher machen sollen.

Sekundärtugenden
Gudjons bezeichnet Tugenden als „praktische Verhaltensweisen und Mittel, mit deren Hilfe man sich der Werte versichert". Damit nähert er sich der ursprünglichen Bedeutung des Wortes („Taugliches") an.
Funiok siedelt die Sekundärtugenden auf einer dritten Ebene an (unter den ganz oben stehenden absoluten Idealen und den auf einer mittleren Ebene angesiedelten Werten, die Mittel für die obersten Ziele darstellen, auf die sie ausgerichtet sind, wie Gerechtigkeit und Solidarität, faire Bewältigung von Konflikten). Gemeint sind damit die Eigenschaften, Tugenden, Normen und Regeln, die die Verwirklichung der mittleren und der obersten Werte psychisch und sozial ermöglichen, z.B. Selbstbeherrschung, Hilfsbereitschaft, Verantwortungsgefühl (Funiok, S. 17).
Mit den antiken Kardinaltugenden (die „Übersetzungen" in Klammern gilt es zu überprüfen): Klugheit/Weisheit (vernünftiges Handeln?), Gerechtigkeit (z.B. demokratisches Handeln?), Mäßigkeit (besonnenes, Extreme vermeidendes Handeln?), Tapferkeit (mutiges Handeln?) wird eher das Verhalten eines wertvollen Menschen beschrieben. Man kann auch die „christliche Tugend" der Nächstenliebe in diesem Zusammenhang nennen.

Der Begriff „Tugend" ist etwas außer Mode gekommen. Dafür feiern die viel gescholtenen „Sekundärtugenden" fröhliche Wiederkehr, viel gescholten, weil sie das Argument, sie hätten im Dritten Reich gegolten und dessen Bestand erst gesichert, über viele Jahre mehr als verdächtig gemacht hat: Fleiß, Pflichtbewusstsein, Pünktlichkeit, Zuverlässigkeit, Ordnungssinn, Höflichkeit, Gehorsam u. a.. Deren Gültigkeit wird nicht mehr in Frage gestellt, sie werden im Gegenteil in der Arbeitswelt zum Teil mit Nachdruck eingefordert. Entscheidend ist jedoch, welche Wertigkeit ihnen im hierarchischen Gefüge der anderen Begriffe zugewiesen wird. Problematisch ist es, wenn man sie zu weit oben ansiedelt. Die nachfolgende Graphik ist der Versuch einer Hierarchisierung der Begriffe, die gleichzeitig einen wieder anderen Blick auf die Begriffe erlaubt.

Wertehierarchie

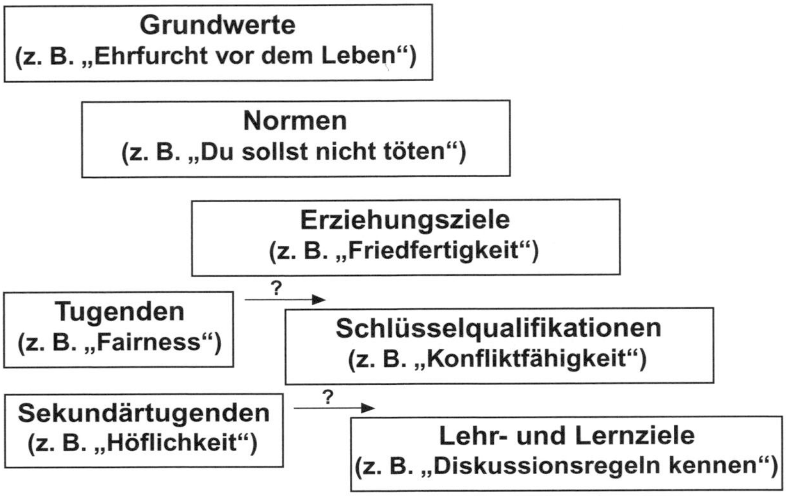

(Gudjons [6]1999, S. 192, durch den Verf. ergänzt)

Die vorliegenden Angebote der Begriffssicherung und der Hierarchie machen deutlich, dass – auch in der Literatur – keine halbwegs einheitlichen Begriffsvorstellungen herrschen. Umso dringender ist es notwendig, sich zunächst im Seminar und auch in der Schule (z. B. im Rahmen der Schulentwicklung) auf eine Begrifflichkeit zu verständigen, um zu einer Gesprächsbasis zu kommen.

Die obersten Bildungsziele (Art. 131 der Bayerischen Verfassung)
Für schulische Erziehung verbindliche Werte und Normen stellen die obersten Bildungsziele in der Bayerischen Verfassung dar.

> (2) Oberste Bildungsziele sind Ehrfurcht vor Gott, Achtung vor religiöser Überzeugung und vor der Würde des Menschen, Selbstbeherrschung, Verantwortungsgefühl und Verantwortungsfreudigkeit, Hilfsbereitschaft, Aufgeschlossenheit für alles Wahre, Gute und Schöne und Verantwortungsbewusstsein für Natur und Umwelt.
> (3) Die Schüler sind im Geiste der Demokratie, in der Liebe zur bayerischen Heimat und zum deutschen Volk und im Sinne der Völkerversöhnung zu erziehen.

Die Verfassung ist 1946 ausgearbeitet worden und darf als Antwort auf das Dritte Reich verstanden werden. Dass eine Verfassung des Jahres 2007 vielleicht die Verantwortung für die eine Welt oder den Europagedanken verankern würde, kann angenommen werden. Auch würde statt „Völkerversöhnung“ wohl „Völkerverständigung“ stehen. Deshalb ist es notwendig, diese obersten Bildungsziele zu aktualisieren und zu konkretisieren. 1979 hat das damalige Staatsinstitut für Schulpädagogik und Bildungsforschung (ISB, heute Staatsinstitut für

Schulqualität und Bildungsforschung) erstmals diesen Versuch unternommen und bietet in der 5., verbesserten Auflage (2003, Nachdruck 2005) einen Zielkatalog an:

1 „Ehrfurcht vor Gott, Achtung vor religiöser Überzeugung
2 Achtung vor der Würde des Menschen
2.1 Entfaltung der eigenen Person
2.2 Leben mit anderen; soziale Verantwortung
3 Aufgeschlossenheit für alles Wahre, Schöne und Gute
4 Verantwortungsbewusstsein für Natur und Umwelt
5 Bekenntnis zum Geist der Demokratie
6 Liebe zur bayerischen Heimat und zum deutschen Volk
7 Bekenntnis zum Geist der Völkerverständigung“ (S. 12)

Jedem dieser sieben Elemente des Zielkatalogs ordnet das ISB eine Reihe von „Normen“ („der junge Mensch soll …“), oder anders formuliert „Erziehungs- und Lernziele“ zu, die sich auf Einstellungen, Verhaltensweisen, Fähigkeiten und Kenntnisse des jungen Menschen beziehen. Anzumerken ist, dass das ISB auf die umstrittenen Punkte wie „Ehrfurcht vor Gott“ und „Liebe zur bayerischen Heimat“ sehr behutsam eingeht. Übersehen wird freilich, dass in der Verfassung nicht die Forderung steht: „Die Schüler sind zur Liebe zur bayerischen Heimat zu erziehen“, sondern: „… in der Liebe …“. Die interkulturelle Vielfalt unserer Schulen gebietet einen umsichtigen Umgang mit dem Begriff „bayerische Heimat“. Und so überrascht es nicht, wenn in der ISB-Broschüre das Wort „Bayern“ nur einmal und dann im Zusammenhang mit kognitiven Lernzielen vorkommt.

Konsensbildung

Die Skizze oben hat gezeigt, dass jeder Einzelne, jede Gruppe eigene Werte und eine eigene Wertehierarchie besitzt. In einem Lehrerkollegium sieht dies nicht anders aus. Während der eine die Pünktlichkeit zu einem obersten Erziehungsziel erklärt, verachtet sie der andere, weil er selbst damit seine Schwierigkeiten hat. Für den einen ist Disziplin Auswuchs reaktionären und autoritären Verhaltens, der andere sieht darin für jeden Schüler eine Chance, mit den schulischen Anforderungen besser zurechtzukommen. Wenn Erziehung in der Schule gelingen soll, wird man sich verständigen müssen. Für diesen Verständigungsprozess wird sich der Lehrer viele Ansprechpartner suchen:

1. sich selbst

Was seine Wertvorstellungen angeht, muss sich der Einzelne zuerst mit sich selbst im Klaren sein. Dass er erziehen will/muss (siehe Erziehungsauftrag), steht dabei außer Frage. Zu fragen ist vielmehr, was er mit jedem Einzelnen in seiner Klasse, was er mit der Klasse erreichen will. Aber auch der Lehrer, der nicht erziehen will, wird auf das Verhalten seiner Schüler reagieren. Übersieht er den Abschreibversuch – „ich habe schließlich auch gespickt“ – oder entsetzt ihn das Verhalten, weil er Ehrlichkeit für ein hohes Gut ansieht? Empört er sich über die vorlaute, freche Bemerkung eines Schülers oder entzückt ihn die witzige Formulierung? Wer sich nicht mit sich selbst auseinandergesetzt hat, sich selbst Werte und deren Gewichtung vorgegeben hat, der reagiert ausschließlich augenblicksbezogen, dessen Erziehung ist nichts anderes als Situationsbewältigung und Schadensvermeidung. Überdies verweigert er seinen Schülern die Orientierung. Der oben vorgestellte Katalog des ISB ist eine große Hilfe bei dem Versuch, sich über seine Erziehungsziele klar zu werden.

2. die Kollegen

„Beim Herrn Huber dürfen wir die Mützen während des Unterrichts auf dem Kopf behalten, eigentlich bei allen, nur bei Ihnen nicht.“ Jeder Lehrer kennt diese Art von Schülerbemerkung und ärgert sich ggf. über den Kollegen, der ihm ins Handwerk pfuscht. Wieviel leichter das

Leben des Lehrers ist, der sich mit dem Klassenlehrerteam zusammengesetzt und bestimmte Regeln (Normen) und Ziele vereinbart hat, muss nicht ausgeführt werden. Natürlich fordert niemand die Aufgabe individueller Werte, aber ein Minimalkonsens ist unerlässlich. Auch die Schüler profitieren davon, weil sie sich nicht in jeder Stunde auf einen neuen Lehrer mit neuen Regeln einstellen müssen.

3. die Eltern
Der Klassenelternabend ist z. B. ein hervorragender Termin, eine Verständigung über geforderte Verhaltensweisen der Schüler, Lehrer und Eltern herbeizuführen. Warum sollten die Eltern nicht erfahren, welche erzieherischen Schwerpunkte die Klassenlehrersitzung beschlossen hat, zumal dann, wenn ihnen die Gelegenheit gegeben ist, sich darüber auszutauschen. So wird der Vater, der die Nahrungsaufnahme während des Unterrichts vehement verteidigt, angesichts des Unverständnisses seiner Elternkollegen zurückhaltender werden. Dass man damit die Eltern in die Erziehungsverantwortung mit einbezieht, dass Eltern und Lehrer vom Schüler nicht gegeneinander ausgespielt werden können, sind weitere Argumente.

4. die Schüler
Die Schüler haben ein Anrecht, das Wertesystem, soweit es schulrelevant ist, kennenzulernen. Indem der Lehrer sagt, was er für Recht und Unrecht hält, gibt er seiner Klasse die Chance, sich einerseits mit diesen Vorgaben auseinanderzusetzen, andererseits aber auch, sich entsprechend verhalten zu können. Es hat mit Orientierung zu tun, wenn sich die Schüler bei einem Regelverstoß auch des Verstoßes bewusst sind. Über diese Information hinaus gilt es einen Konsens herzustellen, der etwa in Form eines Vertrages ratifiziert werden kann. Gelingt dies, dann geht die Verantwortung für das regelkonforme Verhalten auf den Schüler über, der sich nicht mehr „obrigkeitsregelkonform“, sondern „vertragskonform“ verhalten will/muss. Die Erfahrungen zeigen, dass dies möglich ist. Ein erster Schritt ist, z. B. die Diskussionsregeln zusammenzustellen und an das Schwarze Brett zu heften; ein zweiter sollte sein, unter diesem Regelwerk die Unterschriften aller Schüler und aller Klassenlehrer zu vereinen.

5. die Schule
Ziel jeder Konsensbildung sollte es sein, die Schule in ihrer Gesamtheit auf eine Schulverfassung zu verständigen: nicht die von oben verordnete Hausordnung, sondern eine von allen Gruppen der Schule (Eltern, Schüler, Lehrer, Schulleitung) verabschiedete verbindliche Vereinbarung, die das Miteinander der Personen und Gruppen in der Schule regelt und gestaltet. Auch hier gibt es Vorbilder. Allein schon der Versuch, zu einer solchen Regelung zu kommen, ist ein wertvoller Schritt im Sinne jeder Schulentwicklung. Dass sich das Klima im Kollegium, in der Klasse, in der Elternschaft verbessert, liegt auf der Hand. Und wer in dieses Regelwerk eingebunden ist, fühlt Verantwortung dafür und handelt entsprechend.

Konsensfähige Werte/Normen
Das Kultusministerium schlägt in Lehrerinfo 3/05 vor, die nachfolgenden „Werte im Schulalltag“ zu diskutieren: Ehrlichkeit, Höflichkeit, Verantwortungsbewusstsein für Natur und Umwelt, Gerechtigkeit, Hilfsbereitschaft, Verantwortung für das Gemeinwohl, Nationalbewusstsein, Toleranz.
Eine solche Diskussion könnte im Seminar beginnen, wobei mehrere Schritte denkbar sind:

1. Vorschläge für eine „Top10-Liste“ von Werten für den Schulalltag
2. Begründung (inhaltliche Präzisierung, Notwendigkeit) der Nennung
3. Abstimmung; Präzisierung des Konsenses.

Es versteht sich von selbst, dass eine solche Veranstaltung auch in der Klasse nicht nur denkbar, sondern sehr sinnvoll ist. Als Material für eine solche Diskussion bietet sich der Zielkatalog des ISB an.

Erziehungsziele umsetzen

Beispiel: Höflichkeit

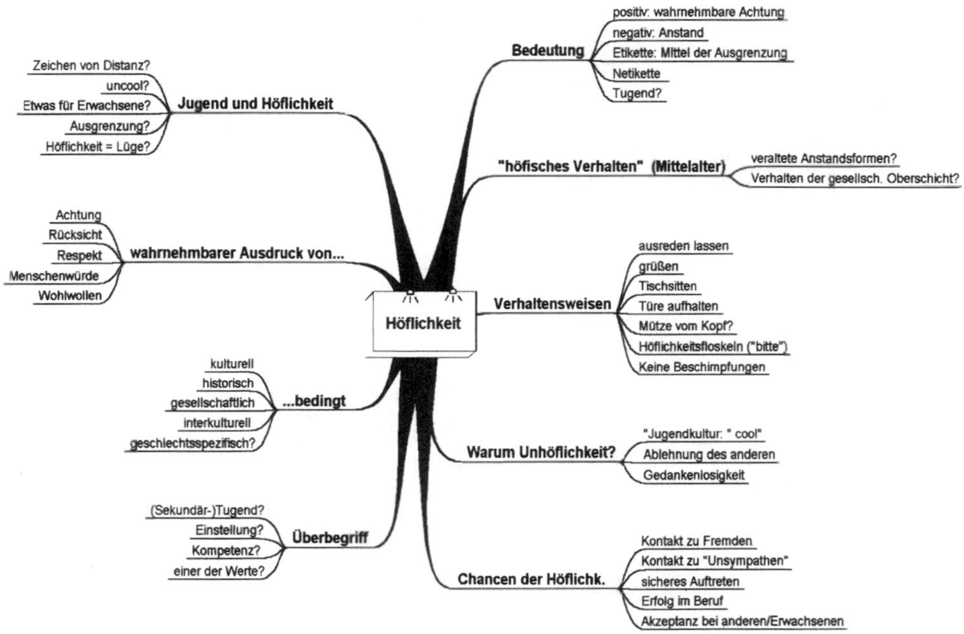

1. Der Klassenleiter/die Klassenleiterin oder die Fächer Deutsch oder Ethik stellen sich dem Begriff Höflichkeit, z. B. mit einer in der Klasse erstellten Mindmap, die je nach Jahrgangsstufe anders aussehen wird. Konkretisiert wird das Verhalten Lehrer : Schüler, Schüler: Lehrer, Schüler : Schüler.
2. Die Klasse formuliert einen mit allen Klassenlehrern abgestimmten verbindlichen Minimalkanon, der ggf. auch Sanktionen (von den Schülern mit verabschiedet) einschließen kann: z. B. keine Beleidigungen, keine Beschimpfungen, „bitte“ bei Bitten, Grüßen bei der ersten Begegnung am Tag, Türe aufhalten, Tischsitten am Mittagstisch in der Schule, keine Ironie bei höflichem Verhalten!
3. Feedback in der Klasse nach einem Monat: Erfahrungen der Schüler mit den Schülern, mit den Lehrern, Erfahrungen der Lehrer mit den Schülern. Möglicherweise Modifizieren des Kanons (minimieren, ergänzen, umformulieren, …).
4. Die Klasse modifiziert die Mindmap (am Schülerbrett).
5. Am Elternabend stellt ein Lehrer oder Schüler das Projekt vor. Die Eltern diskutieren Änderungen des Kanons und ihre Mithilfe zu Hause.
6. Die Schule weitet das Projekt auf die Jahrgangsstufe, Schulstufe, Schule aus.
7. …

Beispiel: Verantwortung

Der Artikel 131 der Bayerischen Verfassung spricht von „Verantwortungsgefühl und Verantwortungsfreudigkeit“ und unterscheidet damit die beiden Begriffe.

Verantwortungsfreudigkeit zielt auf die Bereitschaft sich für jemanden oder für etwas zu engagieren:

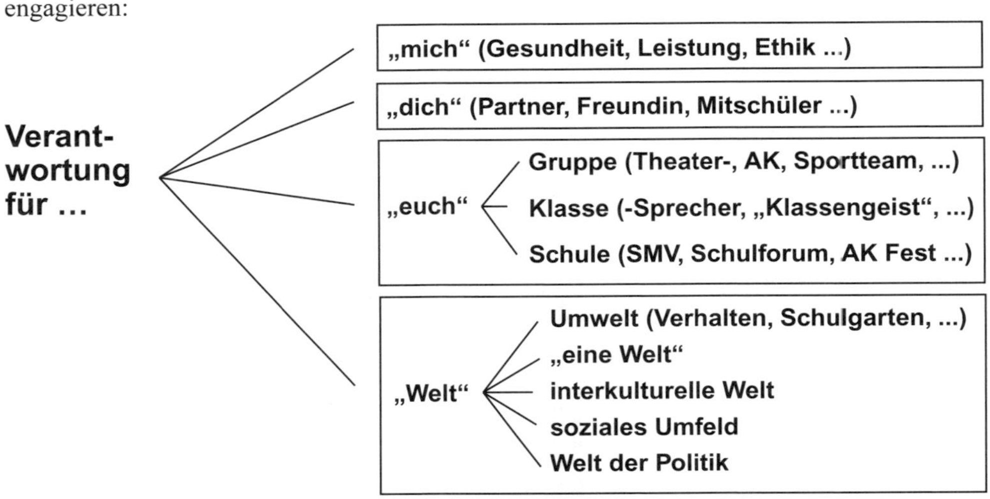

Verantwortungsgefühl zielt auf die Bedeutung des Begriffs „Verantwortung“ im Sinne von „Bereitschaft, Antwort zu geben auf Fragen nach meinem Verhalten“. Ggf. bedeutet Verantwortung:

- etwas tun und sich dafür rechtfertigen
- Fehler zugeben
- wiedergutmachen
- Konsequenzen ziehen (Rücktritt, Strafe)

Verantwortung = Engagement + Konsequenzen

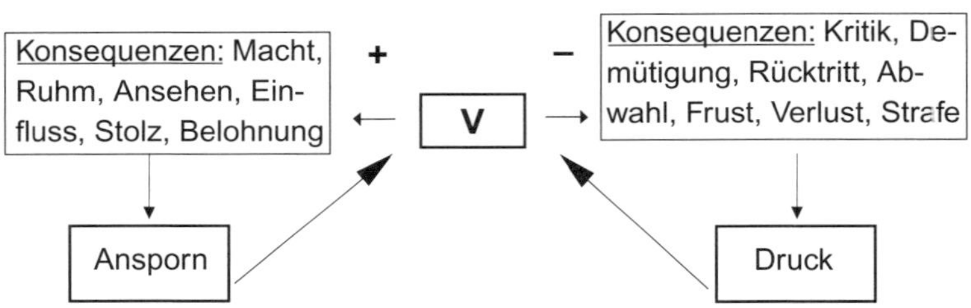

Aufgaben der Lehrkraft:

1. Vorleben des Verantwortungsgefühls:
   Das eigene Engagement deutlich machen, Misserfolge nicht kaschieren, sich entschuldigen, Fehler nicht verschweigen, …
2. Im Unterricht das Spektrum der Verantwortung ansprechen (z. B. anlässlich der Klassensprecherwahl)
3. Handlungsmöglichkeiten für die Schüler schaffen (Verantwortung an die Schüler weitergeben, Aktionsräume für Engagement anbieten: schulische und außerschulische Projekte anstoßen z. B. Jugend forscht, Wettbewerbe, Schülerfirma …)

4. Konsequenzen spüren lassen:
   Sowohl den Ruhm, den Erfolg, den Verdienst wie auch die Niederlage, den Misserfolg, den Verlust erleben lassen, wobei die positiven Konsequenzen ungeschmälert weitergegeben werden, während die negativen Konsequenzen nach Alter und Entwicklung „dosiert" werden müssen (Eine Schülerfirma in der Oberstufe muss Verluste (mit) tragen, während ein Projekt in der Unterstufe finanziell nicht zu Lasten der Schüler gehen kann). Falsch ist es sicherlich, die negativen Konsequenzen auszublenden.

1.2.2 Kompetenzen vermitteln

Von „Schlüsselqualifikationen" zu „Kompetenzen"

Der in den 70er-Jahren von Dieter Mertens geprägte, aus dem Bereich der (beruflichen) Weiterbildung stammende Begriff „Schlüsselqualifikationen" umfasst „allgemeine, formale, übertragbare Kompetenzen zur Bewältigung sich je neu einstellender Berufserfordernisse" (Kaiser/Kaiser [8]1996, S. 249). Durch die Einführung neuer Technologien sich schnell wandelnde Berufsinhalte sowie die Umstrukturierung vom Anordnungs- zum Auftragshandeln erfordern berufsübergreifende Qualifikationen: z.B. Selbständigkeit und Verantwortung (mitdenken, entscheiden, eigene Meinung vertreten können), Kommunikation und Kooperation, Anwenden von Lerntechniken und geistigen Arbeitstechniken (abstrahieren, Grafiken verstehen, Analogieschlüsse ziehen), Belastbarkeit (Konzentrationsfähigkeit, Ausdauer, Aufmerksamkeit), Institutionenkompetenz (umgehen mit formalen Regelwerken, Gesetzen und Verordnungen, Gruppierungen im Unternehmen und Hierarchien) (vgl. Kaiser/Kaiser [8]1996, S. 249 ff).

Während in der Berufswelt der Begriff noch weit verbreitet ist, rückt man in der Bildungsdiskussion davon ab und favorisiert den Begriff Kompetenzen: „die bei Individuen verfügbaren oder durch sie erlernbaren kognitiven Fähigkeiten und Fertigkeiten, um bestimmte Probleme zu lösen, sowie die damit verbundenen motivationalen, volitionalen und sozialen Bereitschaften und Fähigkeiten, um die Problemlösungen in variablen Situationen erfolgreich und verantwortungsvoll nutzen zu können" (Weinert 2001, S. 27 f). Zu Wissen und Können kommen also Haltungen und Einstellungen. Von Bedeutung wurden die Kompetenzen, als man erkannte, dass die Schule ihren Bildungsauftrag verfehlte, wenn sie sich nur als Wissensvermittler oder nur als Vermittler formaler Bildung verstünde.

Katalog der Kompetenzen

Die sehr allgemeine Definition verlangt nach einer Spezifizierung und Systematisierung. So werden als Basiskompetenzen (auch Schlüsselkompetenzen, auch Kulturtechniken) genannt:

Lesen können (einschließlich Textverständnis)
Schreiben können: die Muttersprache auch schriftlich beherrschen, sich artikulieren können, argumentieren und urteilen können
Rechnen können: neben den Grundrechnungsarten mit Textaufgaben umgehen, Beweise nachvollziehen, Transfer leisten können
Sich in einer **lebenden Fremdsprache** ausdrücken können

Ergiebiger ist die Einteilung der Kompetenzen in Selbstkompetenz, Sozialkompetenz, Sachkompetenz und Methodenkompetenz.

- **Fach- / Sachkompetenz**
  – Fachwissen
  – fachliches Können
  – Kenntnisse ordnen und zuordnen können

– fächerübergreifend denken und handeln können
– Fähigkeit, unterscheiden, gewichten, urteilen und beurteilen zu können
– Aufgaben und Probleme sachgerecht lösen können

- **Methodenkompetenz**
  – Arbeits- und Präsentationstechniken beherrschen
  – Umgang mit Materialien, Werkzeugen, (technischen) Geräten
  – Umgang mit den Möglichkeiten der multimedialen Welt
  – rhetorische Fähigkeiten
  – Projektmanagement
  – Lernstrategien kennen und anwenden
  – analytisches, vernetztes, divergentes, kreatives Denken
  – abstrahieren können

- **Selbstkompetenz / Personale Kompetenz**
  – Motivation, Leistungsbereitschaft, Engagement
  – Zeitmanagement
  – Ausdauer, Belastbarkeit, Selbstdisziplin
  – Konzentration, Flexibilität
  – Selbstständigkeit
  – Organisationsfähigkeit
  – Verantwortungsbereitschaft und -fähigkeit
  – Frustrationstoleranz, Stressbewältigung, Humor
  – Entscheidungsfähigkeit
  – Selbstsicherheit, Auftreten

- **Sozialkompetenz**
  – Achtung anderer (Höflichkeit), Empathie, Sensibilität
  – Toleranz
  – Kommunikationsfähigkeit
  – Teamfähigkeit, Kooperation
  – Konfliktfähigkeit
  – Durchsetzungsvermögen
  – Führungsfähigkeit, Vorbildfunktion

Umsetzung in der Schule

Wenn die Schule sich die Aufgabe stellt, den Schülern beim Erwerb der genannten Kompetenzen zu helfen, bedeutet dies für sie, dass sich alle Beteiligten der Notwendigkeit des Erwerbs bewusst werden. Aber auch den Schülern muss klar werden, dass zum unverzichtbaren Wissen und Können weitere Fähigkeiten kommen, welche für den Erfolg in der Schule wie später im Beruf gleichermaßen notwendig sind.

- **Aufgaben der Lehrkraft**

Sie muss sich und den Schülern klar machen, dass der Erwerb von und der Umgang mit Wissen gelernt werden muss. Lernen lernen ist deshalb von Beginn der Gymnasialzeit an zu thematisieren, zumal Kompetenzen schon im Elternhaus und in der Grundschule erworben werden. Da die Lehrkraft Vorbild ist, kommt sie nicht umhin, an sich die Notwendigkeit solcher Kompetenzen zu zeigen, ggf. auch neue zu erwerben und sinnfällig zu machen. Aber auch Experten von außerhalb können zeigen, worin ihr Können besteht. Die Lehrkraft sollte auch im Einzelgespräch auf erfolgreichen Erwerb oder auf das Fehlen solcher Kompetenzen hinweisen und damit deren Wert deutlich machen.

- **Möglichkeiten im Unterricht**

Lehrerzentrierter Unterricht lässt den Schülern wenig Platz, sich auszuprobieren, ihre eigenen Möglichkeiten kennenzulernen und zu entwickeln. In dem Maße, in dem die Schüler Unterricht mitplanen und mitgestalten können, in dem sie selbst handeln und allmählich Verantwortung übernehmen, steigen auch die Bereitschaft sich anzustrengen, also die Motivation, und die Selbstsicherheit. Lernen durch Lehren, offene Unterrichtsformen, Projektarbeit, Spiel, Gelegenheiten zu kreativem und schöpferischen Denken und Handeln sind unterrichtliche Möglichkeiten, die solche Prozesse fördern.
Wenn die Schüler erkennen, dass sie ihre Noten nicht nur dem Lernen und Üben verdanken, sondern auch den weiteren Fähigkeiten, die ihnen das Planen, das Lernen, das Präsentieren erleichtern, dann entsteht auch die Bereitschaft auf Seiten der Schüler, sich zu engagieren und Verantwortung für den Unterricht zu übernehmen.

- **Chancen im Schulleben**

Wo immer im Schulleben sich Schüler engagieren, ob bei Wettbewerben (Jugend forscht, Börsenspiel, Literaturwettbewerb), bei Schulveranstaltungen und -festen, deren Organisation sie (teilweise) übernehmen, bei der Gestaltung der Homepage, der Schülerzeitung, des schulinternen Funks oder Fernsehens, bei Schülerfirmen, immer werden sie in wünschenswerter Weise gefordert und damit gefördert.
Das von der Schule initiierte Praktikum zum Beispiel, bei dem jeder Schüler seine Stelle selbst suchen, sich bewerben, ggf. vorstellen und anschließend über seine Tätigkeit vor einem Gremium von Mitschülern, Eltern und Lehrern berichten muss, macht den Schülern deutlich, wie sehr es auf die Kompetenzen ankommt.
An manchen Schulen werden die Kinder und Jugendlichen auch in die Planung und Gestaltung von Elternabenden oder politischen Veranstaltungen eingebunden. Sie gehen aus solchen Engagements gereifter, sicherer, weil kompetenter hervor.

- **Lifeskills**

Im Bereich der Sucht- und Gewaltprävention setzt man zunehmend auf die sog. Lifeskills. Darunter versteht man all die Kompetenzen, die die Jugendlichen brauchen, um die schwierige Phase der Pubertät unbeschadet zu überstehen. Zur Schulung von Selbstkompetenz und sozialen Kompetenzen bei 10- bis 15-jährigen Schülern gibt es Programme wie Lions Quest „Erwachsen werden", die den Jugendlichen helfen, ihr Selbstvertrauen zu stärken und positives Sozialverhalten zu entwickeln. Auch der Umgang mit Gruppendruck bis hin zum Mobbing wird geschult, wobei sowohl die Integration in die Gruppe der Gleichaltrigen als auch die Abgrenzung zur Peergroup erlernt und trainiert werden.
Die Jugendlichen werden unterstützt, eigene Werte und Normen zu finden und dennoch eine förderliche Bindung an die eigene Familie zu erhalten.
Um die Lehrer auf die Schulung der Lifeskills vorzubereiten, werden 3-tägige Seminare angeboten, in denen die Thematik der Pubertät im Vordergrund steht und die Seminarteilnehmer Bausteine aus dem Programm selbst erfahren und ausprobieren.
Den gruppendynamischen Prozessen bei der Entstehung einer Gruppe wird große Bedeutung zugemessen, was besonders für die Klassleiter von 5. Klassen große Hilfen bietet.
Infos unter www.Lions-Quest.de
In ähnlicher Weise setzt das Programm LIZA (Liebe in Zeiten von AIDS) auf die Entwicklung von Lifeskills zur Persönlichkeitsentwicklung der Jugendlichen und zur AIDS-Prävention. Dieses Programm wendet sich an die Schülerinnen und Schüler der 8. und 9. Jahrgangsstufen und hilft den Jugendlichen bei der Entwicklung eines positiven Selbstbildes, soll aber auch zur Entstehung eines verantwortlichen Umgangs mit der Sexualität der Jugendlichen beitragen. Info unter www.km.bayern.de>Aufgaben>Gesundheitsförderung

1.2.3 Interkulturelles Lernen

Vorgaben der Kultusministerkonferenz

Im Beschluss der Kultusministerkonferenz vom 25. Okt. 1996 spricht die Empfehlung „Interkulturelle Bildung und Erziehung in der Schule" die Ziele an:

Der Erziehungsauftrag der Schule „fordert bei allen Schülerinnen und Schülern die Entwicklung von Einstellungen und Verhaltensweisen, die dem ethischen Grundsatz der Humanität und den Prinzipien von Freiheit und Verantwortung, von Solidarität und Völkerverständigung, von Demokratie und Toleranz verpflichtet sind. Die Schülerinnen und Schüler sollen:

- sich ihrer jeweiligen kulturellen Sozialisation und Lebenszusammenhänge bewusst werden;
- über andere Kulturen Kenntnisse erwerben;
- Neugier, Offenheit und Verständnis für andere kulturelle Prägungen entwickeln;
- anderen kulturellen Lebensformen und -orientierungen begegnen und sich mit ihnen auseinandersetzen und dabei Ängste eingestehen und Spannungen aushalten;
- Vorurteile gegenüber Fremden und Fremdem wahr- und ernst nehmen;
- das Anderssein der anderen respektieren;
- den eigenen Standpunkt reflektieren, kritisch prüfen und Verständnis für andere Standpunkte entwickeln;
- Konsens über gemeinsame Grundlagen für das Zusammenleben in einer Gesellschaft bzw. in einem Staat finden;
- Konflikte, die aufgrund unterschiedlicher ethnischer, kultureller und religiöser Zugehörigkeit entstehen, friedlich austragen und durch gemeinsam vereinbarte Regeln beilegen können."

Die Aufstellung macht deutlich, dass ein wesentlicher Bestandteil interkultureller Bildung das **interkulturelle Lernen** ist. Viele Vorbehalte auf beiden Seiten, viel Unsicherheit und Angst beruhen auf den fehlenden Kenntnissen über die jeweils fremde Kultur. Interkulturelles Lernen bedeutet, dass deutsche Schüler und ausländische Schüler miteinander und voneinander lernen, einer jeweils fremden Kultur mit Offenheit und Neugier zu begegnen, den Wert der eigenen Kultur wahrzunehmen und kritisch zu betrachten und das Aufeinandertreffen unterschiedlicher Kulturen als Chance der Bereicherung zu begreifen. Die Erfahrung, dass Menschen in ihrer Kultur leben wollen, dass Integration nicht Abschied von der eigenen Kultur bedeuten muss, erfordert von jedem, dem einheimischen wie dem ausländischen Kind und Jugendlichen, Toleranz, Verständnis und Respekt.

Thematische Schwerpunkte für den Unterricht

Die Begegnung mit anderen Kulturen kann nicht auf ein Fach beschränkt sein. Die Fremdsprachen sind ein idealer Auslöser für das Sich-Öffnen, aber auch Geographie oder Geschichte können im oben genannten Sinn Neugier und Verständnis für andere kulturelle Prägungen öffnen. Gemeint ist aber, dass nicht neuer Stoff auf die Schulfächer zukommt, sondern dass die bestehenden Inhalte interkulturell akzentuiert und sich bietende Chancen, kulturelle und multikulturelle Aspekte in den Unterricht zu integrieren, genutzt werden. Trotzdem sollten einige Aspekte im Unterricht genauer thematisiert werden:

- Der Begriff „Kultur"; Merkmale eigener und fremder Kulturen
- Die Würde des Menschen; Menschenrechte
- Toleranz, Indifferentismus und Gleichgültigkeit
- Ausgrenzung, Mobbing, Bullying, Gewalt
- Kulturelle Identität und Integration
- Entstehung, Ursachen, Bedeutung von Vorurteilen, Rassismus und Fremdenfeindlichkeit

- Hintergründe und Folgen der naturräumlichen, wirtschaftlichen, sozialen und demographischen Ungleichheiten
- Migrationen in Vergangenheit und Gegenwart
- Zusammenleben von Minderheiten und Mehrheiten

Möglichkeiten der Lehrkraft
Bei allen erzieherischen Bemühungen spielt das **Vorbild** eine entscheidende Rolle. Dies gilt auch für die interkulturelle Erziehung. Die Lehrkraft zeigt Offenheit und Neugier für andere Kulturen und deren Vertreter – z. B. auch über ihre Biographie, Hobbys, Interessen. Wer Toleranz nicht als Verdrängung oder Gleichgültigkeit, sondern als emotionale und rationale, dabei friedliche Auseinandersetzung mit Unbekanntem, Fremden versteht und demonstriert, zeigt den Schülern einen Weg, sich mit Fremdem vertraut zu machen, ohne um die eigene Identität fürchten zu müssen.

Die Lehrkraft ist auch aufgerufen, **Begegnungen** mit Vertretern anderer Kulturen zu arrangieren, damit die Schüler in der Gruppe lernen, auf andersfarbige, andersgläubige, anderssprachige Menschen zuzugehen. Sprachreisen und Schüleraustausch sind etablierte Formen der Begegnung. Schulpartnerschaften, Briefkontakte, Patenschaften, soziales Engagement für benachteiligte Gruppen in anderen Kontinenten öffnen den Kindern und Jugendlichen die Augen und machen sie sensibel und neugierig. Dann wird Unbekanntes auch nicht als bedrohlich, sondern als faszinierend empfunden.
Wenn Kinder oder Jugendliche mit Migrationshintergrund in die Klasse aufgenommen werden, gehört es zur Klassenführungskompetenz, die neue Konstellation als Chance, als Bereicherung des Schulleben zu begreifen und danach zu handeln: Die Klasse eignet sich einen „Miniwortschatz" an, erfährt von der anderen Kultur, feiert ein Multikulti-Fest, lernt die Feiertage kennen, hört im Ethikunterricht von der fremden Religion, staunt über fremde Rituale usw.

Immer mehr Kinder und Jugendliche mit unterschiedlichem kulturellen Hintergrund treffen aufeinander. Die Integration muss behutsam erfolgen. Sie darf nicht bedeuten, dass die „fremden" Kinder oder Jugendlichen ihre kulturelle Identität aufgeben, sondern es wird eine Balance gefunden werden. Das Eigene wird bewahrt, aber man soll lernen, es mit fremden Augen zu sehen und Verschiedenheiten zu achten. Die Klasse erfährt, dass sie mit der Integration in gleicher Weise Aufgaben übernimmt, wie die Kinder, die sich eingewöhnen und einfügen. Dass dies ggf. nicht ohne Konflikt abgeht, wird allen Beteiligten klar und sie lernen, mit solchen Konflikten ohne verbale und physische Gewalt umzugehen.

1.2.4 Koedukation im Wandel

Erst in den 60er-Jahren des letzten Jahrhunderts wurde die Koedukation als bedeutende Errungenschaft gefeiert. Allerdings kam sie schon bald ins Gerede. Die offensichtliche Ungleichbehandlung von Mann und Frau in der Gesellschaft, das Frauenbild der ehemaligen DDR, die Unvereinbarkeit von bzw. die Doppelbelastung durch Familie und Beruf, welche der Frau berufliche Chancen nahm und sie an den häuslichen Herd verbannte bzw. im Berufsleben in untergeordneten Positionen hielt, zwang zum Nachdenken, und man entdeckte Schuldige, u. a. auch die Schule: Die Mädchen werden benachteiligt. Sie werden von den Jungen majorisiert, die Lehrkräfte nehmen sie zu wenig wahr und in den naturwissenschaftlichen Fächern und in der Mathematik hinken sie hinterher. Der heimliche Lehrplan stempelt sie zu zukünftigen Hausmütterchen ab und selbst die Sprache mit ihren maskulinen Gattungsformen entpuppt sich als diskriminierend.

Die Koedukation wurde nie ernsthaft in Frage gestellt, aber einer reflektierten Koedukation (mit monoedukativem Unterricht in den naturwissenschaftlichen Fächern) redete man das Wort. Die Diskussion hat Erfolge gebracht: Die Lehrer und Lehrerinnen sind sensibler geworden, der heimliche Lehrplan ist aus den Schulbüchern weitgehend verschwunden und die Versuche mit monoedukativem Unterricht in den Naturwissenschaften zeigen Erfolge für die Mädchen. Freilich, in der Gesellschaft hat sich wenig verändert: Nur 6 % der Männer mindern ihre Arbeitszeit zugunsten der Kinderversorgung, es gibt kaum Männer in Sozialberufen, nur 20 % der Stellen im mittleren Management werden von Frauen besetzt, im höheren Management sind es überhaupt nur 4 %. Dabei gehen immer mehr Mädchen auf das Gymnasium (auf neusprachliche Gymnasien etwa 71 % Mädchen, naturwissenschaftliche allerdings nur 41 %, sozialwissenschaftliche 82 %); sie haben bessere Noten und bessere Abschlüsse. (Statistisches Landesamt Bayern: Schulbesuch 2004/2005 der 9. – 11. Jahrgangsstufen)

Die PISA-Studie hat die „Vormachtstellung der Mädchen“ präzisiert: In den Naturwissenschaften gibt es keinen signifikanten Vorsprung der Jungen, während beim Lesen und Textverständnis die Mädchen signifikant besser sind. In Mathematik lassen sich Leistungsvorteile der Jungen feststellen, obwohl die Mädchen an Selbstsicherheit und Motivation gewonnen haben. Auch im selbstregulierten Lernen schneiden die Mädchen besser ab.

Wörtlich schlägt die Studie vor,

> „dass Bemühungen um einen Ausgleich von Leistungsunterschieden zwischen Mädchen und Jungen an verschiedenen Punkten ansetzen sollten. Im Bereich **Lesen** erscheint es vor allem wichtig, Jungen stärker zum Lesen zu motivieren. Um die **ausgeprägte relative Schwäche von Jungen beim Reflektieren und Bewerten von Texten** auszugleichen, wäre weiterhin gezielt die Fähigkeit zu fördern, die Inhalte gelesener Texte mit bereits vorhandenen Wissensbeständen zu verknüpfen. [...]. Um **Leistungsnachteile von Mädchen in den Bereichen Mathematik und Naturwissenschaften** auszugleichen, sollten Bemühungen, die auf der motivationalen Ebene ansetzen, durch eine gezielte Förderung spezifischer Teilkompetenzen (Modellierungsfähigkeiten, Nutzung graphisch-visueller Repräsentationsformen, räumliches Vorstellensvermögen) ergänzt werden.“ (S. 268)

Folgerungen
Es geht nicht mehr um die Benachteiligung der Mädchen in der Schule. Es geht um genderspezifisch bedingte unterschiedliche Eingangsvoraussetzungen bei Mädchen und Jungen und um das unterschiedliche Rollenverhalten von Mädchen und Jungen, die bei der Klassenführung, der Unterrichtsorganisation und -gestaltung zu berücksichtigen sind. Die Schule ist in mehrfacher Hinsicht gefordert.

- **Mädchen- und Jungenarbeit**

Eine ganze Reihe von Schulen ist dazu übergegangen, im Rahmen der Klassenführung einmal im Monat je eine Stunde für die Gruppe der Jungen und die der Mädchen anzubieten, in denen beide Gruppen sich getrennt zum Miteinander der Geschlechter äußern und nach Lösungsmöglichkeiten bei Problemen suchen können. Dabei soll in der Jungengruppe eine männliche und in der Mädchengruppe eine weibliche Lehrkraft moderieren. Rollenspiele mit „geschlechtsfremden“ Lösungen (Jungen: gewaltfrei; Mädchen: auch physisch sich zur Wehr setzen) können auch zur Sensibilisierung beitragen.

- **Erziehung zum Miteinander**

Die Lehrkraft wird in ihrer Rolle als Vorbild versuchen, beiden Geschlechtergruppen wie auch den Einzelnen gerecht zu werden, also keine Ungleichbehandlung von Mädchen und Jungen (gleiches Verhalten beim Aufrufen und beim Verteilen von Aufgaben/Ämtern in der Klasse,

Unvoreingenommenheit, gleiches Verhalten bei Unterrichtsstörungen, pädagogischer Takt gegenüber jedem, keine geschlechterspezifische Attribuierung bei guten oder schlechten Leistungen usw.). Darüber hinaus reagieren die Lehrkräfte auf geschlechtsspezifische Vorurteile der Mädchen und Jungen gegenüber dem anderen Geschlecht und ahnden auch entsprechendes Fehlverhalten.

- **Intensivierungsstunden**

Modellversuche an Gymnasien haben bestätigt, dass die phasenweise Aufhebung der Koedukation günstige Auswirkungen hat. Bei den Intensivierungsstunden kann es sich anbieten, die Gruppen auch geschlechterspezifisch zu bilden: Dies erlaubt den Mädchen, geschützt in ihrer Gruppe ihren Zugang zu den naturwissenschaftlichen Fächern zu finden, während die Jungen eine verstärkte Förderung in den sprachlichen Fächern erfahren, da sie von den Mädchen weniger majorisiert werden.

- **Geschlechtergerechte Unterrichtsgestaltung**

Mädchen und Jungen sollen sich gleichermaßen vom Unterricht angesprochen fühlen.

- In den offenen Unterrichtsformen, also in schülerzentrierten Unterrichtsformen, wird der Einfluss der männlichen oder weiblichen Lehrperson und ihr Verhalten gegenüber dem anderen Geschlecht weniger bestimmend.
- Stille wie dominante Schüler kommen in erarbeitenden Unterrichtsformen eher zur Geltung als in darbietenden.
- Im lebensnahen Unterricht erfahren die Kinder auch von den Geschlechterrollen und entwickeln eine notwendige Distanz dazu.
- Beiden Gruppen müssen Identifikationsmöglichkeiten geboten werden (Literatur, Geschichte, Politik u. a.).

1.2.5 Fächerübergreifendes Lernen und kooperative Arbeitsfelder: Beispiel Medienerziehung

Fächerübergreifendes Lernen

„Der Bildungs- und Erziehungsauftrag des Gymnasiums fordert, dass die jungen Menschen lernen, auch komplexere Sachverhalte zu erkennen und mit ihnen umzugehen. Dies gilt ebenso für Problemstellungen, die nicht allein im Rahmen eines einzelnen Faches erschlossen werden können. Die Schüler sollen sich daher während ihrer gymnasialen Laufbahn mit fächerübergreifenden Themen auseinandersetzen“ (Lehrplan 2004, 1.3).
Diese Aussagen des Lehrplans bedürfen hier wohl keiner weiteren Begründung. Die dort ebenfalls angeführten Themenbereiche belegen die Komplexität der Sachverhalte ebenso wie die Notwendigkeit der Auseinandersetzung damit im Rahmen schulischer Bildung und Erziehung, z. B. Europa, Eine Welt, Familie, Freizeit, Frieden, Medien (s. u.), Politik, Sexualität, Technik, Umwelt, Werte- und Weltanschauung.

Der Lehrplan gibt auch Hinweise zu Umsetzungsmöglichkeiten:

- organisatorisch: innerhalb der Klasse, klassenübergreifend auf Jahrgangsstufenebene oder bei Veranstaltungen der ganzen Schule (z. B. bei einem Projekttag); Voraussetzung: Kooperationsbereitschaft und organisierte Zusammenarbeit der Lehrkräfte; genaue Absprachen in den einzelnen Schulen
- inhaltlich: Themenvorschläge in den Lehrplänen der einzelnen Jahrgangsstufen

Kooperative Arbeitsfelder

Mit einer aufwändigen Unterrichtsvorbereitung zur Einführung in die Internetrecherche in eine Klasse zu gehen und dann erleben zu müssen, dass die Arbeit überflüssig war, weil die

Schülerinnen und Schüler über diese Methode bereits verfügen, ist ebenso frustrierend wie umgekehrt festzustellen, dass sie eine Methode nicht beherrschen, die man vorausgesetzt hat. Um die Effektivität des Unterrichts zu steigern und demotivierende Frustrationen und Misserfolge zu vermeiden, ist es deshalb sinnvoll, „dass die Schulen im Hinblick auf methodische Fertigkeiten, die in verschiedenen Fächern zum Einsatz kommen, Konzepte für den Erwerb und die arbeitsteilige Vertiefung dieser Fertigkeiten entwerfen und umsetzen" (Lehrplan 2004, 1.3).

Als wichtige kooperative Arbeitsfelder führt der Lehrplan an:

- „Recherche, Analyse und Aufbereitung von Informationen",
- „Einsatz moderner Medien und Informationstechnologien",
- „Präsentation und Dokumentation".

Folgende Aussagen trifft der Lehrplan zum Vorgehen bei der Umsetzung der Kooperation:

- Festzulegen ist, welche Aufgaben das jeweilige Leitfach und die zugeordneten Fächer übernehmen
- und in welchen Jahrgangsstufen welche Inhalte vermittelt und vertieft werden sollen.
- Die Fachschaften arbeiten systematisch zusammen um sich inhaltlich abzustimmen.

Über die Förderung von Methodenkompetenz hinaus stärkt eine solche konsequente Kooperation auch bei den Schülerinnen und Schülern „das Bewusstsein, dass es im Gymnasium nicht um die Vermittlung jeweils isolierten Fachwissens geht, sondern um ganzheitliche, von den verschiedenen Fächern unter gleichen Zielen getragene ganzheitliche Bildungsarbeit" (Lehrplan 2004, 1.3).

Medienerziehung

Begriff

Medienerziehung ist ein Bereich der Pädagogik und nicht der Medienwissenschaft. In unserer Zeit bedeuten die modernen Medien eine eminent wichtige pädagogische Herausforderung. Wenn Erziehung „mündig machen in dieser Welt" heißt, dann bedeutet Medienerziehung mündig machen in der mediatisierten Welt, in einer vermittelten Welt, in einer durch die Medien gestalteten neuen Wirklichkeit.

Medienerziehung ist von der Mediendidaktik abzugrenzen. Diese versteht sich als „Teil der Didaktik, der sich mit dem Einsatz der Medien als Träger von Lehr- und Lerninhalten und als Hilfsmittel im Unterricht beschäftigt." (Akademiebericht Päd., S. 108)

Notwendigkeit der Medienerziehung

Medienerziehung (im Folgenden: ME) ist keine neue Disziplin, wie Medien kein neues Phänomen sind. Das Buch, die Zeitung, der Film sind Medien, die zu ihrer Zeit als Gefahr für die Jugend geächtet worden sind und den Schrei nach erzieherischem Einwirken laut werden ließen. Dass allerdings die modernen Medien das Verhalten der Kinder und Jugendlichen weit stärker prägen, weil sie auch deren Zeit in höherem Maße okkupieren, kann nicht bestritten werden. Das Handy in der Hand des 10-Jährigen, der MP3-Player mit seinem immensen Musikangebot, der Fernseher und der Computer mit seinen Spielen im Kinderzimmer beherrschen nicht nur die Freizeit in einem nicht gekannten Ausmaß, sondern auch die Wahrnehmung und die Wertorientierung. Da die Wirkung der Medien auf Kinder und Jugendliche noch zu wenig erforscht ist, neigt man dazu, mit den Gefahren wie mit den Möglichkeiten moderat umzugehen, zumal die Medienerfahrungen der Kinder ambivalent eingeschätzt werden.

Medien erlauben heute einen Zugang zu nächsten und entferntesten Wirklichkeiten aus unterschiedlichen Perspektiven. Sie liefern damit ein komplexeres und umfassenderes Abbild der Wirklichkeit, als es früher jemals zugänglich war, sie können Wirklichkeit aber auch verfälschen.

- Informationen sind durch die Medien heute problemfrei überall und zu jeder Zeit verfügbar, was es erforderlich macht, mit dieser Informationsflut umgehen und sie verantwortungsbewusst nutzen zu lernen.
- Medien versprechen weitreichende Kenntnisse, deren Beurteilung und Gewichtung dem Einzelnen überlassen bleibt. Dies kann eine reizvolle Herausforderung wie eine gefährliche Überforderung sein.
- Medien gestatten heute eine dauernde Kommunikation untereinander, die Möglichkeiten und Gefahren birgt. Die ständige Erreichbarkeit etwa wird nicht nur im Arbeitsleben zum Problem; sie absorbiert auch Zeit und banalisiert oft die inhaltliche und sprachliche Qualität der Kommunikation. Andererseits lassen sich viele Kommunikationswege abkürzen.
- Die scheinbare Anonymität im Netz verführt zu verantwortungslosem Handeln (Mobbing, Kränkungen, Shitstorm…).
- Medien können der Kreativität des Einzelnen einen ungeahnten Schub geben.

Wie immer man den Einfluss der Medien sieht, ME ist notwendig, weil es darum geht, die Kinder und Jugendlichen an die Möglichkeiten der Medien heranzuführen sowie sie den Umgang mit den Gefahren lernen zu lassen.

Aufgabenfelder

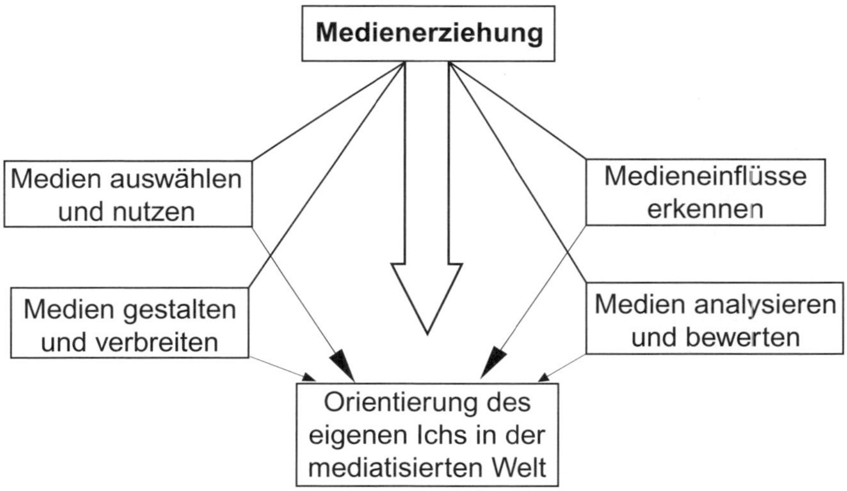

- **Medien sinnvoll auswählen und nutzen**
  - das Medienangebot in seiner Vielfalt kennen lernen
  - den Zugang zu den Medienangeboten technisch beherrschen
  - sich mit den Medienfunktionen „informieren“, „unterhalten“, „spielen“ auseinandersetzen
  - Unterscheidung zwischen medialen und nicht-medialen Handlungsmöglichkeiten
  - weitere Medienfunktionen kennenlernen: kommunizieren, kooperieren, simulieren
  - sich über das Medienkonsumverhalten klar werden
  - über die Wirkungen des Medienkonsums informiert sein

- Auswahlkriterien kennenlernen
- die Produktionsbedingungen und ihre Konsequenzen in den Medien kennen
- um die Auswirkungen der Medien auf Gesellschaft, Kultur, Politik u. a. wissen

• **Medien gestalten und verbreiten**
  - Präsentieren von Informationen mit Hilfe von Medien
  - die Kommunikationsmöglichkeiten der Medien kreativ nutzen
  - die Möglichkeiten graphischen Gestaltens zur Information und zu künstlerischem Ausdruck nutzen
  - wichtige Gestaltungsmittel in Schrift, Bild und Ton kennenlernen und anwenden (Film, Tonmischung, Zeichentrick, Animation, Montage u. a.)
  - einen Internetauftritt gestalten (eigene Homepage, Schul-Homepage)

• **Mediengestaltung analysieren und bewerten**
  - die Mitteilungs- und Gestaltungsformen unterscheiden lernen („Literalität")
  - den Zusammenhang von Inhalt und Form analysieren
  - ästhetische Gesichtspunkte wahrnehmen und beurteilen
  - ethische, rechtliche, medienkritische Fragen stellen
  - die Reduktion von Realität wahrnehmen
  - Beurteilungskriterien entwickeln und anwenden

• **Medieneinflüsse kennen und wahrnehmen**
  - versteckt transportierte Botschaften erkennen (Familienbild, Rolle der Frau, Berufsbild des Richters, Heile Welt …)
  - Favorisierung bestimmter ethischer Verhaltensweisen durchschauen
  - Wirkung der Medien auf die Gefühle (Angst, Euphorie) wahrnehmen
  - Festschreibung von Trends, Moden erkennen
  - Beeinflussung von Wertvorstellungen in sozialen, politischen, ökonomischen und ökologischen Bereichen durchschauen
  - die Wirkung von Gewaltdarstellungen diskutieren

Wer lernt, die Medien von ihrer Technik her zu nutzen, wer um die Produktionsbedingungen, um die Wirkung auf den Einzelnen und die Gesellschaft weiß, wer die ästhetischen Möglichkeiten erkennt und selbst nutzt, wird in die Lage versetzt, mit den Medien mündig umzugehen. Er nimmt sein eigenes Medienverhalten (zeitlicher Rahmen, Vorlieben, Gewohnheiten, Schwächen) wahr, kann mit dem Phänomen Medien kritisch distanziert umgehen und findet zu einer Orientierung in der Welt, die nicht von den Medien verstellt ist, dank selbst entwickelter ethischer und ästhetischer Kriterien.

Umsetzung in der Schule

• **Hinweise im Lehrplan**

Der Lehrplan gibt in den Jahrgangsstufenprofilen klare Hinweise auf medienpädagogisches Arbeiten. Zum einen werden „pädagogische Akzente" für die jeweilige Jahrgangsstufe gesetzt, z. B.:

- 5: „mit verschiedenen Hilfsmitteln, z.B. Computern, Lexika (…) und mit der Schulbibliothek bekannt machen"
- 6: „Umgang mit Medien üben und deren bewussten und zielgerichteten Einsatz fördern"
- 7: „Wege der Informationsbeschaffung vergleichen, z.B. Nachschlagewerke, Bibliothek, Internet"
- 9: „Medienkompetenz vertiefen und Präsentationskompetenz fördern"

Zum anderen nennt der Lehrplan für jede Jahrgangsstufe „fächerverknüpfende und fächerübergreifende Unterrichtsvorhaben“, von denen mindestens eines zu realisieren ist, z. B.:
- 5: „Lesenacht, Lesefrühstück“; „Wir gestalten ein Buch für die Klasse.“
- 6: „Vorlesewettbewerb“; „Mit Medien umgehen“, „Präsentieren – zeigen, was man kann“
- 7: „Netzwerke: Reisen im World Wide Web“; „Künstliche Welten“; „Von der Tonscherbe zum Computer“
- 8: „Mit Medien umgehen“

- **Medieneinsatz im Unterricht**

Bei der Frage nach dem Medieneinsatz in der Unterrichtsplanung und –gestaltung geht es zunächst um Mediendidaktik. Wenn Schüler aber in die Planung mit einbezogen werden, selbst Entscheidungen über Medieneinsatz fällen, dann lernen sie im Sinne der Medienpädagogik („Medien auswählen und nutzen“). Das geschieht auch dann, wenn die Lehrkraft didaktische Medien einsetzt und deren Einsatz mit den Schülern reflektiert (Qualität, versteckte Botschaften, …). Voraussetzungen sind natürlich eine gute Ausstattung des Klassenraumes und der Schule mit den entsprechenden Medien sowie die Bereitschaft und die Fähigkeit der Lehrkraft, mit allen Medien, also auch den neuen technischen umzugehen. Auch Hausaufgaben, die mit Hilfe von selbst gewählten Medien (Recherche, Lernprogramm) bearbeitet werden können, führen die Schüler zu Medienerfahrungen.

- **Schulleben**

Die außerunterrichtlichen Möglichkeiten für den Umgang mit Medien haben sich in den meisten Gymnasien deutlich verbessert. Das Equipment ist meist vorhanden, wo nicht, bringen es die Schüler von zu Hause mit. Schulfunk, Schulfernsehen, Homepage, Schülerzeitung, Gestaltung von Festen, Schultheater, Musikaufführungen, internationaler Chatroom, Kontakte mit anderen, auch ausländischen Schulen sind Bereiche, in denen sich Schüler „tummeln“ können und vielfach auch wollen. Dabei müssen gar nicht immer die Lehrkräfte innovieren und organisieren. Vielfach gibt eine Oberstufengeneration ihr Know-how der nächsten mit, und von der Unterstufe her wächst der Nachwuchs heran.

Schlussgedanke

Es ist beliebt bei den Print-Medien, die Schuld an der zunehmenden Gewalt an Schulen, ob gegen Schüler oder Lehrer gerichtet, bei den technischen Medien (Gewalt-DVDs, Pornographie im Internet, Computerspiele) zu suchen. In der Tat, fast immer kommen Gewaltanwendung und übermäßiger Konsum an gewaltorientierten Medienprodukten zusammen, ohne dass die Wissenschaft einen klaren Zusammenhang hat erkennen können. Monokausale Verknüpfungen sind auch falsch. Aber es steht zweifelsfrei fest, dass übermäßiger Konsum von gewaltverherrlichenden Medien zumindestens ein Gewaltverhalten mit begünstigen hilft. Schon deshalb ist die Schule dank des Erziehungsauftrags in der Pflicht, ihren Beitrag zur Medienerziehung zu leisten, deren eines Aufgabenfeld „Medien sinnvoll auswählen und nutzen“ heißt.
Link-Tipp: www.medieninfo.bayern.de (sehr nützliches Internetportal in Sachen Medien)

1.3 Erzieherisches Handeln

1.3.1 Autorität

Das unfehlbare Mittel, Autorität über die Menschen zu gewinnen, ist, sich ihnen nützlich zu machen.
Marie von Ebner-Eschenbach

Begriff
Gerade am Beispiel „Autorität" wird deutlich, wie sehr sich die Einstellung zu dem Thema geändert hat. Während der Begriff in der Zeit nach 1968 als Substantiv zu „autoritär" geradezu verpönt war und man der antiautoritären Erziehung das Wort geredet hat, begann in den 80er Jahren eine Renaissance der positiv besetzten Bedeutung des Begriffs, der sich allerdings gegen viele Fehlformen (unechte, äußere, angemaßte, Amts-Autorität) zur Wehr setzen musste. Ein Grund für viele Missverständnisse ist der Umstand, dass die deutsche Sprache dem wertneutralen Begriff „Autorität" lange Zeit nur das negativ besetzte Adjektiv „autoritär" zugeordnet hat und sich das Wort „autoritativ" nur langsam durchsetzt.
Autorität beschreibt sowohl ein Verhältnis zwischen Personen wie auch eine Person; laut Duden bezeichnet der Begriff Autorität:

1. auf Leistung oder Tradition beruhender maßgebender Einfluss einer Person oder Institution und das daraus erwachsende Ansehen
2. einflussreiche, maßgebende Persönlichkeit von hohem [fachlichem] Ansehen" (Duden, Fremdwörterbuch, 2005, S. 112).

Unbestritten sagt das Wort etwas über die Art und Qualität einer Beziehung zwischen einem überlegeneren (erfahreneren, kenntnisreicheren …) und einem unterlegenen (weniger erfahrenen, kundigen …) Menschen aus. So ist zwischen Mutter und Kind, zwischen Lehrer und Schüler, zwischen Vorgesetztem und Untergebenen ein (Macht-?)Gefälle vorhanden. Zu Autorität wird dieses Gefälle, wenn der „Schwächere" die höhere Position des anderen (freiwillig) anerkennt und sich im Denken und Handeln daran orientiert. Dabei ist diese Zuschreibung kein ewiges Gut. Damit wird auch die Frage beantwortet, ob sich Autorität und Demokratie „vertragen". Keine Demokratie kommt ohne Führung aus. Aber die Führung wird in diesem Fall vom Educanden legitimiert. Und die Mündigkeit, ein entscheidendes Lernziel, zeigt sich in der dem Jugendlichen zugestandenen Freiheit, die Autorität auch immer wieder zu hinterfragen und ggf. das Vertrauen aufzukündigen.

Autorität ist also der vom Kind/Jugendlichen vermutete oder wahrgenommene Kompetenzvorsprung einer Person, der es ihm erlaubt, ihr zu vertrauen, auch außerhalb der Kompetenz und auch dann, wenn er sie nicht kontrollieren kann. Autorität muss ständig neu erworben werden, weil der Educand sein Vertrauen auch immer wieder überprüfen will und soll. Denn Kinder und Jugendliche brauchen Autorität, weil sie in ihrem Drang nach Freiheit und Selbstbestimmung Grenzen überschreiten, andererseits aber Grenzen akzeptieren, wenn sie von Menschen ihres Vertrauens gesetzt werden. Diese Grenzen werden als Schutz und Geborgenheit erlebt.

Formen von Autorität
Aebli unterscheidet vier Formen von Autorität, die er verschiedenen entwicklungspsychologischen Phasen zuordnet. Für das Gymnasium sind drei Schemata relevant (s. Grafik nächste Seite).
Da zwei der drei Schemata eher negativ bewertet werden, ist diese entwicklungspsychologische Reihung mit Vorsicht zu sehen. Es lassen sich aber Schlussfolgerungen ziehen, die für den Erwerb von Autorität von Bedeutung sind:

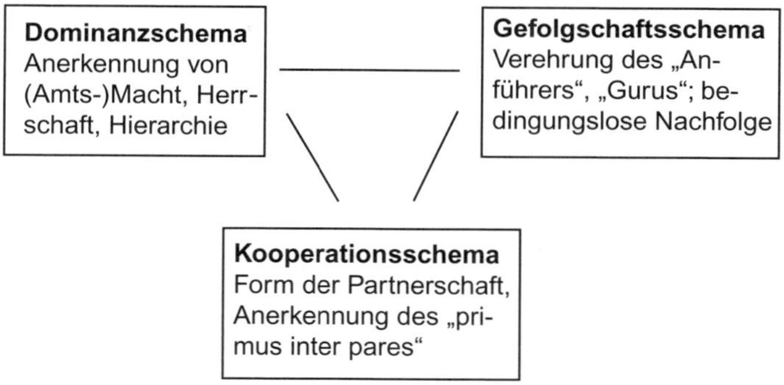

1. Kinder/Jugendliche wollen durchaus die übergeordnete Stellung der Lehrkraft anerkennen, nicht zuletzt deshalb, weil sie das große Maß an Verantwortung noch nicht tragen können und wollen und in einer sie verunsichernden Lebenswelt Halt suchen. Problematisch wird es, wenn sie ein Machtgefälle zum Beziehungsprinzip erheben, das es ihnen erlaubt, ihrerseits Macht über andere auszuüben (Mobbing, Ausgrenzung).
2. Dass sich Menschen in jedem Alter bedingungs- und kritiklos in die Abhängigkeit eines „Führers“ begeben, ist aus der Geschichte bekannt. Grund sind häufig die Angst vor der Verantwortung und mangelnde Selbständigkeit, mangelndes Selbstbewusstsein.
3. Das scheinbar positiv besetzte Kooperationsschema birgt auch eine Gefahr in sich: Lehrer neigen in einem falschen Verständnis von Partnerschaft dazu, Kindern zu früh zu viel Verantwortung aufzuhalsen, der sie ggf. nicht gewachsen sind.

Autorität erwerben

„Hol erst mal den Hammer raus, damit sie wissen, wen sie vor sich haben! Nett sein kannst du dann immer noch…“ (autoritärer Lehrer)

Autorität ist keine charakterliche Eigenschaft, sondern eine Beziehungsqualität: eine besondere Art, Beziehung personal und sachbezogen zu gestalten. Autorität ist damit lernbar.

Wenn man Schüler fragt, wann ein Lehrer Autorität hat, dann antworten sie ebenso knapp wie wenig hilfreich: „Wenn er ein guter Lehrer ist.“ Dann gilt es zu fragen, was ein guter Lehrer ist. Als moderne, aber auch kaum hilfreichere Antwort kann gelten: Er braucht fachliche, didaktische, methodische, kommunikative, personale und pädagogische Kompetenzen.
Referendarinnen und Referendare wollen wissen, wie sie auch schon bei ihren ersten Unterrichtseinsätzen punkten können. Über welche Kompetenzen verfügen sie auch schon als Anfänger?

- Nicht unterschätzt werden darf die **fachliche Kompetenz**, die bei den Schülern in hohem Ansehen steht. Diese gilt es in den zu Vordergrund stellen, wenn die didaktischen Fähigkeiten erst noch entwickelt werden müssen. Also: Bei der Vorstellung in der Klasse die berufliche Biographie skizzieren, besondere Erfolge auch außerhalb des Faches bei der Nennung der Hobbys erwähnen (Nicht nur Personalchefs, sondern auch die Schüler wollen wissen, mit wem sie es zu tun haben: Schülerinterview!). Immer so vorbereitet sein, dass auch periphere Fragen („weiß er/sie das?“) beantwortet werden können.
- Punkten können auch Berufsanfänger mit ihrem echten **Interesse** an der Klasse und ihrem **Engagement** für sie, z. B. mit ihrer Präsenz: Am Nachmittag Zeit haben für das Klassenfest, Zuschauen beim Basketballturnier der Klasse, die Musiker beim Konzert bewundern, über die einzelnen Schüler Bescheid wissen, Interesse an Außerschulischem

zeigen, sich Zeit nehmen für den Einzelnen. Dies bedeutet aber auch, möglichst schnell die Namen lernen, vor und nach dem Unterricht das Gespräch mit den Schülerinnen und Schülern suchen, einen auf gegenseitigem Respekt beruhenden Umgang mit ihnen pflegen.

- **Zuverlässigkeit** und **Gerechtigkeit** stehen in der Liste der guten Lehrereigenschaften bei Schülern ganz oben: allen in gleicher Weise Gerechtigkeit widerfahren lassen, Vereinbarungen, Versprechen und Ankündigungen einhalten (z. B. Schulaufgabenrückgabe, Belohnung), den Anforderungen an die Schüler (Höflichkeit, Pünktlichkeit, Engagement) selbst entsprechen. Gewinnt eine Lehrkraft durch ihre Zuverlässigkeit und Höflichkeit auch nicht automatisch Autorität, so verspielt sie vieles, wenn sie sich als unzuverlässig erweist oder gegrüßt werden will, ohne selbst einen Gruß zu erwidern.
- Einen hohen Stellenwert hat für die Schüler die **Echtheit**, die **Authentizität**: nicht sich hinter einer Lehrerrolle verstecken, sondern als Person wahrnehmbar bleiben, die Gefühle, Meinungen, Vorlieben hat. Deshalb ist es gelegentlich notwendig, das eigene Verhalten zu erläutern (Ich-Botschaften) und auch offen für Kritik zu sein. Es bedeutet zugleich die Notwendigkeit, seine eigenen Stärken im Umgang mit den Schülerinnen und Schülern zu erkennen, seinen eigenen Stil zu entwickeln und selbstbewusst und mit Selbstvertrauen zu agieren.

Viele von den Schülern geschätzte und geforderte Tugenden und Einstellungen sind nicht oder kaum erlernbar: Dazu gehören Empathie, Takt, Freundlichkeit, Witz, Humor, Schlagfertigkeit. Voraussetzung für das „Lernen" von Autorität ist das Bewusstsein, dass der Lehrer/die Lehrerin Autorität braucht, um seine/ihre Aufgaben zu erfüllen, und dass er/sie auch tatsächlich Autorität haben **will**.
Erlernbar sind in der Referendarzeit die **didaktische und methodische Kompetenz**. Der gute Unterricht stabilisiert die Autorität.

Einmal gewonnene Autorität gilt es zu bewahren. Sehr schnell wird man an Autorität verlieren, wenn man sie einsetzt, um Macht auszuüben, wenn man zu oft Herrschaftsverhalten zeigt, autoritär ist: willkürliche und ungerechte Entscheidungen trifft, keine Kritik an der eigenen Person zulässt, Drohungen einsetzt und Druck ausübt, zynisch oder persönlich verletztend agiert u. Ä.
Autorität fehlt, wenn mangelnde Bereitschaft zu führen, ein unangemessen anbiedernd-kumpelhaftes Verhalten den Schülern gegenüber, Gleichgültigkeit oder Unsicherheit und mangelndes Selbstbewusstsein ein sinnvolles Unterrichten letztlich unmöglich machen, vom Erfüllen der Erziehungsaufgabe ganz zu schweigen.

Es wäre blauäugig zu behaupten, die Amtsautorität spiele im Lehrerberuf keine Rolle. Wiewohl in der Literatur verpönt, bedient sich ihrer (fast) jeder Lehrer, denn nicht jede Maßnahme, nicht jede Anordnung oder Bitte findet den Beifall aller Schüler und dem Lehrer wird nicht von jedem Schüler das gleiche Maß an Vertrauen entgegengebracht. Sich auf diese Form der Autorität zurückzuziehen ist legitim und gelegentlich notwendig. Ziel muss es sein, sie überflüssig zu machen zugunsten der echten Autorität. Die Tatsache, dass es erzieherische Maßnahmen in jeder Schulordnung gibt, zeigt, dass dieses Ziel eher ein Ideal ist.

1.3.2 Disziplin

Manche Kinder brauchen weniger die Disziplin eines Klassenzimmers als die einer nachahmenswerten Autorität.
Christa Schyboll

Begriff

Der Begriff stammt aus dem Lateinischen und bedeutet zunächst „Unterricht" bzw. „Lehre", „Unterrichtsfach", dann das Ergebnis der Lehre, die „Kenntnis", die „Gelehrsamkeit" und endlich auch „Sitte", „Gewohnheit", Zucht".

Disziplin ist

- eine jeweils auf Situationen oder Personen hin definierte (An-)Ordnung, die störungsfreies Leben und Zusammenleben möglich macht. In der Schule meint der Begriff die notwendige Ordnung, die Unterricht und Schulleben konfliktfrei ablaufen lässt (Voraussetzung (auch) für Erziehung).
- eine Form der Selbstkontrolle, die eine Ordnung anerkennt und über die eigenen Augenblicksbedürfnisse stellt, weil sie diese Ordnung für sich als sinnvoll erachtet, da sie ihm das Leben erleichtert (Erziehungsziel).

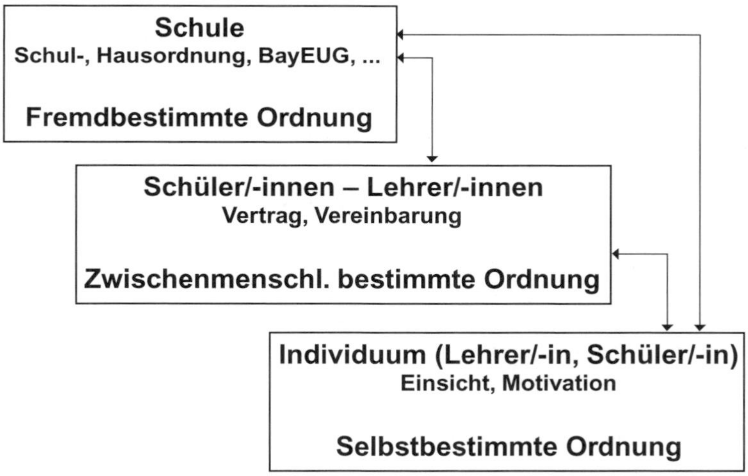

Wenn es der Schule und den Lehrkräften gelingt, dass die Schüler und Schülerinnen die von außen (oben) kommende Schul- bzw. Hausordnung als notwendig für das Leben und Arbeiten in der Schule ansehen, also zu einer eigenbestimmten Ordnung machen, wenn es Lehrkräften und Schülern gelingt, zu weitergehenden Vereinbarungen zu kommen, die das Leben und Arbeiten in der Klasse ordnen, dann kann Disziplin funktionieren, weil aus der fremdbestimmten eine eigenbestimmte Ordnung geworden ist, deren Einhaltung leichter fällt.

Wie soll es der Lehrkraft gelingen, den Schülern Einsicht in die Notwendigkeit der Disziplin zu vermitteln, sie erkennen zu lassen, dass die Ordnung ihnen „etwas bringt"? Dazu bedarf es der Autorität der Lehrkraft, die zu überzeugen versteht, die soviel Vertrauen aufgebaut hat, dass die Schüler auch dann ja sagen zu einer Regelung, wenn sie deren Nutzen nicht sofort überprüfen können.

Das ist sicher besser, als auf die Amtsautorität zu verweisen, Regeln anzuordnen und von den Schülern Gehorsam zu verlangen, was gerne als unpädagogisch abgewertet wird und doch in vielen Fällen die Regel ist. Auch die Schulordnung ist nicht das Ergebnis eines Konsenses zwischen Ministerium, Lehrern und Schülern, sondern eine Vorgabe, an die sich alle zu halten haben. Wie es Ordnungen und Gesetze gibt, so gibt es auch Widerstände gegen diese Ordnung und Verstöße gegen die Gesetze. Man muss sich also von dem Axiom verabschieden, dass fehlende Disziplin in einer Klasse allein der Lehrkraft anzulasten ist. Dass es der „gute Lehrer“ (vgl. Kapitel 4.2) ungleich leichter hat, weil er mit den Schülern umgehen kann, weil er eine Klasse führen kann, weil er Autorität besitzt, bestreitet niemand. Dass aber auch der beste Lehrer mit abweichendem Verhalten im Unterricht zu kämpfen hat, ist ebenfalls unstrittig. Wenn also eine der Kernfragen der (angehenden) Lehrkraft: „Wie gehe ich mit der Disziplinlosigkeit in meiner Klasse um?“, beantwortet werden soll, dann sollten Disziplinstörungen, deren Gründe und Präventions- bzw. Interventionsmöglichkeiten genauer betrachtet werden.

Disziplinstörungen

Einen Zugang zum Thema Disziplinstörungen bieten begriffliche Differenzierungen: „**’Disziplinschwierigkeiten’** beschreiben den fehlgeschlagenen Versuch eines Schülers, mit sich selbst oder im Zusammenwirken mit anderen Schülern die geforderte Respektierung sozialer Normen und Ordnung zu leisten, was als ein ‚innerer Konflikt’ verstanden werden kann.

Ein **‚Verstoß gegen eine Disziplinarordnung’** ist demnach Missachten einer äußeren Ordnung (‚äußerer Konflikt’).“ (Akademiebericht Päd., S. 94) Im Hinblick auf den Umgang mit beiden Fehlformen der Disziplin ist diese Unterscheidung wenig ergiebig, weil jeder innere Konflikt in einen äußeren mündet, wenngleich, was das Anliegen der Autoren ist, die beiden Formen unterschiedlich zu bewerten sind.

Eine andere Einteilung wäre zu diskutieren, weil sie die Bewertung von Verstößen erleichtert: Man unterscheidet zwischen **absichtlichen und unabsichtlichen Verstößen** und zwischen **zielgerichteten Handlungen und Verhaltensweisen ohne direkten Adressaten**. Bei dieser Differenzierung wird deutlich, dass viele Störungen gar nicht beabsichtigt sind, sondern aus Langeweile, Gedankenlosigkeit, Tatendrang oder mangelnder Rücksichtnahme entstehen. Sie werden anders bewertet als absichtliche Handlungen. Aber auch die Zielrichtung ist nicht unwichtig. Viele Lehrkräfte glauben, jede Unterrichtsstörung gelte ihnen, sie fühlen sich angegriffen, in Frage gestellt, lächerlich gemacht, kritisiert. Häufig gilt die Aktion einem Mitschüler oder der Klasse oder überhaupt keinem Adressaten. Deshalb ist es auch nicht richtig, jede Unterrichtsstörung als Konflikt zu bezeichnen. Nur absichtsvolle und zielgerichtete Aktionen können Ausdruck eines Konflikts sein. Dies sollte in jedem einzelnen Fall mit aller Vorsicht geprüft werden, bevor überinterpretiert wird. Wer als Lehrkraft mit Disziplinverstößen sinnvoll umgehen will, muss die Ursachen kennen, damit präventive Maßnahmen ergriffen werden können und nicht die Intervention als einziges Gegenmittel verstanden werden muss.

Gründe für Disziplinstörungen

Die Gründe sind vielfältiger Natur. Da der einzelne Disziplinarverstoß selten monokausal zu erklären ist, macht eine Aufzählung deutlich, in welche Richtungen man sehen muss, wenn Fehlverhalten richtig verstanden werden soll. Die verschiedenen Gruppen im Schulleben können als Einteilungsmöglichkeit dienen: Familie, Schule, Lehrkräfte, Peergroup/Klasse und der Einzelne, der sich bei seinem Verhalten oft selbst im Weg steht.

Familie/familiäres Umfeld

Die Einstellung der Eltern zur Arbeit, zur Schule, zur schulischen Leistung spielt eine ganz wesentliche Rolle. Wenn die Schule als Institution in Frage gestellt wird, auch wenn sie „nur“ als notwendiges Übel bezeichnet wird, wenn Lehrkräfte in Anwesenheit der Kinder in ihrer Autorität beschädigt werden, wenn Arbeit als schlimm diskreditiert wird, dann entsteht in den Kindern eine latente Unzufriedenheit mit der Schule und ihren Forderungen, auch den disziplinären. Ein Elternhaus, in dem auch Ordnungen (z. B. gemeinsame Essen, festgelegter Medienkonsum, Höflichkeit, Übernahme von Pflichten) eine Selbstverständlichkeit sind, erzieht die Kinder zur Selbstdisziplin und erleichtert diesen den Umgang mit der Ordnung in der Schule, weil sie dank des Erziehungsstils der Eltern einen verantwortungsvollen Umgang mit der Freiheit – auch über Konflikte – gelernt haben und lernen.

Schule

Da das Elternhaus allein in vielen Fällen einen festen Rahmen für die Kinder nicht mehr bietet/bieten kann und da diese außerdem wegen der Zunahme des Nachmittagsunterrichts erheblich mehr Zeit in der Schule verbringen, ist die Schule verstärkt zum Familienersatz geworden. Sie muss in einer Zeit, in der Kinder und Jugendliche aufgrund der Veränderungen in der privaten Lebenswelt und im gesamtgesellschaftlichen Umfeld vielfach erheblichen Belastungen ausgesetzt sind (Stichpunkte: Einzel-, Medien-, Konsum-, Armuts-, verplante, missbrauchte Kindheit/Jugend und Risiko-, Erlebnis-, Multioptions-. Wissens-, Medien-, Gewalt- und plurale Gesellschaft (Wiater 2001, 7)) einen Halt gebenden Orientierungsrahmen bieten. Die Identifikation mit der Schule, das Schulleben mit seinen Festen, seinen Ritualen, seinem Profil schaffen ein Zusammengehörigkeitsgefühl, das Jugendliche suchen. Wo dieses Miteinander verweigert wird (Lehrer haben keine Zeit, unfreundliche Schulhausarchitektur, bürokratische Schulleitung, kahle Klassenzimmer, kaum Spielmöglichkeiten, keine Mitverantwortung …), entstehen Unzufriedenheit und daraus Aggression, die sich im Unterricht in undiszipliniertem Verhalten entlädt.

Lehrkraft

Wenn mit ein und derselben Klasse die eine Lehrkraft große Schwierigkeiten, die andere so gut wie keine kennt, dann kann dies nicht allein an der Klasse liegen. Freilich kann man mit hohem Leistungsdruck und autoritärem Unterrichtsstil, also mit Disziplinierung, möglicherweise auch einen disziplinierten Unterricht halten (auf Kosten eventuell des nachfolgenden Unterrichts). Auf Dauer aber – und dies lehrt die Unterrichtsstilforschung – wird es nicht nur zu Störungen, sondern auch zu Konflikten kommen. Besser ist es, der Lehrer vermeidet den übermäßigen Leistungsdruck, signalisiert sein Interesse an und seine Sympathie für jeden Einzelnen und die Klasse, hält einen guten Unterricht (siehe dort!), in den die Schüler eingebunden sind, und zeigt bei Störungen (s. u. 1.4.3), dass er über den notwendigen Fundus an Reaktionen – dazu gehört auch der Humor – und Fingerspitzengefühl bei deren Auswahl verfügt. Dass er trotzdem mit Störungen zu kämpfen hat, liegt auch daran, dass er eben nicht allein für sie verantwortlich gemacht werden kann (Der beste Lehrer ist auch nicht unbedingt immer der beliebteste!).

Peergroup/Klasse

Die Gruppe der Gleichaltrigen hat mit ihrem Einfluss auf den jugendlichen Einzelnen den Eltern den Rang abgelaufen. In der Freizeit wie in der Schule herrscht oft ein Gruppendruck, der Einstellungen, Haltungen und Verhalten bestimmt. Dass in solchen Fällen manchmal schon ein „Alpha-Tier" genügt, um undiszipliniertes Verhalten im Unterricht „verpflichtend" zu machen, weiß jede Lehrkraft zu berichten. Ausgrenzung, Mobbing, Bullying, psychische und physische Gewaltanwendung (s. u. 1.4.4) sind nicht Ergebnis einer Einigung in der Gruppe, sondern häufig das Werk Einzelner oder weniger, die den Mitläufer zum Mittäter machen, weil dieser seinerseits Angst hat, ausgegrenzt zu werden. Es genügt auch schon, wenn durch die Klasse eine Front läuft (Mädchen – Jungen, Deutsche – Ausländer), die zu Aggressionen untereinander und damit zu Störungen des Unterrichts führt. In diesem Zusammenhang wird auch deutlich, dass viele Störungen gegen Mitschüler und nicht gegen die Lehrkraft gerichtet sind.

Der Einzelne

Undiszipliniertes Verhalten wird schnell gelernt, wenn sich Erfolg einstellt. Führt die augenblickliche Bedürfnisbefriedigung (Schwätzen, Provozieren) zu einem Erfolg, weil der Regelverstoß nicht geahndet wird oder weil er sogar die Anerkennung der Klasse hervorruft (vgl. Klassenclown!), bedeutet dies eine Verstärkung. Man lernt am eigenen Erfolg oder am Erfolg des anderen (Imitationslernen).

Fehlende Anerkennung durch den Lehrer (u. a. Noten!) oder durch die Mitschüler und Niederlagen jeglicher Art führen zu Frustration, die sich als eine Art Rache in offener und versteckter Aggressivität entladen kann. Oder man kompensiert die Frustration, indem man sich in einem anderen Bereich durch Aggression belohnt. Viele rechtfertigen ihr Fehlverhalten auch, scheinbar rational, interpretieren es als notwendige Konsequenz oder als ihr „gutes Recht“, bauen sich also ihr eigenes Wertesystem auf, um ihr Verhalten nicht ändern zu müssen.

Sicherlich spielt auch der Machttrieb eine wichtige Rolle. Hat man einen Schwächeren vor sich, fühlt man sich stärker. Wen man schwächt, über den kann man Macht ausüben. Dies gilt ebenso für die Gruppe/Klasse, in der man Macht übernehmen will, indem man die anderen unterdrückt, klein macht, wie für die Lehrkraft, bei der man „austestet“, ob es gelingt, sie zu beherrschen, oder ob man von ihr beherrscht wird.

Prävention
Ziel muss es sein, Disziplinprobleme gar nicht erst aufkommen zu lassen. Sicherlich wird ein guter Lehrer in einer guten Schule, gut eingebunden in ein gutes Kollegium in seinem gut geplanten und gut gestalteten Unterricht in seiner gut geführten Klasse weniger Probleme kennen, als …

Der gute Lehrer
Dazu ist u. a. in den Kapiteln „Lehrerbild“ und „Autorität“ vieles ausgeführt. Zweifellos hat die Lehrkraft, die geschätzt und geachtet wird, weniger Probleme mit der Disziplin. Nur muss es erst einmal zu dieser Art Verhältnis kommen. Eine für die Schüler/-innen neue Lehrkraft und der/die Referendar/in in besonderem Maße werden getestet. Es gilt also von Anfang an, Vertrauen und Autorität zu gewinnen. Dazu gehören Freundlichkeit und Festigkeit, Konzilianz und Konsequenz, Nähe und Distanz. Dies auszuloten, ist eine der ersten und gleichzeitig schwierigsten Aufgaben.

Die gute Schule
Vgl. dazu das Kapitel „Schulkultur“.

Das gute Kollegium
Gemeint ist damit ein Kollegium, das sich auf einen Ordnungsrahmen geeinigt hat und diesen auch zur Richtschnur ihres Handelns macht. Wenn z. B. vereinbart ist, dass die Schüler im Unterricht nicht essen und trinken dürfen, und alle Mitglieder wie auch die Schulleitung halten sich an diesen Beschluss und reagieren bei Verstößen, dann gewöhnen sich die Schüler daran und die einzelne Lehrkraft muss nicht einen eigenen Kampf um die Durchsetzung ausfechten. Die berühmte Ausrede: „Bei Herrn Haberl dürfen wir das“, wird zwar nicht aussterben, aber erheblich an Gewicht verlieren. Wenn man sich dann auch noch auf vergleichbare Reaktionen verständigt hat, dann werden die Schwierigkeiten geringer.

Der gute Unterricht
Vgl. dazu den Buchteil über Unterrichtsplanung und -gestaltung.

Die gut geführte Klasse
Vgl. dazu das Kapitel „Klassenführung“.

Das gute Klassenlehrerteam
(gutes Kollegium)

Zum Umgang mit Unterrichtsstörungen s. u. 1.4.3

1.3.3 Erziehungsmittel

Es hat keinen Sinn, Kinder zu erziehen,
sie machen sowieso alles nach.
Unbekannt

Begriff

„Unter Erziehung werden Handlungen verstanden, durch die Menschen versuchen, das Gefüge der psychischen Dispositionen anderer Menschen in irgendeiner Weise dauerhaft zu verbessern oder seine als wertvoll beurteilten Bestandteile zu erhalten oder die Entstehung von Dispositionen, die als schlecht bewertet werden, zu verhüten." (Brezinka 1990, S. 95). Dreht man diese Definition Brezinkas um, so heißt die Definition: Erziehungsmittel sind Handlungen und Maßnahmen, durch die Menschen versuchen, …". Der Begriff „Mittel" hat sich durchgesetzt, obwohl er suggeriert, wenn man sie einsetze, komme man auch zum Erfolg. Aber auch die Formulierungen „pädagogische Maßnahmen", „Erziehungsmaßnahmen", „-praktiken" und „-methoden" sind nicht glücklicher gewählt. Von der Intention her wäre das Wort „Erziehungshilfen" sicherlich adäquater, aber dieser Begriff bezieht sich auf Hilfen, welche Erzieher/-innen von außen (Erziehungsberatung) in Anspruch nehmen.

Auch eine verbindliche Systematisierung hat sich nicht durchgesetzt. So wird von „direkten" (Lob, Tadel, Strafe, …) und „indirekten Mitteln" (Spiel, Arbeit, Wettkampf) gesprochen, oder man teilt sie in „unterstützende" und „vermeidende" Erziehungsmittel (EM) ein.

Allgemeine Methoden der unterstützenden Art

Darunter sind Mittel zu verstehen, die nach der Lernpsychologie positiv verstärken (Erfolgslernen).

- **Gewöhnen/Ordnungshilfen geben**

Wenn der Begriff „Gewöhnung" auch wertneutral ist (man kann auch an Gewalt, Terror „gewöhnt" werden), so bedeutet dieses EM eine große Hilfe für Kinder und Jugendliche. Räumliche, zeitliche und logische immer gültige Festlegungen zwingen den Educanden nicht, sich immer wieder neu entscheiden zu müssen, wirken also entlastend. Es entsteht eine gewisse Vertrautheit mit Abläufen und Verbindlichkeiten, die nicht mehr als störend empfunden werden. In besonderer Weise helfen Rituale, also kleinste zeitliche Einheiten, die durch bestimmte wiederkehrende Ereignisse und Regeln geprägt sind. Die Gewöhnung ist auch im Zusammenhang mit der „Trias der sozialen Erziehung" zu sehen:

– 1. „Gewöhnung (basiert auf alltäglicher Erfahrung und Modelllernen)
– 2. Einsicht (durch klärende Gespräche und Signale des Verstehens)
– 3. Grenzziehung (nötig, wenn Einzelne oder die Gemeinschaft Schaden nehmen können; ist keine Strafe, wird aber oft als solche empfunden)". (vgl. www.kfh-mainz.de (Verzeichnis unter „Erziehungsmittel")

- **Vorbild sein**

Das Vorbild gilt als das wichtigste Erziehungsmittel (Sonntags- und andere Festreden belegen dies ebenso wie das oben zitierte Diktum). Kinder und Jugendliche orientieren sich an selbst gewählten Vorbildern, an Menschen, die Erfolg haben, und an derem Verhalten, das sie als Ursache für diesen Erfolg ansehen, um selbst Erfolg zu haben. Dies könnte auch die Lehrkraft sein; doch wirkt ein positives Vorbild, wenn überhaupt, mit erheblicher Zeitverzögerung, während das schlechte Vorbild leider sofort wirkt: Der pünktliche Lehrer wird nicht sofort und automatisch nachgeahmt; der unpünktliche wird als personifizierte Erlaubnis zur Unpünktlichkeit verstanden. Deshalb ist das vorbildliche Verhalten so wichtig. Im Bereich der Wertevermittlung kann es der Lehrkraft, die geschätzt und geachtet wird (s. o. „Autorität"), gelingen, dass einzelne die vom Lehrer oder der Lehrerin vorgelebten Werte, wenn auch nicht sofort, annehmen (Modelllernen).

- **Beispiel geben**

Während unter Vorbild eine Haltung, eine (dauernde) Verhaltensweise zu verstehen ist, die ein Angebot an die Kinder und Jugendlichen ist, das sie annehmen können oder nicht, ist das Beispiel ein aktives punktuelles Verhalten, mit dem man eine Verhaltensänderung bei den Schülern herbeiführen will (Modelllernen). Man zeigt an einem Menschen (z. B. auch an sich selbst), an einem Ereignis, welche Konsequenzen ein bestimmtes Verhalten von Menschen gehabt hat oder hat, mit dem Ziel, dass die Schülerinnen und Schüler dieses Beispiel als für sie relevant ansehen und danach handeln. Wenn das Beispiel erfolgreich sein soll, dann ist es auf die Altersstufe ausgerichtet und nicht allzu verbindlich und zu „erzieherisch" dargestellt, damit die Schüler das Gefühl haben, sich dafür und dagegen entscheiden zu können.

- **Freiheit gewähren, Orientierung geben**

Auch mit Freiheit(en) umzugehen will gelernt sein. Dass sie immer im Zusammenhang mit Einschränkungen (Regeln, Gebote, Verpflichtungen) gesehen werden muss, erfährt das Kind, der Jugendliche, wenn er nicht unterfordert (zu wenig Freiheit) und auch nicht überfordert (zu viel Freiheit) wird. Hier das richtige Maß zu finden, ist schwierig und hat nicht nur mit dem Erziehungs- bzw. Führungsstil zu tun. Man muss sich die Frage stellen, wie viel Freiheit der junge Mensch braucht und wie viel er erträgt/verträgt.
Sinnvoll ist das Anbieten von vereinbarten Handlungsbezirken.

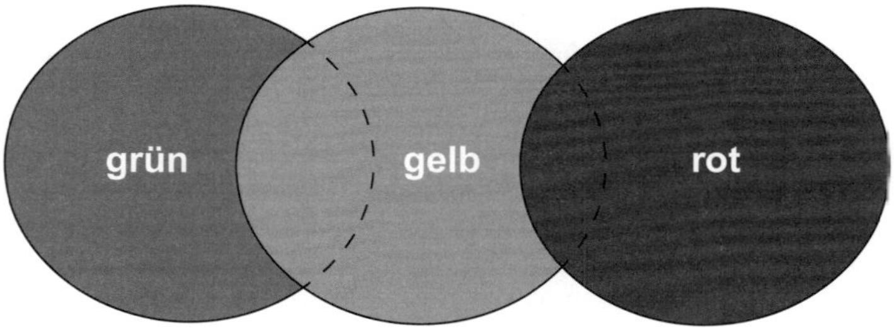

Der amerikanische Kinderpsychologe Redel (vgl. Akademiebericht Päd., S. 104) fordert nicht nur Grenzen, sondern auch Bereiche, die ihrer Entscheidungsfreiheit unterliegen. Das Ampelmuster macht seine Vorstellungen deutlich. Der rechte Bereich (rot) signalisiert Verbote, die nicht einfach außer Kraft gesetzt werden dürfen (lügen, stehlen, schlagen, rauchen, ...). Im linken Bereich (grün) haben die Kinder und Jugendlichen das „Sagen". Dieser sanktionsfreie Raum ist nötig für die kritische Ich-Entwicklung wie für eine Du-Sensibilität. Schließlich kann der grüne Bereich des Mitschülers zum roten Bereich des Banknachbarn werden. Da die Grenzen fließend sind, auch viele Situationen ad hoc zu bestehen sind, muss es den mittleren Bereich (gelb) geben, in dem der Schüler entscheiden kann und ggf. auch Grenzen überwinden wird, wenn er Verantwortung lernen soll.

- **Vertrauen**

Das Sprichwort: „Vertrauen ist gut, Kontrolle ist besser", muss in der Erziehung umgeschrieben werden: „Kontrolle ist gut, Vertrauen ist notwendig.". Wenn die sicherlich notwendige Kontrolle die Zuverlässigkeit des Schülers/der Schülerin/der Klasse/der Schüler ergeben hat, dann sollte dies mit Vertrauen belohnt werden. Freilich gilt es, die Altersstufe zu berücksichtigen und abzuwägen, und jede einzelne Lehrkraft muss sich von Mal zu Mal entscheiden. Man darf auch nicht vergessen, dass Vertrauen überfordern kann, wenn es dem Einzelnen in der gegebenen Situation zu viel Selbstverantwortung aufbürdet.

- **Normen und Werte sprachlich vermitteln**

Neben dem Modell- und dem Erfolgslernen darf das kognitive Lernen nicht zu kurz kommen. Will die Lehrkraft Einsicht in Werte und Normen vermitteln, dann geschieht dies vor allem über das Gespräch mit dem Einzelnen oder der Klasse. Nach Lawrence Kohlbergs moralischer Entwicklung übernimmt der junge Mensch in der konventionellen Phase die Normen der Jugendlichen und Erwachsenen als Orientierungshilfe. Die Lehrkräfte sind aufgerufen, diese Orientierung zu unterstützen, also zu vermitteln, was gut und böse ist, was erlaubt, was nicht erlaubt ist. Von der Anpassung an die Normen bis zur Internalisierung von Normen aus begründeter Einsicht geht der junge Mensch einen längeren Weg, auf dem ihn die Lehrkräfte auch vor allem mit Argumenten und nicht nur mit Sanktionen begleiten sollen.

- **Belohnen**

Belohnung ist eine Form des operanten Konditionierens, eine materielle Verstärkung, die, maßvoll eingesetzt, durchaus die Wirkung hat, dass ein erwünschtes Verhalten in der Zukunft häufiger gezeigt und damit gelernt wird. Ist der materielle Wert im Verhältnis zum Verhalten zu hoch oder erfolgt die Belohnung automatisch, wird sie zur einklagbaren Größe wie eine Bezahlung. Der junge Mensch handelt nur noch wegen der Belohnung (extrinsische Motivation). Überhaupt keinen Effekt hat dieses Mittel, wenn das Kind die Belohnung als unverdient ansieht, weil es aus eigenem Antrieb gehandelt hat und deshalb sein Verhalten nicht verstärkt werden muss. Die Belohnung für ein außergewöhnliches Verhalten oder eine ebensolche Leistung ist aber nicht abzulehnen.

- **Erfolg als immaterielle Belohnung ermöglichen**

Eine bessere Verstärkung als die Belohnung ist der Erfolg. Wenn Lehrkräfte es schaffen, durch ihre Maßnahmen zu erreichen, dass der Einzelne oder die Klasse für ihr Handeln durch den Erfolg oder Anerkennung von außen belohnt werden (Wettbewerbe, Aufführungen, Veranstaltungen), dann ist diese Form der Belohnung höher einzuschätzen als die pädagogisch motivierte Belohnung durch die Lehrkraft.

Verbale Hilfen

Sie dienen dazu, dem jungen Menschen im konkreten Einzelfall die Entscheidung für oder gegen eine Norm oder einen Wert zu erleichtern. Es sind Aktionen, die mehr oder weniger verbindlich ein gewünschtes Verhalten bewirken sollen. Die folgende Aufschlüsselung dient nicht der semantischen Klärung, sondern soll deutlich machen, dass es abgestufte Formen der Verbindlichkeit gibt, dass also dem Schüler ein unterschiedliches Maß an Entscheidungsfreiheit zugestanden wird. Der Lehrkraft steht ein Repertoire zur Verfügung, das sie in ihrer Bandbreite nützen kann. Wer nur befiehlt (autoritär), unterfordert (keine Entscheidungsmöglichkeit/Verantwortung), wer nur empfiehlt (laissez-faire), überfordert Kinder und Jugendliche.

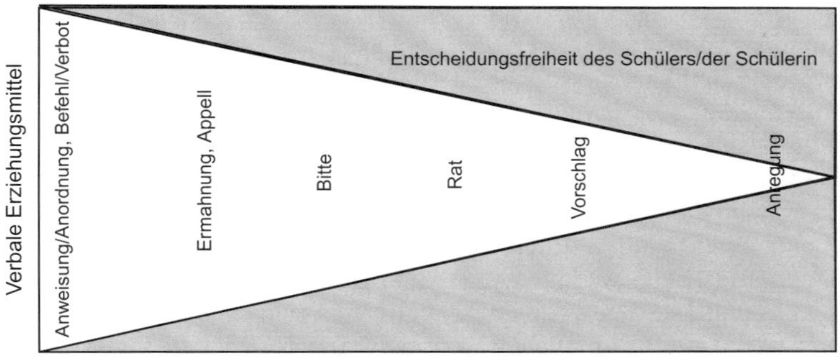

- **Anregung**

Sie hat den geringsten Verbindlichkeitsgrad, lässt also dem Schüler die größtmögliche Entscheidungsfreiheit, indem sie bei ihm Überlegungen zu Werten und Verhaltensweisen in Gang setzt.

- **Vorschlag**

Er zeigt eine oder mehrere erwünschte Handlungsmöglichkeiten auf, unter denen der Schüler wählen sollte. Es ist ihm aber freigestellt, den Vorschlag anzunehmen oder abzulehnen. Letzteres darf keine Sanktionen zur Folge haben.

- **Rat**

Die Lehrkraft mit der größeren Erfahrung, dem größeren Wissen empfiehlt mit ihrer Autorität dem jungen Menschen ein bestimmtes Verhalten, ohne ihm die Entscheidung abzunehmen.

- **Bitte**

Mit der echten Bitte signalisiert die Lehrkraft, dass ihr das gewünschte Verhalten ein persönliches Anliegen ist. Sie enthält bereits mehr psychologischen Druck als der Rat. Trotzdem muss der Schüler die Freiheit haben, die Bitte abzulehnen. Das Höflichkeitswort „bitte“ macht aus einer Anordnung keine Bitte; deshalb vertreten manche Pädagogen die Ansicht, dass das Wort in einer Anordnung nicht gebraucht werden dürfe, weil sonst Missverständnisse entstehen könnten.

- **Ermahnung, Appell**

Die Ermahnung, intensiver als die Erinnerung, nimmt aktiv auf den Willen des jungen Menschen Einfluss wie auch der Appell, der als Ruf an das Gewissen verstanden werden kann.

- **Anweisung, Anordnung, Befehl, Verbot**

Die Anweisung/Anordnung verlangt Gehorsam, erlaubt also keine Entscheidungsfreiheit. Anweisungen müssen ausgeführt werden. Werden sie ohne plausible Begründung nicht befolgt, können Sanktionen folgen. Allerdings sollten Anweisungen bestimmten Kriterien entsprechen:

  - klar und positiv (was zu tun ist; nicht, was nicht zu tun ist) formuliert
  - bestimmt, aber nicht unfreundlich; ohne Vorwurf, Ironie und Provokation
  - als Anweisung formuliert (nicht: „Ihr schwätzt schon wieder.“)
  - konkret auf die Situation bezogen
  - begründet

Der **Befehl** fordert unbedingten Gehorsam, duldet keine Diskussion und wird im Fall des Nichtbefolgens mit Sanktionen belegt. Diese extreme Form der Anordnung wird eigentlich nur zur Vermeidung von Gefahren gebraucht. Das **Verbot** ist die Anordnung oder der Befehl, etwas nicht zu tun.

Verbal belohnen/strafen

Das **Lob** als verbale Belohnung bezieht sich direkt auf das gezeigte Verhalten, soll zur Wiederholung motivieren und ist damit für den Schüler eine wichtige Orientierung in den Bereichen von richtig:falsch und gut:schlecht. In der positiven Bewertung kommt auch die Beziehung zwischen Lehrkraft und Schüler/Schülerin in Form einer persönlichen Zuwendung zum Ausdruck. Während die einen Pädagogen meinen, dass man gar nicht zu viel loben könne, warnen andere vor einer Inflation. Automatische Lobfloskeln („gut“ im Sinne einer neutralen Bestätigung), enthusiastische Würdigungen, die nicht dem gezeigten Verhalten entsprechen, und automatisches und undifferenziertes Lob entwerten sich selbst und damit das zu würdigende Verhalten. Auch auf die möglichen Nebenwirkungen achtet die Lehrkraft, da Lob stigmatisieren kann („Streber“), vor allem dann, wenn es nicht auf eine Leistung oder ein Verhalten, sondern auf die Person bezogen ist.

Der **Tadel** als verbale Strafe ist die Rückmeldung für ein unerwünschtes Verhalten. Während das Lob sich auch auf die Person beziehen kann, gilt für den Tadel, dass er ausschließlich das Verhalten oder die Leistung anspricht, nie jedoch die Person, also nicht: „Du bist unmöglich“, sondern allenfalls: „Dein Verhalten ist unmöglich.“
Mit dem **Versprechen** wird bei erwünschtem Verhalten eine Belohnung (extrinsische Verstärkung) in Aussicht gestellt. Obwohl den Schülern meist willkommen, wird es auch als subtile Form der Erpressung empfunden. Versprechen müssen auf jeden Fall gehalten werden. Während das Versprechen eine positive Folge des Verhaltens in Aussicht stellt, weist die **Warnung** auf die negativen Folgen hin, zielt also auch darauf ab, positives Verhalten zu fördern und unerwünschtes zu unterbinden. **Drohungen** sind unmissverständliche Hinweise auf Sanktionen als Folgen falschen Verhaltens und damit so problematisch wie Strafen.

Die Strafe
Die Strafe wird in der Literatur meist vehement abgelehnt; in Schulordnungen fehlt der Begriff, stattdessen ist die Rede von „Ordnungsmaßnahmen“ und sonstigen „Erziehungsmaßnahmen“.

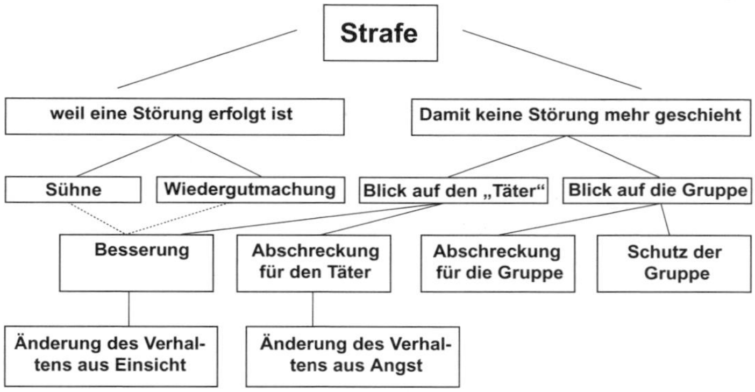

Geißler (S. 152, um „Schutz der Gruppe“ ergänzt) hat die erzieherischen Motive für die Strafe zusammengefasst. Dabei fehlt der Begriff „Rache“, der wohl in Klammern hinter den Begriff „Sühne“ zu setzen wäre. Die Schulordnung spricht bewusst nicht von Strafen, sondern von (notwendigen) Maßnahmen, um eine Nähe zum Motiv Rache gar nicht aufkommen zu lassen.

Trotzdem werden sich manche Lehrkräfte selbst bei diesem Motiv ertappen, wenn sie, lange genug genervt, „endlich“ reagieren. Aber auch wenn sie andere Motive haben, wird kaum ein Schüler die Maßnahme als sinnvoll ansehen, sondern der Lehrkraft unterstellen, Rache genommen zu haben („Fühlen Sie sich jetzt gut, weil Sie mich bestraft haben?“), was zu aggressiven Reaktionen, Abneigung, Selbstmitleid, Misstrauen führt. Damit wird aber das vertretbare Ziel der Bestrafung, nämlich die Änderung des Verhaltens aus Einsicht, verfehlt. Wie problematisch Strafen sind, erkennt man aus der folgenden Beschreibung:

Strafe ist eine Schmerzzufügung als Reaktion auf ein Fehlverhalten, um dieses durch die Nähe zum Schmerz zu löschen (vgl. Verstärkung durch Belohnung vs. Löschung durch Schmerz).

Nur haben Untersuchungen ergeben, dass die Strafe auf Dauer ein bestimmtes Verhalten nicht zu löschen vermag.

Es gibt erhebliche **Bedenken gegen die Strafe**, die viele dazu veranlasst, dieses Erziehungsmittel generell abzulehnen (vgl. Akademiebericht Päd., S. 72 und Köck/Ott, S. 692 f.):

- Strafen sagen nichts über die erwünschte Verhaltensänderung in der Zukunft aus, sondern ahnden nur ein Verhalten aus der Vergangenheit.
- Strafen werden häufig in der Erregung erteilt und sind damit selten eine rationale Antwort auf das inkriminierte Verhalten.
- Der Strafe mangelt es häufig an zeitlicher und inhaltlicher Nähe zum Fehlverhalten.
- Strafen wecken Frustrations- und Aggressionsgefühle, vor allem wenn jemand häufiger und immer stärker bestraft wird.
- Strafen führen zu Fluchtverhalten: Ausreden, Lügen, Schuld abwälzen, Schule schwänzen usw.
- Strafen führen zu Angst (vor dem Erwischtwerden, vor der Strafe), zu Unsicherheit, zu Minderwertigkeitsgefühlen.
- Strafen führen zu Vermeidungsverhalten: Man vermeidet die Situation, in der man straffällig geworden ist oder es wieder werden könnte, und hat damit keine Möglichkeit, sich zu bewähren.
- Strafen haben häufig nicht absehbare oder einschätzbare Nebenwirkungen (Auftreffwirkung auf den Betroffenen: coole Reaktion, Schock, Verzweiflung, Gefühl der Aufwertung in der Peergroup, …)
- Strafen können zur Etikettierung des Betroffenen führen (Vorurteile, Halo-Effekt, Andorra-Effekt …).
- Strafen bieten nur unangenehme Konsequenzen, aber keine Hilfen.

Die Erziehungspraxis antwortet auf diese Bedenken mit der Suche nach anderen unbedenklicheren Erziehungsmitteln.

Erziehungs- und Ordnungsmaßnahmen

Pädagogische Prinzipien
Folgende pädagogische Prinzipien müssen beachtet werden, wenn das Verhalten eines Schülers/einer Schülerin mit einer Erziehungsmaßnahme bzw. einer Ordnungsmaßnahme belegt werden soll:

- **Die Schuld muss erwiesen sein.**

Dazu ist es notwendig, dass der Schüler die Norm kennt und deren Notwendigkeit einsieht. Außerdem sollte ihm die Konsequenz der Normverletzung, also die Art der möglichen Maßnahme bekannt sein: „Dreimal keine Hausaufgabe zieht eine Mitteilung nach sich." („Vertragscharakter" der Sanktion). Dem Schüler/der Schülerin (und ggf. den Eltern) muss die Möglichkeit eingeräumt worden sein, den Fall aus seiner/ihrer Sicht darzustellen und zu erläutern, um sicherzustellen, dass er/sie für das Fehlverhalten verantwortlich ist.

- **Die Maßnahme muss begründet sein.**

Der Schüler hat ein Recht darauf, dass er eine einleuchtende Begründung der Maßnahme erhält. Nur dann wird er sein Verhalten aus Einsicht ändern, wenn er auch den Begründungszusammenhang zwischen Fehlverhalten und Maßnahme erkennt und akzeptiert. Im anderen Fall produziert die Maßnahme nur das Gefühl, erzieherischer Willkür ausgeliefert zu sein.

- **Die Maßnahme muss gerecht sein.**

Dies bedeutet, dass für gleiches Fehlverhalten auch vergleichbare Maßnahmen vorgesehen werden (omnibus idem: Für jeden dasselbe!). Gleichzeitig aber muss auch der Grundsatz „suum cuique" (Jedem das Seine!) gewahrt sein. Dies bedeutet, dass jedes Fehlverhalten individuell behandelt werden muss, dass also mildernde Umstände berücksichtigt werden.

Auch muss die Maßnahme nach dem Grundsatz der Verhältnismäßigkeit der Mittel angemessen sein.

- **Die Maßnahme muss in engem Zusammenhang zur Tat stehen**

Der inhaltliche Bezug der Maßnahme zur Tat lässt sich auf folgende Weise herstellen:
- Wiedergutmachung: Der materielle Schaden ist zu bezahlen.
- Sühne: Für ein Vergehen gegen die Gemeinschaft sühnt er mit einer sozialen Tat für diese Gemeinschaft.
- „natürliche Strafe“: Die Maßnahme ist die logische Konsequenz seines Handelns: Zuspät-Kommen erfordert Nachlernen in der Freizeit.

Die zeitliche Nähe der Maßnahme zur Tat soll einen emotionalen Bezug zum Fehlverhalten, das es zu löschen gilt, herstellen. Verweise, die nach zehn Tagen zu Hause ankommen, verfehlen ihre Zielsetzung.

- **Die Nebenwirkungen müssen bedacht werden.**

Es gibt erwünschte und unerwünschte Wirkungen von Erziehungs- und Ordnungsmaßnahmen. Die erwünschten Wirkungen, wie z. B. Löschung, Verhaltensänderung aus Einsicht, können allerdings durch unerwünschte Nebenwirkungen zerstört werden. Für den einen Schüler ist die Maßnahme der Versetzung in die Parallelklasse die Chance für einen Neuanfang, für den anderen bedeutet es, den letzten Ansprechpartner zu verlieren. Den Verweis betrachtet der eine Schüler als Auszeichnung und er hängt ihn als Trophäe in die Wohnung, während für den anderen eine Welt zusammenbricht und für seine Familie auch.

- **Zu jeder Maßnahme gehört die Hilfestellung.**

Fehlverhalten ist in vielen Fällen Ausdruck einer psychischen Indisposition. Ärger, Frust, Schmerz führen zu Ersatzhandlungen, die nicht akzeptiert werden können. Manchmal gibt es tiefer greifende Ursachen, mit denen sich der Betroffene auseinandersetzen muss. Auf jeden Fall braucht er Hilfe, um den Weg zurück zu finden, um die Einsicht auch in die Tat umsetzen zu können. Deshalb sollte mit jeder pädagogischen Maßnahme zumindest ein Hilfsangebot verknüpft sein. Es signalisiert dem Schüler, dass die Lehrkraft die Tat ablehnt, nicht aber den Täter und dass sie sich nicht rächen wollte, sondern sich von pädagogischen Motiven leiten ließ.

Erziehungs- und Ordnungsmaßnahmen bei Disziplinstörungen

- **„Kleine Erziehungsmaßnahmen“**

Bei den Lehrkräften erfreuen sich kleinere Maßnahmen bei Disziplinstörungen wie Übungsaufgaben, Protokolle, Aufsätze („Warum ich einen Mitschüler nicht schlagen darf?“) u. a. großer Beliebtheit. Nur wird die Lehrkraft auch hier prüfen müssen, ob die Maßnahme als Rache aufgefasst werden kann und ob sie in einem logischen Zusammenhang mit dem Verhalten steht. Eine reine Beschäftigungsmaßnahme („Du störst meinen Unterricht, ich deine Freizeit“) ist in jedem Fall abzulehnen. Auch lieben es die Deutschlehrer nicht sehr, wenn Formen des Schreibens (Protokoll, Erörterung) als Strafmaßnahmen diskreditiert werden, wie auch die (angebliche) soziale Maßnahme des mittlerweile beliebten Kuchenbackens für die Klasse immer wieder auf ihre Wirksamkeit hin überprüft werden sollte (Wer backt den Kuchen? Wie wird Kuchennachschub von der Klasse sichergestellt?).
Rousseaus „natürliche Strafe“ (die unangenehmen Folgen des Fehlverhaltens erdulden) ist sicherlich sinnvoll, aber nicht immer zu realisieren. Wer seine Mitschüler stört oder belästigt, soll durchaus in Form einer Sühne ihnen zum Ausgleich etwas Gutes tun. Es ist aber darauf zu achten, dass die Tätigkeit nicht erniedrigend ist oder, weil in der Öffentlichkeit, zu Spott Anlass gibt. Es ist also Kreativität gefordert.

Manche interpretieren die „natürliche Strafe“ auf besondere Weise: Wer im Unterricht nicht aufpasst, wird nicht mit einer Maßnahme belegt, weil es genügt, ihn die Folgen seines Verhaltens an seinen Noten ablesen zu lassen. Gewissermaßen bestraft sich der Schüler für sein Fehlverhalten mit seinen schlechten Noten selbst. Dies klingt sehr prinzipiengetreu, geht aber an der Zielsetzung der Schule vorbei. Gerade um ihn vor Misserfolg (schlechte Noten) zu bewahren, setzt die Lehrkraft Maßnahmen ein. Der schulische Misserfolg als erzieherische Maßnahme missachtet die Intention, mit Maßnahmen zu helfen. Gänzlich abzulehnen ist die Methode, den Schüler unbeanstandet den Unterricht stören zu lassen, um ihn anschließend über die gezielte mündliche Leistungserhebung stolpern zu lassen.

Ordnungsmaßnahmen als Erziehungsmaßnahmen

Von den in der Schulordnung (GSO) bzw. im Bay EUG angeführten Maßnahmen bei Pflichtverletzungen liegen die Erziehungsmaßnahme, „Nacharbeit“ und die Ordnungsmaßnahme „Verweis“ in der alleinigen Verantwortung der Lehrkraft.

Die **Nacharbeit** ist dann sinnvoll, wenn sie in einem engen zeitlichen und inhaltlichen Zusammenhang mit dem durch das Verhalten des Schülers versäumten Unterrichtsstoff steht. Sie muss durch den Lehrer gut vorbereitet sein, sodass der Schüler tatsächlich den Stoff nachholt, den er versäumt hat. Dies auch zu überprüfen, ist die Aufgabe des Lehrers. Deshalb ist es von Vorteil, wenn die Lehrkraft, welche die Nacharbeit angeordnet hat, auch nachmittags anwesend ist oder die Aufsicht führende Lehrkraft so gut instruiert ist, dass die Maßnahme zum Erfolg wird. Wie bei allen Maßnahmen gilt auch hier, dass alles getan wird, um sie nicht als Racheakt auslegen zu können.

Der **Verweis** als einzige Ordnungsmaßnahme, welche die Lehrkraft veranlasst, greift nur dann, wenn die Eltern von dessen Notwendigkeit überzeugt werden. Sie sollen den Verweis als notwendige Information über das Verhalten ihres Kindes in der Schule verstehen, damit die Erziehungspartnerschaft Lehrer/Eltern funktioniert. Freilich bedarf es dazu des (nicht immer gegebenen, durch ein Gespräch aber eventuell herzustellenden) Konsenses über hinnehmbares und zu sanktionierendes Verhalten.
Gültig bleibt das entscheidende Argument gegen diese Ordnungsmaßnahme, dass mit dem Verweis der „Konflikt“ in das Elternhaus getragen wird und sich damit dem Einfluss der Lehrkraft entzieht. Wie die Eltern reagieren (drakonische Maßnahme, Heiterkeit), erfährt die Lehrkraft nicht, sie hat aber mit der Maßnahme unter Umständen weitere ausgelöst, die deshalb als Strafen empfunden werden, weil sie außerhalb der Schule und deutlich zeitversetzt, durch die Eltern und nicht durch die Lehrer erfolgen. Wenn die Lehrkraft den begründeten Verdacht (z. B. ausgelöst durch Panik des Kindes) hat, dass die Eltern möglicherweise überreagieren, dann kann der Verweistext entsprechend modifiziert werden oder ein klärender Anruf bei den Eltern den häuslichen Konflikt entschärfen helfen. Auf jeden Fall kann es der Lehrkraft nicht egal sein, was zu Hause passiert, nicht zuletzt, um dem Kind klar zu machen, dass man sich für die Folgen einer solchen Maßnahme verantwortlich fühlt, an einem guten Ergebnis (Einsicht, Besserung) interessiert ist und die positive Rückmeldung auch (gerne) an das Kind und die Eltern weitergibt. Lehrer dürfen es aus diesem Grund nicht hinnehmen, wenn sich die Eltern nicht für die Schule interessieren, und müssen nachhaken. Der Verweis als isolierte Maßnahme ist sinnlos. Nur im Kontext mit einem Hilfsangebot („Was ist zu tun?“) und ggf. mit dem positiven Feedback wird er zur erzieherischen Maßnahme.

Procedere beim Erteilen eines Verweises bei fortgesetzter Störung des Unterrichts

Art. 86 BayEUG sagt aus: „Zur Sicherung des Bildungs- und Erziehungsauftrags oder zum Schutz von Personen und Sachen können nach dem Grundsatz der Verhältnismäßigkeit Ordnungsmaßnahmen gegenüber Schülerinnen und Schülern getroffen werden, soweit andere

Erziehungsmaßnahmen nicht ausreichen." Soll z. B. fortgesetzte Unterrichtsstörung mit einem Verweis belegt werden, empfiehlt sich folgendes Procedere:

- Die nonverbalen und verbalen Reaktionen sind bereits ausgereizt.
- Das Verhalten des Schülers rechtfertigt/erfordert eine Erziehungsmaßnahme.
- Das schuldhafte Verhalten ist eindeutig festgestellt.
- Der Schüler kennt die Norm und weiß um die Konsequenz seines Verstoßes gegen diese.
- Eine erste Kontaktaufnahme mit den Eltern (schriftlich, mündlich) wegen des störenden Verhaltens hat stattgefunden. Die Eltern kennen also auch die drohende Konsequenz weiteren Fehlverhaltens ihres Kindes.
- Die Lehrkraft kündigt vor der Klasse eine Maßnahme an, ohne sie genau zu bezeichnen, da sie den Notenbogen wegen schon erfolgter Maßnahmen einsehen will und sich mit der/dem Betreuungslehrer/-in/Seminarlehrer/-in, der Klassleitung und anderen Kolleg/-innen der Klasse besprechen will *(„Du erhältst wegen ... eine Erziehungsmaßnahme. Welche das sein wird, kläre ich nach Rücksprache und Einsichtnahme. Du kannst mich zur Art der Maßnahme und auch, wenn du dich zu deinem Verhalten äußern willst, um ... Uhr im Lehrerzimmer erreichen.")*.
- Die Rücksprache mit dem Schüler hat keine neuen Gesichtspunkte, die eine Rücknahme der Maßnahme möglich gemacht hätten, erbracht.
- 24 Stunden nach der mündlichen Ankündigung wird die schriftliche Fassung erstellt:
  - Kein Standard-Text!
  - Nicht handschriftlich, sondern über Computer ausgedruckt.
  - Hinweis auf die Dauer der Störungen und die erfolgten Lehrerreaktionen.
  - Hinweis auf die Sprechstunde oder eine andere Kontaktaufnahme mit der Lehrkraft.
  - Hinweis auf den Termin zur Rückgabe des unterschriebenen Dokuments *(Beispiel: „Stefan hat über mehrere Unterrichtsstunden den Unterricht immer wieder gestört. Ermahnungen und Warnungen hatten keinen Erfolg. Zuletzt hat er gestern, am ..., erneut ständig geschwätzt und damit sich und seine Mitschülerinnen am konzentrierten Arbeiten gehindert ...")*.
- Die Maßnahme wird in den Notenbogen eingetragen.
- Spätestens drei Tage nach Ankunft des Verweises im Elternhaus erhält die Lehrkraft das vom Erziehungsberechtigten unterschriebene Formular zurück und nutzt diesen Augenblick zu einem kurzen Gespräch (Maßnahme abschlossen, Wirkung bei ihm und den Eltern?, Hoffnung auf Erfolg).
- Bei Erfolg gibt die Lehrkraft dem Schüler/der Schülerin ein positives Feedback.

1.3.4 Erziehungsstile – Dimensionen des Führungsverhaltens

Erziehungsstile

Sucht man im Wörterbuch (Köck/Ott, S. 243) für Erziehung nach den Stichwörtern „Unterrichtsstil" oder „Führungsstil", so wird man auf „Erziehungsstile" verwiesen. Dies ist in der Schule sinnvoll, denn die Lehrkraft unterrichtet und führt die Klasse und erzieht ggf. den einzelnen Schüler. Führungsstile sind plakative Orientierungspunkte, denen sich individuelles Führungsverhalten zuordnen lässt, wobei häufig die Selbsteinschätzung des Lehrers und die Wahrnehmungen der Schüler auseinanderklaffen. Man unterscheidet drei Stile, die auf Lewin/Lippith/White (1930/40) zurückgehen und ursprünglich nicht zur Beschreibung von Verhalten gedient haben, sondern zur Untersuchung von Auswirkungen der Stile auf Kinder und Jugendliche: Laissez-faire, sozial-integrativ, autokratisch/autoritär. Diese drei beschreiben unterschiedlich geartetes Dominanz-Verhalten.

Laissez-faire.....................................sozialintegrativ....................................autokratisch

Während der eindimensionale Ansatz (Dominanz) überholt ist, haben die Untersuchungen zur Abhängigkeit von Lehrer- und Schülerverhalten ihre Gültigkeit behalten.

autoritäres Lehrerverhalten	**Schülerverhalten**
Bestimmt alle Richtlinien; starke Lenkung und Kontrolle; Planung und Organisation in seiner Hand; straffe lehrerzentrierte Unterrichtsführung; wahrt Distanz zu den Schülern; sparsames Lob; Ausschöpfen der gegenführenden Erziehungsmittel (Drohung, Verbote, Strafen); Neigung zu Ironie und Spott; Benotung als Führungsmittel …	Größere Leistungsquantität; relativ geringe Motivation; wenig Bereitschaft, ohne Aufsicht zu arbeiten; Anbiedern bei der Lehrkraft; gelegentlich Konflikte unter den Schülern: Rivalität, Konkurrenzdruck, Machtkämpfe, Ausgrenzung, Mobbing; offene und versteckte Opposition; Geltungsstreben; Übernahme von dominanten Strukturen in der Klasse, Hierarchie …
Laissez-faire-Verhalten der Lehrkraft	**Schülerverhalten**
Weitestgehender Verzicht auf Führung; Viele Entscheidungen in Organisation und Planung bei den Schülern, Neigung zu Indifferenz und Nachgiebigkeit; disziplinäre Ankündigungen bleiben ohne Konsequenzen; scheinbares Desinteresse am Erfolg der Schüler; pseudodemokratische Verhaltensmuster; …	Geringe Leistungsquantität; geringe Motivation; geringere Arbeitsmoral; häufiges In-Frage-Stellen von Entscheidungen und Vereinbarungen; Orientierungslosigkeit führt zu Lustlosigkeit, Aggression, Arbeitsverweigerung; kaum funktionierendes Gruppenverhalten; Streitigkeiten; Diskussionen um Banalitäten; Anarchie…

Bei der Bewertung der Extremstile – der integrative Stil hat ein entsprechend positives Verhalten der Schüler zur Folge – schneidet der Laissez-faire-Stil schlechter ab.

Dimensionen des Führungsverhaltens
Tausch/Tausch (1980/90) haben erkannt, dass das Schülerverhalten nicht nur dem Lenkungsverhalten zuzuschreiben ist, und deshalb eine weitere Dimension eingeführt: „Emotionale Nähe“ (Zuneigung, Abneigung) und damit die Unterrichtsstile Lewins differenziert. Dass der Laissez-faire-Stil so negative Auswirkungen im Schülerverhalten zur Folge hat, liegt eben daran, dass die fehlende Bereitschaft zu führen bei den Schülern das Gefühl erweckt, die Lehrkraft sei desinteressiert, schätze sie nicht und vernachlässige sie deshalb. Die zweite Dimension erlaubt es nun, die Führungsstile in das Dimensionenkonzept (vgl. Köck/Ott, S. 195, modifiziert) einzupassen und sie damit näher zu definieren.

Die Zuordnung des Laissez-faire-Stils würde von Schülern sicherlich in Richtung Geringschätzung verschoben. Andererseits wird sich manche als autoritär eingestufte Lehrkraft gegen den Vorwurf wehren, so weit zur „Abneigung“ hin verschoben zu sein, und sähe sich eigentlich an der Mittelachse positioniert. Damit wird die Schwäche des Lewin´schen Stilkonzepts deutlich, denn jede Lehrkraft stuft sich zunächst wohl als sozialintegrativ ein. Weit sinnvoller ist es, sich in dem Dimensionenkonzept (Koordinatensystem) den eigenen Platz zu suchen zwischen emotionaler Nähe und notwendiger Distanz, zwischen notwendiger Lenkung und vertretbarer Freiheit.
Die Beschreibung eines Erziehungsstils hängt auch ganz wesentlich von den Einstellungen der Gesellschaft und, in der Nachfolge, der Eltern und Lehrer ab. Der sozialintegrative Stil wurde um 1970 anders beschrieben als um 1990. Wenn der Ruf nach mehr Führung, nach

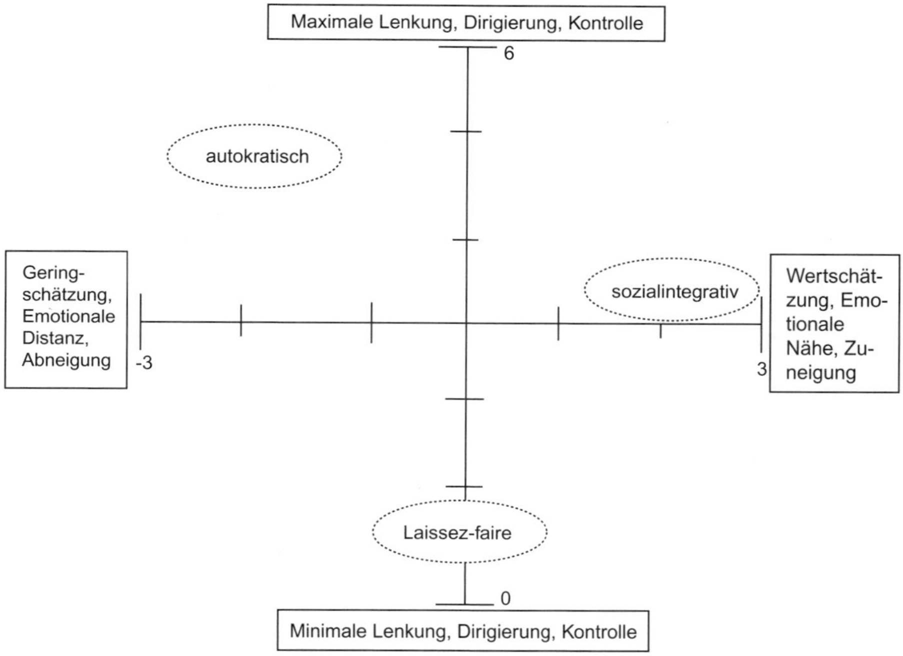

Null-Toleranz bei Drogenkonsum, Mobbing und Gewalt, nach konsequenterem Verhalten lauter wird, dann verschieben sich die Koordinaten der Stile und auch für die einzelne Lehrkraft beginnt möglicherweise eine Neuorientierung.

Tausch/Tausch haben in der Folge die beiden genannten Dimensionen modifiziert und erweitert, um das Führungsverhalten präziser zu beschreiben:

- **Dimension „fördernde, nicht dirigistische Aktivitäten"**
  - z. B. Angebote, Anregungen, Alternativvorschläge, informierende Hinweise, klärende Konfrontationen, Rückmeldungen, usw.
  - Einsatz und Hilfe für andere
  - Förderung von Echtheit, Achtung, Wärme, tiefgreifendes Verstehen in zwischenmenschlichen Beziehungen
- **Dimension „Dirigierung – Lenkung"**
  - Lenkung des Verhaltens und Denkens des anderen
  - befehlen, anordnen, fragen, kontrollieren, vorschreiben, verbieten, belehren, ermahnen, überreden, verurteilen, unterbrechen, ausschließen, usw.
  - ausgedehnte Monologe, ohne darum gebeten zu sein
- **Dimension „Echtheit – Aufrichtigkeit"**
  - gibt sich, wie er wirklich ist
  - sagt nichts Gegensätzliches zu dem, was er denkt
  - ungekünstelt, natürlich; spielt keine Rolle
  - steht hinter seinen Äußerungen; nimmt sich selbst wahr
  - lebt ohne Fassade
  - ist ehrlich, auch zu sich selbst; macht sich nichts vor
  - fähig zum Ausdruck tiefer Gefühle

- **Dimension „Achtung – Wärme – Rücksichtnahme“**
  – wertschätzend, Anteil nehmend
  – anerkennend, ermutigend, vertrauend
  – sozial reversibel, freundlich, offen
- **Dimension „tiefgreifendes, nicht wertendes Verstehen des anderen“**
  – Erfassen der vom anderen geäußerten gefühlsmäßigen Erlebnisinhalte und persönlichen Bedeutungen
  – einfühlendes Verstehen
  – zuhören können
  – auf vier Ebenen kommunizieren

Konsequenzen für die Lehrkraft
Für die Lehrkraft stellen sich die Fragen nach der eigenen Position, wobei es unergiebig ist, sie als sozialintegrativ zu bezeichnen:
  – Wo (im Koordinatensystem) positioniere ich meinen Erziehungsstil?
  – Wie schätze ich diese Position ein? Bin ich mit mir selbst zufrieden?
  – Wie, glaube ich, schätzen mich die Schulleitung, die Kollegen, die Schüler ein?
  – Wie möchte ich eingeschätzt werden?

Entscheidend ist, wie sehr das Selbstkonzept, die Fremdeinschätzung und die Wunschvorstellung übereinstimmen. Um Antworten auf die Fragen zu erhalten, wird die Lehrkraft
  – Formen, Dimensionen und Wirkungen des Lehrerverhaltens kennen
  – Einflussgrößen des eigenen Stils wahrnehmen (eigene Erziehung und schulische Sozialisation, Beurteilungskriterien der Schulleitung, Elternvorstellungen, Schülerwünsche, Leitbild der Schule, eigene Erfahrungen, Feedback)
  – den eigenen Stil auf Grund von Selbsteinschätzung und Fremdbeobachtung beschreiben können (vgl. Kapitel 2.4 und 4.3.4)
  – ggf. bereit sein, das eigene Konzept zu überdenken und sich zu ändern.

Dies kann nur gelingen, wenn die Lehrkraft bereit ist, sich selbst ständig zu beobachten, alle Möglichkeiten der Rückmeldung zu nutzen und die Ergebnisse im Zusammenhang zu sehen.

- **Schülerverhalten im Unterricht**

In jeder Stunde erhält die Lehrkraft unmittelbare Rückmeldung wie sonst kaum eine andere Berufsgruppe. Das Verhalten der Schüler ist ein Indikator für die Qualität des Unterrichts, aber auch für den Führungsstil der Lehrkraft. Allerdings ist dieses Feedback nur dann verlässlich, wenn es im Kontext mit anderen Informationen gesehen wird. Am undisziplinierten Verhalten einer Klasse ist nicht immer ausschließlich die Lehrkraft schuld.

- **Unterrichtsbesuch**

Der Unterrichtsbesuch, für Seminarteilnehmer ein alltäglicher Vorgang, ist eine zweite Informationsquelle, die allerdings „fertige“ Lehrer so gut wie nie nutzen. Warum nicht eine/n Kollegin/en des Vertrauens um einen Unterrichtsbesuch bitten, um dessen Einschätzung kennen zu lernen? Da man dessen Vorstellung vom richtigen Führungsstil kennt, sind die Wahrnehmungen verlässlicher.

- **Rückmeldebogen der Klasse**

Ein standardisierter Rückmeldebogen erlaubt es der Lehrkraft mit verhältnismäßig geringem Aufwand weitestgehend verlässliche Informationen über die Einschätzung der Schüler zu erhalten, zumal die Schüler es schätzen und häufig sogar fordern, zu diesem Thema gehört zu werden (Vgl. Kapitel 2.4 und 4.3.4 zur Evaluation).

Bei der Auswertung der Bogen wird deutlich,

- dass die Schülerinnen und Schüler einer Klasse zu sehr unterschiedlichen Einschätzungen kommen, sich sogar widersprechen,
- dass verschiedene Klassen das gleiche Lehrerverhalten unterschiedlich beurteilen, abhängig vom Alter, Geschlecht, Zusammensetzung der Klasse, aber auch vom Standort und Schulprofil (gerade Seminarteilnehmer erleben unterschiedliche Beurteilung ihres Verhaltens durch die Schüler an Stamm- und Einsatzschule),
- dass sich der Führungsstil einer Lehrkraft verändert,
- dass nicht nur der Führungsstil die Klasse ansprechen und motivieren kann, sondern umgekehrt das Verhalten der Klasse die Lehrkraft in ihrem Verhalten ändert.

1.4 Klassenführung

1.4.1 Klassenmanagement

Die Begriffe der Klassenführung oder des Klassenmanagements werden häufig assoziiert mit Verhaltensmodifikationen einzelner Schüler, häufig durch Sanktionen und andere disziplinarische Interventionsstrategien. Der Begriff der Klassenführung soll hier weiter gefasst werden; sind „Bilden" und „Erziehen" (s.o. 1.1, 1.2, 1.3) auf den einzelnen Schüler, die einzelne Schülerin gerichtet, so rückt nun die Gruppe/Klasse stärker in den Blick:

„Klassenführung" bezeichnet ein komplexes Interaktionsgeschehen zwischen Lehrkraft und Schülern als einer Gruppe, die sich mit Unterricht beschäftigt.

Der Ansatz der themenzentrierten Interaktion (TZI) nach Ruth Cohn geht von der einfachen Erkenntnis aus,

- dass die Behandlung einer Aufgabe (THEMA), hier der an Inhalten orientierte Unterricht in der Klasse, nicht im luftleeren Raum erfolgt,
- sondern extrem abhängig ist von den beteiligten Personen. Jeder einzelne Schüler und die Lehrkraft sind Individuen (ICH) mit eigenen Gefühlen und Stimmungen, mit unterschiedlichen Motivlagen und Voraussetzungen zur Teilnahme an der Gruppe.
- Lehrer und Schüler sind permanent in gruppendynamische Prozesse verwickelt und bilden eine Gruppe (WIR).
- Neben den im Gruppenprozess beteiligten Personen wirken die Rahmenbedingungen, in denen diese Gruppe interagiert, auf das Geschehen in der Gruppe: die Rahmenbedingungen des Unterrichts, des Klassenraums, der Schule, die materiellen, finanziellen, politischen und gesellschaftlichen Voraussetzungen (GLOBE).

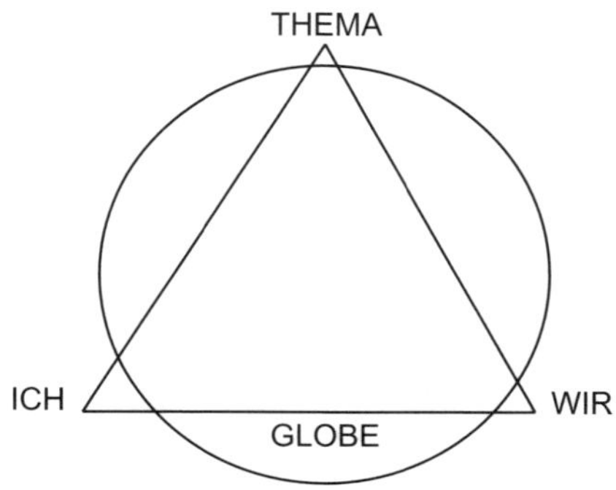

Klassenführung in diesem Kontext fordert Kompetenzen des Lehrers/der Lehrerin, die ein Unterrichtsklima entstehen lassen, das

- möglichen Störungen vorbeugt (Prävention) oder
- vorhandene Störungen mindert (Intervention),
- das Unterrichtsklima und die Beziehungen des Lehrers zu den Schülern und der Schüler untereinander fördert und letztlich
- die Lernzeit maximiert.

In einer erfolgreichen Klassenführung agiert der Lehrer nach Lohmann (2003, S. 30) in verschiedenen Dimensionen. Er ist

- **„Sozialpädagoge“**

Er hilft Beziehungen aufzubauen und wirkt als Person. Er fördert die Beziehungen zu seinen Schülern und die Beziehungen der Schüler untereinander.

- **„Dompteur“**

Er organisiert und strukturiert eine Klasse, steuert und kontrolliert das Verhalten der Schüler in dieser Klasse.

- **„Fachmann“**

Er gestaltet den Unterricht und agiert als Lehrender, der didaktisch-methodische Entscheidungen trifft und Lerngelegenheiten für seine Schüler arrangiert.

Klassenführung ist somit nicht nur Aufgabe des Klassenleiters, sondern jeder in der Klasse unterrichtenden Lehrkraft. Gleichwohl obliegt dem **Klassenleiter/der Klassenleiterin** in besonderem Maße die Sorge dafür, dass das Zusammenleben und -arbeiten in der Klasse funktionieren. Dafür ist der Kontakt des Klassenleiters zu den Fachlehrern und zu den Eltern unerlässlich. Klassenkonferenzen und Klassenelternabende sind die in der GSO vorgesehenen Kommunikationsformen, denen in der Praxis informelle Gespräche mit Schülern und Schülerinnen, Kolleginnen und Kollegen und Eltern vorausgehen. In der Praxis wird der Klassenleiter auch allgemeine Konflikte zwischen Schülern zu klären versuchen und Ansprechpartner sein, wenn Störungen in der Interaktion auftreten und die Situation der Klasse thematisiert werden soll.

1.4.2 Gestaltung von sozialen Beziehungen und Lernprozessen

Die Bedeutung der Klassenführung wird in der neueren Literatur und Unterrichtspraxis wieder stärker betont. Dies ist sicher eine Reaktion auf die zahlreichen Störungen in Klassen, die eine gewinnbringende Arbeit an Inhalten in geeigneten Sozialformen erschweren, weil die Kommunikation zwischen Schüler und Lehrer oder auch die Kommunikation der Schüler untereinander nicht mehr in ausreichendem Maße gelingt. Nicht stattfindende Kommunikation, mangelnder Einsatz für die Erarbeitung von Inhalten und Störungen sind die Spitze eines Eisberges. Deswegen werden Maßnahmen zur Behebung von Störungen häufig erst dann getroffen, wenn Störungen eskalieren. Oder Störungen werden leider überhaupt nicht wahrgenommen oder zu verdrängen versucht. Das Postulat der TZI, dass Störungen in einer Gruppe immer Vorrang haben, kann sicher nicht in jedem Fall und immer sofort in der Unterrichtspraxis eingelöst werden. Dennoch sind manche Störungen auch Indikatoren, dass auf der Beziehungsebene zwischen Lehrer und Schüler oder noch häufiger zwischen Schülern untereinander etwas nicht stimmt. Werden diese Störungen unterdrückt oder nicht ernst genommen, hemmen sie das gemeinsame Arbeiten an den Inhalten des Unterrichts.

Deswegen ist es hilfreich, bereits im Vorfeld proaktive Maßnahmen zu ergreifen, die ein gedeihliches Miteinander ermöglichen. Lohmanns (2003) Begriff eines **„kooperativen Managements“** akzentuiert dabei die Selbstverantwortung der Schüler für ihren Unterricht und ihre Lernprozesse und löst ein weiteres Postulat der TZI ein, dass nämlich in einer Gruppe jeder seine eigene Chairperson, also für sich selbst verantwortlich ist und sich mit seinen Bedürfnissen und mit seiner Kritik in der Gruppe einbringen muss.
In der Folge soll eine ganze Reihe von Maßnahmen dargestellt werden, die helfen können, Konflikte im Vorfeld zu vermeiden und manche Störungen überhaupt nicht aufkommen zu lassen.

1.4.2.1 Allgemeine proaktive und präventive Maßnahmen in der Klassenführung

Pflege der Interaktion zwischen Lehrer und Schülern:
Die Beziehung zwischen Lehrer/Lehrerin und Schüler/Schülerin ist ein Balanceakt zwischen Nähe und Distanz. Sie ist mehr als ein rein geschäftlich-sachlicher Kontakt, der den zwischenmenschlichen Bereich ausblendet. Sie ist aber auch kein privater Kontakt, der ein enges und vertrautes Verhältnis zulässt. Eine gesunde Balance zwischen diesen Polen macht eine gelungene Lehrer-Schüler-Beziehung aus, die auch die unterschiedlichen Bedürfnisse der einzelnen Schülerinnen und Schüler auf der Beziehungsebene realisiert. Manche suchen Nähe, andere wünschen sich eher Distanz. Einige Maßnahmen zur Gestaltung dieser Beziehung von Seiten der Lehrkraft sind:

- Pflege eines herzlichen und wohlwollenden Umgangstones, der von Achtung und Wertschätzung den Schülern gegenüber geprägt ist
- Humor und Freundlichkeit; Verlässlichkeit und Konsequenz
- Aufbau eines Gesprächsklimas, in dem auch Kritik und Anregungen seitens der Schüler ihren Platz haben
- Ermöglichung von Rückmeldungen der Schüler durch verschiedene Formen der Evaluation und des Feedbacks über Unterricht und Lehrerpersönlichkeit
- Interesse an der Situation der Schüler; Rückfragen nach der Befindlichkeit der Klasse
- Anreden der Schüler mit ihrem Vornamen; Verschaffen von Zusatzinformationen über Hobbys, Geburtstage, Lieblingsfächer, Meinungen
- aktive Teilnahme an den Sport-, Musik-, Theater- und Schulveranstaltungen
- bewusstes Schaffen von Auszeiten vom Unterricht über Klassenfeste (z. B. Weihnachts-, Faschingsfeier), Klassennachmittage (Kinobesuch, sportliche Aktivitäten), Ausflüge …
- Unvoreingenommenheit
- bewusster und professionaler Einsatz von Körpersprache und Raumregie

Pflege der Interaktion der Schüler untereinander:
Eine gelungene und störungsfreie Interaktion der Schüler untereinander ist alles andere als selbstverständlich in einer Klasse als „Zwangsgruppe“, der zuzugehören sich niemand frei entscheiden kann. Die unten angesprochenen Probleme des Mobbing und Bullying (vgl. Kap. 1.4.4) verdeutlichen, dass eine gelungene Interaktion in der Klasse ein hohes Ziel ist, das nicht immer erreicht wird. Auf der anderen Seite steht der Erwerb von Sozialkompetenz als zentrales Ziel unterrichtlichen Wirkens im Lehrplan. Nicht zuletzt die offenen und handlungsorientierten Unterrichtsformen setzen ebenfalls eine halbwegs gelungene Interaktion der Schülerinnen und Schüler untereinander voraus. Diese kann praktiziert werden, wenn in der Klasse so etwas wie ein Klassengeist oder ein Gefühl der Zusammengehörigkeit herrschen.

Maßnahmen zum Aufbau eines guten **Klassenklimas** können sein:
- Kennenlernspiele für Namen und Personen am Schuljahresbeginn
- Etablierung täglicher und wöchentlicher Rituale und Traditionen (der Witz des Tages/der Woche; das Zitat der Woche; das Gedicht der Woche; der originellste Spruch; …)

- Treffen von Vereinbarungen mit der Klasse, wie mit Schülern, bestimmten Situationen und Bedürfnissen umgegangen wird (Klassenregeln, s. u. Kap. 1.4.2)
- Achten von Ich-Botschaften aller im Unterricht Arbeitenden
- wiederkehrende Reflexion des Klassenklimas mit der Klasse (Blitzlicht; Stuhlkreis u. a.)
- Aktivitäten über den Unterricht hinaus
- Teilnahme an Wettbewerben
- Gestaltung des Klassenzimmers

1.4.2.2 Maßnahmen zum Aufbau eines guten Unterrichtsklimas

Der beste Weg, Disziplinprobleme zu lösen, ist guter Unterricht. Viele Unterrichtsstörungen haben ihre Wurzeln in der Unterrichtsplanung und -gestaltung. Entsprechend gehört eine gute Arbeitsorganisation (Aufgabenstellung, Arbeitsaufträge, Arbeitsabläufe, Arbeitszeiten) zur Vermeidung von Unterrichtsstörungen und zu einem guten Klassenmanagement genauso dazu wie eine entsprechende Grundhaltung des Lehrers bei der Unterrichtsführung (Klarheit, Ruhe, Konsequenz).

Damit ist das Unterrichtsmanagement angesprochen, das für eine klare Struktur des Unterrichts sorgt, sowie das Verhalten des Lehrers während des Unterrichts. Gemeint ist auch eine innere Zielgerichtetheit von Unterrichtszielen, Unterrichtsinhalten und der Wahl der Methoden (Stimmigkeit der „runden Unterrichtsstunde"). Das umfasst auch

- einen folgerichtigen methodischen Gang der Unterrichtsstunde,
- Klarheit in der Aufgabenstellung,
- Klarheit hinsichtlich der Regeln (Vereinbarung und Einhaltung der Regeln),
- Klarheit hinsichtlich der Rollen von Lehrer und Schülern (Unterrichtender – Lernender – Moderator – Organisator – Berater).

Nach Kounin (1976) und anderen Autoren lassen sich folgende Strategien anführen, die für ein gelungenes Klassenmanagement dienlich sind:

- **Präsenz, Dabeisein, Allgegenwärtigkeit (withitness)**
  - Vermittlung des Eindrucks, dass alles im Blick ist und nichts entgeht, über einen intensiven Blickkontakt
  - Fähigkeit, mehrere Dinge gleichzeitig zu tun **(overlapping)**
  - anfängliches häufiges und konsequentes Eingreifen, bis der gewünschte Unterrichtsablauf erreicht ist
  - nonverbale Signale und Bewegung im Klassenraum (vgl. Kap. 2.2, 1.4)
- **Sorgfalt und Klarheit in der Unterrichtsplanung und -gestaltung**
  - Reibungslosigkeit und Schwung bei der Steuerung von Unterrichtsabläufen **(momentum)**
  - klarer Anfang und klarer Schluss über ritualisierte Gesten und akustische Signale
  - fließende Übergänge zwischen den einzelnen Unterrichtsphasen **(smoothness)**
  - kein Leerlauf; zügiges Austeilen von Arbeitsmaterialien …
    … (siehe Kapitel „Lehren und Lernen")
- **Aufrechterhaltung der Aufmerksamkeit**
  - durch Beibehaltung des Gruppenfokus: Aktivierung möglichst aller Schüler, auch wenn nur einzelne ins Gespräch verwickelt sind
  - durch die Auswahl von anregenden und interessanten Themen: Anknüpfen an die Interessen der Schüler; Methodenwechsel; Medieneinsatz; lebendiges Sprechen;
  - durch systematische positive Rückmeldungen
  - durch die Verwirklichung einer breiten Leistungskontrolle.

Hilfreich bei diesen Strategien ist es, Routinen, Rituale und Prozeduren einzuführen. **Rituale** sind dabei gleichförmige zeremonielle Handlungen, die durch ihre regelmäßige Wiederholung eine vom Lehrer und von den Schülern geteilte symbolische Bedeutung erhalten haben. So bieten Rituale die Möglichkeit, Verhalten nonverbal zu regeln und Ermahnungen zu ersetzen. Ihre Wirkung ist vielfältig: Sie schaffen Ruhe, Ordnung und Verlässlichkeit. Auf der Beziehungsebene schaffen sie die notwendige soziale Distanz zwischen Lehrer und Schüler. Schließlich helfen sie bei der Strukturierung des Unterrichts.
Mögliche Rituale sind:

- Stundeneröffnungsrituale, eventuell mit Spruch, Motto, Losung des Tages
- Überblick über das in der Unterrichtsstunde zu Erledigende
- Ritual am Stundenende (Aufräumen des Zimmers, Wiederherstellen der Sitzordnung)
- Regeln für den Ablauf verschiedener Arbeits- und Sozialformen
- Rituale für Ermahnungen (gelbe, rote Karte, altersgemäße Gesten)
- Gesten und Rituale, die Zeichen für Ruhe sind.

1.4.2.3 Maßnahmen zur Realisierung des Klassenmanagements

Im Folgenden werden exemplarisch einige Maßnahmen genauer beschrieben, die sich in der Praxis durchgesetzt haben:

- **Die Einführung von Klassenregeln**

Am besten zu Schuljahresbeginn werden Regeln für die ganze Klasse erarbeitet, die das Miteinander im Unterricht strukturieren und garantieren. Die Regeln bieten Orientierung im Zusammenleben und zeigen Grenzen auf. Sie helfen, die Rechte aller zu ermöglichen, und machen das Zusammenleben berechenbar. Sie sollen auf jeden Fall mit den Schülerinnen und Schülern erarbeitet und auch abgestimmt werden. Neben vom Lehrer/von der Lehrerin als zentral aufgestellten Regeln können wenige weitere mit den Schülern ausgehandelt werden. Dabei gibt der Lehrer die Zielrichtung vor. Im Brainstorming können in Partner- oder Gruppenarbeit erste Regelentwürfe formuliert werden. Die Vorschläge werden vom Lehrer zur Überarbeitung mit nach Hause genommen, in der Folgestunde präsentiert und zur Feinabstimmung gestellt. Während dieser Erarbeitung sind die Schüler gezwungen, sich über die Plausibilität und Nützlichkeit/Notwendigkeit dieser Regeln auszutauschen und Übereinkünfte zu treffen. Nach einem solchen Prozess ist sicher eine höhere Akzeptanz dieser Regeln zu erwarten.
Unterschieden werden kann zwischen Verhaltensregeln, Gesprächsregeln, Regeln für Hausaufgaben, Regeln für die Mitarbeit im Unterricht, Regeln für das Zuspätkommen und Sich-Entschuldigen. Ergänzende Regeln können auch in anderen Arbeitsformen (Gruppenarbeit, Projektarbeit u. Ä.) ausgehandelt werden. Lohmann (2003, S. 121) formuliert als Kriterien folgende „Regeln für Regeln“:

- **wenige**: Die Regeln sollen in ihrer Anzahl überschaubar sein (maximal sieben Regeln).
- **vernünftig**: Die Klasse muss diskutieren, ob sie diese Regel braucht, ob sie das Miteinander und das Lernen fördert.
- **verbindlich**: Sie sollen als Ich-Aussage, nicht als Absichtserklärung formuliert sein.
- **prägnant**: Sie sollen kurz und einfach/verständlich formuliert sein.
- **positiv**: Es werden keine Verbote, sondern Gebote formuliert.
- **beobachtbar**: Die Regeln sollen konkret sichtbares, beobachtbares Verhalten umschreiben.
- **kompatibel**: Die Regeln müssen mit anderen Schulregeln übereinstimmen (Schulordnung, Hausordnung).
- **durchsetzbar**: Der Wert der Regeln erweist sich erst in ihrer Durchsetzbarkeit, in der konsequenten Kontrolle, ob die Regeln eingehalten werden, und in der Sanktionierung von Verstößen gegen die Regeln.

Zu den in der Klasse formulierten und beschlossenen Regeln sollten logische Konsequenzen festgelegt werden, die ein Regelverstoß mit sich bringt. Die Einbeziehung von Schülern in die Formulierung von Konsequenzen ist wünschenswert, aber problematisch. Denn jüngere Schüler neigen zu drakonischen Strafen, ältere Schüler wählen Konsequenzen, von denen sie einen persönlichen Nutzen haben (z.B. Kuchenbacken; s.o. Kap. Disziplin). Das Ergebnis wird auf einem Wandposter für alle sicht- und nachlesbar veröffentlicht. Werden diese Regelformulierungen von den Schülern unterschrieben, handelt es sich um eine „Ratifizierung“: Die Regeln werden quasi zu einem **Klassenvertrag**. Vereinbarungen und Verträge mit Schülern müssen gegenseitig ausgehandelt werden und stellen eine Form freiwilliger Selbstverpflichtung dar. Die Partner legen fest, welches Verhalten jeder vom anderen erwartet und was geschieht, wenn ein Partner sein Versprechen nicht hält.

- **Die Einrichtung des Klassenrats**

Der Klassenrat ist nach Lohmann (2003, S. 116 ff) eine Konferenz der Schülerinnen und Schüler einer Klasse und findet im Idealfall wöchentlich zu einer festgelegten Zeit statt. Geeignet dafür wäre eine im Stundenplan der Klasse verankerte wöchentliche Klassenleiterstunde, wie sie leider an den meisten Gymnasien noch nicht Realität ist. In diesem Klassenrat kann alles besprochen werden, was die Klasse betrifft: Organisation von Abläufen, Diensten, Veranstaltungen, Klassenfesten, Klassenfahrten usw. Dort können unterschiedliche Interessen und Standpunkte verhandelt, Entscheidungen über Klassenregeln und deren Konsequenzen getroffen, Lösungsmodelle für entstandene Konflikte entwickelt und schließlich Rückmeldungen über Unterricht und Lehrer gegeben werden.

Vorteile des Klassenrats:

- Forum zum Einüben demokratischer Gepflogenheiten
- Rahmen zur Thematisierung von Befindlichkeiten
- Ideenlieferant für Problemlösungen
- Abbau der (Über-)Macht des Lehrers
- Stärkung der Eigenverantwortlichkeit der Schüler
- Selbstregelung von Konflikten und Angelegenheiten durch die Schüler
- Lernfeld für eine gewaltfreie Konfliktbewältigung
- Förderung der Kooperationsbereitschaft
- Stärkung der kommunikativen und sozialen Kompetenz.

Grenzen des Klassenrats:

- Ablehnung in manchen Klassen: Der Klassenrat kann Klassen oder einzelnen Schülern gegen ihren Willen nicht aufgezwungen werden.
- Die Gefahr besteht, dass der Klassenrat zum Tribunal wird („Demokratie in Grenzen“; nicht alles kann verhandelt werden).

Die Aufgaben/Ämter im Klassenrat

Die ersten Sitzungen des Klassenrats leitet der Klassenleiter/die Klassenleiterin, der/die die Ämter schrittweise abgibt. Sukzessiv soll er/sie die Schüler auf die Aufgaben vorbereiten. Später wirkt der Lehrer als Moderator auf der Meta-Ebene und greift höchstens dann ein, wenn die Abläufe außer Kontrolle geraten oder der Rat ins Stocken kommt. In den ersten Sitzungen kommentiert der Klassenleiter die Handlungen und Funktionen der Schüler stabilisierend. Die Rollen sollten nach vier bis sechs Sitzungen neu besetzt werden, so dass nach Möglichkeit alle Schülerinnen und Schüler im Lauf eines Schuljahres Ämter im Klassenrat übernehmen.

- Der **Diskussionsleiter** achtet auf die Einhaltung der Regeln, ruft die Tagesordnung auf, verwaltet die Rednerliste, erteilt und entzieht das Rederecht, stellt Rückfragen und lässt zusammenfassen, er stellt Abstimmungsfragen, zählt Stimmen aus und teilt das Ergebnis mit.

- Der **Assistent** behält die Zeit im Auge, er ermahnt, wenn zu lange geredet wird, wenn sich Unsachlichkeit einstellt oder wenn Einzelne vom Thema abweichen. Bei Abstimmungen hilft er dem Diskussionsleiter. Mitunter kann er als „Vermittler" auch Alternativen vorschlagen, wenn die Diskussion in eine Richtung festzufahren droht.
- Der **Protokollant** schreibt die wichtigsten Ergebnisse und Absprachen in ein Klassenratsbuch o. Ä.: Zeit, Anwesenheit, Themen, Abstimmungsergebnisse, Beschlüsse, Anregungen.

Für den Klassenrat gelten folgende **Regeln**:
- Freiwilligkeit der Teilnahme
- Blickkontakt aller untereinander (Stuhlkreis)
- Gegenstände aller Art bleiben außerhalb des Stuhlkreises
- Respekt in der Sprache
- Redekultur (z.B. mit Hilfe eines Redesteins: Nur wer den Stein in Händen hat, redet; alle anderen hören zu!)
- Anmelden von Beiträgen mit vereinbarten Handgesten

Ablauf des Klassenrats
Anhand des Beispiels, dass zwei Schüler einen Konflikt miteinander austragen, der die ganze Klasse beeinträchtigt, wird der Ablauf stichpunktartig skizziert:

1. **Eröffnung** durch den Diskussionsleiter (Begrüßung, Zielformulierung, Hinweis auf die Einhaltung der Regeln)
2. **Anerkennungsrunde**: Im Blitzlicht sagt jeder Teilnehmer, was in der vergangenen Woche gut gelaufen ist, oder er lobt einen anderen Teilnehmer. Ziel ist Wertschätzung und der Aufbau einer kooperativen Stimmung.
3. **Erfolgskontrolle**: Der Protokollant prüft anhand der Einträge im Klassenratsbuch, ob die Beschlüsse der letzten Runde realisiert wurden oder revidiert werden müssen.
4. **Problemauswahl** durch den Diskussionsleiter, der die zu verhandelnden Themen vorträgt und die Auswahl eines Themas voranbringt.
5. **Problembesprechung**: Darlegung des Problems durch die Betroffenen, während die anderen Teilnehmer aktiv zuhören und sich in die Perspektive der Betroffenen hineinversetzen. Entwicklung von Lösungsvorschlägen durch die Beteiligten. Aushandlung von Kompromissen zwischen den Beteiligten oder Abstimmung über Vorschläge.
6. **Lösungssuche**: Erarbeiten weiterer Lösungsansätze, die niemanden demütigen, entmutigen oder zum Gespött machen.
7. **Auswahl und Beschlussfassung**: Auswahl einer akzeptablen Lösung durch die Betroffenen oder Abstimmung über verschiedene Vorschläge. Verpflichtung der Beteiligten durch den Leiter zur Umsetzung der Lösung bzw. des Beschlusses.
8. **Schluss**: Zeitmanagement durch den Assistenten, der eventuell noch neue Themen aufruft. Am Ende der Sitzung Vortrag der Niederschrift durch den Protokollanten. Dank und Abschluss der Sitzung durch den Diskussionsleiter.

- **Offene Sätze und Marktplatz der offenen Sätze**

Wird der Klassenrat vorwiegend in der Unter- und Mittelstufe eingesetzt, so bieten sich in der Mittel- und Oberstufe andere Maßnahmen zur Realisierung des Klassenmanagements an.

- **Offene Sätze für die Reflexion des Klassenklimas.**

Anders als in den standardisierten Fragebögen, auf denen vorgegebene Antworten angekreuzt und leicht ausgewertet werden können, verzichtet diese Methode auf vorgegebene Antworten. Durch die Offenheit wird das Reflexionsspektrum noch erweitert. Die einzelnen Satzanfänge werden auf DIN-A6-Karteikarten/Zettel geschrieben und jeweils 4 x zur Verfügung gestellt, z.B. in einer 10. Klasse bald nach Schuljahresbeginn:

Ich in unserer Klasse und Schule

- Ich bin furchtbar wütend darüber, dass …
- Am meisten ärgert mich im Moment, dass …
- Schule ist für mich im Moment wie …
- Für das Schuljahr nehme ich mir ganz besonders vor, dass ich …
- Wenn ich an das folgende Schuljahr denke, dann …
- Wenn ich das Schuljahr vor mir sehe, habe ich am meisten Angst, dass…
- Ich gehe gerne/nicht gerne (Nichtzutreffendes bitte durchstreichen!) an unsere Schule, weil …
- Ich sehe zur Zeit eigentlich einen/keinen Sinn in der Schule, weil …
- Ich weiß eigentlich schon genau/ungefähr/gar nicht (Nichtzutreffendes bitte durchstreichen!), was ich nach der Schule einmal machen und werden möchte, deshalb …
- Ich würde im Unterricht gerne mehr mitarbeiten und eigene Beiträge liefern, aber …
  usw.

Wir in unserer Klasse

- Wenn ich unsere Klasse beschreiben soll, dann fallen mir folgende fünf Eigenschaftswörter ein:
- Mir gefällt an unserer Klasse gut/nicht gut (Nichtzutreffendes bitte durchstreichen!), dass …
- Ich habe das Gefühl, wir nehmen in unserer Klasse Rücksicht/keine Rücksicht (Nichtzutreffendes bitte durchstreichen!) aufeinander, denn …
- Am meisten stört mich in unserer Klasse, dass …
- Ich finde, wir haben eine/keine (Nichtzutreffendes bitte durchstreichen!) gute Klassengemeinschaft, denn …
- An manchen Leuten aus unserer Klasse stört mich, dass …
  usw.

Ich und wir mit unseren Lehrerinnen und Lehrern

- An Lehrerinnen und Lehrern stört es mich, wenn …
- Von Lehrerinnen und Lehrern fühle ich mich ungerecht behandelt, wenn …
- Am besten komme ich mit den Lehrerinnen und Lehrern klar, die …
- Meine Traumlehrerin bzw. mein Traumlehrer müsste jemand sein, die bzw. der …
- Wenn ich selber Lehrerin oder Lehrer wäre, dann …
- Von meinem Klassleiter erwarte ich mir, dass …
- Lehrerinnen und Lehrer haben eigentlich keine Ahnung/haben schon Ahnung (Nichtzutreffendes bitte durchstreichen!) davon, was in unseren Köpfen eigentlich vor sich geht, denn …
- Ich glaube, viele Lehreinnen und Lehrer denken von unserer Klasse, dass …
  usw.

Marktplatz der offenen Sätze

Eine kombinierte Methode aus schriftlicher Reflexion und Gespräch ist der **„Marktplatz der offenen Sätze“**. Auch hier werden im Vorfeld Satzanfänge formuliert, die von den Schüler/-innen in schriftlicher Form weitergeführt werden. Jeder Satzanfang wird auf eine DIN-A6-Karte geschrieben. Diese Karten werden 4–5 mal vervielfältigt, so dass in der Reflexion jeder Satzanfang 4–5 mal zur Verfügung steht.

Beispiele:

Ich würde im Unterricht gerne mehr mitarbeiten und eigene Beiträge liefern, aber ...

Ich fühle mich wohl/nicht wohl (Nichtzutreffendes bitte durchstreichen!) in unserer Klasse, weil ...

In unserer Klasse fällt mir auf, dass ...

Wir könnten unsere Klassengemeinschaft verbessern, wenn ...

Es ist klar, dass durch die Art der Satzanfänge die Reflexion in eine bestimmte Richtung gelenkt werden kann. Umso mehr muss bei der Formulierung auf eine Ausgewogenheit positiv und negativ zu besetzender Sätze und auf eine Breite in den Themen geachtet werden. Hilfreich dazu ist das **Modell der Themenzentrierten Interaktion (TZI)**, das "TZI-Dreieck" (s. o. Kap. 1.4.1), das die Abhängigkeit von THEMA, ICH, WIR und GLOBE verdeutlicht.
Deshalb sollten die Satzanfänge immer positive wie negative Gefühle und Themen provozieren und sich auf die verschiedenen Ebenen des Reflexionsgeschehens beziehen. "Man"-Formulierungen sind zu vermeiden, gewählt werden sollen affektiv besetzte Begriffe und Formulierungen, die von der Schülerpersönlichkeit ausgehen ("Ich finde, meine, fühle, möchte ..."). Für die Unterrichtsreflexion bieten sich folgende Schwerpunkte an: Ich – Lerngruppe – Unterrichtsthemen – Unterrichtsgestaltung – Leistungsmessung – Unterrichtsatmosphäre – Lehrerpersönlichkeit – Verhältnis der Klasse zum Lehrer.

Schritte der Umsetzung mit der Klasse/Gruppe:

(1) Im Klassenzimmer werden Bänke zu Markttischen gestellt. Auf ihnen liegen jeweils im Stapel die 5 bis 7 Satzanfänge. In einem ersten Durchgang gehen die Schüler/-innen durch den **Markt**, betrachten sich das Angebot, nehmen aber noch keine Karten. Erst in einem zweiten Durchgang nimmt jede/r 3 bis 4 unterschiedliche Karten und setzt sich an die verbleibenden Tische, um die Sätze für sich fortzuschreiben. Hier werden die Schüler/-innen darauf hingewiesen, dass die Zettel anonym ausgefüllt werden, dass sie aber später in die Hände anderer Schüler/-innen der Klasse gelangen. Zum Schutz bietet sich das **Schreiben** in Blockschrift an. In dieser Phase ist auf Ruhe zu achten, keine Gespräche, kein Austausch von Karten). Danach werden die Karten verdeckt eingesammelt und durchgemischt.

(2) Für die nächste Runde müssen alle Tische beiseite geschoben werden. Bleibt nicht mehr genügend Zeit (etwa 20 Minuten für das Vorstellen der Karten plus ggf. Zeit für ein Gespräch darüber), dann sollte die Aktion hier abgebrochen und in der nächsten Stunde fortgesetzt werden.

(3) Die Schüler/-innen stellen einen **Stuhlkreis** und nehmen sich aus dem gemischten Kartenstapel ebenso viele Karten wie sie selber geschrieben haben. In einer Runde werden die Sätze mit den Ergänzungen im Stuhlkreis vorgelesen und in die Mitte gelegt. Wer den-selben Satzanfang mit anderer Weiterführung hat, schließt sich direkt an und legt seine Karte an die eben vorgelesene. Dann wird in der Sitzreihenfolge weitergelesen, bis alle Karten vorgestellt sind und in der Kreismitte liegen.

(4) Nach dieser Leserunde wird im **Gespräch** reflektiert, wo sich Schwerpunkte ergeben. Für die Leitung der Reflexion ist es interessant festzustellen (und ggf. zu thematisieren), welche Satzanfänge genommen wurden und welche liegen blieben.

(5) Zum Abschluss werden Lösungsvorschläge diskutiert und weitere Schritte vereinbart. Hier empfiehlt es sich, Schüler/-innen zu gewinnen, die wichtige Punkte auf einem zu Hause zu gestaltenden Wandplakat festhalten, das dann im Klassenzimmer aufgehängt werden kann.
(6) Die verbleibenden Karten bleiben beim Lehrer/bei der Lehrerin.

Folgende **Varianten der Fortsetzung** können durchgeführt werden:

- Nach Abschluss einer Klassenreflexion mit Vorsätzen für das neue Schuljahr nimmt jeder Schüler seine Karten und steckt diese in ein Kuvert, das er zuklebt und mit seinem Namen versieht. Die Kuverts bleiben beim Lehrer und werden am Ende des Schuljahres in einer Gesprächsrunde ausgetauscht.
- Die Karten bleiben beim Lehrer. Für den Klassenelternabend werden geeignete Karten ausgewählt, die das Klassenklima, Positiva und Negativa, beschreiben. Diese Karten gehen am Elternabend in den Gesprächskreis der Eltern, die Karten ziehen und dann vorlesen. Nicht der Lehrer, sondern die Klasse selber beschreibt – durch den Mund ihrer Eltern – Stimmung und Situation der Klasse. Eine teilnehmerorientierte Abwechslung zu den lehrermonologlastigen Elternabenden!
- Manche Karten werden über mehrere Jahre aufgehoben und – wenn die Klasse nicht getrennt wurde und später wieder einmal in der Hand derselben Lehrkraft ist – ausgeteilt. Im Sinne der Langzeitpädagogik ergeben sich hier überraschende Reaktionen und Gespräche der älteren Schüler/-innen über ihre frühere Klassensituation, Vergleiche, die Veränderungen oder auch Verfestigungen der damals herrschenden Strukturen offenlegen.

Empfehlenswerte Literatur:
Hatto, Christian: Das Klassenklima fördern. Ein Methoden-Handbuch, Berlin (Cornelsen Scriptor) 2003.
Klippert, Heinz: Teamentwicklung im Klassenraum. Übungsbausteine für den Unterricht, Weinheim-Basel (Beltz) 62002.
Kowalczyk, Walter/Ottich, Klaus: Erziehen: Handlungsrezepte für den Schulalltag in der Sekundarstufe. Respektvoller Umgang miteinander, Berlin (Cornelsen Scriptor) 2004.
Lohmann, Gert: Mit Schülern klarkommen. Professioneller Umgang mit Unterrichtsstörungen und Disziplinkonflikten, Berlin (Cornelsen Scriptor) 2003.

1.4.3 Der Umgang mit Unterrichtsstörungen

1.4.3.1 Unterrichtsstörungen und Disziplinkonflikte – die alltäglichen Auseinandersetzungen der Lehrer

Ein guter Lehrer hat keine Disziplinprobleme! – Unterrichtsstörungen und Disziplinkonflikte sind nach wie vor ein Tabubereich, obwohl Auseinandersetzungen mit Schülerinnen und Schülern einen zentralen Bestandteil und Prüfstein des Unterrichtsalltags eines jeden Lehrers und einer jeden Lehrerin darstellen. Das „normale" Reaktionsspektrum von freundlicher Aufforderung über Ermahnung bis zu Strafen reicht oftmals nicht aus, um alle Situationen zufriedenstellend zu lösen. Disziplinschwierigkeiten stellen die Person des Lehrers grundsätzlich in Frage und bringen ihn in Grenzsituationen. Sie werden als äußerst unangenehm erlebt, mit Kollegen wird kaum darüber gesprochen. Daran hindern die – manchmal uneingestandenen – Ängste und Selbstzweifel:

- unfähig zu sein, für Ruhe zu sorgen
- vor den Kollegen schlecht dazustehen
- bei einem Entgleiten der Situation völlig hilflos der Klasse ausgesetzt zu sein (Katastrophengedanken)
- als Person nicht gemocht oder als Autorität nicht geachtet zu werden und versagt zu haben.

Konflikte und Auseinandersetzungen setzen also ganz elementare Ängste in uns frei, da wir uns in unserem Grundbedürfnis als Mensch, uns vom Gegenüber angenommen zu fühlen, verletzt und zurückgewiesen erleben. Abhängig ist dies weiter von unserer Persönlichkeit und ihrer Geschichte. Können wir uns nicht bewusst mit dem beschriebenen Grundbedürfnis auseinandersetzen, ist es einer unserer „blinden Flecken", können wir die Schwierigkeit haben, die richtige Distanz zu Schülern zu finden. Wir sind dann beherrscht von einem ausgeprägten Harmoniebedürfnis oder dem Bestreben, es unserem Gegenüber möglichst „recht" zu machen, um bestätigt zu werden und Anerkennung zu erfahren. Gerade in der Arbeit mit Gruppen stellen sich dann zwangsläufig Enttäuschungen ein.

Jenseits des beschriebenen Spannungsfelds von Nähe und Distanz ist das, was letztlich als Störung und Konflikt eingeschätzt wird, stark von der Bewertung und den Erwartungen jedes einzelnen Lehrers abhängig (subjektive Komponente). Jeder trägt aufgrund seiner Biographie und der Wertvorstellungen, die er vertritt, ein anderes Leitbild von dem, wie ein Lehrer auftreten und sich verhalten soll, in sich.

Gerade jüngere Lehrerinnen und Lehrer sind von einem deutlichen Bedürfnis nach gutem Auskommen mit und Nähe zu den Schülern geprägt. Auch fühlen sie sich von ihrer eigenen Lebenswelt und Freizeitkultur her den Jugendlichen noch nahe, obwohl sie letztlich einer anderen Generation angehören. Seitens der Schülerinnen und Schüler wird eher eine Führung der Klasse und damit ein bewusstes Einsetzen von Autorität und Macht eingefordert. Schüler wollen wissen, woran sie sind, wollen ein verlässliches und konsequentes Erziehungs- und Unterrichtsverhalten. Eine wohlwollende Strenge wird von ihnen durchaus als Merkmal eines guten Lehrers/einer guten Lehrerin angesehen, da sie in ihrer Schulbiographie die Erfahrung gemacht haben, dann ertragreichere Lernprozesse zu erleben. Das Einfordern von Ausdauer und Einhalten von Grenzen wirkt für manchen Schüler wie ein Selbstregulativ. Disziplin bedeutet damit auch, eine Lernatmosphäre herzustellen, die Schüler fördert. Sie ist tragende Säule des Unterrichts und Lernerfolgs (vgl. Kap. 1.3.2). Gerade offene Unterrichtsformen, die Selbstständigkeit, Eigenverantwortung und Teamarbeit voraussetzen, brauchen eine klare Ordnung, Rücksichtnahme und selbstdiszipliniertes Arbeitsverhalten. Nicht zuletzt ist der richtige Umgang mit Störungen damit ein Teil unseres Bildungs- und Erziehungsauftrages.

In den ersten beruflichen Jahren bewegen sich Lehrerinnen und Lehrer zudem in einem **„survival stage“**, sie werden in ihrem Denken und Handeln vorrangig von den Anforderungen der Organisation und Durchführung des Unterrichts (Inhalte, Aufbau, Methodik) beherrscht. Damit bleiben nicht immer genügend Souveränität und „Freiraum“, um sich den Subjekten Schüler zuwenden zu können, schnell und flexibel in Interaktionen zu reagieren und zielgerichtet als Erzieher/Erzieherin zu agieren. Ein Selbstanspruch, immer kompetent und überlegen handeln zu können, wäre in dieser Phase des Lehrberufes eher wirklichkeitsfern. Herrscht seitens der Schüler keine eingeübt disziplinierte Arbeitshaltung vor, können die unangenehme Lautstärke sowie mangelnde Selbsttätigkeit und Rücksichtnahme der Schüler als anspruchsvolle Herausforderung erlebt werden.

Im Zusammenhang mit Unterrichtsstörungen wird oftmals vergessen, dass Unterricht eine Zwangsveranstaltung ist und die Klasse eine Zwangsgemeinschaft, zumindest wird es so empfunden. Die Anwesenheit beruht nicht auf Freiwilligkeit, der Sinn mancher Lernprozesse wird nicht sofort eingesehen, wie die Lerninhalte letztlich durch die Lehrpläne vorgegeben bleiben **(institutionelle Ursachen)**.

Hinzu kommen **individuelle Ursachen** wie Unter- oder Überforderung der Schüler sowie fehlende Lernkompetenzen im Bereich der Konzentration und Lernstrategien. Grundhaltungen können von Langeweile und mangelnder Anstrengungsbereitschaft, Ausdauer und Selbstdisziplinierung gekennzeichnet sein. Bei manchen Schülern sind ein ausgeprägtes Bedürfnis nach Aufmerksamkeit, Zuwendung und Anerkennung oder psychische Auffälligkeiten der Auslöser für das Verhalten. Manche verfügen auch noch nicht über die notwendigen sozialen Kompetenzen, können keine Verbindlichkeiten eingehen, sie beachten oder über ihr Verhalten reflektieren (mangelnde Selbstbeobachtung und Selbstdisziplin).
Auch der **Kontext der Unterrichtsstunden** besitzt einen großen Einfluss: Wie liegt die Unterrichtsstunde im Tages- oder Wochenablauf, welche Fächer wurden durch welche Lehrer zuvor unterrichtet, welche folgen nach? Wurden Prüfungen geschrieben, welchem (Leistungs-)Druck sind die Schüler ausgesetz usw.. Die **sozialen Beziehungen** zwischen Lehrer und Schülern sind, auch unter entwicklungspsychologischer Perspektive, von einem Kräftemessen und von Machtkämpfen geprägt. Jugendliche in der Adoleszenz fordern Reibungsflächen ein, an denen sie sich messen und ihre Grenzen austesten können. Als **gesellschaftlicher Hintergrund** darf nicht vergessen werden, dass mit einer ausgeprägten Individualisierung in der pluralistischen Gesellschaft Freiräume wie Bedürfnisse der Jugendlichen gestiegen sind und eingefordert werden.

Im Gegensatz zu der allgemeinen Tendenz der Lehrer, störendes Schülerverhalten zu pathologisieren oder außerschulischen Ursachen zuzuschreiben, sind die meisten Ursachen nach wie vor in dem Verhaltensgeflecht zwischen Lehrer und Schüler (Lehrer–Schüler–Interaktion) oder der Unterrichtsgestaltung zu sehen. Darüber hinaus ist die Art, wie gegen Disziplinschwierigkeiten vorgegangen wird, oft selbst Auslöser neuer Störungen:

- wirkungslose Endlosschleifen von Ermahnungen und Androhungen von Strafen
- Vergeuden großer Teile der Unterrichtszeit für die Beschäftigung mit Disziplinfragen
- sprunghaftes Ausprobieren sich teils widersprechender Maßnahmen
- Schaffen unglücklicher Präzedenzfälle („Fallrecht“) während der ersten Unterrichtswochen, auf die sich Schüler beziehen
- Zurückschrecken vor wirklichen Konsequenzen.

Zu klären bleibt noch, was überhaupt zu den Unterrichtsstörungen zu rechnen ist.
Am häufigsten sind **verbale Formen** wie Schwätzen, vorlautes Verhalten, Zwischenrufe und Beleidigungen feststellbar. Auch **motorische Unruhe** (Zappeln, Kippeln, Herumlaufen), mangelnder Lerneifer und fehlende Leistungsbereitschaft (Desinteresse, Unaufmerksamkeit,

geistige Abwesenheit) gehören zu den in vielen Unterrichtsstunden feststellbaren Verhaltensweisen. Diese Summe kleiner Störungen, die immer wieder den Unterrichtsablauf unterbrechen, stellt die Hauptbelastung dar. Eher selten kann aggressives Verhalten wie Wutausbrüche, Angriffe auf Personen oder Sachbeschädigungen beobachtet werden. Als weitere Form von Störung sind noch eine geringe Akzeptanz der Autorität des Lehrers oder ein den sozialen oder moralischen Normen widersprechendes Verhalten zu nennen. So werden Regeln nicht befolgt, ignoriert und gebrochen, getäuscht und gelogen oder Klassenkameraden nicht geachtet.

1.4.3.2 Unterrichtsstörungen beheben

Bei der Auseinandersetzung mit Unterrichtsstörungen und Disziplinschwierigkeiten geht es für den Lehrer vorrangig darum, die Verantwortung für die Unterrichtssituation bewusst zu übernehmen und Autorität und Macht einsetzen zu wollen.

Dies beinhaltet – aus sozialpsychologischer Sicht –, die Führungsposition in der Klasse anzunehmen und mit einer Mischung aus Strenge und Verbindlichkeit auszugestalten (Führungskompetenz). Nur so kann die Grundlage für erfolgreiche Lehr–Lern–Prozesse gelegt werden. Ein störungsarmer Unterrichtsablauf ist auch Ausdruck einer hohen Arbeitsökonomie, die Energie von Lehrer und Schülern kann in die Arbeit am Lernstoff fließen. Die Wege zu diesem Ziel können je nach Lehrerpersönlichkeit sehr unterschiedlich sein und müssen von jedem Einzelnen in ihrer Passung gefunden werden. Da Störungen immer wieder unerwartet und spontan auftreten, ist zudem eine spontane Entscheidungsfähigkeit des Lehrers/der Lehrerin gefordert.

Welche Möglichkeiten gibt es nun, Unterrichtsstörungen zu begrenzen und Disziplin herzustellen?
Im Sinne einer Stufung sind fünf Schritte denkbar:

1. präventiv im Vorfeld gemeinsam mit den Schülern Regeln für das Verhalten, die Gesprächsführung in der Klasse, für das Lern- und Arbeitsverhalten, die Hausaufgaben, die Mitarbeit … (siehe Classroom Management, Kap. 1.4.1 und 1.4.2) einführen
2. am eigenen Auftreten und Verhalten als Lehrer arbeiten
3. auftretende Unterrichtsstörungen analysieren
4. unterschiedliche Formen von Interventionen einsetzen
5. Sanktionen durchführen.

Auftreten und Haltung des Lehrers
Auftreten und Haltung beeinflussen den Ersteindruck der Schüler von ihrer Lehrkraft. Durch eine stimmige **Bekleidung** wird nicht nur der Professionalitätsanspruch, sondern auch die eigene Persönlichkeit unterstrichen. **Körpersprache** (siehe Kap. 2.2.1.4) wie die gezielte Bewegung im Raum (Proxemik), aufrechtes Stehen, direkter Blickkontakt und bewusste Gestik und Mimik vermitteln Präsenz und Sicherheit. Sie sind der erste Schritt zu einem selbstbewussten Auftreten. Eine gehobene, aber schülergerechte **Sprachebene** und eine modulierte **Stimme** sowie geschulte Mimik und Gestik geben dem Gesagten Gewicht.

Als Modellverhalten des Lehrers/der Lehrerin wirkt auch, wie er auf den Unterricht vorbereitet ist, ob er zielgerichtet arbeitet und konzentriert und schnörkellos vorgeht. Dazu gehört auch,

- die Namen der Schüler schnell zu beherrschen,
- den Unterricht pünktlich zu beginnen und dies von den Schülern einzufordern (Einfinden am Platz, Bereitlegen der Unterrichtsmaterialien; entsprechendes Reagieren bei Verspätungen),

- auf einem sauberen Arbeitsverhalten und vollständigen Arbeitsmaterialien zu beharren,
- Grundabläufe des Unterrichts einzutrainieren (Denken – Melden – Sprechen),
- eine klare Gliederung der Unterrichtsabläufe und ein Wechsel in den Arbeitsformen,
- die Hausaufgaben vor dem Gong zu stellen,
- gegenüber neuen Ansätzen des Lehrens und Lernens offen zu bleiben und das eigene Methodenrepertoire zu erweitern.

Der Lehrer steht auch Modell für den sozialen Umgang mit Schülern, Kollegen, Eltern und Vorgesetzten. Das erfordert, beständig an der eigenen Persönlichkeit zu arbeiten und die Fähigkeiten zu Selbstreflexion und Selbststeuerung sowie zur Kommunikation auszubauen (siehe Kap. 4.2).

Die Analyse von Unterrichtsstörungen
Lehrkräfte gehen bei der Intervention gegen Disziplinschwierigkeiten häufig in Form einer schrittweisen Eskalation der Sanktionen vor. Ab einem gewissen Punkt kann aufgrund der hohen emotionalen Beteiligung der Konfliktparteien dann aber bei weiteren Störungen kaum noch zurückgefahren werden, der weitere Verlauf der Auseinandersetzung wird schwer steuerbar. Überlegte Reaktionen haben keinen Platz mehr, es drohen wechselweise Bloßstellungen (Gesichtsverlust von Schüler und Lehrer). Durch sie kann die Beziehung zwischen Lehrer und Schüler dauerhaft beeinträchtigt werden, was ein späteres erziehendes Einwirken sehr schwer macht.

Besser ist es, kurze und eher unauffällige Maßnahmen frühzeitig einzusetzen. Orientiert daran ist das Konstanzer Trainingsmodell (KTM) (Humpert, Dann (2001)), bei dem es darum geht, die Störungssituation besser zu erfassen, Störungsarten und Ursachen zu unterscheiden, sie frühzeitig zu erkennen und variabel auf diese zu reagieren (größere Bandbreite niederschwelliger Reaktionsmöglichkeiten, die nur eine minimale Unterbrechung des Unterrichts erfordern).

Störungen kommt aus dieser Perspektive auch ein Hinweischarakter zu, dass im Unterrichtsgeschehen im Zusammenspiel zwischen der Lerngruppe (innere Spannungen, Beziehungen, Bedürfnisse, Interessen), dem Lehrer (innere Verfasstheit, Beziehungen, Bedürfnisse, Interessen, Gestaltung der Interaktionen) und dem Unterricht (Gestaltung, Lernstoff, Arbeitsaufgabe) etwas schief hängt, das verändert werden kann.

Will ich Unterrichtsstörungen beseitigen, ist der **Ausgangspunkt** eine Schulung und Verbesserung der **Wahrnehmung der Situation**. Dies beinhaltet auch eine Selbstbeobachtung und Selbstreflexion des Lehrers:

- Wie häufig tritt die Störung auf?
- Wie ist das eigene Verhalten in der Situation?
- Welche Gefühle löst die Situation in mir aus? Wie sehr fühle ich mich belästigt und beeinträchtigt? Wie bewerte ich die Störung?
- Wenn ich mich in die Perspektive des Schülers/der Schüler hineinversetze: Wie sieht von dort aus die Störungssituation aus? Welche Unterschiede ergeben sich zu meinem Denken, Fühlen und Bewerten?
- Welche Ursachen vermute ich? Wie sieht die Dynamik, Interaktion in der Situation aus?
- Wie reagiere ich?

Diesem Schritt kann eine **systematischere Beobachtung** folgen. Hilfreich ist dabei, Kollegen zu Hospitationen und für Zusatzinformationen hinzuzuziehen oder Fragebögen für Schüler zu Unterrichtsklima, Lehrer-Schüler-Interaktion, Unterrichtsführung, Lern- und Arbeitsverhalten, Unterrichtsinhalte, Regeln und ihre Einhaltung … zu nutzen (siehe auch Kapitel Schulentwicklung):

- Wie kann das Störungsverhalten genauer charakterisiert werden (Regelverstöße? Lernverweigerung, Passivität? Akustisch oder visuell?)? Wie massiv ist es wirklich, auf wen/welche Gruppen innerhalb der Klasse trifft es zu? Welche Störungsrichtung (Lehrer, Schüler, Dinge, Regeln …) gibt es? Welche automatisierten Handlungsabläufe folgen nacheinander?
- Was ging dem Störverhalten voraus? Welche Folgen ziehen die Störungen nach sich (Stocken des Unterrichts – längere Unterbrechung – völlige Blockade …)
- Wie sieht das Verhalten in Unterrichtsstunden zu anderen Zeitpunkten oder in anderen Fächern bzw. bei anderen Lehrern aus?
- Wie kann das Verhalten in anderen Bereichen (unterschiedliche Arbeitsformen, Hausaufgaben, Prüfungen, Pausensituationen …) charakterisiert werden?

Selbstreflexion und genauere Beobachtung helfen nicht nur, eigene vorschnelle Bewertungen und Schuldzuschreibungen zu relativieren. Auch können die eigentlichen Ursachenfelder genauer zugeordnet werden (Lehrerpersönlichkeit und Lehrerverhalten, Bereich des Unterrichts, sozialer Bereich, psychischer Bereich, außerschulischer Bereich …). Weiter werden Zweck und Absichten der Verhaltensweisen der an den Störungsabläufen Beteiligten transparenter. Der Analyse muss dann aber immer eine mit Schülern und Kollegen gemeinsam geplante Veränderung (siehe Classroom Management, Kap. 1.4.1/1.4.2, soziales Lernen, Kap. 1.2, Unterrichtsgestaltung …) folgen.

Interventionen bei Störungen

Es gibt eine ganze Reihe von Verhaltensweisen, die sich in alltäglichen Unterrichtssituationen bewährt haben. Genannt seien:

- in den ersten Unterrichtsstunden den Schwerpunkt auf das Aufbauen einer Beziehung zu den Schülern legen, Interaktionen einüben
- die Störung bewusst ignorieren, um das Störende / den Störer nicht zu verstärken
- distanzierte und gelassene Betrachtungsweise einnehmen, ruhig bleiben
- frühzeitig intervenieren, bevor in einem der Ärger hochsteigt („innere Eskalation“)
- Signalwort setzen: „Stopp!“, „Halt!“
- schweigend einen „Disziplinierungsplatz“ im Raum einnehmen (konditionierter Anker)
- die Stimme kurz anheben, dann leise weitersprechen, Stimme ruhig halten
- einen störenden Schüler kurz fixieren, dann den Blickkontakt abbrechen, um die Bereitschaft zur Deeskalation anzudeuten
- kurz und klar äußern, welches Verhalten erwartet wird, die Sätze gleichförmig wiederholen
- ermahnen und verwarnen
- nicht die Person des Schülers/der Schülerin tadeln, sondern sein Verhalten
- positive Verhaltensweisen und Ansätze würdigen (Lob für ordentliche Hausaufgaben, für einen im Unterricht mitarbeitenden, sonst schwierigen Schüler …)
- humorvoll reagieren (Beruhigung, Entspannung der Situation)
- in besonderen Belastungssituationen Verständnis zeigen; nachfragen und zuhören
- mit den Klassenregeln konfrontieren: „Was tust du? – Wie heißt die Regel? – Für welches Verhalten entscheidest Du Dich?“
- nach dem Tadeln einen Neuanfang signalisieren (Umschalten durch Wechsel des Ortes, eine andere Mimik, Gestik, Stimmwechsel)
- bewusst innehalten, um eingefahrene Reaktionen und Denkmuster zu durchbrechen
- sich mittels bestärkender Gedanken selbst stützen, Leitgedanken innerlich zurechtlegen
- geduldig sein, eine mittelfristige Perspektive in den Blick nehmen
- bewusst eine Zwischenhandlung einlegen, um Zeit und Distanz zu gewinnen (zum Fenster gehen, hinaussehen, tief durchatmen, körperlich aufrichten)

- erfolgreiche Unterrichtsstunden, gelungene Beziehungen zu Schülern, schwierige Unterrichtssituationen, die bewältigt worden sind, in Erinnerung rufen
- verdeutlichen, welche Nachteile aus den Störungen für den Schüler, die Mitschüler, den Lehrer entstehen (Ich-Botschaft)
- Einzelgespräch führen
- versäumten Stoff nacharbeiten lassen
- Sonderdienste verhängen
- die Sitzordnung ändern, um eingespielte Interaktionen zu durchbrechen (Zweiertische bei unruhigeren Klassen, bewusste Zuweisung von Sitzpositionen, Einzeltisch für undisziplinierte Schüler)
- Eltern zu einem Beratungsgespräch einbestellen
- Störer aus dem Raum in den Auszeitraum / das Direktorat schicken, um eine weitere Eskalation zu vermeiden, eine Beruhigung in der Auszeit zu erreichen
- Ordnungs- und Erziehungsmaßnahmen der Schulordnung (s. S. 46 ff.).

Die gewählten Interventionen müssen zur eigenen Person passen. Auch ist es wichtig, nicht zu viele Maßnahmen sprunghaft nacheinander auszuprobieren, sondern sie einzeln einzuführen und eine gewisse Zeit wirken zu lassen. Übergeordnetes Ziel ist immer eine schnelle Rückkehr zur Arbeit.

Sanktionen durchführen

Das Funktionieren sozialer Systeme ist auf die Vereinbarung und Einhaltung von Verhaltensweisen und Regeln angewiesen. Sich diszipliniert verhalten, bedeutet, Regeln einhalten. Dies mag einerseits als Zwang und Beschränkung empfunden werden, andererseits entstehen daraus Ordnung, Sicherheit und Verlässlichkeit: Das Verhalten in Situationen wird überschaubarer.

Regeln stellen auch Grenzen dar, die den Unterschied und Abstand zwischen Personen verdeutlichen. Damit sind sie wichtige Lerninstrumente für Kinder und Jugendliche: Sie ermöglichen, frustrierende Erlebnisse und Enttäuschungen aushalten zu müssen, eine wirklichkeitsnahe Vorstellung der eigenen Möglichkeiten aufzubauen, sich einzuordnen und den anderen in dessen Bedürfnissen und Grenzen wahrzunehmen.

Entscheidend für das (durch Einsicht geleitete) Befolgen von Regeln ist, wie sie zustande gekommen sind, wofür sie stehen und welchen Sinn und Zweck sie verfolgen (z.B. Schule als Ort gemeinsamen Lernens). Vor der Durchsetzung von Regeln sollte also ein (teilweise) gemeinsam entworfener Rahmen stehen, durch den die Ausrichtung der Schule und die Art der Beziehungen der Menschen in ihr (z. B. Respekt, Wertschätzung, Vertrauen, Verantwortung …) erkennbar werden. Zum Teil ist er vorgegeben durch die Schulordnung mit ihren Erziehungs- und Ordnungsmaßnahmen, breiten Gestaltungsraum bieten aber das Leitbild der Schule, die Hausordnung und die Klassenregeln.

Damit ist noch nicht die Frage aufgegriffen, was zu tun ist, wenn Regeln gebrochen werden und wenn einfache Interventionen nicht fruchten. Das Verhältnis der Pädagogik zu **Strafen** ist ein gebrochenes („unpädagogisch"), wie der Begriff ungern gebraucht wird (vgl. Kap. 1.3.3) Allerdings wird eine Grauzone teils drastischer oder kollektiver Sanktionen praktiziert, die mit der Vergabe von Zusatzhausaufgaben beginnen, über die Vergabe schlechter Noten reichen und bei dem Entzug von „Vergünstigungen" wie Klassenfahrten enden. Da sie sich in einem rechtlich und pädogogisch unsicheren Bereich bewegen, wird wenig über sie diskutiert und sie sind oft von einem Gefühl der Hilflosigkeit, des Versagens, der Willkür und Bitterkeit oder gar der „Rache" begleitet.

Sanktionen sind ein notwendiger Teil des Schulalltags, ein wichtiges Signal der Grenzziehung und eine unverzichtbare Rückmeldung über ein nicht hinnehmbares Verhalten.

Als Lehrer kommt man daher nicht daran vorbei, sich bewusst zu machen, dass Sanktionen ein notwendiger Teil des Schulalltages sind, ohne den die Einhaltung von Vereinbarungen und Regeln nicht erfolgreich durchgesetzt und der Erziehungs- und Bildungsauftrag (siehe Kap. 1.1.4) nicht erfüllt werden kann. Sie sind ein wichtiges Signal der Grenzziehung. Ein Ausbleiben von Sanktionen bedeutet, dass keine Rückmeldung über ein Verhalten erfolgt, das so nicht hingenommen werden darf.

Richtlinie beim Verhängen von Sanktionen muss eine **größtmögliche Transparenz** sein. Schon bei der gemeinsamen Erarbeitung und Vereinbarung von Klassenregeln ist es sinnvoll, Sanktionen in Zusammenarbeit mit den Schülern zu berücksichtigen und festzuschreiben. Sie müssen

- einen klaren Bezug zur Regel und
- einen klaren Bezug zum Fehlverhalten besitzen sowie
- dem Prinzip der Verhältnismäßigkeit und Gestuftheit („Dosierung"; „Eskalationsleiter"),
- dem Prinzip künftiger Veränderung und
- dem Prinzip deutlicher Wiedergutmachung folgen.

Auf diese Weise werden die Folgen für Schüler und Schülerinnen berechenbarer und ersichtlich, dass sie mit einem Verhalten, nicht mit der Person zu tun haben. Findet ein Regelbruch statt, muss zeitnah und konsequent reagiert werden. Der Lehrer entwickelt eine größere Handlungssicherheit, wenn er für sich seine zentralen Erziehungsziele geklärt und – über die Regelvereinbarungen hinaus – ein eigenes gestuftes Sanktionssystem im Sinne sich steigernder Maßnahmen entworfen hat (siehe auch oben die Ausführungen zu den Interventionen).

Wie kann sich ein Lehrer in einer Situation, in der er Sanktionen ausspricht, verhalten? Zunächst ist es wichtig,

- ruhig und sachlich zu bleiben,
- knappe und klare Aussage- bzw. Befehlssätze zu formulieren und diese beharrlich in gleicher Form zu wiederholen,
- das Geschehnis und das Verhalten genau zu beschreiben
- zu verdeutlichen, was dies auslöst hat,
- die Konsequenzen, die sich daraus ergeben, klarzumachen.

In der Folge kann man sich vom Schüler die Situation sowie die Ursache, weshalb es zur Grenzüberschreitung gekommen ist, aus seiner Sicht beschreiben lassen. Lässt man sich das eigentlich geforderte Verhalten durch den Schüler selbst darstellen, setzt bei diesem ein nochmaliger Reflexionsprozess ein. Auf keinen Fall sollte man sich aber auf eine Diskussion einlassen. In der Folge ist es wichtig, sich der Klasse und dem Schüler gegenüber wieder in seinem „normalen" Lehrerverhalten zu zeigen (Neubeginn, „neue Chance"). Um sich praxisnah auf solche Situationen vorzubereiten, haben sich Rollenspiele bewährt.

Sanktionen sollten niederschwellig, aber konsequent beginnen. Die Gefahr einer schnellen Eskalation ist, dass Beziehung und Kommunikation zu dem Schüler abbrechen. Auch Strafen setzen letztlich eine Mitarbeit des zu Strafenden voraus. Verweigert sich der Schüler und wird der Lehrer in seinem Erziehungsbemühen vom Elternhaus nicht unterstützt, gelangen Lehrer und Schule schnell an eine Grenze des Einwirkens. Sinnvoll ist es daher, wenn Sanktionen grundsätzlich von Gesprächen begleitet werden. In ihnen ist es auch leichter, gemeinsame Vereinbarungen auszuhandeln und sie schriftlich zu fixieren (siehe zur Beratung Kap. 3).

1.4.3.3 In einer neuen Klasse beginnen

Eine spannende Schlüsselsituation ist der Einstieg in eine neue Klasse. Gelingen die ersten Stunden und kann eine erste Beziehung zu den Schülern aufgebaut werden, ist ein wichtiger Schritt hin zu einem kooperativen Lernen getan. Übertrieben ist es aber, die Bedeutung des Erstkontaktes als entscheidend für alles Folgende zu verabsolutieren.

Hilfreich kann sein:
- sich sorgfältig und langfristig auf die ersten Stunden vorbereiten und mit sich klären, welchen Eindruck die Schülerinnen und Schüler über den Lehrer und die Art des Unterrichts mitnehmen sollen
- das Klassenzimmer zuvor schon einmal besichtigen (auch: technische Voraussetzungen prüfen)
- sich im Vorfeld einen Sitzplan verschaffen und einprägen
- sich bisherige Erfolge im Umgang mit Klassen in Erinnerung rufen
- eventuell Auftreten, Anfang und Schluss der Stunde sowie Schlüsselfragen einüben.

Für die ersten Minuten in der Klasse bietet sich an:
- pünktlich das Klassenzimmer betreten
- Blickkontakt herstellen
  - vor Beginn des ersten Satzes den Blick langsam im Raum schweifen lassen (Blicke aufsammeln), freundlich lächeln, ermuntern
  - alle Teilnehmer im Blickfeld haben
  - einen positiv gestimmten Schüler suchen („Plus-Mann“), aber niemanden zu lange oder intensiv anstarren
- Körperstellung vor der Klasse
  - Positionierung neben dem Lehrertisch (Vorsicht: Beziehungssperren durch Tische, Taschen, Ordner …)
  - freies, ruhiges Stehen
  - der Klasse die ganze Körperbreite zuwenden
- Einführung eines Begrüßungsrituals und klare, freundliche Begrüßung
- zu Beginn ein wenig lauter sprechen, Stimme offensiv einsetzen
- Mimik und Gestik bewusst einsetzen
  - Hände in Brust- oder Bauchhöhe locker verbinden
  - ruhige Gesten aus dem Oberarm
  - erst Gesten, dann Worte einsetzen.

Im weiteren Verlauf der Stunde
- die Distanzregeln beachten
- bei Störungen schnell und konsequent einschreiten
- jeden Schüler einmal drannehmen
- klar, knapp und ohne Diskussion klären, wie die Notengebung gehandhabt wird
- eventuell mit den Schülern erst Regeln für den Unterricht erarbeiten.

Empfehlungen zur weiteren Vertiefung des Themas:

Kowalczyk, Walter/Ottich, Klaus: Die Selbstdisziplin stärken – das Klassenklima entwickeln. Berlin 2004 (Cornelsen Scriptor).

Lohmann, Gert: Mit Schülern klarkommen. Professioneller Umgang mit Unterrichtsstörungen und Disziplinkonflikten. Berlin 2003 (Cornelsen Scriptor).

Nolting, Hans-Peter: Störungen in der Schulklasse. Ein Leitfaden zur Vorbeugung und Konfliktlösung. Weinheim/ Basel 32002 (Beltz).

1.4.4 Der Umgang mit Gewalt, Mobbing und Bullying in der Schule

Gewalt
Androhung, Versuch oder Ausführung einer z. B. körperlichen Schädigung eines anderen; wird absichtsvoll (intentional) ausgeübt und mit der Gewalt geht eine körperliche oder psychische Macht einher (Machtgefälle des Ausführenden zum Opfer).

Aggression
Spezifisches, zielgerichtetes und vorsätzliches (intentionales) Verhalten, das darauf ausgerichtet ist, jemanden anderen zu schädigen.

Mobbing
Begriff aus der Arbeits- und Organisationspsychologie, der ein dauerhaftes, systematisches und zielgerichtetes Belästigen von Erwachsenen an ihrem Arbeitsplatz umfasst (Mob: Pöbel, Gruppe).

Bullying
Übergriffe von Schülern auf andere Schüler in dem sozialen Lernort und Lebensraum Schule (Bully: brutaler Kerl).

Die Problematik der Gewalt an Schulen taucht in regelmäßigen Abständen in der öffentlichen Diskussion und besonders in den Medien auf. Berichtet wird von Vandalismus, sexuellen Belästigungen und Übergriffen, Bandenbildung, Delinquenz, Schutzgelderpressungen, Waffengebrauch und Körperverletzung. Hintergrund sind meist erschreckende Einzelfälle exzessiver Gewalt und die Situation an Brennpunktschulen, abgeleitet wird ein allgemeiner Anstieg von Gewalt in den Bildungseinrichtungen. Die teils auf großer Betroffenheit beruhenden Bewertungen des Phänomens durch Lehrer und Eltern spiegeln jedoch subjektive Einschätzungen wider, die sich durch empirische Befunde nicht stützen lassen. Die Gewaltexzesse stellen (bedenkliche) Ausnahmen dar, während die allgemeine schulische Gewalt bis auf kleinere Schwankungen – im Moment wird eher ein Abnehmen konstatiert – im Ausmaß relativ gleichförmig bleibt und einen schon immer feststellbaren Teil schulischer Systeme darstellt. Am häufigsten sind zudem nicht direkte körperliche Übergriffe, sondern verbale oder mittelbare (siehe dazu unten) vorzufinden.

Das gewalthafte Verhalten von Kindern und Jugendlichen muss zudem vor dem Hintergrund gesehen werden, dass Durchsetzungsfähigkeit, Individualität, das Achten auf eigene Bedürfnisse und Selbstentfaltung als „Tugenden" gesellschaftlich erwünscht sind. Es herrscht die Vorstellung vor, dass dies eine Voraussetzung ist, sich in Konkurrenzsituationen, die moderne Gesellschaften aufweisen, bewähren zu können. Die gewandelten familiären Lebensformen (Ein-Kind-Familie, zerbrochene und neu zusammengesetzte Familien, alleinerziehende Eltern) garantieren den Kindern zudem nicht mehr die gleichen sozialen Lernerfahrungen, wie sie noch vor dreißig Jahren gegeben waren. Regeln des Zusammenlebens sind in einer pluralistischen Gesellschaft keine unabgesprochene Übereinkunft mehr, soziales Einordnen und Unterordnen müssen teils erst gelernt werden. Gelegenheiten zum Austragen von Konflikten fehlen auch in Familien wegen mangelnder sozialer Lernsituationen.

Der häufig verwendete Begriff **Mobbing** ist inzwischen Teil der Alltagssprache; mit ihm werden alle möglichen missbilligten Verhaltensweisen, die aus Konflikten heraus entstehen, etikettiert. Dabei geht es vor allem um die (moralische) Aburteilung eines Gegenübers und weniger um die Charakterisierung eines **systematischen und wiederholten Verhaltens**, wie es die Bezeichnung eigentlich definieren soll. Auch größere Übergriffe, die nur ein-, zweimal vorkommen, oder unsoziales Verhalten stellen kein Mobbing dar, wenn nicht eine typische Beziehung zwischen Täter und Opfer erkennbar wird.

Lässt man die Leitungsebene von Schulen beiseite, können die auftretenden Formen von Gewalt in der folgenden Weise systematisiert werden (Hayer/Scheithauer 2005, S. 239):

		Täter	
		Lehrer	Schüler
Opfer	Lehrer	Mobbing	Lehrer-Bullying
	Schüler	Machtmissbrauch	Bullying

Obwohl die Begriffe Mobbing und Bullying in letzter Konsequenz andere Betrachtungsschwerpunkte zum Ausdruck bringen, sollen sie in der Folge weitgehend synonym verwendet werden.

Bullying zwischen Schülern – die alltägliche „kleine Gewalt"

Ausdrucksformen der Gewalt
Allgemein sind in Schulen die folgenden Hauptausdrucksformen von Gewalt beschreibbar:

- direkte, physische Verhaltensformen wie Schlagen, Schubsen, Treten, Kneifen, Festhalten … Diese haben ihren Höhepunkt in den Klassenstufen 7 bis 9.
- verbale Übergriffe wie Spotten, Beschimpfen, Beleidigen, Auslachen, Bedrohen, Hänseln …
- mittelbare Formen wie Zurückweisen, Ausschließen, Schneiden, Aus-dem-Weg-Gehen, Isolieren, Verbreiten von Gerüchten, Verleumden, Herabsetzen, Fratzen schneiden, herabwürdigende Gesten, Weigerung, Bitten nachzukommen …
- sxuelle Übergriffe
- öffentliche Herabwürdigung im Internet u. a.

Bullying kann man als schulspezifische Form des Mobbing verstehen. Es weist die folgenden Charakteristika auf:

- eine besondere Beziehung zwischen einem oder mehreren Tätern und einem Opfer, die sich bekannt sind
- ein Macht- und Kräfteungleichgewicht (körperlich, sprachlich oder sozial stärkerer Schüler gegen einen schwächeren)
- das Andauern über einen längeren Zeitraum, in dem das Verhalten systematisch wiederholt und die soziale Macht missbraucht wird
- eine einhergehende soziale Aufwertung des Täters
- die Schädigungsabsicht
- die Erniedrigung des Opfers bis hin zu Hilflosigkeit, Verzweiflung und Depression
- die Chancenlosigkeit des schwächeren Schülers, aus eigener Kraft aus der Situation herauszukommen.

Ausdrücklich nicht in diese Begriffsumschreibung fallen damit länger andauernde Konflikte zwischen Gleichberechtigten, da gleich starke Personen eine größere Chance haben, Auseinandersetzungen aus eigener Kraft zu beenden. Trotz dieser Einschränkung geben immerhin 10–20 % der Schüler an, Opfer oder Täter von Mobbing zu sein. Die häufigste Form ist die Ausgrenzung. Während Jungen eher direkt gegen ihr Gegenüber vorgehen und auch häufiger von Übergriffen betroffen sind, wählen Mädchen eher Methoden wie Ausschließen, üble Nachrede oder Verbreitung von Gerüchten.

Opfer von Mobbing/Bullying
Grundsätzlich kann es jede Person treffen, Opfer zu werden. Die immer wieder angeführten äußerlichen oder psychischen Besonderheiten von Opfern sind insofern mit Vorsicht zu be-trachten, als nahezu jeder Mensch Auffälligkeiten an sich hat (Haare, Brille, Sommersprossen, körperliche Besonderheiten ...), die ihn zum Zentrum der Aufmerksamkeit anderer werden lassen können. Sehr leicht wird bei einer solchen Herangehensweise seitens der Lehrer die Verantwortung für die Situation dem Gemobbten selbst zugeschrieben und vergessen, dass jeder Mensch ein Recht auf körperliche Unversehrtheit und Schutz seiner persönlichen Würde hat.

Als Kennzeichen **passiver (untergebener)** Mobbingopfer werden in der Literatur häufiger genannt:

- ein eher geringes Selbstbewusstsein, Selbstwertgefühl
- ängstliches, angepasstes, schüchternes Verhalten
- soziale Unsicherheit
- Vermeiden von und Ausweichen vor Konflikten
- Schwierigkeiten, die wahren Gefühle zum Ausdruck zu bringen
- begrenzte Möglichkeiten, sich zur Wehr zu setzen
- schlechtere Körperbeherrschung
- ungeschicktes Verhalten
- geringe Integration in die Gruppe der Gleichaltrigen.

Provozierende Opfer zeigen eher eine Mischung aus aggressiven und ängstlichen Verhaltensweisen. Symptome wie Hyperaktivität (ADHS-Syndrom), Aufmerksamkeitsprobleme und Impulsivität bewirken im Umfeld solcher Kinder gehäuft Spannungen und Auseinandersetzungen. Auch sie sind sozial schlecht integriert. Intelligente, sensible und kreative Kinder, die das Verhalten anderer sehr ernst nehmen, können gleichfalls in den Fokus geraten. Viele Opfer weisen zudem Tätererfahrungen auf.

Bezieht man die Elternhäuser mit ein, sind dort neben überbehütenden Eltern solche zu finden, die durch ihr Erziehungsverhalten bei den Kindern die Entwicklung einer eigenen Durchsetzungsfähigkeit behindern (Prinzip der Unterordnung). Väter scheinen häufiger distanziert und kalt zu sein.

Täter / Mobber
Mobbende Schüler werden hingegen so charakterisiert:

- Sie nehmen in der Gruppe der Gleichaltrigen eine Führungs- und Machtposition ein.
- Es bereitet ihnen Spaß und Genugtuung, Stärke und Macht zu demonstrieren und eine andere Person als unterlegen zu erleben.
- Die Übergriffe sind Mittel zum Zweck, ihr Selbstwertgefühl zu steigern.
- Sie haben Schwierigkeiten, sich in das Erleben und die Situation anderer einzufühlen.
- Das Verantwortungs- und Unrechtsbewusstsein ist eingeschränkt.
- Ihre Möglichkeiten, über das Gespräch Auseinandersetzungen auszutragen, sind begrenzt.
- Häufig sind sie älter als die Opfer.
- Antrieb, zum Mobber zu werden, können Bewunderung anderer Mobber oder das Bestreben, selbst nicht Opfer zu werden, sein.

In den Elternhäusern sind hier eher Familien mit einem autoritären, auch körperlich disziplinierenden (misshandelnden), oder einem inkonsistenten sowie wenig unterstützenden und vernachlässigenden Erziehungsstil zu finden. Die Kinder werden eher angehalten, direkt auf Provokationen zu reagieren.

Mobbing-Situationen

In den letzten beiden Jahrzehnten rückt immer stärker in den Mittelpunkt, dass die Situation und die Gruppen innerhalb der Schulklassen dafür ausschlaggebend sind, wie sich der Täter-Opfer-Zusammenhang stabilisiert. Entscheidend ist eine Dynamik zwischen den Klassenmitgliedern, die zu einer Mobbingbeziehung führt. In den meisten der Bullyingsituationen sind fast alle Mitschüler anwesend. Ein gutes Drittel sind Beteiligte, die den Mobbern als Assistenten zur Seite stehen oder die Täter in ihrem Tun bestärken, sie aufmuntern, Belustigung und Vergnügen zeigen (Rollenzugehörigkeit der am Bullying beteiligen Kinder, aus: Scheithauer, Herbert u. a., 2003, S. 35).

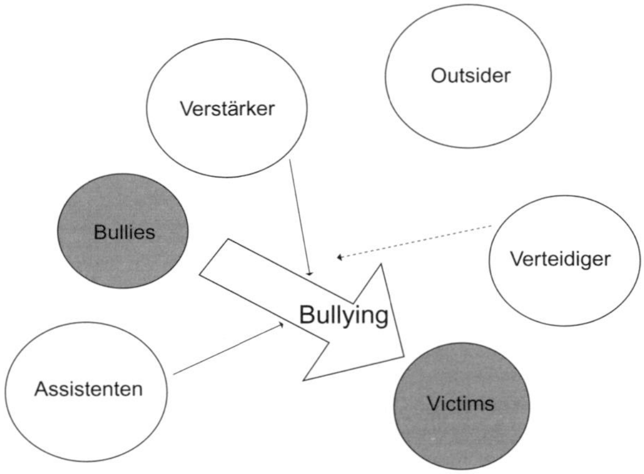

Gerade dieses Unterstützungsverhalten, das Olweus als „soziale Ansteckung und Verantwortungsdiffusion“ beschreibt, führt zu einer Verfestigung der Opferrolle, aus der zu entkommen immer schwieriger wird. Motive der beteiligten Schüler sind häufig, selbst nicht Opfer von Übergriffen zu werden oder den eigenen Status in der Gruppe zu erhöhen. Für manche ist es eine angenehme Abwechslung während des Schulalltags oder sie decken die Quälereien aus falsch verstandener Loyalität gegenüber den Mitschülern. Nur ein knappes Fünftel von Schülern in Klassen versucht, das Opfer gegen Angriffe zu verteidigen. Ein weiteres Fünftel hält sich heraus und distanziert sich.

Das Bullying wird befördert, wenn in der Klasse eine negative Grundstimmung vorherrscht, eine ausgeprägte Konkurrenzsituation vorliegt oder von der Gruppennorm her eine positive Einstellung gegenüber den Übergriffen besteht bzw. man sich wegen ausbleibenden Eingreifens daran gewöhnt hat. Mobbingopfer können durch die Rolle eines Sündenbocks zum klimatischen Ventil für die Klasse werden und sogar die Klassensituation stabilisieren (Kitt der Klasse). Die wachsende und sich verfestigende Ablehnung lässt ihre Verhaltensmöglichkeiten immer beschränkter werden (Circulus vitiosus).

Folgen von Mobbing/Bullying

Mobbing/Bullying haben für die Täter wie für die Opfer weitreichende Folgen. Auf der Seite des Gemobbten können sie zu einer steigenden (Schul-)Angst, Persönlichkeitsveränderungen (Selbstzweifel, Misstrauen) oder psychosomatischen Störungen (Schlafstörungen) führen. Aber auch für die Bullies ist die Prognose nicht vorteilhaft (Kurz- und langfristige Folgen von Bullying, aus: Scheithauer, Herbert u. a., 2003, S. 69):

Bullies	Victims
• negatives Selbstwertgefühl • Ablehnung durch Peers • Beziehungsprobleme • Depression • Suizidgedanken und -versuche • aggressiv-dissoziales Verhalten • Delinquenz • Störung des Sozialverhaltens • Hyperaktivität • vermindertes prosoziales Verhalten	• Gefühle der Unkontrollierbarkeit, Hilflosigkeit • negatives Selbstwertgefühl • externale Kontrollüberzeugung • Gefühle des Selbstmitleids sowie Selbstbeschuldigungen • persönliche Abwertungen • Isolation/Einsamkeitsgefühle • Angstsymptome • Gefühle der Traurigkeit • Depression • Beziehungsprobleme • Suizidgedanken, -versuche • psychosomatische Beschwerden (z. B. Schlafstörungen, Kopf- und Bauchmerzen) • Bettnässen • gestörtes Essverhalten • Leistungsabfall in der Schule • Meiden der Schule

Besonders wegen dieser Spätfolgen muss gegen Übergriffe konsequent eingeschritten werden. Es geht darum, einen möglichen Teufelskreislauf zu durchbrechen.

Mobbing/Bullying erfassen

Eine Schwierigkeit im Erfassen des Bullying liegt darin, dass es für den Lehrer im Unterricht selten offen und klar greifbar ist. Es kann sich hinter kleinen Aktionen des Ärgerns verbergen, die scheinbar zum schulischen Alltag gehören. Opfer offenbaren sich selten, da sie sich schämen oder die Schuld für die Übergriffe bei sich suchen. Sie trauen Lehrern und Eltern nicht zu, das Mobbing effektiv zu beenden, fürchten vielmehr, durch ein Sich-Anvertrauen noch mehr Übergriffen ausgesetzt zu sein. Bei manchen setzt auch eine Art Gewöhnungseffekt ein, d. h., die Situation, von anderen angegangen zu werden, wird Bestandteil des schulischen Alltags.

Warnsignale, an denen ein Lehrer Mobbing erkennen kann, sind:

- Schüler werden lächerlich gemacht, beschimpft, herumkommandiert, unterdrückt. Sie tragen herabwürdigende Spitznamen.
- Schulsachen oder Kleidung sind immer wieder beschädigt.
- Betroffene weisen Verletzungen auf, die sie nicht schlüssig erklären können.
- Es bestehen kaum Kontakte zu Gleichaltrigen, weder in der Schule noch in der Freizeit. In der Pause sind sie allein, werden aus Gruppen ausgeschlossen oder sie suchen den Kontakt zu Lehrern. Sie haben keinen guten Freund.
- Gegenüber der Schule wird eine ablehnende oder vermeidende Haltung aufgebaut. Der Schulweg wird zu umgehen versucht; sie kommen häufig zu spät.
- Es fällt ihnen schwer, vor der Klasse zu sprechen. Sie machen einen verschüchterten, verängstigten, unglücklichen Eindruck.
- Die Schulleistungen fallen ab.
- Sie stehlen Geld (Erpressung!).

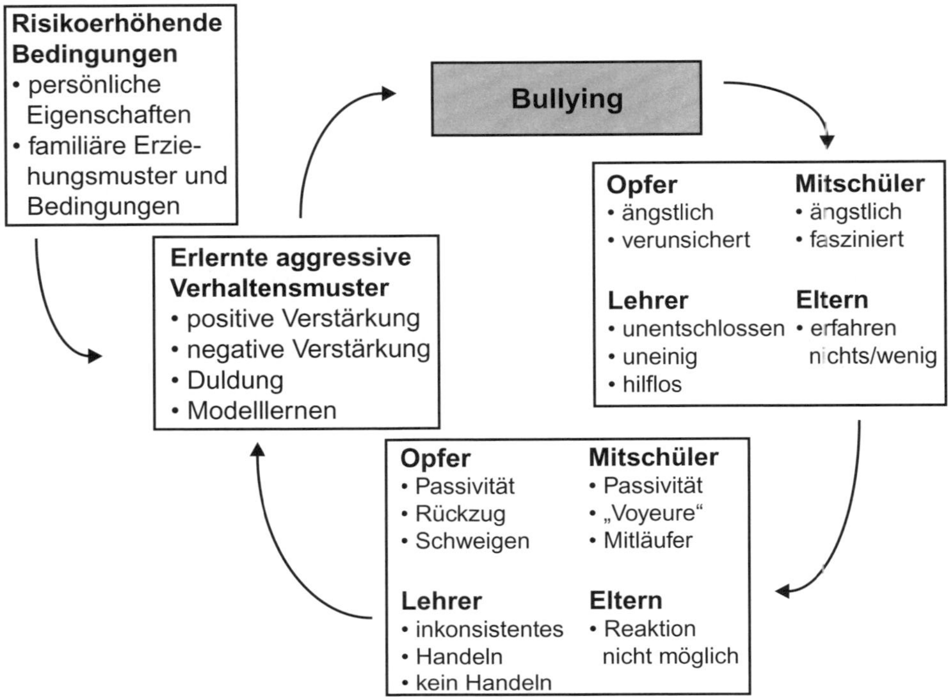

(Hanewinkel, R./Knaack, R. Mobbing: Gewaltprävention in Schulen in Schleswig-Holstein. GUVV und IPTS, 1997, aus: Scheithauer 2003, S. 121)

Maßnahmen

Die zu ergreifenden Maßnahmen können auf der Ebene der Schule, auf der Ebene der Lehrkräfte und Klassen und auf der Ebene der Schüler ansetzen. Schnelle Veränderungen dürfen nicht erwartet werden, es geht um Beharrlichkeit und eine mittel- bis langfristige Planung.

Maßnahmen auf der Schulebene können sein:

- Schaffen einer schulübergreifenden Grundhaltung und Entschlossenheit, sich konsequent dem Problem zu stellen („Wir akzeptieren keine Gewalt an unserer Schule und sorgen dafür, dass sie aufhört!“); Ermutigung von Schülern, über Vorfälle zu reden
- Durchführung einer Fragebogenerhebung, um das Ausmaß der Gewalt an der Schule zu erfassen (z. B. Smob): Fragebogen bei Kasper, Horst: Schülermobbing …)
- Gestaltung eines Pädagogischen Tages, Fortbildungen zum Themenkreis
- Formulierung und Verabschiedung einer Konvention oder Schulerklärung, die von allen Mitgliedern der Schule akzeptierte Regeln, Werte und Normen beinhaltet; sie stellt den Bezugsrahmen bei Übergriffen dar und sollte konkrete Verhaltensweisen im Miteinander anführen (z. B. „Wir leisten jedem Mitschüler, der darum bittet, Beistand bei Übergriffen.“)
- Schulprojekte zur Verbesserung des Sozialverhaltens und des sozialen Klimas an der Schule
- intensive Kooperation von Schulleitung, Lehrkräften, Elternbeiräten und Schülermitverantwortung; Einbezug der Eltern/Schüler bei der Kontrolle des Schulweges (Busse/Bahn)
- hohe Dichte der (Pausen-)Aufsichten, Überwachung von Hot Spots und Problemschülern

– Einrichtung eines Kummerkastens oder einer Sprechstunde für Schüler
– konsequentes Durchgreifen beim Auftreten von Mobbing-Fällen und Entwurf eines Unterstützungsprogramms für Opfer
– Bildung von Lehrerteams in Problemklassen
– institutionalisierte Beratungsangebote für Täter wie für Opfer

Mit der Hinwendung zur Schulklasse als der für das Mobbing verantwortlichen Gruppe verändern sich die Präventions- und Interventionsansätze. Es kommt auf ein pädagogisches Eingreifen an, das das Verhalten und die Verantwortung aller in den Blick nimmt. Entscheidend ist, dass gegen Übergriffe konsequent eingeschritten wird. Über ein unterstützendes Klassenklima können vor allem Verteidiger in ihrem prosozialen Verhalten gestärkt werden. Im Gegensatz dazu muss den Tätern, Assistenten und Verstärkern das Mobbingverhalten erschwert werden, indem ihrem sozialen Einfluss und ihrem Rollenverständnis entgegen gearbeitet wird.

Auf der **Ebene der Lehrer und ihrer Klassen** sind ganz unterschiedliche Ansätze denkbar. Sinnvoll ist es in einem ersten Schritt, dass Lehrer eine größere Sensibilität gegenüber Über-griffen entwickeln. Dies kann gelingen, indem sie:

– auf die Art der Anreden der Schüler untereinander achten
– Reaktionen auf Schüleräußerungen wahrnehmen (z.B. Auslachen bei Fehlern)
– die Klassenatmosphäre in Situationen, in denen sich einzelne Schüler exponieren müssen (z.B. Gedichtvortrag ...), untersuchen
– die Sitzpositionen in der Klasse interpretieren
– das Wahlverhalten bei Gruppenarbeit oder im Sport beachten
– Ausgrenzungen bei gemeinsamen Veranstaltungen wahrnehmen
– sich intensiv mit Kollegen über die Klassen austauschen
– auf Veränderungen des Verhaltens und der Persönlichkeit von Schülern achten (z.B. Aggressivität, Ängstlichkeit, Überangepasstheit, Verschlossensein, Rückzugstendenzen, Leistungsabfall, ...)
– Kontakt zu Eltern halten.

Die Handlungskompetenz kann in der Folge durch ein Lehrertraining erweitert werden. An manchen Schulen werden Lehrergruppen eingerichtet, die sich auf den Umgang mit Bullying spezialisieren.

In der **Arbeit mit Klassen** können Lehrer folgende Vorgehensweisen einschlagen:

– gemeinsame Klassenregeln und konsequentes Beharren auf deren Einhaltung erarbeiten und einführen,
– konsequente auf angemessene Umgangsformen, die sowohl für Lehrer wie für Schüler gelten, achten,
– konsequent das Bloßstellen einzelner Schüler in Unterrichtsstunden unterbinden,
– alle Schüler in Gruppenarbeitsphasen einbeziehen; wechselnde Zusammensetzung der Arbeitsgruppen,
– Klassenleiterstunden für das Bearbeiten von aktuellen Problemen und Konflikten heranziehen,
– den Themenbereich „Außenseiter und Mobbing“ als Projekt im Unterricht einbringen (fächerübergreifendes Arbeiten von Deutsch, Religion, Geschichte ...),
– Rollenspiele zu typischen Mobbing-Situationen des Schulalltags,
– Elternabend zum Thema „Mobbing“ veranstalten,
– Klassenaktivitäten und gemeinsamen Unternehmungen organisieren.

Tritt in der Klasse ein **konkreter Mobbingfall** auf, hat sich als Herangehensweise bewährt:

- ruhig bleiben und versuchen herauszufinden, welche Ursachen und Hintergründe vorliegen; keine vorschnellen Schuldzuweisungen!
- es den Schülern ermöglichen, sich in die Lage und das Empfinden eines Opfers hineinzuversetzen
- verdeutlichen, welche Auswirkungen Mobbing hat
- Schutz und Hilfen zur Integration des Opfers entwerfen; dabei unbedingt die Bedürfnisse des Opfers beachten (offene Aussprache vor der Klasse?); dem Opfer eventuell einen Paten oder „Wächter" beigeben, der bei Angriffen informiert oder sogar schützt; eine schützende Gruppe initiieren
- Eltern der Mobber wie der Gemobbten einbeziehen und möglichst genau informieren, worin die Angriffe bestanden und welche Formen das Verhalten angenommen hat
- Schlichtungsverträge oder einen Täter-Opfer-Ausgleich aushandeln und auf deren Einhaltung achten
- das Selbstvertrauen des Opfers über Lob und Zuwendung stärken, ohne es hervorzuheben oder zu bevorzugen; Aufgaben übertragen
- gemeinsam mit dem Opfer auffällige Angewohnheiten (Petzen, Angeben, Dinge wegnehmen) zu vermindern versuchen
- über Rollenspiele alternative Verhaltensweisen einüben.

Ein Teil der Maßnahmen macht deutlich, dass die Voraussetzung eine entsprechende Weiterbildung des Lehrers ist. Gruppensituationen sind sehr komplex, und es müssen die Grenzen der eigenen Möglichkeiten beachtet werden. In keinem Fall sollte aber ein Moralisieren stattfinden oder der Mobber öffentlich bloßgestellt werden.

Der Gemobbte kann durch eine Reihe von Verhaltensweisen dazu beitragen, dass er sich vor dem Bullying schützen oder seine Stellung im sozialen Gefüge verändern kann:

- im Anfangsstadium eventuell ausreichend: das Mobbing ignorieren und vortäuschen, nicht betroffen zu sein
- mit Humor reagieren (auch: „Kratzer in der Schallplatte").
- sich um Freundschaften bemühen
- Wachsamkeit für Verhaltensweisen entwickeln, die ihn zum Ziel machen
- die Körpersprache trainieren: aufrechter, gerader, selbstbewusster Gang, direkter Blick
- mit klarem und direktem Blickkontakt „Nein", „Lass mich in Ruhe" sagen lernen
- in Rollenspielen schwierige Situationen durchspielen und verschiedene Verhaltensweisen erproben
- sich einer Gruppe oder anderen Außenseitern anschließen
- Angewohnheiten ablegen (Angeben, Petzen, Ticks …)
- an Stärken arbeiten.

Wenig hilfreich ist es zu raten, sich nichts gefallen zu lassen, sich zu wehren oder zurückzuschlagen. Die betroffenen Kinder sind häufig gerade dazu nicht fähig.

Eltern von gemobbten Schülern können folgende Ratschläge gegeben werden:

- das Kind grundsätzlich stützen, es aufbauen und keine Vorwürfe machen,
- offene Gespräche über Schule und Freundschaft suchen und zuhören,
- Kontakte und Freundschaften zu Kindern in der Klasse oder in Parallelklassen ermöglichen,
- Stärken des Schülers ausbauen und fördern, die Möglichkeiten im körperlichen Bereich stärken (geeigneter Sport, Kontakte zu Vereinen),
- Beratungsangebote (Beratungslehrer, Schulpsychologe, Beratungsstellen) wahrnehmen.

Eltern, deren Kinder mobben, können auf das Folgende hingewiesen werden:

- dem Kind konsequent verdeutlichen, dass gewalthaftes und mobbendes Verhalten in Zukunft nicht geduldet wird,
- Zeit mit dem Kind verbringen und die Beziehung stärken,
- häusliche Regeln und Grenzen einführen, die mit dem Kind gemeinsam abgesprochen, schriftlich festgelegt und deren Einhaltung beständig beachtet wird,
- Aktivität, Körperstärke und Geltungsbedürfnis des Kindes durch Aufgaben und eine geeignete Freizeitgestaltung kanalisieren helfen,
- kooperatives und positives Verhalten loben, bestärken und belohnen,
- sich in den Maßnahmen mit der Schule und Beratern regelmäßig absprechen; engen Kontakt halten,
- professionelle (therapeutische) Hilfe in Anspruch nehmen.

Gewalt von Schülern gegenüber Lehrern

Untersuchungen, die sich mit aggressiven Übergriffen von Schülern gegenüber Lehrern beschäftigen, sind bislang kaum zu finden. Wenn etwa jeder zehnte Lehrer von Gewalttätigkeiten seitens der Schüler berichtet, spricht er vor allem von Bedrohungen, Sachbeschädigungen und tätlichen Angriffen. Viel seltener in den Blick genommen werden verbale Aggressionsformen oder Formen psychischer Gewalt wie Ärgern oder Provozieren des Lehrers/der Lehrerin, die etwa ein Drittel der Lehrkräfte betreffen. Zehn Prozent der Lehrer ist dies sehr unangenehm, da sie sich in einer passiven und wehrlosen Rolle wiederfinden. Vor allem trifft dies Lehrer/Lehrerinnen mit geringerer Berufserfahrung und einer allgemein größeren Unsicherheit. Eine problematische Konsequenz aus dem eigenen Erleben als Opfer ist, dass diese Lehrer in ihren Klassen zu wenig bei Übergriffen gegenüber Schülern einschreiten und dadurch indirekt zu einer Verfestigung des Bullying beitragen.

Die Gruppe der Schüler, die gegen Lehrer vorgeht, ist häufig mit der identisch, die auch gegenüber Schülern Mobbing ausübt. Hinzu kommt aber auch ein Teil der Schüleropfer, die auf diese Weise ihre soziale Stellung in der Klasse zu verbessern versuchen sowie ansonsten durchaus angepasste und unauffällige Schüler. Da der Höhepunkt der Übergriffe zwischen der 8. und 10. Klasse anzusiedeln ist, kommt der Adoleszenz als Entwicklungsphase eine entscheidende Bedeutung zu: Das Ausprobieren neuer Rollen, das Sich-Messen mit Autoritäten, das Ausloten von Grenzen und Aushandeln der Machtverhältnisse ist Teil der zu bewältigenden Entwicklungsaufgaben. Innerhalb der Gruppe der Gleichaltrigen steigt mit dem Austragen der Konflikte zudem die Anerkennung, die eigene (Macht-)Stellung in der Klasse festigt sich.

Zu präventiven Maßnahmen und möglichen Interventionen siehe das Kapitel „Unterrichtsstörungen"

Machtmissbrauch von Lehrern gegenüber Schülern

Obwohl die offen gewaltvollen Lehrkräfte eher der Vergangenheit angehören dürften, können Beziehungen zwischen Lehrern und Schülern aufgrund des Rollenverständnisses des Lehrers angstbesetzt sein. So wird seitens der Schüler immer wieder formuliert, dass sie sich nicht trauen nachzufragen, wenn der Stoff nicht verstanden worden ist oder Noten nicht transparent erscheinen, oder dass sie keine offenen Rückmeldungen über den als unstrukturiert, langweilig oder überfordernd erlebten Unterricht formulieren dürfen. Hintergrund ist, dass manche Lehrerinnen und Lehrer als unberechenbar erlebt werden und sie eine diffuse Angst vermitteln. Diese sind sich ihrer Wirkung auf die Schüler nicht recht bewusst. Sie erleben Klassen eher als störend, desinteressiert, provozierend oder persönlich kränkend und haben den Eindruck, gegen einen permanenten Widerstand das Unterrichtsniveau aufrechterhalten zu müssen. Blinde Flecken bezüglich der eigenen Persönlichkeit, des Verhaltens und der Unterrichtsgestaltung verhindern einen konstruktiven Umgang mit konfliktreichen Situationen. Sie werden eher durch aggressive Abwehr und Einschüchterung zu lösen versucht. Innerhalb der Klassen entsteht durch solche Lehrer eher ein Phänomen der Solidarisierung zwischen den Schülern (Leidensgemeinschaft).

In die bisherige Beschreibung sind noch keine Verhaltensweisen einbezogen, die als Machtmissbrauch (pädagogisch nicht gerechtfertigte Machtausübung) zu bezeichnen sind. Gemeint ist damit vor allem ein kränkendes Verhalten von Lehrern gegenüber Schülern wie Ignorieren, Vernachlässigen oder ungerechtes Behandeln, bestimmte Formen der Nachrede, des Einredens fehlender Begabung, der Beschämung, des Lächerlichmachens, Bloßstellens und Belastens mit Schuldvorwürfen. Besonders nachhaltig setzt sich in Schülern das Erleben fest, in der Leistung im Vergleich zu anderen Schülern ungerecht bewertet worden zu sein. Dies bezieht sich selten auf ein Einzelereignis, sondern auf ein Bündel von Verhaltensweisen des Lehrers, die in einer Abwertung münden. Noten werden als willkürlich und subjektiv erlebt, die angegebenen Kriterien als fragwürdig, die Leistungsanforderungen als unklar oder mit leistungsfremden Aspekten durchsetzt. Sensibel werden auch Verfahrensfehler wahrgenommen oder wenn ein Lehrer sich nicht an Vereinbarungen hält, scheinbar unerbittlich keine „zweite Chance" gibt und auf seinen (Vor-)Urteilen beharrt oder keine Begründungen anführt. Zu Solidarisierungen in Klassen führt vor allem der Eindruck, dass ein Lehrer oder eine Lehrerin Prüfungen und Notengebung zu Vergeltungsmaßnahmen missbraucht.
Mit den vorherrschend subjektiven Schüleraussagen und der Schilderung subjektiven Erlebens beginnt man sich in einem Grenzbereich zu bewegen: Die Bewertungen kommen aus unterschiedlichen Perspektiven und auf der Basis unterschiedlicher Grundhaltungen zustande, die naturgemäß aus der Schüler- und Lehrerrolle resultieren. Entsprechend notwendig ist es seitens des Lehrers, die Formen und Abläufe von Leistungsbewertungen von Schuljahresanfang an hoch transparent zu gestalten und auch die rechtlichen Rahmenbedingungen gewissenhaft einzuhalten (siehe auch: Leistungsbeurteilung). Lehrer müssen sich vor diesem Hintergrund immer wieder bewusst machen, wie sensibel das Gerechtigkeitsempfinden ihrer Schüler ist und dass auch scheinbar banale Vorfälle als grundsätzlich bewertet werden können.

Als äußerst problematisch ist schließlich anzusehen, wenn sich Lehrer (unbewusst) mit der Klasse gegen einzelne Schüler solidarisieren, sich über diese lustig machen oder sie bloßstellen. Hintergrund kann eine wenig gefestigte, unsichere Persönlichkeit sein, die ihre Stellung gegenüber der Klasse zu sichern und sich Achtung und Zuwendung seitens der Schüler zu erwerben versucht. Eine mögliche Folge davon ist, dass seitens der Schüler gegenüber dem Gemobbten eine Schwelle bricht und sich Übergriffe häufen.
Gerade die vorhergehenden Ausführungen verdeutlichen, welche große Bedeutung der Arbeit an der eigenen Lehrerpersönlichkeit und an den fachlichen Kompetenzen über das gesamte Berufsleben hinweg zukommt. Es ergibt sich nicht nur die Notwendigkeit zu einer permanenten Lehrerfortbildung, sondern auch zu kollegialen Fallbesprechungsgruppen oder Supervision, um den eigenen blinden Flecken nachzugehen und Belastungen des Lehrerberufes zu verarbeiten.

Empfehlungen zur weiteren Vertiefung des Themas:
Scheithauer, Herbert/Hayer, Tobias/Petermann, Franz: Bullying unter Schülern. Erscheinungsformen, Risikobedingungen und Interventionskonzepte. Göttingen / Bern / Toronto /Seattle 2003 (Hogrefe).
Kasper, Horst: Streber, Petzer, Südenböcke. Wege aus dem täglichen Elend des Schülermobbings. Lichtenau 2001 (AOL).
Olweus, Dan: Gewalt in der Schule. Was Lehrer und Eltern wissen sollten – und tun können. Bern 32002 (Huber).
Internetadressen:
http://www.schueler-mobbing.de
http://mobbingzirkel.emp.paed.uni-muenchen.de
http://www.allg-psych.uni-koeln.de/mohseni/mobbing.htm

1.4.5 Peer-Mediation – Konfliktlotsen am Gymnasium

Begriffe – Vorteile der Peer-Mediation

Wenn Gleichaltrige als Streitschlichter in Konflikten zwischen Jugendlichen vermitteln, so nennt man dies **Peer-Mediation** – oder an Schulen schlicht Streitschlichtung. Man spricht auch von Konfliktmediation; Streitschlichter werden auch Mediatoren, Peers oder Konfliktlotsen genannt, unterschiedliche Aspekte derselben Funktion.

Peer-Mediation ist ein Teilbereich von **Peer-Educatio**n, die sich in den angelsächsischen Ländern in sozialen und pädagogischen Krisenfeldern schon seit einigen Jahrzehnten entwickelt und bewährt hat. Inzwischen wird sie auch in Europa und in Deutschland in der Jugendhilfe in der Prävention gegenüber Sucht, Gewalt oder Aids und Risikopraxen, seit den 90er Jahren auch in Schulen als Konflikt-Mediation und in Partner-Projekten (z. B. im sog. „Buddy-Projekt“) und Tutorien erfolgreich praktiziert. Hier wird der oft erwähnte und auch beklagte Einfluss einer Peergroup für Prävention und Multiplikation von Sozial- und Lebenskompetenzen fruchtbar gemacht, freilich möglichst so, dass die Peers in allen Belangen beteiligt werden und Verantwortung übernehmen.

Peers sind Personen, die in dieselbe soziale Gruppe gehören und die den anderen gleichgestellt sind in Alter, Stellung und Status. Hier in diesem Kontext handelt es sich um Schüler und Schülerinnen in der Altersspanne des Gymnasiums. In der Streitschlichtung werden Schüler meist erst ab der 7. Klasse tätig. Dass ältere Schüler unter jüngeren vermitteln, trifft man häufiger an. Gelegentlich aber arbeiten auch jüngere Schüler, vor allem in Zweierteams erfolgreich mediierend, mit gleichaltrigen oder älteren. An sehr vielen Grundschulen gibt es inzwischen Streitschlichterprojekte mit Schlichtern aus den 3. und 4. Klassen.

Konflikte entstehen bei sozialen Interaktionen, also auch in Schulen, Klassen und im Unterricht. An Stelle fachsprachlicher Begriffsbestimmungen, die für den Schulgebrauch erst „übersetzt“ werden müssten, wird hier folgende vereinfachte Version angeboten:

> In einer sozialen Interaktion entsteht ein Konflikt, wenn das Verhalten (oft schon das Wollen und Denken) von zwei (oder mehreren) Personen in Gegensatz zueinander gerät und wenn wenigstens eine der zwei Personen den Gegensatz als Beeinträchtigung oder gar Bedrohung der eigenen Möglichkeiten erlebt.
> Ein offener Konflikt wird daraus, wenn diese Person ihre Beeinträchtigung einklagt oder beide Personen als Konflikt-„Partner“ sich über die gegenseitige Beeinträchtigung auseinandersetzen.

Mediation

Konflikte sind zwar belastend, aber normal; sie verlangen nach Lösung; sie repräsentieren interaktive Dynamik und interaktives Potential; sie verlangen nach Veränderung. Konstruktive Konflikt-Austragung bringt Selbst- und Fremdwahrnehmung, also Verständnis und Empathie, Kommunikation und Kooperation mit sich. Konflikte bieten gute Chancen für Veränderung und Weiterentwicklung, wenn sie konstruktiv ausgetragen werden können.

Die Bearbeitung von Konflikten in der Klasse und im Unterricht – seien sie zwischen den Schülern, zwischen dem Lehrer/der Lehrerin und einem Schüler/einer Schülerin – ist Teil der **Erziehungsaufgabe des Lehrers**. Vielerlei Faktoren führen dazu, dass Lehrern Konfliktbewältigung nicht immer angemessen gelingt: Zeitdruck und Konzentration auf fachliche Belange, Überforderung und mangelnde Kompetenz; in solchem Falle kann es vorkommen, dass Konflikte verdrängt oder mit rascher Sanktionsandrohung („Wenn du noch mal…“ – „Ich möchte das nicht nochmal…“) belegt und unterdrückt, aber nicht gelöst werden.

Man kann als Lehrer Konflikte als Autoritätsperson nach Ordnungskriterien, nach „Recht und Unrecht", nach „Schuld und Unschuld" „regeln", und immer mal wieder muss das auch so erfolgen. Die Entwicklungschancen einer partnerschaftlich ausgetragenen konstruktiven Lösung sollten aber immer alternativ ins Kalkül gezogen werden. (vgl. Berkel)

Peer-Mediation
Eine alternative Möglichkeit der Konfliktbewältigung – zugleich Entlastung, aber auch „Machtverlust" für die Lehrer – ist es, die Bewältigung von Konflikten den Peers als Mediatoren und Konfliktlotsen anzuvertrauen, zumal Peer-Mediatoren von günstigen Voraussetzungen profitieren:

Vorteile der Peer-Mediation

- Zwischen den Peer-Mediatoren und ihren streitenden Mitschülern gibt es kein „institutionalisiertes Machtgefälle wie zwischen Lehrer und Schüler."
- Diese Statusgleichheit erleichtert es den Konflikt-„Partnern", Lösungen auszuhandeln und die von ihnen selbst getroffenen Vereinbarungen dann auch einzuhalten. Dies entspricht „dem Bedürfnis (von Jugendlichen) eine eigene Identität", eigene „Konfliktlösungsmuster zu entwickeln und Autonomie über die zu regelnden Angelegenheiten zu haben."
- Gleiche Sprachcodes ermöglichen einen direkteren Umgang: Peers finden unter dem Aspekt oft schneller Vertrauen und Akzeptanz als Erwachsene.
- Gleichaltrige Mediatoren können im Sinne der sozial-kognitiven Lerntheorie (Bandura) als Modell wirken: Strategien des Problemlösens, gewaltpräventive Werthaltungen und Verhaltensweisen, die Mediatoren während der Mediation an den Tag legen, wirken auf Gleichaltrige ein und regen zur Nachahmung an.
- Wesentliche Prinzipien in der Peer Mediation sind „Ausgleich" und „Lösungsorientierung" statt Ursachenforschung, Schuld- und Rechts-Urteil. Lösungsvorschläge werden geprüft an Hand von Kriterien wie „fair", „ausgewogen", „win-win-Lösung?", während von Lehrern eher „Über-Ich-Kriterien", Ordnungs- oder Urteils-Kriterien von Recht oder Schuld erwartet und befürchtet werden. Die „Ausgleichs"-Kriterien belassen die Mediation im Feld eines vergleichsweise amoralischen Aushandelns einer Vereinbarung. (vgl. Lienert)

Bei einer **Mediation vermitteln** die dafür ausgebildeten **Peers**, oft im Tandem, als neutrale, beiden Seiten zugewandte Schlichter **zwischen den (möglichst nur) zwei Mitschülern**, den sog. Streit-„Partnern", eine auf gegenseitiges Verständnis abzielende symmetrische Kom-mu-nikation über den Konflikt und die dahinterliegenden Interessen.
Unabdingbare Voraussetzung ist, dass beide Konflikt-„Partner" an einer Lösung interessiert sind. Diese Lösung wird schließlich von den Konflikt-„Partnern" selbst partnerschaftlich gefunden, verantwortet und vereinbart. Die Mediatoren leiten den Prozess, sie sind „nur" für den Gesprächsweg verantwortlich und dafür, dass die Kommunikation ausgewogen und symmetrisch, ohne Häme und Gewalt verläuft und dass die Lösungsvereinbarung einen fairen Ausgleich bringt, der genau („wer macht was, wann, wo?"), realistisch und haltbar sein und möglichst für beide einen Gewinn darstellen soll, eine sog. „win-win"-Lösung.

Ablauf der Mediation
Der Mediationsprozess folgt einer festgelegten, überschaubar schrittigen Ablaufstruktur:

1. Begrüßung; Gesprächsregeln, „Bist du an einer Lösung interessiert?"
2. Sichtweisen des Konfliktes: Wie hat jeder den Konflikt erlebt?
3. Konflikterhellung: Klärung von Interessen und Bedürfnisse; reaktives Zuhören und – wenn möglich – gegenseitiges Verständnis

4. Problembearbeitung: Brainstorming; danach erst wird bewertet, ob die Lösungsvorschläge ausgewogen sind; Konsenssuche
5. Vereinbarung mit Kontrolltermin und Abschluss

Im Verlauf des Gesprächs können die streitenden Jugendlichen an sich selber wesentliche pädagogische und humane **Werthaltungen und Kompetenzen** erfahren, und sie können zu-sätzlich am Modell ihrer Peer-Mediatoren soziale Kompetenzen wahrnehmen und erlernen:

– Wahrnehmen des eigenen Erlebens
– Wahrnehmen des Erlebens eines anderen und Empathie
– Konfliktfähigkeit als Teilbereich von Kommunikationsfähigkeit
– Strategien partnerschaftlicher konstruktiver Konfliktaustragung

Der **idealtypische Verlauf einer Mediation** ermöglicht den Streitenden, in einem Klima von Akzeptanz und Verstehen seitens der Mediatoren schrittweise **mit dem eigenen inneren Erleben in Kontakt zu kommen**, ein Vorgang, der für die persönliche Entwicklung von Jugendlichen besonders bedeutsam ist. Dadurch, dass die Mediatoren die Position, die der Streitende im Konflikt vertritt, – anders als sein Streitgegner – nicht in Frage stellen, vielmehr diese Position durch aktives Zuhören anerkennen, machen sie es möglich, dass der Streitende sich von seiner Konflikt-Fixierung löst.
Nun kann der Jugendliche – halbwegs gelöst – seine Kampf-Position hinterfragen lassen und die dahinterliegenden Gründe, das „Warum?“ und – wichtiger in diesem lösungsorientierten Verfahren – seine bedrohten Bedürfnisse und Interessen, das „Wozu?“, ansatzweise vielleicht sogar seine „fundamentalen Motive“ (nach Maslow) selber wahrnehmen und benennen.

Oft sind es fundamentale Motive, die sich durch den Konflikt bedroht fühlen und die folglich dem Konflikt auf der Oberfläche des Kampfes um Positionen vitale Streitenergie zuführen: Anerkennung in der sozialen Gruppe, Autonomie und Selbstbestimmung, Liebe und Geltung.

Wenn einer der beiden Streitenden in dieser Weise seine Gefühle benennt, können die Media-toren den anderen Konflikt-„Partner“ meist zu re-aktivem Zuhören bringen: „Wie geht es dir, wenn du hörst, was XY da sagt?“ Die Mediatoren öffnen ihm weiterhin den Weg zu Ver-ständnis und Empathie z. B. mit der Methode des Rollentauschs. Im Brainstorming („Was wünscht du dir von XY? Was bist du selbst bereit zu geben?“) entstehen oftmals erstaunlich uneigennützige Lösungsideen.

Die Ergebnisse aber werden nun von allen am Gespräch Beteiligten, also auch den Mediatoren überprüft: Ist der Vorschlag lösungswirksam, für beide zufriedenstellend, genau durchdacht („Wer macht was, wann, wo?“), ist er realistisch und leistbar, zukunftsweisend und ausgewogen, also **kein „top-down“-Ergebnis**, sondern eine **„win-win“-Lösung**?: „Kannst du das Deinige leisten? Bist du bereit dazu? Was kann dir dabei helfen?“ Ist die Vereinbarung (und ist die Ambivalenzspannung) auszuhalten, wenn der Konflikt an sich nicht lösbar ist?

Grenzen der Peer-Mediation – andere Möglichkeiten der Konfliktbehandlung
Nicht alle Konfliktfälle eignen sich für eine Peer-Mediation. Peers sind überfordert bei

– Delikten (bei Körperverletzung, Drogen, Vandalismus, sexueller Nötigung und anderen sexuellen Übergriffen)
– Mobbing und Bullying
– Familienkonflikten (auch Geschwisterkonflikten)
– Konflikten unter Gruppen
– Konflikten, von denen die Gemeinschaft einer ganzen Klasse beeinträchtigt oder alle direkt betroffen oder beteiligt sind
– Konflikten zwischen einem Lehrer und Schülern.

Im letzteren Fall ist eine Mediation durch ein **Mediatoren-Tandem (Lehrer – Peer)** möglich, oft auch sinnvoll. Voraussetzung ist, dass bei dem betroffenen Lehrer über die Mitarbeit des Schüler-Mediators, möglichst aber im Lehrerkollegium grundsätzliches Einverständnis darüber besteht, dass solche Mediationen stattfinden dürfen.

Eine **konflikthafte Klassensituation** kann ebenso unter **Beteiligung von mehreren erfahrenen Peer-Mediatoren** (pro fünf Schüler der Klasse ein Mediatoren-Tandem, also mindestens 8 Mediatoren!) bearbeitet werden. Die Leitung und Verantwortung für den Bearbeitungsprozess muss in der Hand eines, besser zweier kompetenter Erwachsener liegen.

Ein diesbezüglich erprobtes Verfahren ist auch die **„Klassenklimakonferenz"**:

- In Kleingruppenarbeit wird eine Klassen-Problem-Landkarte zusammengetragen: Die Sammlung konkreter Probleme in den Gruppen obliegt den Peers, denen in dieser Rolle ausreichend Vertrauen und Offenheit entgegengebracht werden.
- Die konstruktive, konsequent lösungsorientierte Problem- und Konfliktbearbeitung im Plenum obliegt dem verantwortlichen Erwachsenen. Hier haben die Peers als Mentoren ihrer Kleingruppen eine wichtige Funktion und überhaupt sind ihre Konfliktfähigkeit und -kompetenz sowohl im Problem-Plenum als auch bei den Lösungsverhandlungen einfluss- und hilfreich. (Krasovic)

Peer-Mediation erfolgreich einführen und weiterführen
Bei der Neugründung einer Streitschlichtergruppe an einer Schule und bei Selbst-Evaluation bereits bestehender Peer-Mediation sind zu berücksichtigen:

- das **Einverständnis** (später: regelmäßige Information, Werben um Unterstützung)
  - der Schulleitung – mit allen konkreten Konsequenzen (wie z. B. Weiterbildung von Lehrern zu Trainern oder Coaches, Stundendeputat der ausbildenden Lehrer, Weiterbildung zusätzlicher Coaches u.a.)
  - des Kollegiums (mindestens 75 % Zustimmung!) mit konkreten Vereinbarungen über Beanspruchung von Unterrichtszeit für Mediationen in die Unterrichtszeit hinein und für Informationsveranstaltungen, über unterstützende Unterrichtseinheiten zumThema und möglichst auch praktische Übungen u. a.)
  - des Elternbeirates
  - der Schülermitverantwortung
- die **Projektpräsentation** in der Schulöffentlichkeit – Öffentlichkeitsarbeit
- **Vorbereitung** der Eingangsklassen und Unterrichtseinheiten in möglichst vielen Klassen, mindestens aber in der Unterstufe zur Sensibilisierung: „Wie gehen wir mit Konflikten um?" (Am Fehlen solcher Themapräsenz im Unterricht kann ein Mediationsprojekt ausdörren!)
- **Ergänzung und Erweiterung** durch andere Konfliktlösungs- und Unterstützerprogramme wie „Klassenklimakonferenz" (s. oben) und „Buddy-Projekt" (www.buddy-project.de)
- **Auswahl und Ausbildung** der Mediatoren
- **Qualifizierung** der Trainer/Trainerinnen und Betreuer/Betreuerinnen und Betreuer-Nachwuchs-Vorsorge
- **Rahmenbedingungen, Organisation und Betreuung** der Mediator/innen (vgl. Müller (2001), S. 34 u. Faller, S. 181 ff.)

Der **Erfolg der Peermediation** an einer Schule ist davon **abhängig**, ob Themen wie „Umgang mit Konflikten", „Gewaltprävention", „Was ist Mediation?" in den Klassen und in der Schulöffentlichkeit immer wieder bearbeitet werden. Nur wenn die Schüler und Schülerinnen mit dem Anliegen, den Methoden und Zielen der Gewaltprävention durch Mediation vertraut sind, werden sie das Angebot der Streitschlichtung an ihrer Schule annehmen.

Peermediation darf deswegen nicht die einzige Form der Auseinandersetzung und Beschäftigung mit dem Thema bleiben. Selbst noch so kleine Unterrichts- oder Schullandheim-Projekte zu Themen wie „Umgang mit Konflikten“, „Schulung von Konfliktfähigkeit“, „Wahrnehmung der eigenen Gefühle“, „Empathieübungen“, „Fair streiten“, „Wie teile ich meinen Ärger mit, ohne zu verletzen?“, „Wie lösen wir eine Interessenkollision bei der Planung eines Klassenprojektes?“ und andere bearbeiten das Feld der Gewaltprävention, der konstruktiven Problemlösung, des menschlichen Umgangs und lösungsorientierter Konfliktaustragung.

Es existieren ausgezeichnete Programme für die Arbeit mit Klassen; und selbst einzelne Unterrichtsstunden zum Thema „Konfliktfähigkeit“ – immer mal wieder – sind sinnvoll; man muss nicht eine ganze Unterrichtseinheit absolvieren (vgl. Müller, S. 44; vgl. auch Thon u. a.). Auch die Übungen und Spiele aus den Ausbildungsprogrammen für Mediatoren sind weitgehend und ohne weiteres auch auf die Arbeit in Klassen übertragbar.

Von der Peer-Mediation profitieren die Streitschlichter selber am meisten,

- weil sie wertvolle Fertigkeiten und Kompetenzen erwerben und trainieren,
- weil sie in ihrer Ausbildung „Unterricht“ erleben,
  - in dem sie etwas über sich selbst und über andere Menschen erfahren,
  - in dem sie vorwiegend an Spielen und praktischen Übungen in Partner- und Gruppenübungen lernen,
  - in dem Neugier und Spaß wichtig sind und
  - in dem sie als Personen ernst genommen werden,
- weil sie sich als Mitglieder „ihrer“ Ausbildungsgruppe gegenseitig unterstützen und von Seiten der erwachsenen Trainer oder Coaches wertgeschätzt und gesehen fühlen und sich in dieser Gruppe geborgen fühlen können.

Der Täter-Opfer-Ausgleich (Wiedergutmachungsverfahren)

In einer Reihe von Konfliktsituationen stehen sich nicht zwei Parteien gegenüber, die mit- oder gegeneinander ringen. Vielmehr sind Opfer zu finden, die willkürlich Ziel von einseitiger Gewaltanwendung, Diebstahl oder Schädigung werden, ohne dass zuvor eine Beziehung zum Täter bestand oder das Opfer zum Vorfall etwas beigetragen hat. Es werden Täter gefunden, die nicht nur „Intensivtäter“ sind, sondern auch ein fehlendes Wertebewusstsein, eine mangelnde Lösungsbereitschaft und ein kaum ausgeprägtes Einfühlungsvermögen besitzen und die sich durch massive Rechtfertigungsstrategien (auch: Leugnen, Beschuldigen) auszeichnen.

Im Täter-Opfer-Ausgleich steht das Opfer im Mittelpunkt. Es wird versucht, den Täter zur Übernahme der Verantwortung für sein Handeln zu führen. Dies meint,

- dass er erkennt, was/welches Leiden er angerichtet hat, was das Opfer erlebt hat und welche Folgen sein Verhalten nach sich gezogen hat (direkte Konfrontation)
- dass eine Form von Wiedergutmachung (angemessene, persönliche Leistung) notwendig ist, um dem Opfer gerecht zu werden.

Der von Erwachsenen (Lehrern) geleitete und – als Teil des schulischen Maßnahmenkataloges – verpflichtend verordnete Täter-Oper-Ausgleich weist folgende Struktur auf:

- kurze und klare Benennung, um welche Tat es geht (auch: strafrechtliche Terminologie)
- Verdeutlichung der Erwartungen (Ehrlichkeit, zu dem Stehen, was passiert ist, Wiedergutmachung, Annehmen der Entscheidung)
- Einführung der Gesprächsregeln (ausreden lassen, keine Beschimpfungen, Beleidigungen, Bedrohungen)
- Falldarstellung aus Täter und Opfersicht, Rollenwechsel und Perspektivenübernahme wie in der Mediation

- Auseinandersetzung des Opfers mit seinen Gefühlen (Angst, Hilflosigkeit, Rache)
- Konfrontation des Täters mit den Folgen
- Ablehnen der Rechtfertigungsstrategien des Täters
- Formulierung der Wünsche und Bedürfnisse des Opfers und der Angebote des Täters
- Schriftliches Festhalten und Unterzeichnung einer persönlichen, sofort zu vollziehenden und mit konkreten Handlungen verknüpften Wiedergutmachung
- hartnäckige und konsequente Erfolgskontrolle

Der Täter-Opfer-Ausgleich stellt damit eine notwendige Ergänzung zur Mediation dar. Im Unterschied zu dieser kann er verpflichtende Schulmaßnahme sein, ist von Parteilichkeit und einem Wertebewusstsein geprägt. Die Wiedergutmachung ist zudem einseitig. Der Täter soll zwischen Spaß und Ernst unterscheiden lernen, erkennen, dass sein Verhalten Konsequenzen hat, er soll in seiner Selbstkontrolle gestärkt werden und sich und anderen gegenüber eine Empathiefähigkeit entwickeln, damit er Verantwortung übernehmen kann.

Literatur:
Berkel, Karl: Konfl ikttraining. In: Arbeitshefte „Führungspsychologie". Bd. 15 (Sauer) Heidelberg 1995
Faller, Kurt/…: Konflikte selber lösen. (Verlag an der Ruhr) Mühlheim a. d. R. 1996
Fleischer, Th.: Zur Verbesserung der sozialen Kompetenz von Lehrern und Schulleitern. (Schneider) Hohengehren 1990
Jefferys-Duden, Karin: Konfl iktlösung und Streitschlichtung. Das Sekundarstufenprogramm. (Beltz) Weinheim und Basel 2000
Kaeding, Peer/…: Mediation an Schulen verankern. Ein Praxishandbuch. (Beltz) Weinheim und Basel 2005
Keller, Gustav: Konfl iktmanagement in der Schule. (Kallmeyer) Seelze-Velber 2001
Krasovic, Hilde: „Wenn´s brennt …" – Klimaklassenkonferenzen. In: Petra-Kelly-Stiftung (Hrsg.): Warten auf die nächste Katastrophe. Gewaltprävention nach Erfurt. (Dokumentation der Tagung vom 06. 06. 2003) München 2003
Lienert, Christoph: Schüler lösen Konfl ikte ohne Lehrer. In: Pädagogik (Zs) 10/1997, S. 12–15
Müller, Uta E. C.: Schule – Konfl ikte – Mediation. (emwe) Nürnberg 2001
Simsa, Christiane: Mediation in der Schule. Schulrechtliche und pädagogische Aspekte. (Luchterhand) München/ Neuwied 2001
Thon, Cornelia/Buthmann, Arne: Fair streiten lernen. (Verlag an der Ruhr) Aarne 2001
Vogel, Georg: Peer-Mediation. In: ALP Dillingen (Hrsg.): Wenn zwei sich streiten … Jugendliche vermitteln bei Konflikten. Dillingen 2000

2 Lernen und lehren

> LEHRERINNEN UND LEHRER SIND FACHLEUTE FÜR DAS LEHREN UND LERNEN. Ihre Kernaufgabe ist die gezielte und nach wissenschaftlichen Erkenntnissen gestaltete Planung, Organisation und Reflexion von Lehr- und Lernprozessen sowie ihre individuelle Bewertung und systemische Evaluation. Die berufliche Qualität von Lehrkräften entscheidet sich an der Qualität ihres Unterrichts.
>
> aus: KMK-Standards zur Lehrerbildung

2.1 Der Lehrplan

2.1.1 Begriffe

Der Lehrplan ist zu verstehen als eine Zusammenfassung staatlicher Vorgaben, die festlegen,
- was (Inhalt, Ziele)
- wo (Schulart, Fach/Fächer)
- wann (Jahrgangsstufe) gelehrt und gelernt wird.

Häufig werden **Curriculum** und Lehrplan begrifflich gleichgesetzt, was aber zu Missverständnissen führen kann. Auch im Gegensatz zum **Curricularen Lehrplan (CuLP)** ist es sinnvoll, das Curriculum als die weitestgehende Festlegung des gesamten schulischen Lernens bis hinein in die konkrete Unterrichtsgestaltung anzusehen. Ein CuLP (als eine Art „Kompromiss" zwischen Curriculum und Lehrplan) mit den Kategorien Lernziele, Lerninhalte, Unterrichtsverfahren und Lernzielkontrolle gibt eine sehr genaue **Lernzieltaxonomie** (Klassifizierung der Lernziele, z. B. im Bereich Wissen: Einblick, Überblick, Kenntnis, Vertrautheit) vor, die von den nachfolgenden Lehrplänen nicht übernommen worden ist. Diese ihrerseits machten die **didaktischen Schwerpunkte** „Wissen", „Können", „Anwenden", „Produktiv Denken und Gestalten" und „Wertorientierung" zu ihren Kategorien, ohne allerdings konkrete Kompetenzstufen (vgl. Lernzieltaxonomie) auszuweisen. Der Lehrplan von 1992 ist durch die fächerübergreifenden Bildungs- und Erziehungsaufgaben (z. B. „Europa", „Freizeiterziehung", „Umwelterziehung"), durch die vier **Lehrplanebenen** („Das bayerische Gymnasium und sein Bildungs- und Erziehungsauftrag", „Profile der Fächer und Wahlpflichtfächer", „Rahmenpläne der Jahrgangsstufen", „Fachlehrpläne") und durch die Verweise von einem Fach auf andere/ein anderes oder auf die fächerübergreifenden Aufgaben gekennzeichnet.

Gründe für einen neuen Lehrplan

Zu Beginn des neuen Jahrtausends wurde ein neuer Lehrplan nötig, weil sich die Welt in zehn Jahren so rapide verändert, dass auch die Schule ihren Erziehungs- und Bildungsauftrag neu konkretisieren muss.
Neue wissenschaftliche Entdeckungen, neue Disziplinen, neue Formen interdisziplinären Arbeitens, ein neues Verständnis von wissenschaftlicher Verantwortung verändern das Arbeiten an den **Universitäten**, was die vorausgehende Bildungsinstitution Schule wahrnehmen muss.

Auch das **Verständnis von Unterricht** hat sich entscheidend verändert. So hat die andauernde Konstruktivismusdebatte zu einer neuen Sichtweise geführt. Der Instruktion (die Wahrheit kommt vom Lehrer) steht die Konstruktion (die Schüler konstruieren ihr Wissen mit Hilfe des Lehrers selbst) gegenüber. Daraus ergeben sich verschiedene Formen des Lehrens und Lernens, deren neue Gewichtung ein Umdenken erforderlich macht. Eng damit verknüpft ist der handlungsorientierte Unterricht, in dem die Schüler unterschiedlich selbstständig durch eigenes Tun die Lerninhalte erarbeiten, unterstützt durch neue Materialien und angeleitet durch neue Techniken und Strategien selbstständigen Lernens.

Der neue Lehrplan wurde auch notwendig, weil sich die **Schule** organisatorisch verändert hat. Das achtjährige Gymnasium löst das neunjährige ab, die zweite Fremdsprache beginnt nun in der 6. Jahrgangsstufe, neue Fächer wie Natur und Technik sowie Informatik muss der Lehrplan berücksichtigen, die Stundentafeln sind den neuen Anforderungen angepasst und der Landtagsbeschluss, demzufolge ein Drittel der Unterrichtszeit für Wiederholung, Vertiefung und Verknüpfung von Inhalten im Sinne der Nachhaltigkeit von Unterricht reserviert wird, musste umgesetzt werden. Dadurch wurde auch eine Reduzierung der Inhalte im Sinne einer Konzentration notwendig, die sich stärker am Grundwissen und am exemplarischen und verknüpfenden Lernen orientiert.

2.1.2 Merkmale des Lehrplans

Der neue Lehrplan (2004) ist gekennzeichnet durch besondere Merkmale, die ihn vom alten LP unterscheiden.

- **Drei Ebenen**

Während der auslaufende LP (1990) vier Lehrplanebenen aufweist, kommt der neue mit drei Ebenen aus, die deduktiv aufeinander bezogen sind. So stellt jeweils die untere Ebene eine Konkretisierung der höheren Ebene dar. Auf die detaillierten Fachlehrpläne wird verzichtet. Damit wird den Schulen ein größerer Freiraum zugestanden, der es ihnen erlaubt, das eigene Profil zu schärfen. Die Ebenen zwei und drei übernehmen die notwendigen Informationen für die Unterrichtsplanung, die Ebene 4 wird ersetzt durch eine Link-Ebene, die ausschließlich im Internet ständig aktualisierte Kommentare, Erläuterungen und Materialien anbietet. Mit diesen Veränderungen geht auch eine Verschlankung der Lehrpläne einher.

- **Gestaltungsraum**

Bei den Fachlehrplänen wurde pro Jahreswochenstunde von 28 Stunden Unterricht für die verbindlichen Lernziele und Lerninhalte ausgegangen; damit ist bereits hinlänglich Zeit für Üben und Wiederholen vorgesehen (Vorbemerkung zum LP). Nach Abzug der Ferienwochen verbleibt Gestaltungsraum für die Durchführung von Exkursionen, Studienfahrten, Unterrichtsgängen, Projekten, fächerübergreifenden und fächerverknüpfenden Vorhaben, Klassenleiterstunden und SMV-Stunden. Natürlich erlaubt es die darüber hinaus verbleibende Zeit, intensiv zu üben, zu wiederholen, zu vertiefen und zu verknüpfen. Der Gestaltungsraum sollte aber nicht dazu genutzt werden, weiteren Stoff durchzunehmen. Vielmehr definiert sich die Intensität der Durchnahme und des Einübens von Inhalten auch über die zur Verfügung gestellte Zeit. Die Äußerung, „ich komme mit dem Stoff nicht durch", weist darauf hin, dass der Lehrplan nicht unter diesem Aspekt gelesen worden ist.

- **Betonung des Grundwissens**

Das Grundwissen wird im Lehrplan auf der Ebene 3 (Jahrgangsstufenpläne) farblich abgesetzt hervorgehoben. Dabei werden neben den geforderten Grundkenntnissen auch Grundfertigkeiten, grundlegende Haltungen bzw. Grundwerte ausgewiesen. Für die Zuordnung von Bereichen zum „Grundwissen" war maßgeblich, ob und inwieweit es/sie notwendig ist/sind, um fachspezifische Zugänge zur Welt zu finden und Zusammenhänge zwischen den Fächern zu entdecken. Das grundsätzliche Bildungsziel „ Entwicklung einer Persönlichkeit mit Urteilskraft und Wertebewusstsein" steht im Hintergrund aller Überlegungen.

- **Ebene 1**

Überschrieben ist die Ebene 1 mit „Das Gymnasium in Bayern" und sie äußert sich im ersten Kapitel zum **„Profil und Anspruch des bayerischen Gymnasiums"**. Sie beschreibt das Schülerpotential und geht auf das Grundlagenwissen, die Wertorientierung sowie die ästhetische Bildung ein. Besonders betont werden die Erziehung zur Verantwortung für sich selbst und für andere sowie die Persönlichkeitsentwicklung als wesentliche Bestandteile der gymnasialen Bildung.

Das Kapitel 2 (**„Unterricht und Lebensbezug“**) stellt Schwerpunkte der Unterrichtsgestal-tung – Qualität, Grundwissen, Mitgestaltung und soziales Lernen – vor.

Unter 1.3 geht es um **„fächerübergreifendes Lernen und überfachliche Kompetenzen“**. Hier werden auch die Bereiche genannt, denen die in den Jahrgangsstufenplänen vorgeschlagenen fächerübergreifenden Themen zuzuordnen sind: Ästhetik, Bayern/Deutschland, Deutsche Sprache, Lebensentwurf, Medien, Menschenwürde, Politik, Sexualität, Technik, Umwelt, Werte, Weltanschauung u. a.

Das Kapitel 4 widmet sich den **„Aufgaben und Möglichkeiten der Mitglieder der Schulgemeinschaft“** und geht im Besonderen auf die Lehrkräfte, die Schüler und die außerschulischen Partner ein.

„Qualitätsentwicklung am Gymnasium“ heißt das letzte Kapitel, das einerseits die zunehmende Verantwortung der Schule als lernender Organisation angesichts des schlanken Lehrplans ohne Ebene 4 betont, andererseits auf die notwendigen Qualitätskontrollen hinweist.

- **Ebene 2**

Auf jeweils einer bis drei Seiten stellen die einzelnen Fächer ihr Profil über die acht gymnasialen Jahre vor. Strukturiert sind die Profile durch die allen Fächern gemeinsamen Kapitelüberschriften „Selbstverständnis des Faches“, „Beitrag des Faches zur gymnasialen Bildung und Persönlichkeitsentwicklung“, „Zusammenarbeit mit anderen Fächern“ und „Ziele und Inhalte“. Damit werden die Eigenbedeutung genauso wie die Position des Faches im Fächerkanon und die Funktion für die Bildung und Erziehung des Kindes bzw. Jugendlichen sichtbar. Darüber hinaus verdeutlicht das Profil den gymnasialen Anspruch des Faches und skizziert seine Struktur und die Progression im Verlauf der gymnasialen Jahre.

- **Ebene 3**

Jede Jahrgangsstufe wird durch sogenannte **„Schülerkonturen“** eingeleitet, eine entwick<-lungspsychologische Skizze, die Kinder bzw. Jugendliche einer bestimmten Altersstufe in ihrem Selbstverständnis, ihrer sozialen und personalen Situation und in ihrer Lern- und Arbeitssituation zeichnet. Daran schließen sich **pädagogische Akzente** an, Lernziele, die sich auf emotionale, methodische, motivationale und erzieherische Aspekte beziehen. Der dritte Teil der Einleitung enthält ein Angebot an auf die Jahrgangsstufe bezogenen Themen für **„fächerverknüpfende und fächerübergreifende Unterrichtsvorhaben“**, aus dem das Lehrerteam mindestens eines für seine Klasse auswählt. „Die Themen beziehen sich im Sinn vernetzten Lernens schwerpunktmäßig auf Ziele und Inhalte mehrerer Fächer, tragen zur Vertiefung der Methodenkompetenz und zur Umsetzung allgemeiner gymnasialer Bildungs- und Erziehungsziele bei.“ Die sich anschließenden Fachlehrpläne der Jahrgangsstufe beschreiben auf zwei bis drei Seiten je Fach, eingeleitet durch das farblich abgehobene Grundwissen, konkret die Lehr- und Lernziele, die, durch den geringen Umfang bedingt, abstrakter und offener ausfallen und somit dem einzelnen Lehrer, dem Klassenteam und der Schule den gewünschten Gestaltungsraum geben. Die gelegentlichen einseitigen und wechselseitigen Verweise auf andere Fächer laden zur Zusammenarbeit mit den Kollegen und zu fächerver-netzendem Unterrichten ein.

2.1.3 Umsetzung des Lehrplans

„Mein Lehrplan ist das Schulbuch; da steht doch drin, was ich unterrichten soll." – „Ich komme aber mit dem Buch in einem Jahr unmöglich durch!"
(verzweifelte Lehrkraft)

- **Verbindlichkeit**

„Alle Aussagen im Lehrplan sind Teil der verbindlichen Vorgaben für den Unterricht. Wahlmöglichkeiten sind als solche gekennzeichnet. Die in manchen Fächern als Zeitrichtwerte genannten Stundenzahlen geben einen Hinweis für die Unterrichtsplanung, sind aber nicht verbindlich. Die Reihenfolge, in der die Lehrplanziele und -inhalte angeordnet sind, kann innerhalb einer Jahrgangsstufe vom Fachlehrer nach eigenem fachlichen und pädagogischen Ermessen abgeändert werden. Eine Besprechung innerhalb der Fachschaft kann dabei der Orientierung dienen" (Vorbemerkungen zum LP).

- **Gestaltungsraum**

Eines der wesentlichen Merkmale des neuen Lehrplans ist das schlanke Format. Im Gegensatz zu früheren Lehrplänen, aber auch zu gültigen anderer Bundesländer begnügt sich der LP mit zwei bis drei Seiten für ein Fach pro Jahrgangsstufe. Das bedeutet, dass die Konkretisierung des Lehrplans zu den Aufgaben der Lehrkraft gehört. Damit übernimmt sie mehr Verantwortung für die Auswahl der Inhalte und Unterrichtsverfahren, die nicht mehr für jede Unterrichtssequenz vorgegeben sind. Das Schulbuch kann und darf diese Aufgabe der Auswahl und Schwerpunktsetzung nicht übernehmen; es enthält Angebote und keine Anleitungen. Wer also über die Stofffülle in seinem Fach klagt, hat den Lehrplan nicht genau gelesen und die Funktion des Schulbuchs falsch eingeschätzt. Der gebotene Gestaltungsraum wird allerdings begrenzt durch die zeitlichen Vorgaben (28 Wochenstunden im Schuljahr) und die klare Aufforderung, ein Drittel der Unterrichtszeit für das Einüben, Wiederholen, Vertiefen und Verknüpfen zu reservieren. Damit sind der Ausweitung des Stoffes Grenzen gesetzt.

- **Umgang mit dem Grundwissen**

Um die Nachhaltigkeit des Lernens im Lehrplan verstärkt zu verankern, steht das Grundwissen in den Fachlehrplänen farblich abgehoben am Beginn und signalisiert die Bedeutung, die dem Grundwissen beigemessen wird. Das bedeutet, dass die Unterrichtsverfahren, die Medienauswahl, die Hefteinträge und die Leistungserhebungen so gestaltet werden müssen, dass die Schüler den Lernvierklang (Unterricht – Lernen – Prüfung – Vergessen) aufgeben zu Gunsten einer Präsenz des Grundwissens. Für die Lehrkraft heißt dies, das Grundwissen zu markieren, regelmäßig aufzugreifen und immer wieder in den Leistungserhebungen abzufragen.

- **Kooperation der Lehrkräfte im Klassenteam**

Wer der Idee des Lehrplans gerecht werden möchte, kommt nicht umhin, im Sinne der Vernetzung und des fächerübergreifenden und -verknüpfenden Arbeitens Kontakt mit den Mitgliedern des Klassenlehrerteams aufzunehmen, um z.B. die Unterrichtsvorhaben auszuwählen und sich über das Procedere abzustimmen. Auch die in den Fachlehrplänen auftauchenden Querverweise bedürfen einer Konkretisierung, die sich ohne Zusammenarbeit nicht realisieren lässt. Dass mit dieser Kooperation auch immer eine Entlastung der betroffenen Lehrkräfte verbunden ist, muss zur Erfahrung jedes Einzelnen werden.

- **Kooperation innerhalb der Fachschaft**

Aufgabe der Fachschaft ist es, den Lehrplan zu analysieren und die Progression des Faches über die Jahre konkret zu planen. Dabei können Schwerpunkte festgelegt werden, die zum Profil der Schule und des einzelnen Faches an der Schule passen. Der Verzicht auf die Ebene 4 gibt den Fachschaften einen Gestaltungsraum, den sie nutzen können und sollen. Wenn andererseits innerhalb einer Schule eine gewisse Vergleichbarkeit herrschen soll, dann muss die Fachschaft diese Aufgabe als Chance be- und ergreifen. Hier kann ein fachbezogenes und fachübergreifendes Konzept (auch unter Beteiligung der Schüler) entwickelt werden, das über Jahre gültig ist und damit die einzelne Lehrkraft spürbar entlastet. Wichtig ist dabei jedoch, dass trotz aller Absprachen für die einzelne Lehrkraft noch Gestaltungsraum bleibt.

- **Kooperation innerhalb der Jahrgangsstufe**

Auch bei dieser Form der Zusammenarbeit entsteht aus zunächst scheinbar mehr Arbeit ein Synergieeffekt, der entlastend wirkt. Die gemeinsame Planung (alle zusammen oder einer für das Team) von Unterrichtssequenzen, die Auswahl von Lektüre, die Vorbereitung von Versuchen oder die Organisation von Exkursionen und Unterrichtsgängen entlastet den Einzelnen und optimiert die Qualität der Arbeit. So ist es z. B. auch sinnvoll sich abzustimmen, welche Inhalte für Leistungserhebungen reserviert werden und welche von Prüfungen frei gehalten werden. Auch Vereinbarungen über die Art der Leistungserhebungen und darüber hinaus die Planung gemeinsamer Leistungserhebungen (Stegreifaufgaben, Schulaufgaben, Tests) führt zu einer Vergleichbarkeit der Leistungen, stärkt aber dank der „größeren Gerechtigkeit“ auch den Zusammenhalt der Klassen innerhalb einer Jahrgangsstufe.

- **Qualität des Gymnasium**

Der Lehrplan gibt Aufschluss über Profil und Anspruch der Schulart. So will das Gymnasium eine Bildung vermitteln, „die zu einem Hochschulstudium befähigt, aber auch die Voraussetzungen für eine anspruchsvolle Berufsausbildung außerhalb der Hochschule“ (LP; Ebene 1, Punkt 1.1) schafft. Darüber hinaus soll der Schüler eine kulturelle Identität gewinnen und eine Werteerziehung erfahren, „die ihn seiner selbst sicher macht und zu einer gesicherten Urteilsbildung befähigt“ (ebd.). Diese Zielsetzungen muss die Lehrkraft bejahen und in die tägliche Arbeit integrieren, was bedeutet, dass der Unterricht ohne das erzieherische Moment nicht denkbar ist. Der Qualitätsanspruch des Gymnasiums bezieht sich nicht nur auf Wissen und Können, sondern beinhaltet die Persönlichkeitsbildung. Sich darauf mit sich und mit seinem Kollegium zu verständigen und danach zu handeln, ist eine zentrale Aufgabe des Lehrers/der Lehrerin, deren Erfüllung den Fortbestand des Gymnasiums und seiner Qualität sichert.

2.2 Planung, Organisation und Gestaltung von Unterricht und Lernen

Kompetenzbereich: Unterrichten
Lehrerinnen und Lehrer sind Fachleute für das Lehren und Lernen

Kompetenz 1:
Lehrerinnen und Lehrer planen Unterricht fach- und sachgerecht und führen ihn sachlich und fachlich korrekt durch.

Kompetenz 2:
Lehrerinnen und Lehrer unterstützen durch die Gestaltung von Lernsituationen das Lernen von Schülerinnen und Schülern. Sie motivieren Schülerinnen und Schüler und befähigen sie, Zusammenhänge herzustellen und Gelerntes zu nutzen.

Kompetenz 3:
Lehrerinnen und Lehrer fördern die Fähigkeiten von Schülerinnen und Schülern zum selbstbestimmten Lernen und Arbeiten.

KMK-Standards zur Lehrerbildung

2.2.1 Grundlagen

2.2.1.1 Formen des Lernens

Lernen ist wie Rudern gegen den Strom;
sobald man aufhört, treibt man zurück.
Laotse

In den letzten Jahren ist es sichtlich Mode geworden, den Frontalunterricht zu verteufeln und der Gruppenarbeit und den offenen Unterrichtsformen das Wort zu reden. Die mangelnde Qualität einer Lehrkraft glaubte man am zu hohen Anteil an Frontalunterricht ablesen zu können. Die Instruktion war verdächtig als veraltete demotivierende Unterrichtsweise und nur beratungsresistente Lehrkräfte wurden immer noch dabei ertappt.

Auf dem Bildungskongress „Wissen und Werte für die Welt von morgen" 1998 hat der Psychologe Franz E. Weinert für eine neue Lernkultur plädiert, für eine Methodenvielfalt, die eine starre Ausrichtung auf einige wenige Unterrichtsformen verbietet. Zunächst beklagt er, dass an unseren Schulen eher eine ständige Leistungssituation als eine wünschenswerte Lernsituation herrsche, was schulisches Lernen beeinträchtige.

Lernsituation	**Leistungssituation**
• Entspannte, offene, sach-, informations- und problemzentrierte Situation	• Motivational gespanntes Feld (zwischen Bewährung und Versagen)
• Motivation, Neues zu lernen, Wissenslücken zu schließen, Zusammenhänge zu erfassen	• Bemühen, Erfolge erzielen, Misserfolge vermeiden
• Motivation, zu wissen, zu entdecken, zu erfassen	• Keine Motivation, Neues zu lernen, unklar Gebliebenes zu verstehen
• Keine Angst vor Fehlern, kein Vermeiden oder Ausweichen	• Gewusstes aktivieren, mangelndes Wissen nicht preisgeben
• Aus Fehlern lernen	• Fehler vermeiden
• Mitschüler sind Lernpartner	• Mitschüler sind Konkurrenten
• Lehrkräfte als pädagogisch-psychologische Berater	• Lehrkräfte als Prüfinstanzen signalisieren positive und negative Erwartungen, reglementieren die Zeit zum Nachdenken, kommentieren und bewerten jede Antwort, beurteilen ständig Stärken und Schwächen Einzelner

Er plädiert für eine Trennung von Lern- und Leistungssituationen und für eine Vielfalt des Lernens und begründet sie u. a. mit folgenden Thesen:

- Zum Wissenserwerb muss die Nutzung des erworbenen Wissens in lebensnahen, transdisziplinären, sozialen und problemorientierten Kontexten treten.
- Wissen bewährt sich nur in einem Netzwerk von Fähigkeiten, von intelligenter Strategie der Nutzung, von positiver Selbsteinschätzung sowie von Handlungs- und Lernmotivation.

Vor allem wendet er sich gegen **„Irrtümer"** im Zusammenhang mit dem Wissenserwerb an den Schulen:

- „Wissen sei altmodisch; was wir bräuchten, sei Medienkompetenz, um alle Informationen dieser Welt blitzschnell abrufen zu können.
- Lernen sei viel zu inhaltsspezifisch und zu zeitaufwändig: notwendig sei deshalb, das Lernen zu lernen, damit sich jeder jederzeit bei entsprechendem Bedarf alles Notwendige in kürzester Zeit aneignen könne.
- Der Erwerb von Qualifikationen sei viel zu speziell und veralte zu schnell; es genüge, einen Kanon von Schlüsselqualifikationen zu besitzen, um alle beruflichen Türen zu öffnen und dahinter erfolgreich tätig sein zu können.
- Lernanstrengung blockiere die geistigen Kräfte des Individuums; nur selbstmotiviertes Lernen befreie den Lernenden von äußeren Zwängen und fördere seine kreativen Potenziale.
- Schule sei weniger wichtig, als oft behauptet wird, denn es gehe in Zukunft nicht mehr um grundlegende Bildung, sondern nur noch um lebenslanges Lernen.
- Unterricht bedeute Lernreglementierung; freie geistige und spielerische Tätigkeit der Schüler sei aber ebenso selbstmotivierend wie bildungswirksam, was man an der Entwicklung im Vorschulalter gut beobachten könne.
- Lehrer behinderten die Schüler beim Lernen häufiger, als dass sie sie förderten; sie sollten sich deshalb in Zukunft darauf beschränken, Moderatoren autonomer – und selbstredend kompetenter – Lerngruppen zu sein." (Weinert 1998, S. 113 f.).

Diesen Irrtümern billigt er einen „gehaltvollen Tropfen Wahrheit" zu und macht damit deutlich, dass es ihm um unterschiedliche Wege des Wissenserwerbs geht, die nicht mit einer Methode zu leisten sind. Weinert (1998, S. 114 ff) unterscheidet vier Formen des Wissenserwerbs und ordnet ihnen Unterrichtsformen zu.

Vertikaler Lerntransfer (Franz E. Weinert)

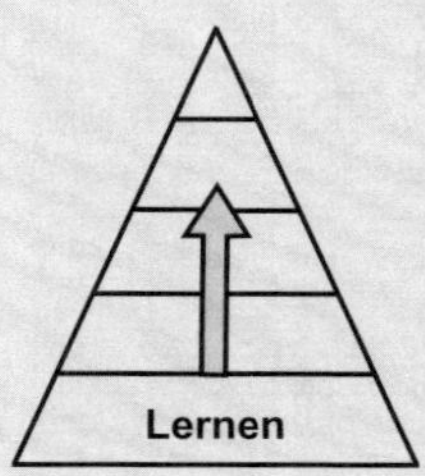

Lernziel:
Ermöglichung und Erleichterung des Lernens im gleichen Gebiet

Lernform:
Erwerb intelligenten Wissens

Unterrichtsform:
Direkte Instruktion, lehrergesteuert, systematisch, intensiv

Horizontaler Lerntransfer (Franz E. Weinert)

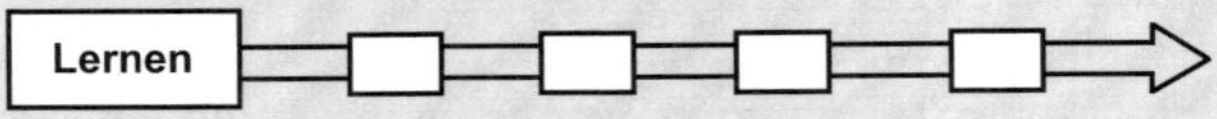

Lernziel:
Intelligentes und adaptives Anwenden des Gelernten in sehr unterschiedlichen Situationen

Lernform:
Situiertes Lernen

Unterrichtsform:
Lebensnahes Üben, Projektunterricht, Gruppenarbeit

Lateraler Lerntransfer (Franz E. Weinert)

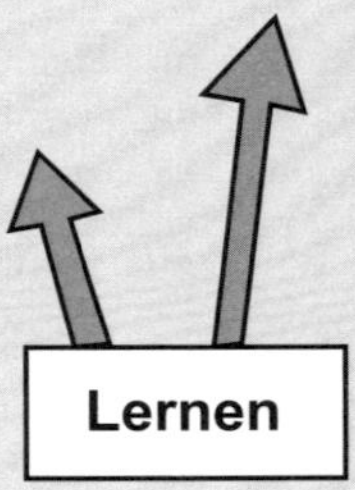

Lernziel:
Lernen lernen

Lernform:
Selbstständiges Lernen

Unterrichtsform:
Vermittlung und Einübung metakognitiver Kompetenzen;
Anleitung zu und Ermöglichung von selbstständigem Lernen
Offener Unterricht

Handlungsbedingter Lerntransfer (Franz E. Weinert)

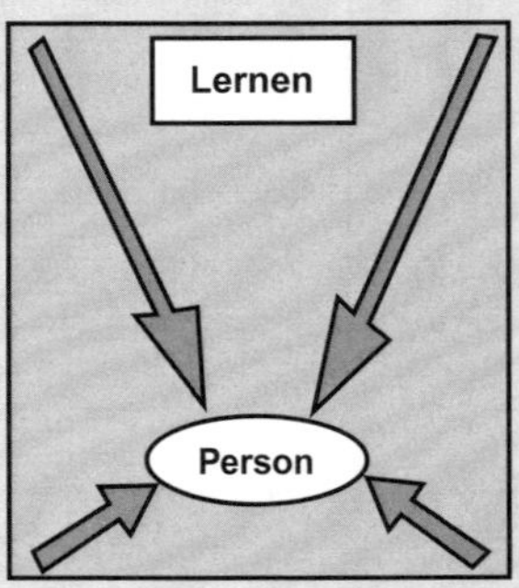

Lernziel:
Allgemeinbildung, kognitive Förderung, Persönlichkeitsbildung, Wertorientierung, Verhalten

Lernform:
Gewohnheitsformen, Rituale, Erfahrungen, Reflexionen, Orientierung am Vorbild

Unterrichtsform:
Schul- und Klassenkultur, Verhaltensregeln, Vertragsformen, Anregungsgehalt des Unterrichts, Diskussion

Schlussfolgerungen für die Unterrichtsplanung

- Unterschiedliches Wissen und Können wird unterschiedlich erworben.
- Instruktion ist nicht die einzige, aber eine vollgültige Vermittlungsform.
- Schüler müssen alle Formen des Lernens kennenlernen und lernen.
- Die Planung der Aktions-, Sozial- und Verlaufsformen sowie der offenen Unterrichtsformen muss sich auch an den Lernformen orientieren.

- Die Lernformen sind neben den Unterrichtsprinzipien, den Zielvorstellungen und den inhaltlichen Vorgaben ein eigenes Entscheidungsfeld.
- Es gilt die Leistungssituationen in Zahl und Dauer abzubauen zugunsten leistungsdruckfreier Lernsituationen.
- Lernen findet immer ganzheitlich, also mit allen Sinnen statt.
- Lernen und Leistungsdruck und Prüfungsangst gehen nicht zusammen.

„Lernen ist Handeln, Probieren, Versuchen und Irren, ist Begreifen und Verstehen, ist Spiel und harte Arbeit, ist Übung und Training.“

2.2.1.2 Prinzipien guten Unterrichtens

Guter Unterricht ist ganz einfach: ein guter Lehrer,
interessierte Schüler und ein sinnvoller Lehrplan;
alles andere regelt sich von allein.
Paul Glara

„Ein Unterrichtsprinzip ist ein Grundsatz für erfolgreiches und qualitätsvolles Unterrichten. Da aber Unterricht ein Interaktionsgeschehen ist, sein Erfolg also weder planbar noch sicher herstellbar ist, können alle […] Grundsätze nur Handlungsanregungen für den Lehrer und die Lehrerin sein“ (Wiater, 2005, 4), mit deren Beachtung der Unterricht eher gelingt, also die Schüler die angestrebten Ziele eher erreichen.

Die folgende Darstellung beschränkt sich auf Prinzipien, die in jedem Unterrichtsfach auf jeder Jahrgangsstufe für die Schüler von heute gelten. Diese Beschränkung ist schon deshalb nötig, weil heute jedes erzieherische Anliegen (Medienerziehung, Umwelterziehung) und jede methodische Forderung (entdeckendes Lernen, computergestütztes Arbeiten) sofort zu Prinzipien hochstilisiert werden sollen.

Unterrichtsprinzipien

Deutlich wird an der Skizze, dass die Prinzipien nicht isoliert betrachtet werden können, sich aber auch (z.B. Sachgemäßheit und Schülergemäßheit) durchaus in Opposition zueinander befinden können: Wer allzu sachgemäß unterrichtet, mag die Schüler aus den Augen verlieren, und wer sich an den Schülern orientiert, könnte den Sachverhalt allzu vereinfacht darlegen. Grundsätzlich kann gesagt werden, dass jedes Prinzip in seinem Gewicht richtig bemessen ist, wenn die anderen Prinzipien nicht beeinträchtigt sind. Die Grenzen des einen Prinzips sind durch die Bedeutung der anderen Prinzipien definiert.

Sachgemäßheit

Bietet der Lehrer zu viel, so bleiben ihm die Schüler, bietet er zu wenig, so bleibt die Wahrheit auf der Strecke."
Hans Glöckel

Zunächst erscheint die Forderung wie eine Binsenwahrheit: Selbstverständlich darf im Unterricht nichts Falsches mitgeteilt werden. Selbstverständlich sind Sachverhalte sachlich (also objektiv) und sachgerecht (korrekte Fachsprache, **wissenschaftsorientiert**, aktuell, die Fachmethodik berücksichtigend) darzustellen. Nicht zuletzt deshalb absolviert der Gymnasiallehrer ein fünfjähriges vertieftes Studium seiner Fächer, um dieser Forderung gerecht zu werden. Doch begegnen ihm elf- und neunzehnjährige Schüler, die möglicherweise mit ein und demselben Gegenstand vertraut gemacht werden sollen. Der Lehrer kommt nicht umhin, den Sachverhalt so zu verändern, zu vereinfachen, zu **elementarisieren**, dass die Schüler nicht vor den Kopf gestoßen werden, sondern Interesse an der Sache gewinnen und sich mit ihr auseinandersetzen wollen.

- **Didaktische Reduktion**

Didaktische Reduktion bzw. **didaktische Vereinfachung** sind die Fachbegriffe für ein Aufbereiten eines Sachverhaltes. Ein Mittel dieser Vereinfachung ist die Elementarisierung. Nur muss man sich immer klar sein, dass sich diese Vereinfachung nicht ausschließlich an der Aufnahmefähigkeit und -bereitschaft der Schüler orientieren kann, sondern auch dem Anspruchsniveau des Gymnasiums, wie es im Lehrplan dargestellt ist, entsprechen soll. Damit wird die Reduktion zu einem entscheidenden Kriterium sinnvoller und erfolgreicher Unterrichtsplanung.

Folgende Forderungen sind an die didaktische Reduktion zu stellen: Die Sache

- muss so einfach wie möglich, aber so komplex wie nötig sein (die Vereinfachung darf keinen Sinn- und Definitionsverlust mit sich bringen),
- muss stets zur vollen Wahrheit erweiterbar sein,
- darf nie ein späteres Umlernen notwendig machen,
- muss als Grundlage für spätere Erweiterungen taugen,
- muss dem Schüler als vereinfacht bewusst gemacht werden.

Für den Unterricht kann dies konkret bedeuten:

- Beginn mit einem prägnanten Beispiel
- Weglassen von Details
- Darstellung am konkreten Fall
- Veranschaulichung (Visualisierung durch Skizzen, Bilder, Graphiken …)
- vorläufige Beschränkung auf eine Schicht des Sachverhalts
- deutliche Strukturierung und Schematisierung
- ggf. sprachliche Vereinfachung
- Verzicht auf Kontexte (z. B. historisch, wissenschaftstheoretisch)

Im Zusammenhang mit didaktischer Reduktion taucht in der Literatur der Begriff „exemplarisches Lehren und Lernen" (auch als Unterrichtsprinzip) auf. Gemeint ist damit der Versuch, eine Sache an einem Beispiel aufzuzeigen – auch der Versuch einer didaktischen Reduktion! – und damit der Stofffülle entgegenzuarbeiten.
Wie schwierig dieses Unterfangen der didaktischen Reduktion ist, wird deutlich an der Forderung oben: „Die Sache muss stets zur vollen Wahrheit erweiterbar sein". Anders formuliert: Jede didaktische Reduktion muss so geschehen, dass eine spätere didaktische Restitution möglich ist. Auch Lehrplankommissionen setzen sich mit diesem Problem auseinander, wenn sie Sachverhalte für die unterschiedlichen Jahrgangsstufen so aufbereiten, dass die oben ge-

nannten Kriterien erfüllt sind. Denn in der Unterstufe darf nichts gelernt werden, was sich in der Mittel- oder Oberstufe als falsch herausstellen würde oder an der Universität konterkariert würde. Die „volle Wahrheit" lässt sich herstellen etwa durch:

- Ausweiten auf schwierigere Fälle
- Einfügen in den historischen Kontext
- Einbau der Sache in den Wissenschaftszusammenhang
- Ausweiten auf andere Beispiele
- Verallgemeinerung der konkreten Beispiele
- Herausfinden von Gesetzmäßigkeiten
- Überführen auf eine höhere Abstraktionsebene
- Verwendung der adäquaten Fachsprache
- fächerübergreifende Aspekte der Sache (...)

„Die Restitution kann in der gleichen Unterrichtsstunde, in der gleichen Unterrichtssequenz, auf einer späteren Jahrgangsstufe, evtl. erst auf der Universität erfolgen – und sie kann ganz ausbleiben." (Glöckel, 1992[2] S. 296) Sie kann außerdem als Möglichkeit der Differenzierung (siehe „Schülergemäßheit") eingesetzt werden.

- **Strukturierung**

Strukturierung orientiert sich

- an der Sachgemäßheit: komplexe Lerninhalte müssen nach Gesetzen der Logik zerlegt und gegliedert, also strukturiert werden.
- an der Methodik: komplexe Inhalte müssen methodisch sinnvoll in ein Nacheinander (oder ein Nebeneinander bei U.formen wie z. B. Gruppenarbeit, Lernzirkel) gebracht werden, das keinen Sinnverlust zulässt.
- an den Auffassungsmöglichkeiten, den Lerngewohnheiten und dem emotionalen Zugang der Schüler.

Bei der Planung von Unterricht steht deshalb die **Sachanalyse** am Anfang: Abgrenzung des Lerninhalts auf das Wesentliche bzw. Exemplarische, Gliederung, Erkennen der zentralen Begriffe und Vorstellungen, Verknüpfen mit den Lernzielen.

Im zweiten Schritt, der **methodischen Strukturierung**, verknüpft die Lehrkraft die Sachanalyse mit dem zu planenden Unterrichtsablauf, der seinerseits strukturiert sein soll. Grundsätze dabei sind Rhythmisierung, Variation in der Darbietung und in den Lernformen sowie die Ergebnissicherung.
Die dritte Aufgabe, die **Lernstrukturierung**, bezieht sich auf die Schüler, die verschiedene Formen des Zugangs zum Inhalt, des Aufarbeitens und des Gewinns an Erkenntnis und Interesse wählen können: u. a. Sammeln und Ordnen, Entdecken, Erkunden, Experimentieren, Diskutieren, Planen und Ausführen, Zusammenfassen, Präsentieren.

Schülergemäßheit

Man muss seinen Unterricht so ändern, dass er zu den Interessen und Fähigkeiten der Kinder passt.
Pirjo Linnakylä, Finnland

Schülergemäßes Unterrichten setzt voraus, dass die Kinder und Jugendlichen in ihrer Individualität und Personalität wahrgenommen werden, was bedeutet, Alter, Geschlecht, Herkunft, Entwicklung, Lebensraum und Erlebniswelt, schulischen Werdegang, familiäre Situation, Arbeitsverhalten, Begabungen u. a., zu kennen und den Unterricht entsprechend zu gestalten. Der Lehrer/die Lehrerin braucht also:

- gute Kenntnisse der Entwicklungs- und Lernpsychologie
- Kenntnis der „Schülerkonturen“ im Lehrplan
- Bereitschaft, mit den Eltern und ihren Kindern ins Gespräch zu kommen
- Bereitschaft, Kinder und Jugendliche auch außerhalb der Schule wahrzunehmen
- Offenheit für Wünsche und Klagen der Kinder im Unterricht
- Bereitschaft, an Wanderfahrten, Festen, Unternehmungen mit Schülern teilzunehmen
- Fähigkeit und Bereitschaft mündliche und schriftliche Leistungen der Schüler auch als Information über deren Möglichkeiten, Interessen, Lernverhalten u. a. zu verstehen
- Fähigkeit und Bereitschaft, den Unterricht auf die gewonnenen Erkenntnisse auszurichten.

• **Lebensnähe**
Wenn man diese Chancen des Kennenlernens nutzt, dann fällt es nicht schwer, sich auf die Welt der Schüler einzulassen, ihre Trends, ihre Moden, ihre Interessen in den Unterricht zu integrieren (mit der nötigen Zurückhaltung um nicht aufdringlich oder anbiedernd zu wirken). Damit gelingt es, das Leben in die Schule zu holen – oder anders ausgedrückt – die Schule nach außen zu öffnen. Möglichkeiten hierfür sind außerschulische Lernorte, Exkursionen, Schüler-AG, Wettbewerbe, außerunterrichtliche Projekte u. a.. Dass auf diese Weise Schüler leichter zu motivieren sind, versteht sich von selbst.

• **Schülerorientierung**
Verstanden als methodisches Prinzip heißt es, den Schülern insofern gerecht zu werden, als sie mitentscheiden und mithandeln wollen. Schülerorientierung, realisiert im schüler**zentrierten Unterricht**, bedeutet, die lehrerzentrierte Instruktion in geeigneten Phasen des Unterrichts aufzugeben und die Schüler ihren Lernweg weitgehend selbst wählen und ihr Wissen selbst konstruieren zu lassen.

• **Differenzierung und Individualisierung**
Schülergemäßheit bedeutet auch, dass die Heterogenität der Schülerinnen und Schüler schul- und unterrichtsorganisatorisch berücksichtigt wird. Dieses Prinzip lässt sich in der Schule realisieren; doch gibt es auch Möglichkeiten der **Differenzierung**, die darauf abzielen, dass in einer Lerngruppe einander möglichst ähnliche Schüler zusammengefasst sind, auf deren Spezifika sich der Lehrer besser einstellen kann.

Die **äußere Differenzierung** teilt die Schüler

- fächerübergreifend (streaming) nach Schularten (Hauptschule, Realschule…), nach Schulzweigen (nat.wiss.-technolog., sprachliches, wirtschafts- u. soz.wiss., musisches Gymn.), nach Jahrgangsstufen, Geschlecht, Religionszugehörigkeit, spezifischer Förderbedarf u. a.
- fachspezifisch (setting): leistungsbezogen in A-, B-, C-Kursen (z. B. Gesamtschule) und neigungsbezogen in Kurse (Oberstufe) ein.

Die **innere Differenzierung**, die für das Unterrichtsprinzip Schülergemäßheit relevante Form, findet im Unterricht statt. Hier ist es möglich, nach unterschiedlichen Kriterien zu differenzieren: Entwicklungsstand, Begabungen, Leistungsvermögen, Arbeitsverhalten, Interessen, Motivation, Neigungen, Vorkenntnissen, ggf. auch nach Geschlecht (siehe „Koedukation) oder Herkunft. Realisiert wird die innere Differenzierung durch die Bildung von Lerngruppen (vgl. „Sozialformen“: Einzel-, Partner-, Gruppenarbeit, u. a.).

Zielorientierung

Wer kein Ziel hat, kann auch keines erreichen.
Laotse

Der Lehrplan ist von klaren Zielsetzungen geprägt, die der Lehrer im Unterricht umsetzen muss. So wie er die inhaltlichen Vorgaben des Lehrplans in die inhaltliche Planung seines Unterrichts transponiert, so wird er auch die Lehrplan-Ziele, die eine Konkretisierung der Inhalte darstellen, zur Grundlage seiner Unterrichtsplanung machen. Klare Zielvorgaben, die vom Lehrplan vorgeben sind, in der Verantwortung des Lehrers liegen und von den Schülern mitgetragen werden, lassen den Unterricht zu klaren und überprüfbaren Ergebnissen kommen.

- **Zielbereiche**

Die Zielvorstellungen lassen sich in drei Bereiche einteilen:

– Kognitiv: von ungefähren Vorstellungen bis zu präzisen Detailkenntnissen. Die Aussagen des Lehrplans (z. B. „Einblick“) sind für die Planung der Einzelstunde oder Unterrichtssequenz nicht verbindlich. Also bedarf es bei deren Planung einer präzisen inhaltlichen Zielvorgabe.

– Affektiv: Kognitionen sind von Affekten nicht zu trennen. Am besten wird gelernt, was in guter Atmosphäre gelernt wird und mit positiven Gefühlen verknüpft ist. Jeder Lehrer möchte die Schüler für seine Inhalte gewinnen, will, dass sie sich mit Ideen identifizieren, dass sie sich für eine Sache vielleicht sogar engagieren.

– Pädagogisch: Im Sinne eines „erziehenden Unterrichts“ (auch ein Unterrichtsprinzip) sollten auch pädagogische Ziele in die Unterrichtsplanung eingehen (z. B. Kooperation, Höflichkeit, Fairness).

- **Zielverständigung**

Wenn der Unterricht als Kommunikation bzw. Interaktion verstanden wird, dann kann die Zielorientierung nicht nur die Angelegenheit der Lehrkraft sein. Wie sie mit klaren Zielvorstellungen konzentrierter und ökonomischer unterrichten und das Ergebnis auch evaluieren kann, so wollen die Schülerinnen und Schüler nicht nur das Unterrichtsthema und die zu lernenden Inhalte kennen, sondern sich über die Ziele mit der Lehrkraft verständigen. Sie erkennen dadurch, in welcher Hinsicht sie gefordert werden, sie können rückmelden, wenn ihrer Meinung nach Ziele von Lehrer- oder Schülerseite verfehlt werden, sie können ihre Stärken gezielter einsetzen und überprüfen, ob sie die komplexe Thematik erfasst haben.

Nach Wiater (2005, S. 70) wird diese Verständigung dadurch erreicht, dass die Ziele mit den Schülern kommunikativ verhandelt werden. Dies klingt nach längerer Diskussion mit dem Ziel einer Einigung. Dies erlaubt der Zeitrahmen schon gar nicht. Unverzichtbar ist aber, dass die Zielvorstellungen den Schülern am Anfang der Sequenz, der Unterrichtsstunde zumindest genannt werden. Es genügt nicht, das Thema der Stunde an die Tafel zu schreiben. Was die Klasse (und die Lehrkraft) mit dem Thema erreichen soll, muss allen bekannt sein, damit auch im Einzelfall Modifikationen vorgeschlagen und realisiert werden können (Vgl. Zielanalyse).

Motivation

Motivation ist wie mit dem Fahrrad abwärts fahren.
Es geht leichter, schneller und macht mehr Spaß.
P. Glara

- **Begriffe**

Motivation ist – einfach ausgedrückt – die Verbindung eines konkreten Zieles mit Motiven. Motive sind stabile Dispositionen im Menschen, die sich in Motivation artikulieren und konkretisieren. Motivation ist also Leistungsbereitschaft, die durch Motive gestützt ist. So verstanden ist Motivation immer Selbstmotivation. Menschen sind darauf aus, ihre Motive zu befriedigen. Für ihre Neugier, ihren Ehrgeiz, die Bestätigung durch andere, ihr Selbstwertgefühl sind sie bereit zu arbeiten, Leistung zu bringen, zu lernen, und dieses Lernen macht ihnen dann auch Spaß, trotz der nötigen Anstrengung oder sogar umso mehr, je anstrengender es ist.

Motivierung umfasst alle Maßnahmen, die jemand ergreift, um bei einem anderen eine Motivation herbeizuführen. Diese Tätigkeit, die in der sogenannten „Motivationsphase" ihren festen Platz im Unterricht erhalten hat, suggeriert, dass die Schüler motiviert werden sollen/müssen. Dies kann nur gelingen, wenn eine grundsätzliche Lernbereitschaft (motivierte Grundstimmung) beim Schüler vorhanden ist. Schüler, die Schule bzw. Arbeit ablehnen, sind auch durch noch so raffinierte Motivationstricks nicht zu stimulieren. Eine Differenzierung der Grundmotivation bei Schülern zeigt, auf welch unterschiedliche Adressaten die Motivierung durch den Lehrer trifft (www.learn-line.nrw.de):

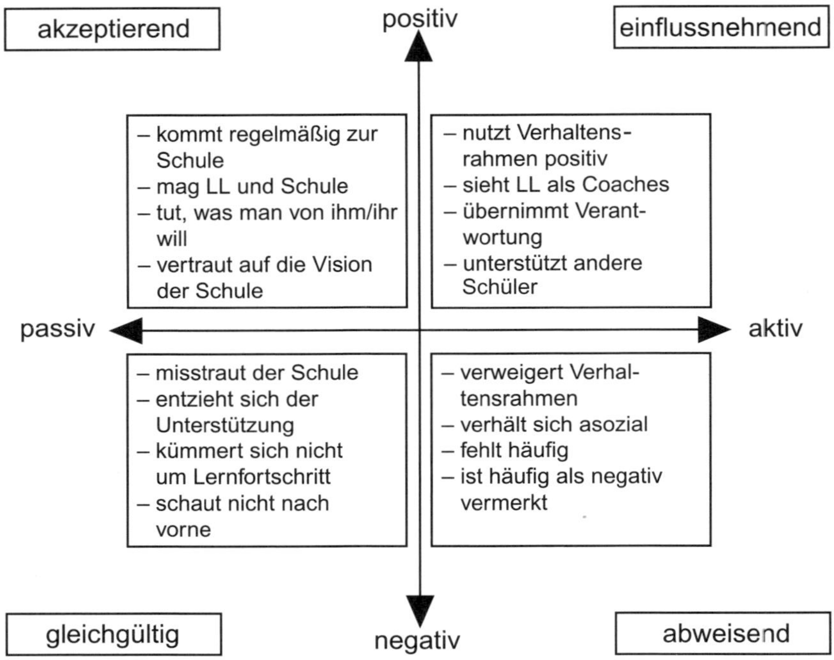

Es wird deutlich, dass Motivation keine Einbahnstraße ist. Wird Unterricht als Kommunikation zwischen Lehrkraft und Schülern verstanden, dann tragen beide zur Motivation bei. Danach ist es die Aufgabe der Lehrer, Unterricht so zu gestalten, dass die Schüler sich immer wieder motivieren können. Denn Motivation muss immer wieder neu ausgelöst werden. Es gilt also, die Inhalte, Ziele und Verfahren des Unterrichts immer wieder mit den Motiven der Schüler in Einklang zu bringen, die ihrerseits eine positive Grundhaltung (akzeptierend und einflussnehmend) mitbringen. Deshalb ist es besser, von Motivation statt von Motivierung als Unterrichtsprinzip zu sprechen.

Intrinsische/extrinsische Motivation:
Intrinsisch: Handlungsbereitschaft aus eigenem Antrieb (Neugier, Interesse, Freude an der Kompetenz, an der Selbstbestimmung = eigene Motive)
Extrinsisch: Handlungsbereitschaft, die von außen unterstützt und erleichtert wird durch positive und negative Verstärker, die ebenfalls auf Motive des Handelnden zielen (Angst vor Niederlage, Imageverlust, soziale Isolierung)

Die Unterscheidung zwischen der wünschenswerten intrinsischen und der pädagogisch „verdächtigen“ extrinsischen Motivation hat an Bedeutung verloren. Zum einen ist die Abgrenzung schwierig – Erfolg oder auch Belohnung, also positive extrinsische Verstärker, werden über die Stärkung des Selbstvertrauens zu intrinsischer Motivation (s. u.). Zum anderen erscheint es unwichtig, ob sich der Handelnde aus Gründen der Bestätigung von außen zur Arbeit entschlossen hat oder ob er interessiert ist, wenn die Motivation zur Leistung/zum Erfolg geführt hat.

- **Motivationsfördernde und -hemmende Faktoren**

Erfolg – Misserfolg

Der Wunsch nach Bedürfnisbefriedigung ist nicht der einzige Auslöser für Motivation. Eine wesentliche Rolle spielt die Erfahrung, die man mit Leistungsanstrengung bereits gemacht hat: Erfolg motiviert. Trotzdem muss auch hier differenziert werden, weil die Menschen den Erfolg und den Misserfolg unterschiedlich attribuieren (vgl. Akademiebericht Psy, S. 71 f):

	Attribuierung bei Erfolg	**Attribuierung bei Misserfolg**
Erfolgsmotivierte	meist internal stabil: eigenes Können, Begabung, Fähigkeit	meist external variabel: schwierige Aufgabe, Pech
Misserfolgsmotivierte	meist external variabel: leichte Aufgabenstellung, Glück	meist internal stabil: mangelnde Begabung, fehlende Kenntnisse

Erfolgsmotivierte fühlen sich also durch Erfolge, die sie auf ihr Können zurückführen, bestätigt und können Misserfolge, deren Ursachen sie nicht bei sich suchen, besser verdauen. Misserfolgsmotivierte fühlen sich durch Misserfolge in ihrer negativen Selbstsicht bestätigt; durch Erfolge werden sie zwar ermuntert; der Anreiz für die nächste Aufgabe erscheint ihnen aber geringer, weil die Chancen zur Bewältigung vermeintlich nicht von ihrer Leistung abhängen.

Interesse

Interesse ist eine andauernde Beziehung des Einzelnen zu Personen und Inhalten, die, ausgelöst durch Neugier und weitere emotionale Motive (Kompetenzgefühl, Erlebnisqualität), dazu führt, sich erweiterte Kenntnisse über die Person oder die Gegenstände anzueignen. Damit unterstützt und erleichtert das Interesse die (Leistungs-)Motivation. Methodisch lässt sich das Interesse im Unterricht entwickeln (Schiefele; in: Roth, 2001, S. 927):

- inhaltliche Relevanz des Lernstoffes (z. B. Anwendungsbezüge; Realitätsnähe, Verknüpfungen über Fächer, Lernsituationen, Lernorte)
- Instruktionsqualität (z. B. gezieltes Situieren, Handlungsorientierung, abstrahierendes Vorgehen; klare Struktur, Verständlichkeit)
- inhaltliches Interesse beim Lehrenden (z. B. Ausdrücken von Empfindungen, Engagement, Enthusiasmus)
- soziale Einbindung des Lernenden (z. B. Empathie, kooperatives Arbeiten, entspannte, freundliche Lernatmosphäre)
- Kompetenzunterstützung (z. B. Rückmeldungen aus der Sache, informierendes Feedback; individuelle Bezugsnorm)
- Autonomieunterstützung (z. B. Wahlmöglichkeiten; Spielräume; Unterstützung von selbstständigem Erkunden, Planen, Handeln, Lernen)

Leistungsprovokation und Erfolg
Eine wesentliche Komponente der Motivation ist die Erfolgsaussicht. Eine zu schwierige Aufgabe, eine zu hohe Zielsetzung schrecken ab, weil die Barrieren als unüberwindlich erscheinen. Dabei geht es nicht nur um emotionale Befindlichkeit, sondern um Kalkül: Neben dem eigenen Vermögen wird die Schwierigkeit der Aufgabe eingeschätzt, die äußeren Umstände überprüft sowie ggf. auch Glück und Pech als Variable mit einbezogen. Dabei ist nicht nur der mögliche Enderfolg im Visier. Schon die Aufgabenstellung kann als Leistungsanreiz wirken (wenn sie nicht als zu einfach/unterfordernd eingeschätzt wird): Eine Leistungsprovokation kann bereits herausfordern, ohne dass der Erfolg schon überprüft ist.

- **Motivation als Unterrichtsprinzip**

Motivierung durch die Lehrkraft kann sich nicht darin erschöpfen, an den Anfang der Stunde einen motivierenden Impuls zu setzen, in der „Motivationsphase" von der eigenen Begeisterung für das Thema zu schwärmen oder durch immer neue Reize den Schüler für ein Thema gewinnen zu wollen (übermächtige Konkurrenten sind die Medien!).

Aufgabe der Lehrkraft wird es sein, ständig Interesse zu wecken, Erfolgsaussichten zu vermitteln und dem Schüler/der Schülerin zu Teilerfolgen zu verhelfen:

- wo es möglich ist, Neugier wecken
- aufmerksam machen
- durch Strukturierung das Thema überschaubar zu machen
- mit Teilaufgaben Chancen zu kleinen Erfolgen geben
- gut erklären
- eigene Begeisterung weitergeben
- durch differenzierte Aufgaben, die unterschiedliche Motive ansprechen (Selbsttätigkeit, Handlungsorientierung, Abwechslung, Geborgenheit in der Gruppe ...) Anreize schaffen
- Einbeziehen der spezifischen Interessen einzelner Schüler
- dosiertes Lob, dosierter Tadel (übermäßiges/r Lob/Tadel demotiviert!)
- den Schülern Vertrauen zeigen
- nicht unter-, nicht überfordern
- Einbeziehen in Entscheidungsfragen (Unterricht, Inhalte, Ziele), soweit möglich
- schülerzentrierter Unterricht
- Erfolgserlebnisse durch Differenzierung, Individualisierung schaffen

Anschaulichkeit

Nichts ist im Verstand, was nicht vorher in den Sinnen gewesen wäre.
Comenius
Gedanken ohne Inhalte sind leer; Anschauungen ohne Begriffe sind blind.
Kant

Von der Wortbedeutung her erscheint der Begriff zu eng gefasst, da es nicht nur um Visualisierung geht. Vielmehr ist mit Anschaulichkeit sinnliche Erfahrbarkeit gemeint, ein Erfassen der Inhalte mit allen Sinnen (Auge, Ohr, Nase, Zunge, Tastsinn) zu verstehen. Verben wie „einsehen", „erfassen", „begreifen", „erfahren", „durchblicken", belegen die These, dass Denken ohne die Mitwirkung der Sinne schwer vorstellbar ist.

Anschaulichkeit darf nicht nur als Anordnung an den Lehrer/die Lehrerin verstanden werden, didaktische Medien im Unterricht einzusetzen, damit ein Bild, ein Gegenstand oder ein Symbol dem Schüler/der Schülerin den Weg vom Begriff zur Vorstellung ebnet. Ziel muss sein, dass die angebotenen veranschaulichenden Medien den Schüler anregen, Bilder in seinem Gehirn zu produzieren, die ihm den Weg zum Verstehen erleichtern. Deshalb ist es sinnvoll, zwischen äußerer und innerer Wahrnehmung zu unterscheiden.

Äußere und innere Wahrnehmung

Äußere Wahrnehmung bedeutet: in Augenschein nehmen, in den Blick bekommen, fassen, greifen, riechen, schmecken, spüren, erleben. Dies geschieht im Unterricht in erster Linie durch die didaktischen Medien.

Innere Wahrnehmung bedeutet: sich erinnern, nachfühlen können, wiedererleben, sich vorstellen, emotionale Nähe empfinden, mitfühlen, in der eigenen Phantasie konkretisieren. Dies glückt einerseits durch Erzählungen und Schilderungen von Lehrern und Schülern, andererseits durch vom Lehrer gesetzte Impulse (nicht nur Bild-Impulse!), die Bilder, Vorstellungen und Erinnerungen im Schüler entstehen lassen.

Entscheidend ist, dass die Schüler, ausgelöst durch innere oder äußere Wahrnehmung, aktiv eigene Bilder produzieren, damit ihre eigene Wirklichkeit konstruieren und nicht nur eine vorgegebene übernehmen. Dass auf diese Weise auch die Motivation unterstützt wird, liegt auf der Hand.

- **Begründung**

Menschliche Erkenntnis ist ohne Anschauung und sinnliche Wahrnehmung nicht möglich. Diese philosophische Erkenntnis wird vom Erkenntnistheoretiker Piaget gestützt, der für das konkret-operative Denken in der späten Kindheit die äußere Anschauung als unverzichtbar für den Aufbau von Vorstellungen ansieht. Auch die Gehirnhälftenforschung hat gezeigt, dass Lernen dann erfolgreich ist, wenn beide Gehirnhälften (die linke nimmt symbolische/digitale Zeichen auf, die rechte ikonische/analoge, also bildhafte Zeichen auf) aktiviert werden. Dass überdies die Schüler durch Bilder, Modelle, Objekte stärker motiviert werden als durch abstrakte Begrifflichkeit, liegt auf der Hand. Wenn die Reformpädagogen eine Schule gefordert haben, in der die Schüler mit Kopf, Herz und Hand lernen, dann liegt in der Anschauung auch ein pädagogisches Moment.

- **Einwände**

Einwände gegen allzu viel Anschauung kommen häufig von Lehrerinnen und Lehrern, die um das gymnasiale Niveau bangen. Unterricht dürfe nicht in der Anschauung stecken bleiben, sondern müsse wie auch das Beispiel überführt werden in eine Systematik. Das Bild, das Beispiel müsse abstrahiert werden zum Begriff. Hier sieht Glöckel Möglichkeiten und Gefahren: „Die Abstraktion – als Gegenpol – hebt das Wesentliche heraus, schafft Ordnung, klärt Zusammenhänge und Strukturen – aber sie verführt auch zu Wortemacherei, Gegenstandsferne, geistige Hochstapelei“ (Glöckel, ^{2}1992, S. 283). Wie die Restitution als Gegenprinzip zur didaktischen Reduktion gesehen werden kann, so versteht sich die Abstraktion als Gegenprinzip zur Anschauung. Nicht der Mittelweg – wo ist die Mitte? –, sondern ein ausbalanciertes Nacheinander (von der Reduktion zur Restitution, von der Anschauung zur Abstraktion) könnte der für das Gymnasium richtige Weg sein.

- **Folgerungen**

Konkret bedeutet dies für den Lehrer u. a.:

- reinen Wortunterricht vermeiden
- die Impulstechnik nutzen
- keine Begriffsdefinitionen am Anfang, sondern Begriff, Regel, Prinzip erarbeiten
- keine überfordernde Wissenschaftlichkeit (Schülergemäßheit!)
- keine unterfordernde Anschauung ohne Begrifflichkeit und Abstraktion
- didaktische Medien sinnvoll und in Maßen nutzen
- keine Konkurrenz mit den öffentlichen Medien versuchen
- Veranschaulichung auch medienerzieherisch hinterfragen
- anschauliche, also bildhafte Sprache, anschauliche Beispiele

– den Mut zu haben zu erzählen (innere Anschaulichkeit!)
– Schüler erzählen lassen (innere Anschaulichkeit!)

Selbsttätigkeit (Schüleraktivierung, Handlungsorientierung)

Sage mir und ich vergesse; zeige mir und ich erinnere;
lass mich tun und ich verstehe.
Konfuzius

Dieses Prinzip hat zurzeit Hochkonjunktur und wird oft als alleiniger Maßstab für guten Unterricht missbraucht. Dem lehrerzentrierten Unterricht wird eine Absage erteilt. Nicht der Lehrer agiert und die Schüler nehmen den Stoff rezeptiv auf, sondern die Schüler erhalten die Gelegenheit, selbst zu agieren, also selbst zu planen, zu recherchieren, zu erarbeiten, zu finden, zu entdecken, zu präsentieren, zu diskutieren, zu realisieren, Wirklichkeit zu konstruieren bis hin zu selbst lehren. Dass sie auch Fehler machen und machen dürfen (trial and error), versteht sich von selbst. Dass dem Schüler mit dem Mehr an Freiheit auch mehr Verantwortung aufgebürdet wird, zumal dann, wenn zur Selbsttätigkeit auch die Eigensteuerung der Arbeit kommt, und dass es auch Grenzen dieses Prinzips gibt, wird allerdings häufig übersehen.

- **Begründung für das Prinzip der Selbsttätigkeit**
  – Menschen haben einen natürlichen Aktivitätstrieb, der sich in frühester Kindheit durch den Spieltrieb artikuliert. Sie wollen aktiv sein und sich dabei selbst steuern.
  – Der Mensch eignet sich die Welt an, indem er beobachtet, agiert, Erfahrungen macht, sie verarbeitet und sich ein Bild von der Welt konstruiert.
  – Deweys „Learning by doing“ besagt nichts anderes, als dass selbst handeln der beste Lernmotor ist.
  – Erfolgslernen setzt erfolgreiches Handeln voraus.
  – Die eigene Arbeit, die eigene Leistung, die eigene Präsentation und die damit verbundene Anerkennung schaffen ein Hochgefühl und heben das Selbstwertgefühl, geben Sicherheit und motivieren zur nächsten Aufgabe.
  – Was der Mensch sich selbst erarbeitet hat, bleibt besser im Gedächtnis haften (Behaltwert 90%).
  – Die Schule soll zur Selbstständigkeit, zur Freiheit, zur Mündigkeit, zur Verantwortungsbereitschaft erziehen. Dann soll/muss der Schüler auch die Gelegenheit erhalten, in dem geschützten Raum Schule Erfahrungen mit der Freiheit und der Verantwortung zu machen.
  – Dreißig Schüler und ein Lehrer haben mehr Ideen, Gedanken, Methoden als ein Lehrer allein. Warum sollen die Schüler nicht viel stärker in die Planung und Gestaltung des Unterrichts einbezogen werden?
  – Aus dem Gegenüber von Lehrer und Schülern wird ein Miteinander von Lehrenden und Lernenden, das sich auch auf das Schulklima auswirkt.

- **Grenzen und Möglichkeiten**

Natürlich sind der Realisierung des Prinzips Grenzen gesetzt. Schließlich ist Unterricht eine Lehr-Lern-Situation, die auf den Lehrer/die Lehrerin als professionellen Vermittler von Inhalten nicht verzichten kann. Den Lehrer ausschließlich als Organisator von Eigenaktivitäten der Schüler zu verstehen, geht an der Wirklichkeit und an den Erfordernissen (siehe „Formen des Lernens“) vorbei. Trotzdem sollte der Lehrer bereit sein, seine Rolle zurückzunehmen und den schülerzentrierten Unterricht zu forcieren, auch dann, wenn die Schüler im Elternhaus, in der Schule und durch Medien ein rezeptives Verhalten gelernt haben und aus sich heraus zunächst wenig Aktivität entwickeln. Auch sind manche Fächer dem Prinzip stärker verhaftet (Sport, Kunst), wie auch manche Unterrichtsphasen den instruierenden Lehrer herausfordern (wenn z. B. die Voraussetzungen für eine sinnvolle Eigenaktivität erst geschaffen werden müssen). Gerne werden auch Stofffülle und Zeitmangel gegen die Selbsttätigkeit ins Feld geführt: Mit Gruppenarbeit verliere man zu viel Zeit, die Schüler liefen Gefahr, das Falsche zu lernen, was zeitraubend korrigiert werden müsse. Klare Instruktion spare Zeit und sei effektiver, zumal die Schüler lernen müssten, ein Referat oder eine Vorlesung konzentriert zu verfolgen und zu protokollieren. Trotz der aufgezeigten Grenzen bleibt die Forderung nach Selbsttätigkeit im Unterricht gültig. Weitere Argumente für den Lehrer:

- Das gelenkte Unterrichtsgespräch hat mit Selbsttätigkeit der Schüler wenig zu tun. Der Sprechanteil des Lehrers beträgt meistens über 50 %; die Schüler teilen sich den Rest (pro Schüler ca. 2%!). Die Schüler müssen miteinander ins Gespräch kommen.
- Die Einzelarbeit gibt jedem Schüler die Möglichkeit, seine Arbeit selbst zu organisieren nach Arbeitstempo, Vertiefungsgrad und Schwerpunktbildung. Die Selbsttätigkeit bringt die Chance der Individualisierung mit sich. Ein Unterrichtsprinzip unterstützt ein anderes.
- Partner- und Gruppenarbeit schaffen neben der erwünschten Selbsttätigkeit durch die Kooperation der Schüler Synergieeffekte, die weitergehende Ergebnisse als der lehrerzentrierte Unterricht erbringen können.
- Die offenen Unterrichtsformen motivieren die Schüler zu verantwortlicher Arbeit.
- Eine gute Vorbereitung der Eigenarbeit der Schüler entlastet den Lehrer.

Nachhaltigkeit (Ergebnissicherung)

Repetitio est mater studiorum
lat. Sprichwort

Der neue Lehrplan enthält die klare Vorgabe, dass ein Drittel des Unterrichts für das Einüben vorgesehen ist. Für die Intensivierungsstunden ist vorgeschrieben, dass sie nicht für Stoffneu-durchnahme, sondern nur zum Einüben und Wiederholen genutzt werden dürfen. Begründet werden die Anordnungen mit der Kritik an der (angeblichen) Stofffülle oder -überfrachtung und mit den Ergebnissen der PISA- und TIMMS-Studien, die unter anderem auch erschreckend schwache Grundkenntnisse und -fertigkeiten konstatiert haben. Viele Schüler bestätigen selbst den „Dreiklang“: lernen – geprüft werden – vergessen. Wenn Unterricht mehr sein soll, dann muss die Nachhaltigkeit des Gelernten (Wissen, Können, Arbeitstechniken, Einstellungen) gesichert werden, muss also der Unterricht so gestaltet werden, dass das gelernte Wissen und das erworbene Können verfügbar bleiben und in neue Zusammenhänge integriert werden können. Ergebnissicherung unterstützt damit auch die Identitätsentwicklung (vgl. Wiater, 2005, S. 87).

Für den Lehrer/die Lehrerin ergeben sich unterschiedliche Aufgaben bei der Erstdurchnahme eines Lerninhalts, in der Folgestunde und in den weiteren Unterrichtsstunden:

- **Erstdurchnahme:**
  - Vorstellung der Unterrichtsinhalte
  - strukturierte, ziel- und sachgerechte Erarbeitung des neuen Stoffs durch Lehrer, Schüler (Selbsttätigkeit); Zwischenergebnisse betonen, ständiges Überprüfen des Lernfortschritts, Ergebnisse fixieren (Tafel, Heft, ...); das erworbene Wissen klassifizieren: Grundwissen ausweisen, erwartete Lernleistung (Reproduktion, Reorganisation, Anwendung, Transfer) festlegen
  - Einüben der Inhalte, Kontrolle durch Lehrer und Schüler
  - Lernhinweise (was wie gelernt werden muss)
  - Lernaufgabe, Hausaufgabe

- **Zweite Stunde:**
  – Wiederholen, ggf. Abfragen
  – Verknüpfen des alten mit dem neuen Stoff
  – Lernaufgabe, Hausaufgabe mit der Wiederholung „alten“ Lernstoffs

- **Übungs-, Intensivierungsstunden**
  – Ermitteln des Kenntnisstandes (Defizite, Vertiefungsmöglichkeiten…)
  – Absprechen der (differenzierten) Arbeitsaufträge
  – Hinweise zu Arbeitsmethoden
  – Betreuung der Schüler während der Übungsphase
  – Feststellen und Auswerten der Ergebnisse

- **Spätere Stunden:**
  – Stoff in die Leistungserhebung integrieren
  – in größeren Abständen immer wieder aufgreifen
  – als Grundwissen immer wieder in schriftliche und mündliche Leistungserhebungen einbeziehen; grundsätzlich auch Grundwissen in Stegreifaufgaben abfragen
  – Grundwissen auch in anderen Fächern aufgreifen und integrieren (z. B. Prozentrechnen in der Sprachanalyse eines literarischen Textes, sprachliche Korrekturen in allen Fächern)
  – am Ende einer Unterrichtssequenz den erwarteten Wissens- und Könnenszuwachs zusammenfassen (nicht benoteter Test zur Selbstkontrolle, Quiz)

Mit dieser Aufstellung soll nicht skizziert werden, wie die einzelnen Unterrichtsstunden aufzubauen sind. Vielmehr sollen die Vorschläge zeigen, wie Wissen und Können erhalten werden können. Natürlich benötigen die Schüler Zeit, um den Wert von jederzeit abrufbarem Grundwissen zu erkennen. Dass man ihnen dabei hilft, indem man das solches Wissen honoriert (Lob, Note), versteht sich von selbst.

Freilich darf man das Grundwissen (vgl. Lehrplan: Wissen, Können, Haltungen) nicht dadurch entwerten, dass man den ganzen Stoff zum Grundwissen erklärt. Eine überlegte Dosierung (auch durch den Lehrplan vorgegeben) schafft den notwendigen Leistungsanreiz (vgl. Motivation). Die Überprüfung des Wissens und Könnens darf nicht dazu führen, dass sich die Schüler in einer ständigen Prüfungssituation befinden. Zwischen Lernen und Phasen der Leistungskontrolle muss deutlich unterschieden werden.

Ganzheitlichkeit

Das Ganze ist mehr als die Summe seiner Teile.
Wilhelm Wundt

- **Begriff**

Das Unterrichtsprinzip „Ganzheitlichkeit“ bezieht sich auf drei unterschiedliche Aspekte:
  – die **Ganzheit der Person** des Schülers, der nicht nur in seinen kognitiven Möglichkeiten, sondern als Einheit von Leib, Seele und Geist gesehen wird, was sich auch auf sein Denken und Lernen auswirkt.
  – die **Ganzheitlichkeit der Unterrichtsinhalte**, die nicht nur aus einer Perspektive wahrgenommen, sondern im Kontext ihrer eigenen Geschichte, im Kontext der Geschichte, in ihrer Wirkung, in ihrem Bezug für den Menschen usw. gesehen, also mehrperspektivisch verstanden werden.
  – die **Ganzheit der Bildung**, welche die Aufspaltung in Fächer als notwendig ansieht, sie aber wo immer möglich wieder zusammenführen will.

Das Unterrichtsprinzip Ganzheitlichkeit verlangt also, die Unterrichtsinhalte mehrperspektivisch und fächerverknüpfend so zu behandeln, dass die Schüler ganzheitlich, also mit Kopf, Herz und Hand lernen können.

- **Realisierungsmöglichkeiten**
  - Fächerübergreifendes und -verbindendes Unterrichten
  - Zwei oder mehr Fächer behandeln das gleiche Thema aus jeweils ihrer Perspektive.
  - Die Lehrkraft verweist in ihrem Unterricht auf entsprechende Inhalte in einem anderen Fach (vgl. Lehrplan: Querverweise).
  - Zwei Lehrer einer Klasse verabreden, ein gemeinsames Thema im Unterricht zu behandeln, ggf. realisiert durch Teamteaching.
  - Die Lehrkräfte einer Klasse planen zu Beginn des Schuljahres, bestimmte fächerübergreifende Unterrichtsvorhaben, wie sie im Lehrplan vorgesehen sind, durchzuführen.
  - Studientag und Projekttag sind Möglichkeiten, fächerübergreifend komplexe Sachverhalte multiperspektivisch zu bearbeiten.
  - Verschiedene Fachrichtungen begegnen sich in einem Fach, z. B. Natur und Technik.
  - Konzentriertes Unterrichten
  - Studientag: Für ein Thema nimmt sich eine Klasse einen ganzen Tag Zeit, um nach sorgfältiger Vorbereitung in mehreren Präsentationen, Vorträgen und Diskussionen die Komplexität des Themas auszuloten.
  - Epochenunterricht: Die Waldorfschulen reservieren für ein Fach über einen Zeitraum von 4–6 Wochen die ersten beiden Stunden jedes Unterrichtstages für eine intensive Unterrichtssequenz.
  - Ganzheitliches Lernen
  - Erfahrungslernen auch an unterrichtsfernen Lernorten: entdecken, erkunden, experimentieren, spielen u. a. m.
  - handlungsorientiertes Lernen
  - Lernen mit allen Sinnen

Natürlich stößt dieses Unterrichtsprinzip an Grenzen. Der Fachunterricht ist unverzichtbar, weil die Fächer ihre Sichtweisen der Welt repräsentieren, weil sie über ihre eigene Nomenklatur, ihre eigenen Arbeitsverfahren verfügen, die in ihrer Gesamtheit unterschiedliche Zugänge zur Welt offen halten. Auch die organisatorischen und personellen Möglichkeiten sind begrenzt, um alle oben genannten Möglichkeiten auszuschöpfen.

2.2.1.3 Unterricht ist Kommunikation

Dieser Gesichtspunkt ist für die Planung und Gestaltung von Unterricht relevant. Wie in jeder anderen Form der Kommunikation gelten deren Gesetze auch im Unterricht. Es ist von Belang,

- wer mit wem kommuniziert: die Lehrkraft und die Schüler/Schülerinnen, Schüler/innen untereinander,
- wie deren Beziehung zueinander ist,
- was Gegenstand der Kommunikation ist,
- unter welchen äußeren und inneren Bedingungen die Kommunikation erfolgt und
- wer auf diese Kommunikation Einfluss nimmt.

Diese Definition von Unterricht verdeutlicht außerdem, dass Lernen kein monokausaler Vorgang ist, bei dem der Lehrer (aktiv) den Schülern (passiv) etwas beibringt (bildlich ausgedrückt: Nürnberger-Trichter-Vorstellung vom Lehren/Lernen). Gelingende Kommunikation setzt voraus, dass der Adressat eine vom Sender encodierte Information aufnimmt und sie decodiert, also ebenfalls einen aktiven Beitrag leistet. Außerdem ist der Adressat seinerseits immer auch Sender, nicht nur dann, wenn er spricht. Für den Unterricht relevante ‚Informa-

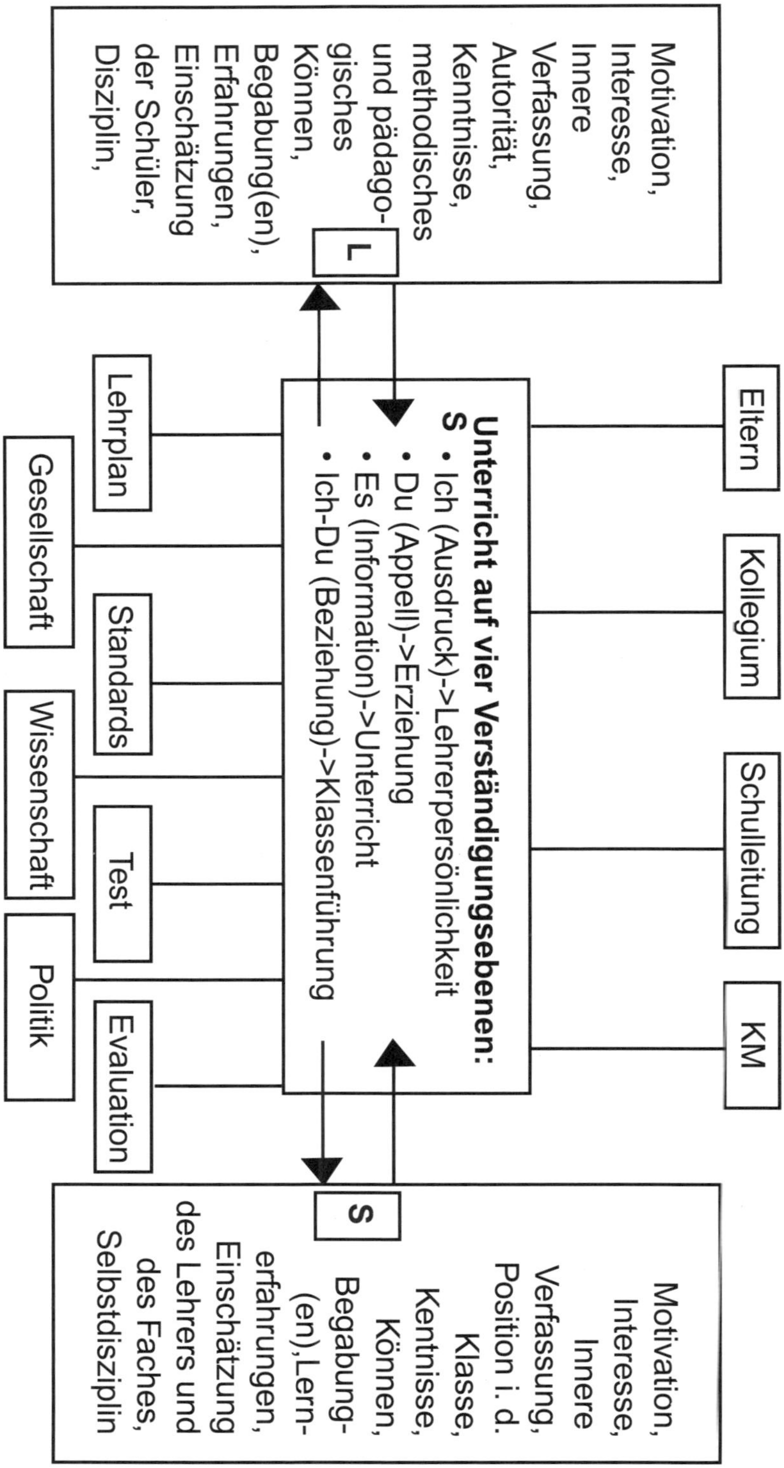
Motivation, Interesse, Innere Verfassung, Autorität, Kenntnisse, methodisches und pädagogisches Können, Begabung(en), Erfahrungen, Einschätzung der Schüler, Disziplin,
L
Eltern
Kollegium
Schulleitung
KM
Unterricht auf vier Verständigungsebenen:
S • Ich (Ausdruck)->Lehrerpersönlichkeit
• Du (Appell)->Erziehung
• Es (Information)->Unterricht
• Ich-Du (Beziehung)->Klassenführung
Lehrplan
Standards
Test
Evaluation
Gesellschaft
Wissenschaft
Politik
S
Motivation, Interesse, Innere Verfassung, Position i. d. Klasse, Kentnisse, Können, Begabung-(en),Lern-erfahrungen, Einschätzung des Lehrers und des Faches, Selbstdisziplin

tionen' gehen über den Bereich der verbalen Botschaften hinaus. Ein fragender Blick eines Schülers, ein Platzwechsel der Lehrkraft sind ebenso Teile der Kommunikation ,Unterricht' wie ein absichtliches Stören der Kommunikation (z.B. durch Nicht-Zuhören), ein als Impuls gesetztes Bild, ein Lachen oder eine Erklärung.

Kommunikationsstörungen sind zum einen das Ergebnis schlechter Planung, also der unzureichenden Berücksichtigung der Bedingungen, wie sie in der Abbildung in den Kästen L (Lehrer) und S (Schüler) sichtbar sind, oder in einer nicht angemessenen Realisierung der Kommunikation (der Adressat hört nicht zu, der verwendete Code ist dem Adressaten nicht bekannt, ...). Zum anderen wirken auf den Unterricht auch Einflussgrößen von außerhalb ein. Natürlich sind die Eltern an der Gestaltung des Unterrichts ihrer Kinder interessiert und geben oft der Art des Unterrichts die Schuld am Misserfolg ihres Kindes („Sie erklären nicht richtig."). Ein Kollegium und die Schulleitung haben klare gemeinsame Vorstellungen, wie Unterricht aussehen müsste. Und wie sehr die Testeuphorie Einfluss hat, erkennt man daran, dass viele nur noch das Abprüfbare durchnehmen oder etwa auf die Tests hin unterrichten und die Forderungen des Lehrplans hintanstellen.

Kommunikationsstörungen erhalten in diesem Kontext eine erweiterte Bedeutung. Damit sind nun nicht mehr nur die Unterrichtsstörungen gemeint, sondern jede Form von Verständigungs- und Verständnisschwierigkeit. Den Unterricht so zu gestalten, dass die Verständigung funktioniert, ist die entscheidende Aufgabe (s. Grafik S. 112).

2.2.1.4 Nonverbale Kommunikation im Unterricht

Wenn du erfolgreich lügen willst, dann lüg auch mit dem Körper! Paul Glara
Der Körper ist der Übersetzer der Seele ins Sichtbare. Christian Morgenstern

Die nonverbale Kommunikation gilt als die ältere Mitteilungsform und da sie weitgehend unbewusst bzw. ungesteuert abläuft, auch als die verlässlichere: Der Körper lügt nicht. Watzlawicks These: „Man kann nicht nicht kommunizieren", erweist sich gerade im nonverbalen Bereich. Selbst wenn sich im Lift zwei Personen anschweigen, gehen doch ständig Signale in die eine und die andere Richtung: Man nimmt den anderen wahr, berührt ihn versehentlich, kreuzt die Blicke, wendet sich vielleicht etwas ab, korrigiert die Krawatte, strafft den Körper usw. und teilt sich auf diese Weise – beabsichtigt oder unbeabsichtigt – mit. Der andere nimmt die Signale mit fast allen Sinnen auf: Er riecht das Parfüm, hört das Atmen, sieht die Kleidung und den Gesichtsausdruck, spürt die Berührung und bildet sich eine erste Meinung von seinem Gegenüber, entwickelt also ein Gefühl und reagiert bewusst oder unbewusst.

- **Mimik**

Gerade die Mimik verrät den Menschen, verrät ihm aber auch viel vom anderen (Staunen: offener Mund; Unsicherheit, stutzig werden: Stirnrunzeln; Arroganz, Missbilligung: Mundwinkel nach unten; Zorn, Schmerz, Ärger: Lippen zusammenpressen; Nachdenken, Ärger: Stirnrunzeln; usw.). Trotzdem sind die Signale nicht eindeutig (Stirnrunzeln), weshalb es sinnvoll ist, mit anderen (verbalen) Zeichen die tatsächliche Botschaft zu verdeutlichen.

Der Lehrkraft ist nicht anzuraten, Theater zu spielen, trotzdem kann man sich z. B. auf ein freundliches Gesicht einstimmen. Auf dem Gang und beim Betreten des Klassenzimmers ist es unklug, geistig den Stoff noch einmal durchzugehen oder an kommende Probleme zu denken. Warum nicht den Körper straffen, ein freundliches Gesicht machen und der Klasse damit signalisieren, dass man sich auf die Schüler/Schülerinnen und den Unterricht freut, auch wenn dies nicht immer der Fall ist? Wenn auf dem Unterrichtskonzept gelegentlich ein Smiley oder das Wort „Lächeln" auftaucht, dann erinnert es die Lehrkraft, dass die Schüler Freundlichkeit verdient haben.

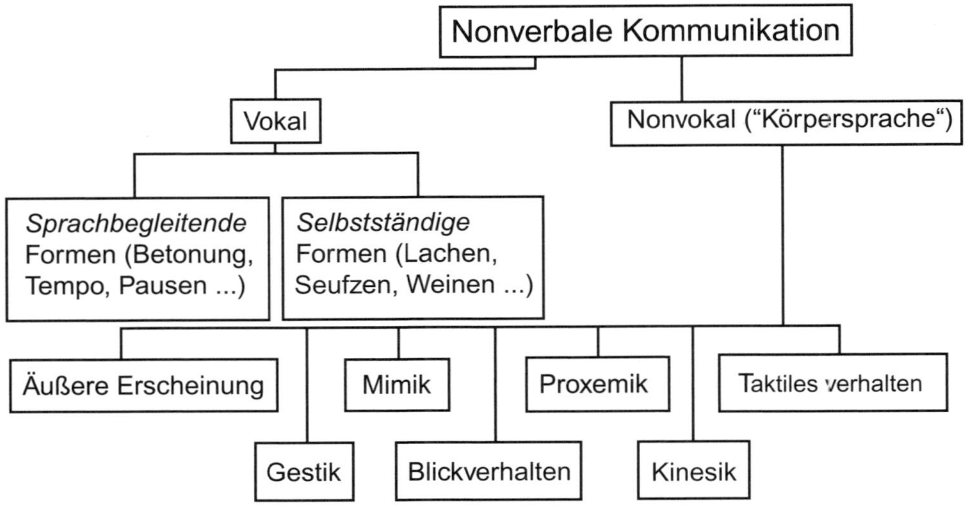

- **Blickverhalten**

Über das Sprechen entsteht noch nicht unbedingt ein Kontakt, über die Blickverbindung schon. Wer einen anderen ansprechen will, muss den Blickkontakt zu ihm suchen, und zwar bevor er zu sprechen beginnt. Dies gilt auch für den Unterricht. Den Unterricht beginnen, während die Schüler noch untereinander oder mit sich beschäftigt sind, ohne zuerst Blicke zu ‚sammeln', ist sinnlos. An der Tafel zu schreiben und gleichzeitig zu reden ist unhöflich (Non-Kontakt) und unergiebig. Aufgabe der Lehrkraft muss es sein, innerhalb von fünf Minuten mit jedem Schüler/jeder Schülerin wenigstens einmal Blickkontakt gehabt zu haben, ohne jedoch ständig mit Scheibenwischerblick (hin und her) die Klasse zu kontrollieren. Dies kann man auch trainieren. Auch wenn man mit einem Schüler oder einer Schülerin spricht, sollte die Blickverbindung mit den anderen Schülern nicht abreißen (Kounin: overlapping).

- **Gestik**

Die Gestik gilt als Ersatzsprache: dirigieren, Applaus, winken, Faust zeigen, „Autofahrergruß", Finger zum Mund, verschränkte Arme, Hände in den Hüften, Drohgebärde des Zeigefingers. Schon die Höflichkeit verbietet es, mit dem Zeigefinger auf jemanden zu zeigen. Mit offener Hand jemandem das Wort zu erteilen, wirkt einladend.

Aus der Rhetorik stammt die Erfahrung, dass Gestik im Bereich von Kinn und dem Gürtel als angenehm empfunden wird. Unterhalb wirkt sie lustlos und desinteressiert, überhalb des Kinns emphatisch, gekünstelt und deshalb unglaubwürdig.

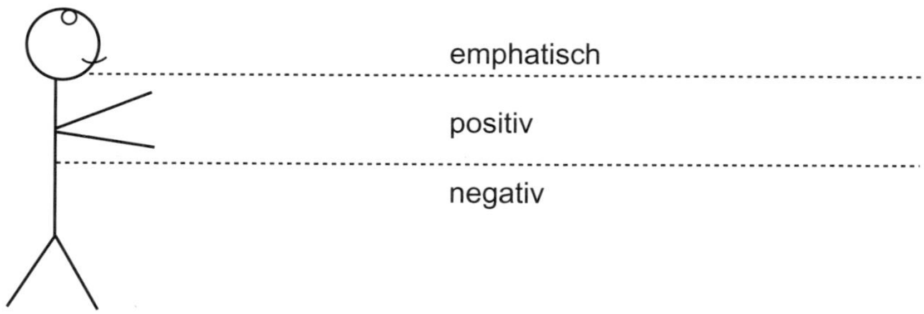

Heute ist es „erlaubt", eine Hand in die Hosentasche, so eine vorhanden ist, zu stecken. Damit bleibt eine Hand frei, mit der man „reden" sollte. Wer mit beiden Händen reden kann, sollte diese Gabe nutzen; wer nicht, fixiert die „Konzepthand" gelegentlich in der Hosentasche oder mit Hilfe eines Buches, einer Kreide oder eben des Konzepts und lässt nur die „Redehand" arbeiten.

In der Literatur werden verschiedene Gesten als ungünstig disqualifiziert: Verschränkte Arme (Barriere) signalisierten Unsicherheit, Hände am Rücken vermittelten Aufsehermentalität usw.. Keine dieser Hand- oder Armhaltungen ist a priori falsch. Problematisch werden sie, wenn sie sich verfestigen; dann wird ein dauerndes Signal ausgesandt, das negativ wirkt und schwer zu kontrollieren ist.

- **Kinesik (Körperhaltung)**

Nur dem Schauspieler verlangt man ab, dass er mit dem Körper spricht. Die Lehrkraft überprüft allenfalls, wie sie steht (Beine über Kreuz ergeben oft ein Fragezeichen; verstärktes Gewicht auf dem Standbein wirkt passiv und lustlos) und achtet auf eine der jeweiligen Situation angemessene Körperspannung (gespannt in lehrerzentrierten Phasen, entspannt bei Gruppenarbeit z. B.). Auch zum Sitzen und zur Sitzhaltung dürfen Überlegungen angestellt werden: Sitzen auf dem Stuhl signalisiert ein Arbeiten auf Augenhöhe, also eine gewisse Partnerschaftlichkeit im Unterricht und kann eine ruhige Arbeitsatmosphäre schaffen, lässt aber die Lehrkraft für den Großteil der Klasse aus dem Blick ‚verschwinden' (s. o. Blickkontakt). Auf dem Lehrertisch (aber nicht auf einem Schülertisch! hygienische Gründe/schlechtes Vorbild) seitlich mit einem Fuß auf dem Boden zu sitzen ist ein Kompromiss zwischen dem kontrollierenden Stehen und dem „demokratischen" Sitzen und in Phasen des Unterrichts angebracht, in denen sich die Lehrkraft aus dem Zentrum des Unterrichts nimmt oder bewusst eine entspanntere Atmosphäre schaffen will.

- **Proxemik (Bewegung und Position im Raum)**

Man unterscheidet verschiedene Distanzzonen. Im Allgemeinen gilt für den Lehrer die öffentliche Distanz (ab 150 cm) schon deshalb, weil er dann alle Schülerinnen und Schüler der Klasse im Auge hat. Auch beim Ausfragen positioniert er sich so, dass er zum Prüfling Kontakt und gleichzeitig die Klasse im Auge hat.
Nähert man sich einem Schüler, kann ihm das signalisieren, dass man ihn in den Unterricht einbinden will; es kann aber auch bedrohlich wirken, wenn ihm dabei bewusst wird, gerade gegen Regeln verstoßen zu haben. Im Normalfall nähert man sich einer anderen Person nur bis auf Armlänge, mit der die persönliche Zone (bis 150 cm) beginnt. Im Unterricht kann es notwendig sein (Hefteinsicht), näher an einen sitzenden Schüler heranzutreten, wozu man sich die Erlaubnis holt („darf ich…?").

Die Intimzone unterschreitet den Abstand von einer Armlänge zum Partner (60–80 cm).

Wann immer es möglich ist, sollte der Lehrer die Barrieren zwischen sich und den Schülern (Overheadprojektor, Lehrertisch, Tasche auf dem Lehrertisch, Versuchsanordnung...) „ab-bauen" oder sich vor ihnen bei den Schülern positionieren. Er signalisiert Offenheit, Zuge-wandtheit und versteckt sich nicht (Signal der Angst).

Aus der Theaterregie weiß man, dass es für bestimmte Tätigkeiten festgelegte Positionen auf der Bühne gibt. Dies gilt auch für das Klassenzimmer: Im Zentrum vor der Klasse steht die Lehrkraft dann, wenn Verbindliches mitgeteilt wird und die Aufmerksamkeit ganz auf sie gerichtet sein soll. Bei schülerzentrierten Unterrichtsformen verlässt der Lehrer den Domp-teurplatz und begibt sich an die Seite (rechter oder linker Rank des mittleren ‚Drittels'), um zu signalisieren, dass er nun nicht mehr alleinverbindlich das Sagen hat. Noch deutlicher nimmt er sich aus dem Geschehen, wenn er sich noch weiter zur Seite begibt, in die Klasse hineingeht (ohne dabei zu sprechen!) oder sich gar hinter die Klasse setzt.

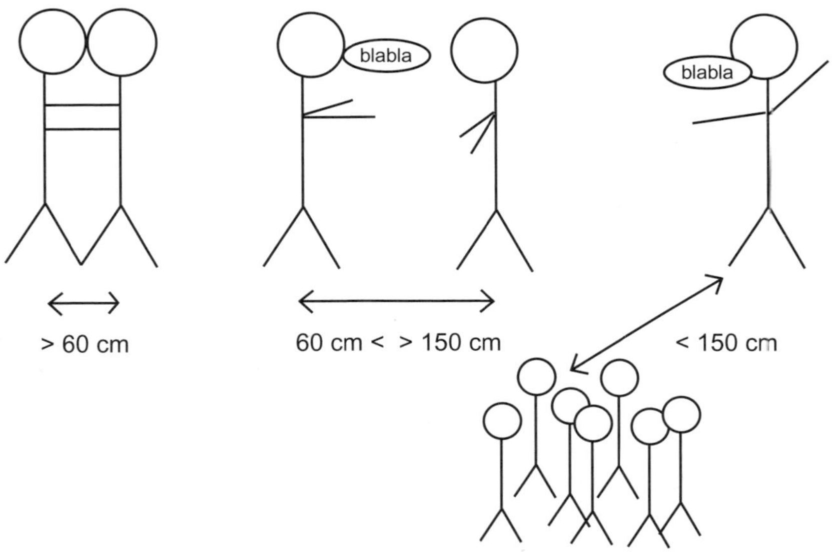

- **Taktiles Verhalten (Berührung)**

Berührungen (die Hand geben, Umarmung, auf die Schulter klopfen, Streicheln, Kuss...) werden als Signale sehr unterschiedlich gedeutet und als Rituale sehr unterschiedlich eingesetzt. Deshalb sollten Lehrkräfte – nicht nur beim anderen Geschlecht – größte Zurückhaltung üben. Zunächst muss die Lehrkraft akzeptieren, dass der Schüler bzw. die Schülerin auf Distanz besteht. Zum anderen spielt die sexuelle Komponente eine weit größere Rolle, als Lehrer/ Lehrerinnen dies glauben wollen. Selbst ein tröstendes Über-den-Kopf-Streicheln kann missverstanden werden und Schaden anrichten. Auch den versuchten Körperkontakt (mit Ausnahme des Handgebens) von Schülerseite sollte man unter allen Umständen vermeiden.

- **Erscheinungsbild**

Dieses Thema wird sehr kontrovers diskutiert. Nicht zu hinterfragen ist die gepflegte Erscheinung; dazu ist die Lehrkraft aus Gründen der Höflichkeit und der Tatsache, dass sie Vorbild ist, verpflichtet. Wenn man die vier Aspekte der Kommunikation (Selbstdarstellung, Appell, Sachverhalt, Beziehung) zugrunde legt, dann sagt das Erscheinungsbild vor allem etwas über die Selbstdarstellung und die Beziehung aus. Mit der Wahl des äußeren Erscheinungsbildes (Haare, Make-up, Schmuck, Kleidung...) teilt die Lehrkraft etwas über sich mit, stellt sich dar. Aber sie zeigt auch, wie sie die Beziehung zu den Schülern sieht: Der Lehrer, der sich wie die Schüler kleidet, signalisiert eine Nähe zu den Schülern, die er sich wünscht, die aber die Schüler/Schülerinnen vielleicht gerade nicht wollen (und die auch seiner Autorität abträglich sein kann). Bauchfrei ist auch bei Idealfigur für Lehrerinnen ebenso tabu wie ein ‚sexy' ausgeschnittenes Top. Wer jeden Tag im Anzug erscheint, pocht aber möglicherweise in den Augen der Schüler auf eine Autorität, welche die Schüler dem Lehrer (noch) nicht zugestehen wollen. Die Lehrkraft sollte sich bewusst sein, dass die äußere Erscheinung viel mehr zur Kommunikation beiträgt, als man wahrhaben möchte. Dass saloppe Kleidung für den Elternabend weniger geeignet ist, sollte auch nicht diskutiert werden.

Bedeutung der Körpersprache

- **Funktionen der Körpersprache**
  - Sie kann die Botschaft ersetzen (Substitution): winken, Kopf schütteln, Faust ballen, mit der Hand zählen …
  - Sie kann die verbale Botschaft erweitern, verstärken (Amplifikation): Faust auf den Tisch, mit dem Zeigefinger drohen …
  - Sie kann die verbale Botschaft verändern (Modifikation): Ironiesignal durch Lächeln, gespielte Empörung …
  - Sie kann der verbalen Botschaft widersprechen (Kontradiktion)
  - Sie dient dem Ausdruck innerer Zustände: strahlende Augen, Lächeln, Zornesfalten …
  - Sie vermittelt Aufmerksamkeit, Verstehen, Bewerten: Zuwenden, Erstaunen signalisieren, Kopfnicken…
  - Sie reguliert den Ablauf der Interaktion: motivierende, abwehrende Gestik, Zeigefinger an den Mund, Hand hinters Ohr…
  - Sie definiert die Beziehung der Personen zueinander: proxemisches Verhalten beim Gespräch oder bei der Instruktion (vgl. auch im Folgenden: Akademiebericht Pädagogik, S. 45.)

- **Verhältnis Sprache : Körpersprache**

Wenn die verbale Botschaft mit der Körpersprache korrespondiert, so entsteht ein hohes Maß an Glaubwürdigkeit. Schüler, die deshalb der Lehrkraft vertrauen können, akzeptieren sie schnell als Autorität.

Korrespondieren die beiden Kommunikationsstränge nicht, so kommt es bei den Schülern zu unterschiedlichen Reaktionen:

- Die unterschiedlichen Botschaften können sich gegenseitig dämpfen: Das verbale „Donnerwetter" in entspannter Körperhaltung signalisiert, dass noch nicht „aller Tage Abend" ist.
- Widersprechen die Botschaften einander (verbal: „Ich bin mit euch recht zufrieden"; nonverbal über den Gesichtsausdruck: „Ihr nervt"), so glaubt man eher der nonverbalen Aussage, weil körpersprachliche Signale als schlechter steuerbar und damit als ehrlicher gelten. Die verbale Aussage wird als Verstellung, Unwahrheit, Schutzbehauptung oder Lüge interpretiert.
- In der Schule ist auch beobachtet worden, dass die Schüler bei zwei sich widersprechenden Botschaften mit dem Schlimmeren rechnen, also der negativen glauben.

Bei jeder Kommunikation wirken verbale und nonverbale Signale zusammen, auch wenn über das genauere Zusammen- oder Gegeneinanderwirken noch keine gesicherten Erkenntnisse vorliegen. Doch macht die Lehrkraft immer wieder die Erfahrung, dass

- sie falsch verstanden worden ist,
- die verbalen Botschaften nicht ankommen,
- Schüler ihr nicht glauben,

– dass Unruhe aufkommt,
– eine aggressive Stimmung entsteht.

Viele dieser Probleme entstehen durch Kommunikationsstörungen, welche unterschiedliche Ursachen haben können. Eine – zu vermeidende – ist der Widerspruch zwischen verbaler und nonverbaler Aussage. Deshalb ist auch die **Ironie** der Lehrkraft im Unterricht ein so problematisches Mittel, das in der Literatur stellenweise kategorisch abgelehnt wird. Viele Schüler erkennen die Ironie nicht (im Grundschulalter beginnen Kinder überhaupt erst, Ironie zu erkennen und zu verstehen; je älter sie werden, umso mehr gelingt es ihnen) und nehmen die nonverbalen Ironiesignale als Widerspruch zum Gesagten mit den oben angesprochenen Folgen wahr.

Erlernen der Körpersprache
Das eigene Bild von sich stimmt nicht mit der Wahrnehmung der Kommunikationspartner überein. Deshalb ist es nötig, sich selbst von außen zu sehen, was die Kamera ermöglicht. In der Referendarausbildung ist es sinnvoll, wenn diese Aktion von einem Seminar- oder Betreuungslehrer begleitet wird. Später genügt es, sich die Kamera ins Klassenzimmer zu stellen und sich hinterher den Film vorzuspielen. Dabei ist es sehr ergiebig, gelegentlich den Ton abzuschalten und die „Aussagen" der Körpersprache isoliert zu betrachten. Erlebt man dann, „Fehler" oder Widersprüche, dann kann man sich Trainingsaufgaben stellen und bewusst an der Korrektur arbeiten. Das Ziel muss sein, unfreiwillig komische, falsche oder widersprüchliche Signale zu vermeiden. Die Persönlichkeit darf dabei keinen Schaden nehmen.

2.2.2 Unterricht planen

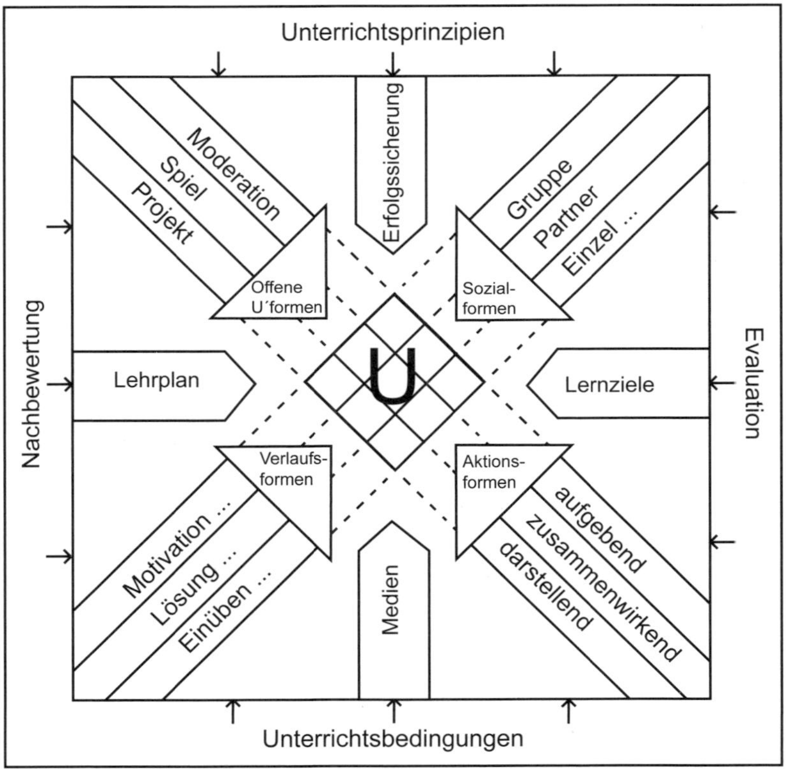

2.2.2.1 Didaktische Analyse

Wolfgang Klafki hat seine bildungstheoretische Didaktik – nicht zuletzt als Antwort auf das unterrichts- und lehrtheoretische Strukturmodell der Berliner Schule (Heimann, Otto, Schulz – 1985) weiterentwickelt zur kritisch-konstruktiven Didaktik, in der er auch die didaktische Analyse neu konzipiert hat. Grundlegende Überlegung ist, dass jede Unterrichtsplanung auf didaktischen Vorentscheidungen beruht. Klafki nennt „allgemeine Voraussetzungen" für die Planung:

- „Unterrichten ist zielorientiertes Handeln. Es soll dazu beitragen, Selbst- und Mitbestimmungsfähigkeit sowie Solidaritätsfähigkeit zu entwickeln.
- Lehr-Lern-Situationen werden als Interaktionsprozesse verstanden, in denen die Lernenden kontinuierlich ihre Urteils- und Handlungsfähigkeit erproben können.
- Schulisches Lernen ist in erster Linie entdeckendes bzw. nachentdeckendes Tun, in jedem Fall verstehendes Lernen an exemplarischen Themen. Kenntniserwerb und Üben sind in diesen Prozess eingeordnet.
- Schulunterricht soll zunehmend durch die Lernenden mitgeplant werden können.
- Unterricht ist immer auch ein Ort der sozialen Erziehung, der als Chance zu einer demokratischen Sozialerziehung genutzt werden soll.
- Bei der Planung gilt das Primat der Zielentscheidungen. Sie erfolgen vor den Entscheidungen über andere den Unterricht konstituierenden Faktoren, ohne dass damit eine Deduktion der folgenden Entscheidungen verbunden werden könnte.
- Inhalte werden erst dann zu unterrichtlichen Themen, wenn sie unter einer bestimmten Frage auf die Lernvoraussetzungen der Lernenden bezogen werden.
- Jedes Thema enthält bereits methodische Festlegungen, verlangt also nach der Anwendung spezifischer Verfahren.
- Die Unterrichtsmethoden sind Verfahren, die zielerreichendes Lernen ebenso bestimmen, wie sie die unterrichtliche Organisation und die Sozialstruktur des Lehrens und Lernens vorformen.
- Unterrichtsthemen sind hinsichtlich ihrer Funktion zu unterscheiden. Sie sind als potentiell emanzipatorisch zu bezeichnen, wenn sie deutlich Bezüge zu der Zielsetzung Selbstbestimmungs- und Solidaritätsfähigkeit enthalten; sie sind Themen instrumenteller Art, wenn rezeptiv-sinnvolle Wissensaneignung im Vordergrund steht.
- Unterricht ist immer auch eine konfliktträchtige Situation. Beziehungsschwierigkeiten sind eine normale Begleiterscheinung pädagogischer Interaktion und können selbst Gegenstand des Unterrichts werden." (Zitiert nach Apel/Sacher, 2002, S. 213 f.)

Die Unterrichtsplanung beginnt meistens mit Überlegungen zur Themenstellung, die natürlich vom Lehrplan und vom Lehrbuch bestimmt sind, und mit den Lernvoraussetzungen. Schon in diesem Stadium stellt sich nach den Vorstellungen Klafkis die zentrale Frage nach der Bedeutung des Themas für die Schülerinnen und Schüler. Damit wird es präzisiert, zusammen mit den Lernzielen strukturiert und für die konkrete Unterrichtssituation in der bestimmten Klasse formuliert. Die nachfolgende Skizze (Klafki, in: Apel/Sacher, 2002, S. 215) zeigt den Ablauf der Unterrichtsplanung, in welche die Überprüfbarkeit der Zielvorstellungen integriert ist. Dies bedeutet, dass in der Unterrichtsplanung bereits die Kriterien, nach denen die Ziele erreicht sind, mitbedacht werden.

Perspektivenschema der Unterrichtsvorbereitung

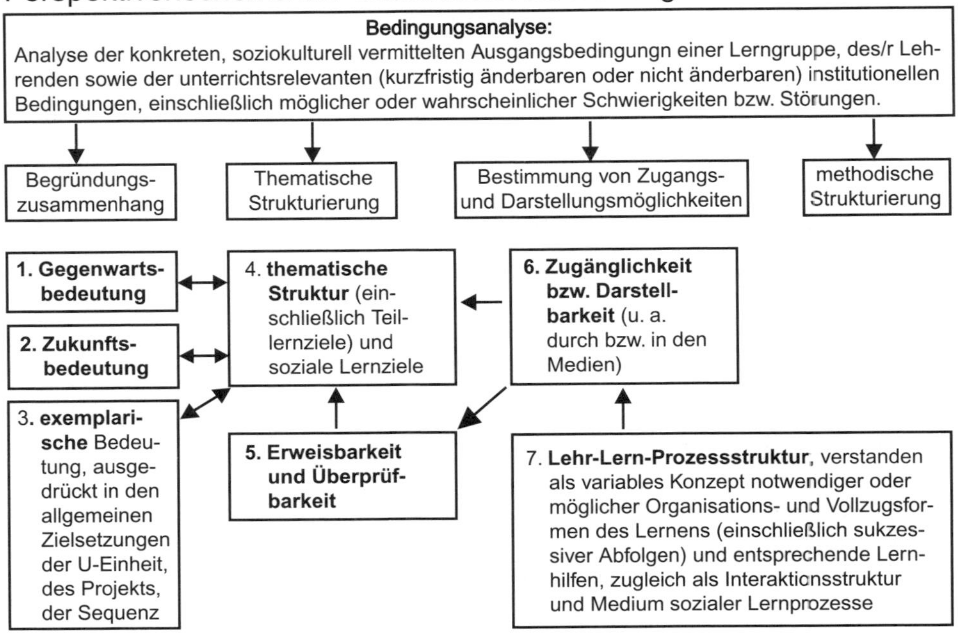

Konsequenzen für die Lehrkraft

Der aktuelle Lehrplan verzichtet in der gedruckten Fassung auf die Ebene 4 und stellt nur in der Link-Ebene konkrete Umsetzungsmöglichkeiten der Ebene 3 vor. Das bedeutet für die einzelne Lehrkraft, dass sie erheblich mehr inhaltliche Entscheidungen in der Unterrichtsplanung zu treffen hat, als dies mit dem alten Lehrplan der Fall war. Da dementsprechend auch die Lehrbücher keinen durchstrukturierten Lehrgang anbieten, dem man von der ersten bis zur letzten Seite folgen kann, sondern Angebote und Vorschläge machen, wie dies auch die Link-Ebene tut, liegen die thematische Planung, also die Entscheidung für bestimmte Inhalte, und damit auch die Verantwortung bei der Lehrkraft. Der Verweis auf den Lehrplan als Begründung für das Unterrichtsthema genügt nicht mehr.

Dass die didaktischen (inhaltlichen) Entscheidungen von den methodischen nicht getrennt werden können, zeigt die Skizze. Wenn auch Klafki durch die Nummerierung einen Planungsablauf signalisiert, gilt doch das Prinzip der lernorientierten Didaktik auch hier: „Alles hängt mit allem zusammen“ (AHMAZ), was auch die Pfeile deutlich machen.

Klafki hat an den Anfang der didaktischen Analyse die Bedingungsanalyse gestellt. Damit wird klar, dass jede Unterrichtsplanung konkret auf eine bestimmte Klasse zu einem festen Zeitpunkt ausgerichtet ist. Dies bedeutet auch, dass die Vorbereitung aus dem letzten Jahr allenfalls Anregungscharakter hat. Für jede neue Klasse muss die Planung auch neu erfolgen.

2.2.2.2 Planungsaspekte

Wenn man von einer speziellen Didaktik (bildungstheoretisch, kybernetisch, konstruktivistisch, u. a. m.) absieht und die Praxis in den Vordergrund rückt, dann lässt sich die Planung über einige Kernfragen zwar nicht in ihrer Reihenfolge, aber in ihren Elementen darstellen:

Wer soll was unter welchen Bedingungen, wann/wie lange, wozu, wie, womit, nach welchen Kriterien und mit welchem Erfolg lernen?

- **Wer?**

Hier stellen sich die Fragen nach der Art der Lerngruppe (Klasse, Intensivierungsgruppe, Neigungsgruppe, Arbeitskreis), ihrer Größe, ihrer Zusammensetzung, Grad der Homogenität, Entwicklungsstand, Gruppenverhalten, Leistungsstand, Erfahrung mit Lern- und Arbeitstechniken, Aufgeschlossenheit, Motivation u. a. m.. Zu prüfen wäre auch, inwieweit Differenzierung und Individualisierung möglich sind und welche Förderung begabungsauffällige Kinder und Jugendliche in dieser Lerngruppe benötigen.

- **Was?**

Diese Frage zielt auf die didaktischen (inhaltlichen) Entscheidungen, was im Unterricht gelernt werden soll. Es geht um den Umgang mit dem Lehrplan, um eine didaktische Analyse, um die konkrete Auswahl an Inhalten für die Unterrichtssequenz und die Einzelstunde sowie um die didaktische Reduktion, also die Ausrichtung und ggf. Reduzierung der Inhalte, um die Kinder und Jugendlichen zu erreichen und ihnen gerecht zu werden.

- **Unter welchen Bedingungen?**

Zu den Bedingungen gehören im Wesentlichen die Lehrperson und das unterrichtliche Umfeld. Die Lehrkraft muss nach ihren eigenen Bedingungen fragen (Kenntnisse, Vorlieben, Autorität, Erfahrung, …) und das Umfeld der Lerngruppe in Augenschein nehmen (zeitliche Vorgaben, Schulprofil, Ausstattung, kulturelles Umfeld der Schule, …).

- **Wann?**

Der Lehrplan und das Schulbuch geben nur bedingt die Zeitplanung vor. Sie ist von der Lehrkraft ebenso zu leisten wie die Planung der (logischen) Abfolge, die Gliederung der Einzelstunde, der Unterrichtssequenz und die Jahresplanung. In Fächern, in denen die Inhalte aufeinander aufbauen, wird die Entscheidungsfreiheit bei der zeitlichen Planung geringer sein als in Fächern, bei denen verschiedene Inhalte nebeneinander stehen.

- **Wozu?**

Wozu und warum sind Fragen nach der Intentionalität. Welche Ziele verfolgt die Lehrkraft mit ihren Schülern? Wie sollen die Ziele gewichtet werden? Welche sind unverzichtbar, welche nur wünschenswert?

- **Wie?**

Diese Frage zielt ins Zentrum der methodischen Planung des Unterrichts. Dabei muss die Form des Lernens festgelegt werden, die letztlich die Auswahl der Unterrichtsformen (Aktionsformen, Sozialformen, Verlaufsformen, offene Unterrichtsformen,…) und deren Verknüpfung bestimmt.

- **Womit?**

Eigentlich gehört diese Frage nach den Unterrichtsmittel und den didaktischen Medien in den Bereich der Methodik. Da sie in der Planung aber immer mehr Gewicht erfahren, weil sie den Unterricht immer stärker prägen, ist es vertretbar, sie eigens aufzuführen.

- **Nach welchen Grundsätzen?**

In der Frage sind die Unterrichtsgrundsätze oder -prinzipien schon genannt, denen jeder Unterricht und damit auch die Planung gehorchen sollte. Mit der Entscheidung, welche der Grundsätze welches Gewicht erhalten, verändert sich die Planung wesentlich.

- **Mit welchem Erfolg?**

Jeder Unterricht muss sich am Erfolg messen lassen. Dazu gehören die Rückmeldungen der Klasse (Verhalten, Mitarbeit, konstruktive Beiträge), aber vor allem die Ergebnisse der Leistungserhebungen. Wer nachhaltig unterrichten bzw. lernen will, muss dies überprüfen. Natürlich prägt die geplante Leistungserhebung den vorausgehenden und das Ergebnis die Planung des folgenden Unterrichts.

Die neun Planungskriterien stellen in ihrer Reihenfolge weder eine zeitliche Abfolge noch eine Gewichtung dar. So gibt es verschiedene Ansätze, um zu einer sinnvollen Planung zu kommen. Ausgangspunkt kann die Gelegenheit sein, dass der Computerraum zu benützen ist. Dies führt zu einer anderen Planung als etwa die letzte Stunde vor der Schulaufgabe oder ein Film, der überraschenderweise zur Verfügung steht. Auch die Überlegung, dass der Klasse Gruppenarbeit gut täte, kann Ausgangspunkt für die Planung sein. Es ist sicherlich falsch, einen Königsweg zu beschreiben. Als gut erweist sich die Planung, die auf alle Kriterien eingeht und sie immer wieder neu gewichtet.

Grenzen der Unterrichtsplanung

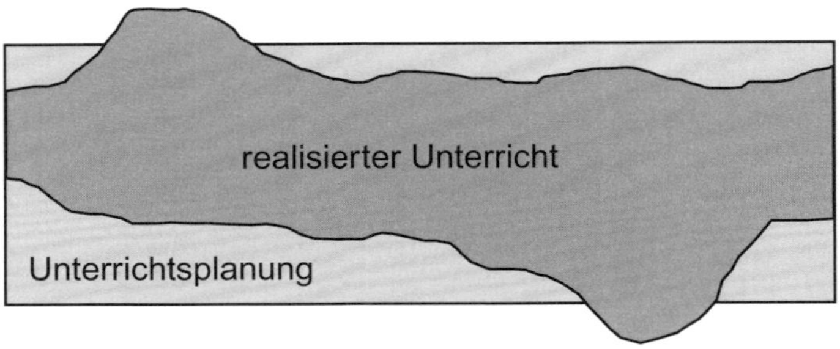

Von der wohl strukturierten Planung des Unterrichts (hellgraues Rechteck) hebt sich der realisierte Unterricht (das dunkelgraue Gebilde) deutlich ab. Nicht alles Geplante kann auch umgesetzt werden (Unterrichtsbedingungen, Lehrer- und Schülerverhalten, Motivation auf beiden Seiten, ...); es zeigt sich aber auch, dass der Unterricht über die Planung hinausgehen kann, dass dank guter Schüleräußerungen eine Vertiefung, ein „fruchtbarer Moment" (Copei) gelingt, den die Lehrkraft gar nicht geplant hat.

Guter Unterricht muss zweifellos geplant werden. Wird er nicht präzise geplant, muss es kein schlechter Unterricht werden. Jede erfahrene Lehrkraft kennt Unterrichtsstunden, die nicht sorgfältig vorbereitet waren und gut gelaufen sind. Die „Schwellendidaktik" (die Vorbereitung bei Überschreiten der Türschwelle ins Klassenzimmer hinein) zeitigt auch ihre Erfolge, aber der Umkehrschluss, dass guter Unterricht keine sorgfältige Planung braucht, stimmt trotzdem nicht.

Aber: Je offener der Unterricht gestaltet werden soll, desto weniger ist er in seinem Verlauf zu planen. Je stärker die Schüler in Planung und Durchführung einbezogen werden, desto schwächer wird die Position der Lehrkraft als Organisator und Leiter des Unterrichts. Dies muss nicht als Nachteil angesehen werden. Im Gegenteil: Wenn die Lehrkraft den Mut hat, sich im Unterricht zurückzunehmen, also Leitung abzugeben, wird die Aktivität der Schüler stärker. Unvorbereitet geht jedoch auch offener Unterricht in Lärm und Chaos unter.

Planungsraster

Für den schriftlichen Entwurf der Unterrichtsstunde empfiehlt sich ein Raster, das neben der inhaltlichen Struktur wichtige Hinweise für die Organisation enthält. Diesen Vorschlag wird jede Lehrkraft nach eigenen Vorstellungen modifizieren und mit wachsender Routine immer mehr verknappen. Im Hinblick auf Lehrproben wird der Referendar/die Referendarin die Zeitleiste im Auge behalten und kurze Notizen zur tatsächlich benötigten Zeit eintragen.

Zeit-leiste	**Inhalte (Gliederung, Struktur, ...)**	**Verfahren (GA, PA, Referat, Versuch ...)**	**Medien (OHP, Folien, Beamer, Arbeits-blatt, ...)**	**!!!!!!!!!!!! Kreide, Hefte einsammeln, Termin ansagen**
1	Begrüßung			Klassenbuch sehr gut! Termin SchA Huber 2.5.
2	Aralsee, Bild von oben	Impuls	OHP	
4	Ausfragen Maier			freundlicher!!
8	Entwicklung des Aralsee	Demo	Impulsfolie	Folienstift
...	...	...	...	...

2.2.2.3 Zielanalyse

Wer kein Ziel hat, kann sich auch nicht verirren, kommt allerdings auch nicht an.
Paul Glara

„Dass Unterricht als absichtsvolles Handeln notwendigerweise ein Ziel hat (Zielgerichtetheit), dass der Lehrer sich dieses Ziel gut überlegen muss (Zielklarheit), dass Unterrichtsaufbau und Einzelmaßnahmen dem Ziel auch wirklich dienen und ihm nicht insgeheim widersprechen sollen (Zielgemäßheit), dass den Schülern das Ziel bekannt sein soll, sie soweit möglich auch bei seiner Aufstellung mitwirken sollen (Zielorientierung), das alles ist seit langem unumstritten." (Glöckel, 1992, S. 135).
Für die Planung einer Unterrichtssequenz oder einer Unterrichtsstunde genügt es nicht, dem Lehrplan zu entnehmen, welche Inhalte die Schüler ggf. in welcher Weise aufnehmen sollen, um dann das Lehrbuch zu befragen, wie es inhaltlich und möglicherweise methodisch weitergehen soll. Denn unter den neun essentiellen Planungsfragen (**Wer soll was unter welchen Bedingungen, wann, wozu, wie, womit, nach welchen Kriterien, mit welchem Erfolg lernen?**) steht auch die Frage nach den Zielen (**„wozu"**).

Sinnvoll ist es, eine eigene am LP orientierte differenzierte Zielsetzung vorzunehmen. Dabei bieten sich die didaktischen Schwerpunkte „Wissen", „Können/Anwenden", „produktiv Denken und Gestalten" und „Werteorientierung" an, die allerdings spezifiziert werden müssen (ISB: Lehrplanfragen, S. 13 f.).

- **Wissen**
  - aufnehmen können von Informationen über Gegenstände, Ereignisse, Fakten, Sachverhalte, Systeme, Modelle, Ordnungskategorien, Methoden
  - einordnen in eine sachlich strukturierte innere Vorstellungswelt
  - festigen kognitiver Strukturen durch Unterscheiden und Auswählen wichtiger Informationen (zur Verankerung im Langzeitgedächtnis)
  - Wiedergabe des angeeigneten Wissens

- **Können und Anwenden**
  - aneignen von Handlungsmustern und Verfahrensweisen nach bestimmten Regeln zur Bearbeitung entsprechender Aufgaben
  - anwenden von Regeln, Methoden, Techniken und Gestaltungsmitteln (einschließlich des Umgangs mit den jeweiligen Hilfsmitteln) zur Lösung entsprechender Aufgaben
  - festigen und ggf. mechanisieren der regelgeleiteten Handlungs- und Verfahrensweisen

- **Produktiv Denken und Gestalten**
  – aufmerksam werden auf komplexe Sachverhalte, die für den Schüler nicht vorstrukturiert sind und für die zunächst keine eindeutige Beurteilung oder Lösung erkennbar ist,
  – erfassen der jeweils spezifischen Merkmale und Strukturen eines Problems, eines komplexen Sachverhalts bzw. einer Situation,
  – hervorbringen eigener Ideen; Entwickeln von Gesichtspunkten und Ausprobieren bzw. Überprüfen verschiedener Vorgehensweisen und Gestaltungsmöglichkeiten zur selbstständigen Bearbeitung von Aufgaben, Herstellen neuer Zusammenhänge,
  – sich sachlich gerechtfertigt für einen Lösungsweg entscheiden; Gestaltungsvorstellungen entwickeln und Lösungen herbeiführen,
  – beurteilen einer Sachlage bzw. der Lösung von Aufgaben nach vorgegebenen bzw.selbst entwickelten Gesichtspunkten, Erkennen von Grenzen und weiterführenden Ansatzpunkten.

- **Werteorientierung**
  – ein Gespür bekommen für emotionale, wert- und normabhängige Motive, Einstellungen und Interessen
  – sich öffnen für eigene und fremde Werthaltungen, sich damit auseinandersetzen und eine differenzierte, persönlich geprägte Wertordnung entwickeln
  – verinnerlichen der in Grundgesetz und Bayerischer Verfassung grundgelegten und allgemein anerkannten Werte; sich in Entscheidungssituationen daran orientieren und dazu stehen.

Unterrichtsbedingungen

Man muss seinen Unterricht so ändern, dass er zu den Interessen und Fähigkeiten der Kinder passt.
Pirjo Linnakylä, Finnland

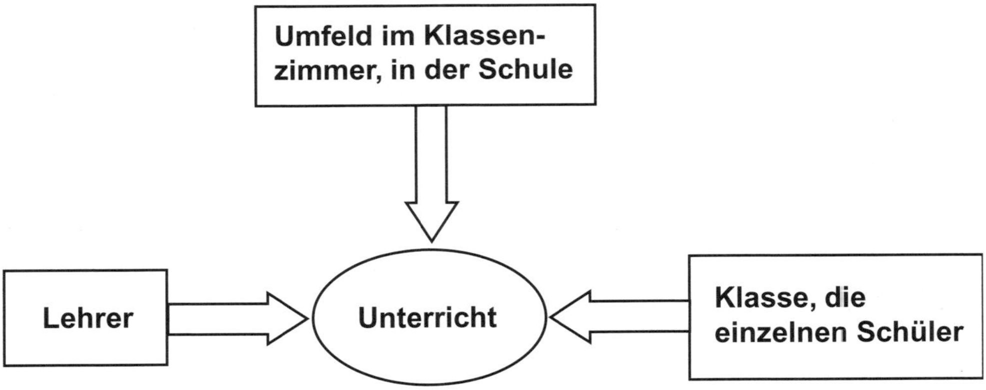

Wenn Unterricht als ein Kommunikationsvorgang begriffen wird, dann gilt es nach den personalen und den situativen Gegebenheiten zu fragen, welche die Kommunikation beeinflussen, um entweder störende Einfl üsse auszuschalten oder den Unterricht nach ihnen auszurichten. Zur Kommunikation gehören die beiden Partner, der/die Lehrer/in und die Klasse, bzw. der einzelne Schüler in der Klasse, und das Umfeld im weitesten Sinn. Bei der folgenden Aufzählung von Einzelbedingungen sollen ggf. mögliche Auswirkungen auf den Unterricht angedeutet werden, um zu zeigen, dass Bedingungen oder Gegebenheiten tatsächlich den Unterricht beeinflussen.

„Übersicht über Bedingungsfaktoren des Unterrichts"
„Der Schüler/die Schülerin"

- häusliche Situation (Familie, Erziehung, Bildungsniveau, Medienkonsum, Lesegewohnheiten, Freizeit, Wochenendgestaltung, Hobbys, Sport ...)
- persönliche Situation (Figur, Akzeleration, Allergien, Krankheiten, psychische Konstitution, Drogenkonsum, ...)
- schulische Biographie (Wiederholer, Springer, Noten, Disziplinarmaßnahmen, Schulwechsel ...)
- soziale Situation (in der Klasse: Rolle/n, Verhalten gegenüber Mitschülern und Lehrern, Mobbingopfer, -täter, ...; im privaten Bereich: Sozialkontakte, -erfahrungen in der Jugendgruppe, im Sportverein, in der Freundesgruppe, ...)
- Arbeitsverhalten (Einstellung zur Schule, Motivation, Arbeitshaltung, Leistungsvermögen, Mitarbeit, Prüfungsangst, außerunterrichtliches Engagement ...)
- Können (Kenntnisse, Erfahrungen, Neigungen, besondere Begabungen, Teilnahme an Wettbewerben ...)

Die Klasse/der Kurs

- Vorgeschichte und Zusammensetzung (Klassenstärke, Mädchen und Jungen, Zu- und Abgänge, Altersstruktur, Lehrerwechsel, Referendareinsatz)
- Gruppenverhalten (Gruppenbildung/en, Freund- und Feindschaften, Klassenzusammenhalt, Umgangsstil miteinander, Ausgrenzungen, Bullying ...)
- Haltung der Klasse (Arbeitsverhalten, Leistungsverhalten, Disziplin, Ansprechbarkeit, Vorlieben und Abneigungen, Verhalten bei außerschulischen Veranstaltungen, Hausaufgabenverhalten, Kooperationsverhalten, Engagement ...)
- Leistungsstand (... in bestimmten Fächern, auf bestimmten Gebieten; Vorkenntnisse, Grundwissen, Sprach- und Sprechkompetenz, Notenschnitte; Teilnahme an Wettbewerben; Aufgeschlossenheit für bestimmte Themenbereiche und Arbeitsformen, Lern- und Arbeitstechniken, selbstständiges Arbeiten; Vertrautheit mit Sozialformen im Unterricht ...)

Der Lehrer/die Lehrerin

- fachliches und didaktisches Können
- Verhältnis zur Klasse
- Autorität, Vorbild
- Klassenführung
- Sicherheit und Vertrautheit mit den Lehr- und Lernformen
- besondere Begabungen, Interessen, Kenntnisse
- Vorliebe für bestimmte Unterrichtsformen
- eigene häusliche und familiäre Situation

Umfeld

- Zeitbedingungen (Frühstunde, letzte Stunde, Stunde nach der Pause, Einzelstunde, offenes Ende, Nachmittagsunterricht ...)
- Klassenraum (Größe, Platz für Gruppenarbeit, Bestuhlung, Verdunklungsmöglichkeit,-Sonnenschutz ...)
- Ausstattung des Klassenraums (Pinnwand, Flipchart, Overhead, Tafel, Computer, Internet, Beamer, Lehr- und Lernmittel ...)
- Schule (Schulart, Schulprofi l, Schulleben, Ausstattung: Aula, Gruppenräume, Theaterraum, Schulgarten, Schulhofgestaltung, Mensa, Bibliothek mit Arbeitsraum, Medien-, Computerraum, Sprachlabor, ...)

- Schulumfeld (Stadt oder Kleinstadt, Einzugsgebiet der Schule, Zahl der Fahrschüler, Verkehrslärm, Sonneneinstrahlung …)
- Bildungsumfeld (Museen, Theater, Konzerthallen, Bibliotheken, Botanischer-, Zoologischer Garten, Fremdspracheninstitute, Hochschulen …)

In der Aufzählung stehen neben entscheidenden auch scheinbar periphere Bedingungen, vor allem im Bereich „Umfeld". Aber jeder weiß aus seiner eigenen Schulzeit, dass die letzte Unterrichtsstunde des Tages genau so wie die erste am Morgen eigenen Gesetzen gehorcht: Sie dauern nicht so lange (Zu-spät-Kommen, vorzeitiges Einpacken), was für die Planung einer Stunde von Belang sein kann. Doppelstunden bieten ganz andere Möglichkeiten der Gliederung einer Unterrichtsstunde als Einzelstunden. Wo ein Klassenraum mit einem Computer ohne Beamer ausgestattet ist, lässt sich das Gerät nur zur Recherche verwenden, computergestützter Unterricht ist nicht mehr möglich. Jeder der genannten Einzelpunkte kann zu einer Änderung der Unterrichtsplanung führen. Dies sich bewusst zu machen, ist der erste wichtige Schritt.

Kenntnis der Unterrichtsbedingungen
Wie kommt der Lehrer, der eine Klasse neu übernimmt, an die vielen Detailinformationen, die er eigentlich schon besitzen müsste, bevor er die erste Unterrichtsstunde plant? Andererseits lernt er die Klasse am besten im Unterricht kennen. Über den Unterricht hinaus gibt es einige Möglichkeiten der Information, die der „neugierige" Lehrer nutzen wird: Noten- und Personalbogen, Gespräche mit Kollegen, welche die Klasse kennen, mit einzelnen Schülern, mit der Klasse, mit Eltern. Gelegenheiten gibt es viele. So dienen die Gespräche mit Eltern nicht nur zu deren Information über ihre Kinder, sondern geben dem Lehrer die Chance, Kenntnisse über das häusliche Umfeld, über die Einstellung der Eltern zur Schule, zur Erziehung, zum Medienkonsum ihrer Kinder zu erlangen. Auf Schulveranstaltungen, Fahrten oder Festen bietet sich immer die Möglichkeit zum Gespräch. Wer diese Gelegenheiten nicht nutzt, weil er mit seiner Unvoreingenommenheit gegenüber den Schülern im Sinne der Gerechtigkeit argumentiert, wird manche Unterrichtsstunde verschenken müssen. Wenn er diese jedoch nutzt, die Bedingungen neu zu sehen und danach zu handeln, waren sie nicht wirklich vertan.

Was dem Lehrer wohl nicht schwer fallen dürfte, ist die Kenntnis der Bedingungen, die in seiner Person liegen. In der wissenschaftlichen Literatur werden sie nicht erwähnt, und so stellt sich die Frage, welche Relevanz sie haben. Bei jeder Form der Kommunikation spielt der „Sender" eine maßgebliche Rolle. Sich über sich selbst klar zu sein, die eigenen Schwächen und Vorlieben zu kennen, die Bedingungen zu Hause (der Arbeitsplatz wird mit dem Baby geteilt), die zeitlichen Voraussetzungen (die Lehrerkonferenz dauerte bis 19.00 Uhr), die ungeliebte Klasse („die hat einen guten Unterricht gar nicht verdient, weil sie ohnehin nicht zuhört.") in ihrer Auswirkung auf die Unterrichtsplanung zu kennen, führt zu einer objektiveren Einschätzung und macht die Planung ökonomischer. Ungeliebter Stoff etwa verleitet dazu, die Planung zu vernachlässigen. Dabei müsste gerade das Gegenteil der Fall sein. Wer sich kennt, schätzt auch seine Möglichkeiten besser ein. Der geniale Geschichtenerzähler, der die Klasse in Bann schlägt, wird diese Begabung nutzen; der begabte Moderator sucht die Interaktion der Klasse.

Diskussion
Das Zitat der finnischen PISA-Beauftragten Pirjo Linnakylä im Kopf des Abschnitts „Schülergemäßheit" (Kap. 2.2.1.2) geht einen Schritt weiter, als es viele Lehrer wahrhaben wollen, welche die oben genannten Bedingungen zur Kenntnis nehmen und den Unterricht nolens volens danach ausrichten. Für Linnakylä sind die Kinder mit ihren Möglichkeiten, Interessen und Fähigkeiten der Ausgangspunkt für jede Unterrichtsplanung. Man missversteht sie nicht, wenn man folgert, dass auch die Inhalte und damit der Lehrplan sich an diesen Voraussetzun-

gen orientieren müssen. Der Bayerische Lehrplan zeigt, dass er diese Forderung erfüllt, wenn er an den Anfang der Jahrgangsstufenpläne sogenannte „Schülerkonturen“ platziert, die signalisieren, dass sie bei der Auswahl der Inhalte eine Rolle gespielt haben, um Unterund Überforderung zu verhindern, das Interesse zu berücksichtigen und damit die Motivation zu erleichtern.

Doch wie soll dies bei der Unterrichtsplanung aussehen? Der Forderung, die Kinder dort abzuholen, wo sie stehen, wird das Argument entgegengesetzt, dass die Gymnasiasten sich für diese Schule entschieden haben, also in diese Schule gegangen sind und nicht irgendwo abgeholt werden müssen. Sie verfügen (laut Lehrplan) über ein hohes Maß an Motivation, sind belastbar und können auf hohem Niveau arbeiten. Soll der Lehrer trotzdem die Befi ndlichkeiten jedes Einzelnen berücksichtigen und den Unterricht auf ihn abstimmen? Soll er das fehlende Interesse durch Wechsel der Unterrichtsinhalte kompensieren? Soll er dem fehlenden Leistungsvermögen oder der fehlenden Leistungsbereitschaft entsprechend die Anforderungen senken? Soll er bei erheblichen Störungen den Unterricht abbrechen und eine Metakommunikationsstunde halten?

Ja und Nein. Ja, weil Unterricht ohne ein Miteinander von Lehrer und Schülern nicht möglich ist. Nein, weil dann auf Dauer von einer Vergleichbarkeit der schulischen Arbeit nicht mehr die Rede sein kann. Die Anforderungen sind nicht modifi zierbar, wohl aber die Unterrichtsgestaltung, zumal es hier für verschiedene Interessengruppen Individualisierungs- und Differenzierungsmöglichkeiten gibt. Auch den unterschiedlichen Leistungsmöglichkeiten kann man durch Intensivierungsstunden und Förderkurse entsprechen.

2.2.2.4 Unterrichtsmittel, -medien, -materialien

Begriff
Der Lehrer mit der Kreide ist immer noch das beste didaktische Medium. Wer dies behauptet, hat gar nicht so Unrecht. Immerhin ist die Kreide praktisches Unterrichtsmittel für das Tafelbild, erzeugt ein symbolisches Dokument (Text an der Tafel) und ein Bilddokument (Graphik), ist konkretes Untersuchungsobjekt in der Chemie und veranschaulicht die Flugkurve in der Physik. Dass überdies der Lehrer als personales Medium auftritt, verbal und nonverbal Inhalte transportiert und der inneren und äußeren Anschauung dient, muss ergänzt werden. Damit ist die begriffl iche Konfusion komplett, wie Glöckel konsterniert feststellt: „Unbefriedigend blieben auch die Versuche der Klassifi zierung und Benennung der Unterrichtsmittel. Unter den angebotenen Sammelnamen ist der Begriff ‚Unterrichtshilfen’ zu weit; ‚Lehr- und Lernmaterialien’ versteht man eher als bloßes Verbrauchsmaterial; ‚Medien’ schließen dieses wieder aus; ‚Anschauungsmittel’ betreffen nur einen Teilbereich; [...]“ (Glöckel, 1992, S. 39). Also verzichtet man auf eine Einteilung und fragt nach der Funktion des jeweiligen Mittels, um festzustellen, dass die Kreide sehr viele Funktionen ausüben kann wie auch die CD-ROM im Computer.

Einsatz der Unterrichtsmittel
Fragt man nach dem Einsatz des Schulbuches, überlegt sich Möglichkeiten der Visualisierung, untersucht die Möglichkeiten der Lernprogramme auf CD-ROM, produziert Lernmaterialien für den Lernzirkel, recherchiert die urheberrechtlichen Bestimmungen für das Abspielen einer DVD im Unterricht, baut das Experiment für den nächsten Tag auf und komplettiert den Satz Reservefarbkreiden, dann ist man mitten in der Unterrichtsplanung. Die Entscheidung über die Inhalte ist gefallen, die Ziele sind abgesteckt und nun geht es um methodische Entscheidungen: Wer (Lehrer/Schüler) präsentiert wie (Vortrag, Unterrichtsgespräch, ...) in welchem Rahmen (Plenum, Gruppe, ...) mit welchen Mitteln die Unterrichtsinhalte? (Dass die Planung einer Einzelstunde auch einmal von einem vorhandenen Medium ausgehen kann, das hervor-

ragend zum Thema der Sequenz passt, sei auch hier ausdrücklich betont!).

Jede methodische Detailantwort macht andere Mittel notwendig: Schülerexperimente brauchen einen eigenen Raum (ist er frei?), Gerätschaften (komplett?) und die Tafel (oder doch den OHP?). Die Gymnastikgruppe braucht Musik (welche?) und Bänder (genügend vorhanden?); der Lernzirkel braucht vervielfältigte und laminierte Aufgabenkarten (Laminiergerät einsatzbereit?), Arbeitsmaterial (aus dem Internet?). Sind die Unterrichtsmittel vorhanden, sind sie verfügbar, sind sie zu erwerben, müssen sie erstellt werden, wer erstellt sie, leisten sie, was sie leisten sollen, sind sie attraktiv genug, sind sie aktuell, lassen sie den Lernenden genügend Eigenaktivität, kann ich/können die Schüler damit umgehen, haben die Schüler sie vergessen, überfordern/unterfordern/fordern sie?

Kriterien für die Auswahl der Mittel

Für jeden Inhalt, für jedes Unterrichtsziel, für jede Aktions- oder Sozialform bieten sich unterschiedliche Mittel an, die zu weiteren methodischen Entscheidungen zwingen. Jedes Unterrichtsmittel muss sich deshalb verschiedene Fragen gefallen lassen:

- Passt es zu den Lerninhalten? Ist es sachgemäß, wissenschaftlich haltbar? Repräsentiert es den Inhalt in angemessener Weise?
- Hilft es bei der Verwirklichung der kognitiven, affektiven, motorischen Lernziele?
- Leistet es im methodischen Kontext, was es leisten soll (Veranschaulichung, Erklärung, Fokussierung, Lernzielkontrolle, Impuls, Problemlösung …)?
- Ist es schülergemäß? Fordert es die Lernenden, ohne zu über-/unterfordern? Stimmt der Abstraktionsgrad?
- Ist es aktuell/veraltet/wissenschaftlich zuverlässig?
- Spricht es die Sinne an? Ist es attraktiv, optisch/akustisch/haptisch ansprechend? Lenkt es von den Inhalten ab? Dient es der Abwechslung, der Auflockerung im Unterricht? Führt es zu Reizüberflutung?
- Ist es technisch auf dem neuesten Stand?
- Motiviert es?
- Hilft es bei der Differenzierung bzw. Individualisierung?
- Ist es an den Unterrichtsprinzipien ausgerichtet?
- Fördert es die Eigenaktivität der Lernenden? Reizt es zum Ausprobieren, Forschen, Lösungen suchen?
- Unterstützt es Formen des offenen Unterrichts?
- Ist das Mittel verfügbar, (auch durch Schüler) herstellbar, einsetzbar?
- Sind die räumlichen und zeitlichen und technischen Voraussetzungen für den Einsatz gegeben?
- Ist der Einsatz ökonomisch (Aufwand-Nutzen-Relation)? Ist der finanzielle Aufwand (z.B. Kopierkosten), der zeitliche Aufwand (z.B. bei der Vorbereitung einer Powerpoint-Präsentation) vertretbar?
- Entlastet das Mittel die Lehrkraft?

Es ist klar, dass ein ins Auge gefasstes Unterrichtsmittel nicht allen genannten Kriterien entsprechen kann und soll. Die Fragen sollen nur den Automatismus bei der Wahl (Hausaufgabenverbesserung: Folie; Stoffsammlung: Karten; Baikalsee: Uraltfilm; 3. Reich: Karikatur; Diktatverbesserung: Tafel; Recherche: Internet; Evolution: Lernprogramm auf CD-ROM) verhindern.

Einige Tipps zur Präsentation

In der Politik, in der Wirtschaft, in der Erwachsenenbildung wie in der Schule wird präsentiert. Die Lehrkraft präsentiert Inhalte, die zu lernen sind, mit denen auseinanderzusetzen sich lohnt, die helfen, Probleme zu lösen. Warum nicht den Profi s in der Wirtschaft über die Schulter schauen und von ihnen lernen? (vgl. Waag u. a.). Am Beispiel der Folie werden ein paar Grundsätze aufgezeigt, die psychologisch fundiert sind und in der Praxis erprobt sind. Vieles davon gilt auch für das Tafelbild, das sehr häufi g zur Tafelanschrift verkommt. Vollgeschriebene Tafeln, meist noch in schlechter Schrift, vermitteln nicht, sondern ermüden und lassen die Teilnehmer abschalten.

Folie:

- **Folientypen**
  - Fertigfolie: wieder verwendbar
  - Live-Folie: entsteht handgezeichnet vor den Augen der Adressaten, die an der Entstehung beteiligt werden können
  - Teilfertig-Folie: Kompromiss; Grundfolie wird im Unterricht erweitert
  - Overlay-Folie: Übereinanderlegen verschiedener Fertigfolien, um Entwicklungen zu zeigen (erspart Powerpoint!)

- **Gestaltung**
  - keine Folie ohne Titel!
  - nur eine Schriftart (Text: Arial, Times New Roman; Sonderzeichen: Wingdings, Symbol); Druckbuchstaben, groß und klein; fett zur Betonung; kursiv liest sich schlecht
  - Querformat; höchstens 11 Zeilen
  - Standard-Design (vor allem bei Powerpoint!)
  - gleiche Sachverhalte gleich gestalten (gleiche Schriften, Symbole ...)
  - Stichwörter statt ausformulierter Text (der wird gesprochen!)
  - optische Gliederung durch Absätze, Spiegelstriche/-punkte (bullets), Nummerierung
  - Blöcke bilden, Graphiken einfügen
  - Verwendung von Symbolen: Pfeile, Strichmännchen, Sprechblasen ...
  - Titel: zentriert, Schriftgröße ~36 Punkt (~13 mm); Unterpunkte: linksbündig, ~20 Punkt (7 mm); Text: linksbündig oder Blocksatz, 14–18 Punkt (6 mm); Pfeile und Linien mindestens 1,5 Punkt Dicke
  - wenige Farben! (Verwirrung)
  - Bilder nur zur Information, nicht zur Dekoration
  - sparsam mit Schmuck wie Rahmen, Schattierungen! (Ablenkung vom Inhalt)
  - 5 bis 7 inhaltliche Punkte reichen für eine Folie.

- **Präsentation**
  - Folienaskese: 1 Folie für 5 Min., in 45 Min. nicht mehr als 12 Folien! (Vor allem bei Powerpoint-Präsentationen wichtig!)
  - Folie ankündigen
  - Zeit lassen zum Anschauen (Impulswirkung abwarten!)
  - Folie kommentieren, nicht vorlesen; Details hervorheben
  - Abdecken und sukzessives Aufdecken überdenken
  - Overlay-Technik (übereinanderlegen von Folien, um Entwicklungen aufzuzeigen)
  - ggf. Zeit lassen zum Abschreiben oder Ergänzen
  - Hervorheben durch Stift oder transparenten Pfeil, nicht mit dem Finger
  - Hervorheben an der Projektionsfläche mit Zeigestock, Laser-Pointer
  - nicht hinter dem Projektor verharren! (Barriere)
  - wenn nicht mehr gebraucht, ausblenden

Tafel

Viele der oben genannten Gesichtspunkte lassen sich auch auf die Tafel anwenden.

- **Formen der Arbeit mit der Tafel**
  - Tafelanschrieb: vollständiger ausformulierter Text an der Tafel: allenfalls sinnvoll zur Überprüfung der Rechtschreibung oder in der Unterstufe. Folie ist hier oft überlegen (zu Hause vorzubereiten, im Unterricht Klasse besser im Blick)
  - vorbereitetes Tafelbild (hoher Aufwand, s. o.)
  - entwickeltes Tafelbild ist der Normalfall; der Folie überlegen, wenn die Handschrift gut leserlich ist.

- **Gestaltung**
  - saubere Druckschrift (Vorbild für die Heftführung), mindestens 6 cm hoch
  - Überschrift
  - Verdeutlichung durch Unterstreichung (Lineal), Nummerierung, Spiegelstriche etc.
  - Farbe als Verdeutlichung, nicht als Schmuck einsetzen
  - der Struktur des Inhalts entsprechende/sie verdeutlichende graphische Gestaltung
  - Einteilung der Tafel: Ins Zentrum gehört die Hauptinformation, an den Rändern oder Seitentafeln Hinweise z. B. zur Hausaufgabe, zu Terminen, Erläuterungen, Nebenrechnungen, Worterklärungen

- **Vorzüge**
  - Flexibilität: rasche Korrekturen möglich, Modifi kationen ohne Aufwand
  - keine Verdunklung nötig
  - keine technischen Probleme (Lampe kaputt)
  - Schüler können die Arbeit an der Tafel übernehmen (Perspektivenwechsel, auch körperlich aktivierend)

- **Nachteile**
  - Tafelreinigungsrituale
  - Kreideholrituale
  - in der Folgestunde nicht aufgreifbar/ergänzbar
  - beim Schreiben Blickkontakt zur Klasse unterbrochen

Schlussbemerkung

Sicherlich sind nicht die (Lehrproben-)Stunden die besten, in denen Medienschlachten geschlagen werden: Vom Impulsbild auf Folie über die Geographiekarte, ein paar Dias, ein kurzer Film, das Tafelbild, die Graphik auf Folie zum abschließenden Großpuzzle am Schwarzen Brett. Medien dienen dazu, etwas begreifbar, sichtbar zu machen. Auch die Sprache ist ein Medium. Ihr sollte man nicht misstrauen. Auch mit der Sprache kann die Lehrkraft Bilder zeichnen (Vgl. „innere Anschauung“, unter „Anschaulichkeit“, Kap. 2.2.1.2)! Mit der Visualisierungseuphorie könnten manche das Zuhören und das Herstellen von eigenen Bildern in der Phantasie verlernen.

2.2.3 Unterrichtsformen

Unterrichtsformen „bezeichnen die Art der Organisation der Interaktionen von Lehrer und Schülern im Unterricht aufgrund der Vorgabe methodischer Rahmenbedingungen.“ „Unterrichtsmethoden legen den Interaktionsrahmen von Schülern und Lehrer für ihr gemeinsames Handeln an Lerninhalten fest.“ (Köck/Ott 743, 751)

„Es sind die Unterrichtsformen, begriffl ich bestimmt als Gesamtcharakter der Stellung von Lehrer, Schüler und Lehrinhalt in Bezug auf den Vorgang des Lehrens und Unterrichtens [...], gewissermaßen die Rollenverteilung zwischen Lehrer und Schülern in Auseinandersetzung mit dem Unterrichtsgegenstand.“ (Glöckel, 1992, S. 57)

Über den Begriff der „Unterrichtsformen“ (UF) herrscht weithin Uneinigkeit. Während Köck sie mit den Aktionsformen gleichsetzt und etwa von den Sozialformen abgrenzt, ordnet Glöckel den Unterrichtsformen Arbeits-, (Aktions-) und Sozialformen zu. Versteht man unter Unterrichtsformen alle für die Unterrichtsdurchführung formgebenden Elemente der Interaktion zwischen Lehrer und Schülern, dann gehören dazu die Aktionsformen (Inhaltsebene), die Sozialformen (Beziehungsebene), die Verlaufsformen (Prozessebene) und weitere unterrichtsstilbildende Elemente (offene Unterrichtsformen).

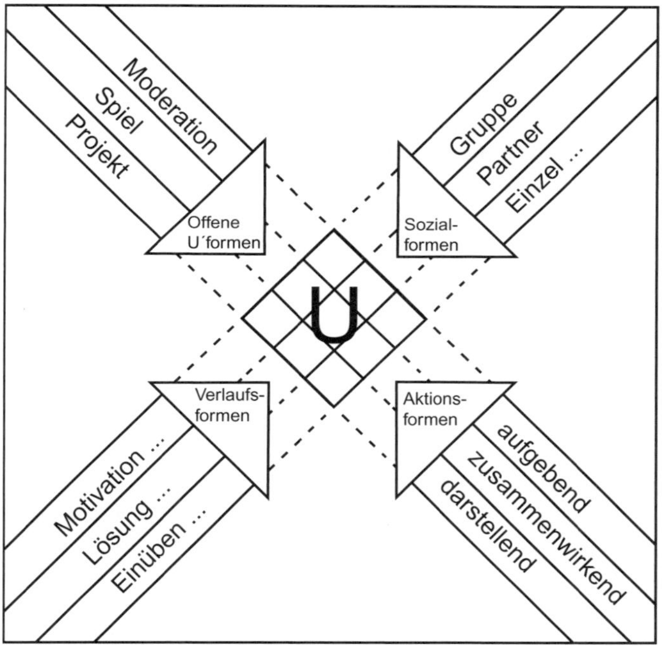

Die Skizze soll deutlich machen, dass diese vier Gruppen von Unterrichtsformen den Unterricht gestalten, nicht aber, dass jeder Sozialform auch jede Aktionsform zugeordnet werden kann. Dass die offenen Unterrichtsformen als eine neben den Sozial- und Aktionsformen eigene Gruppe rangiert, ist insofern problematisch, als sie im Wesentlichen defi niert sind durch ein jeweils spezifi sches Zusammenspiel einer Sozial- mit einer Aktionsform. Um aber die Bedeutung der offenen Unterrichtsformen hervorzuheben, sind sie als eigene Gruppe aufgeführt.

2.2.3.1 Aktionsformen

Mischwald ist besser als Monokultur!
Hilbert Meyer

Einteilung
Sinnvoll ist eine Einteilung in vier verschiedene Gruppen von Aktionsformen (AF):

a) Darbietende (Sicht des Lehrers) bzw. aufnehmende (Sicht der Schüler) AF

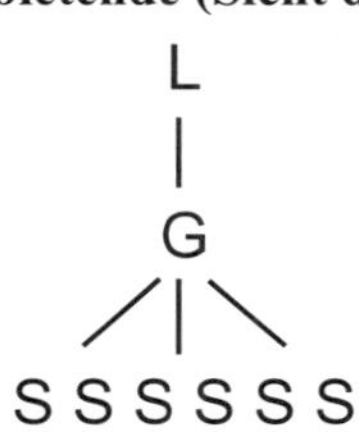

L: Lehrer
G: Gegenstand
S: Schüler

Die Lehrkraft oder ein für diese Aufgabe ausgewählter Schüler bietet den Unterrichtsinhalt den Schülern dar, welche den Stoff in unterschiedlicher Weise aufnehmen. Zu den darbietenden Formen gehören Erzählen, Schildern, Vortragen, Vorlesen, zusammenhängend Erklären, Demonstrieren (Musik, Sport, Kunst), Experimentieren (naturwissenschaftlich), Vorführen (Medien) u. a. Die Schüler nehmen die Aktion auf durch Beobachten, Zuhören, Mitdenken, Mitschreiben u. a.

b) Zusammenwirkende (erarbeitende) AF

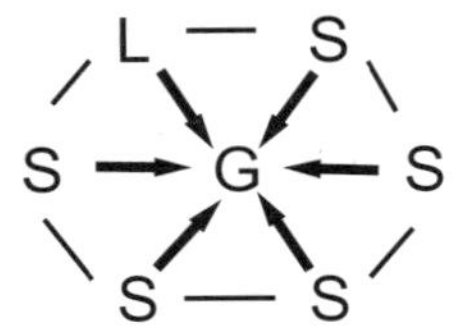

Lehrkraft und Schüler bemühen sich gemeinsam in unterschiedlichen Rollen um den Unterrichtsgegenstand. Meist findet die Zusammenarbeit in verschiedenen Formen des Gesprächs statt. Dabei ist die Einteilung bestimmt durch die Lehrer- bzw. Schülerzentrierung: z. B. fragend-entwickelnder Unterricht (starke Lehrerzentrierung), Unterhaltung (starke Schülerzentrierung).

c) Aufgebende (Sicht des Lehrers) bzw. ausführende (Sicht der Schüler) AF

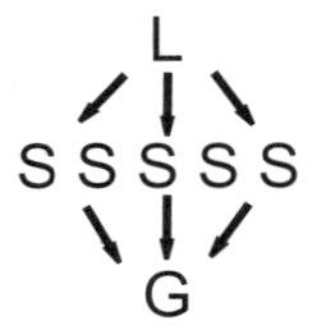

Die Lehrkraft stellt Aufgaben, die von den Schülern erledigt werden sollen. Dabei begegnen diese den Unterrichtsinhalten, indem sie im Unterricht und zu Hause allein oder in Gruppen bekannte Inhalte lernen, erläuterte Verfahren einüben, wiederholen, aber auch geprüft werden. Die Schüler arbeiten nach ihrem Arbeitstempo, wählen ggf. auch ihre Arbeitsmethoden und gelangen zu den vom Lehrer intendierten Ergebnissen.

d) Entdecken lassende (Lehrer) und entdeckende AF

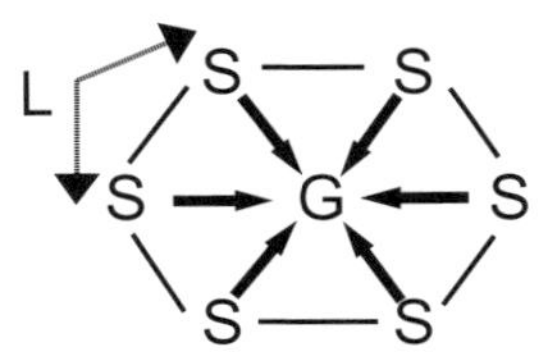

Die Lehrkraft initiiert die Tätigkeiten der Schüler, indem sie Zielrichtung, Organisation und eventuell Materialien vorgibt, und die Schüler eignen sich die Unterrichtsinhalte durch verschiedene Formen des Recherchierens an. Sie wählen Tempo, Methode, ggf. Ziele und Vertiefungsgrad selbst und präsentieren ihre Ergebnisse anschließend (darbietende AF). Die Rolle der Lehrkraft beschränkt sich auf die Planung, die Organisation und die Beratung.

Darbietende Aktionsformen

Man kann über alles reden, nur nicht über zehn Minuten.
Kurt Tucholsky

Vortrag

Der Vortrag ist in jüngerer Zeit in Misskredit gekommen, scheint er doch synonym für die sprichwörtliche Defi nition von Unterricht („Wenn alles schläft und einer spricht, …“). Dabei handelt es sich um die Urform des Lehrens. Der Erfahrene, der Wissende teilt dem Unerfahrenen, dem noch Unwissenden von seiner Erfahrung, seinem Wissen mit. Auch heute noch ist der Vortrag unverzichtbar: Das Impulsreferat zu Beginn einer Gruppenarbeit, die Informationen zu einem Unterrichtsvorhaben, der Vortrag eines literarischen Werkes (Gedicht …), die anschauliche Schilderung des Justizwesens im Mittelalter, die Vorstellung eines Naturwissenschaftler, dessen Versuch nachgestellt wird, oder eines Schriftstellers, dessen Werk gelesen wird, übertreffen jedes Kapitel im Lehrbuch und jede Internetseite an Wirklichkeitsnähe und Farbigkeit und vermögen deshalb oft besser zu motivieren. Außerdem wird die Lehrkraft zum Modell für ähnliche Auftritte der Schülerinnen und Schüler vor der Klasse.

Wie jede andere Unterrichtsform ist auch der Vortrag/Monolog abzulehnen, wenn er schlecht gemacht ist, die Schüler zu lange in der Passivität verharren lässt und nur die Inhalte aus dem Lehrbuch wiedergibt. Als gezielt eingesetzte, zeitlich überschaubare Aktion, die sich an den Fähigkeiten der Schüler (zuhören können, sich konzentrieren können) ausrichtet, trägt er zur Abwechslung im Unterrichtsgeschehen bei. Die Forderungen an die Aktionsform Vortrag entsprechen denen der Unterrichtsprinzipien:

- **Einsatz des Vortrags**

In allen Unterrichtsphasen ist der Vortrag einsetzbar: Einführung in ein neues Thema, Impuls für die Gruppenarbeit, methodische Hinweise zur Leistungserhebung, Zusammenfassung der Stunde, Wiederholung am Stundenanfang. In der Oberstufe ist es durchaus denkbar, auch einmal eine Vorlesung (für die Jahrgangsstufe) zu halten, um sie an die Universitätswirklichkeit heranzuführen.

- **Dauer**

Ein Vortrag ist ein Kurzreferat, das je nach Altersstufe zeitlich eng zu begrenzen ist, um die Schüler nicht zu überfordern. Dies gilt noch mehr für Schülerreferate, die oft nicht so professionell gestaltet sind und deshalb noch mehr ermüden. Es ist unsinnig, dem vortragenden Schüler und seinen Zuhörern ein vierzigminütiges Referat zuzumuten. Wenn eine solche komplexe Aufgabe gestellt wird, dann als Präsentation oder als LdL-Stunde (S. 159 ff.), in welcher der Referent auch auf andere Aktionsformen zurückgreifen kann.

- **Gestaltung**

Dass der Vortrag frei gesprochen (Spickzettel erlaubt, empfehlenswert die Folie mit der Gliederung), lebendig, sprachlich anregend, mediengestützt, strukturiert, körpersprachlich (Blickkontakt, Gestik, Mimik …) unterstützt sein sollte, versteht sich von selbst. Dann allerdings ist den Schülern zuzumuten, aufmerksam zuzuhören. Zur rechten Zeit sollten sie das Gewicht des gesprochenen Wortes erleben, um sich dessen Bedeutung bewusst zu werden.

- **Inhalt**

Der Vortrag vermittelt die Inhalte verständlich, anschaulich, sachlich richtig. Das Thema ist klar formuliert, die Gliederung gut erkennbar (durch die Strukturierung oder durch mediale Vermittlung) und der Zusammenhang mit vorausgehendem und folgendem Unterricht ist geklärt. Für die Akzeptanz ist es wichtig, dass die Inhalte des Vortrags nicht an anderer Stelle mit wenig Aufwand abgerufen werden können; der Schüler soll das Gefühl haben, dass es ökonomisch ist zuzuhören.

- **Einbettung in den Unterrichtsablauf**

In der Unterrichtsstunde nimmt der Vortrag eine besondere Stelle ein. Er wird als solcher angekündigt, sollte auch nicht mit einer anderen Aktionsform (z. B. Unterrichtsgespräch) vermengt werden, und die Schüler haben klare Anweisungen, wie sie dem Vortrag folgen sollen (zuhören, mitschreiben, Fragen notieren ...). Auch das Ende des Vortrags sollte markiert werden.

- **Methodische Varianten zum Vortrag**

Als ein Haupteinwand gegen den Vortrag wird immer die erzwungene Passivität der Schüler ins Feld geführt. Dem begegnet man mit einer Unterbrechung des Referats an geeigneter Stelle und lässt die Schüler in Partner- oder Dreiergruppen (Sitzordnung!) kurz das Gehörte reflektieren, ggf. Unklarheiten festhalten oder Fragen formulieren, die gleich oder am Ende des Vortrags beantwortet werden. Eine etwas ungewöhnliche, aber schüleraktivierende Methode ist, das Referat inhaltlich vorzubereiten, im Unterricht aber nicht zu halten, sondern nur auf Schülerfragen zu antworten, die in einer Brainstormingphase (Allein-, Partnerarbeit) vorbereitet werden.

Demonstration und Experiment

Im Prinzip unterscheidet sich der Vortrag nicht wesentlich vom Vormachen, Zeigen, Demonstrieren. Im Vortrag wird ein Inhalt verbal vorgeführt, beim Vormachen bedient sich die Lehrkraft anderer Möglichkeiten: Sie singt oder spielt etwas vor (Musik), sie zeigt einen Bewegungsablauf des Körpers (Sport), sie demonstriert eine Naturgegebenheit durch ein Experiment, sie spielt einen Film vor (Geographie, Biologie), sie spricht etwas vor (Fremdsprachre), auf jeden Fall stellt sich die Lehrkraft in das Zentrum und fordert von den Schülern alle Aufmerksamkeit für die gebotenen Inhalte, die sie selbst ausgewählt hat. Diese Lehrerzentrierung findet nicht ungeteilten Beifall, aber ein gekonnt vorgetragenes Klavierstück durch den Lehrer, die überzeugende Demonstration eines Saltos, die überlegte Auswahl eines Films oder das aufwändige Experiment in der Physik ist allen dilettantischen Vorführungen durch Schüler überlegen. Andererseits, wenn ein Schüler/eine Schülerin die gleiche Kompetenz wie sein Lehrer/ihre Lehrerin hat, dann gibt es kein Argument dagegen, diesem/dieser die Demonstration nicht zu überlassen.

Es gelten die gleichen Forderungen an die Gestaltung wie beim Vortrag. Die Unterrichtsprinzipien bestimmen Dauer, Einsatz und Gestaltung der Demonstration. Zu achten ist etwa auf die **Schülergemäßheit**: Häufi g werden bei Demonstrationen die Schüler überfordert, weil das Experiment wegen des Ehrgeizes der Lehrkraft so komplex gestaltet ist, dass Schüler die eigentliche Botschaft nicht wahrnehmen. Oder die Attraktivität der Demonstration verstellt den Blick auf die Inhalte. Dass die **Selbsttätigkeit** auch bei der lehrerzentrierten Demonstration ein Kriterium sein kann, ist beim Vortrag deutlich geworden. Wann immer es möglich ist, sollten wenigstens einzelne Schüler in das Experiment, in die Demonstration mit einbezogen sein. Auch das Prinzip der **Ökonomie** sollte berücksichtigt werden. Nicht jedes Gedicht muss feierlich vom Lehrer vortragen werden, nicht jedes Naturphänomen muss per Experiment nachgewiesen und nicht jede körperliche Bewegung vom Sportlehrer perfekt demonstriert werden. Wenn aber etwas demonstriert wird, dann soll diese Aktion nicht sehr viel länger als fünf Minuten dauern, zumal Zeit bleiben muss, die unterschiedlichen Schülerwahrnehmungen zusammenzuführen. Die Wahrnehmungspsychologie empfi ehlt, in einer Demonstration immer nur ein Phänomen zu zeigen, das zu Zeigende in das Zentrum der Klasse zu rücken und die Wahrnehmungen zu überprüfen (auch zur Evaluation der eigenen Demonstration). Dies geschieht durch verbale Rückmeldungen oder durch Wiederholung der Demonstration durch Schüler, sofern dies möglich ist.

Gesprächsformen (Zusammenwirkende AF)

Die zusammenwirkenden Aktionsformen sehen fachbezogen sehr unterschiedlich aus. Wenn Lehrkraft und Schüler miteinander singen, Fußball spielen oder eine Wandzeitung entwerfen, dann ist das Machtgefälle zwischen Lehrer und Schülern weitgehend aufgehoben und sie arbeiten in einer modifi zierten Form von Gleichberechtigung miteinander. Trotzdem bleiben meist die Planungs- und Organisationsaufgaben in der Hand der Lehrkraft und sie gibt die Führungsrolle auch aus Gründen der Verantwortung nicht völlig auf.

Die am häufigsten angewandte Aktionsform ist das Gespräch in seinen unterschiedlichen methodischen Ausformungen. Die verschiedenen Gesprächsformen des Unterrichts lassen sich in der untenstehenden Skizze (Glöckel, Begriffe verändert) einordnen, beginnend mit dem fragenden entwickelten Unterrichtsgespräch ganz links bis zu Unterhaltung ganz rechts.

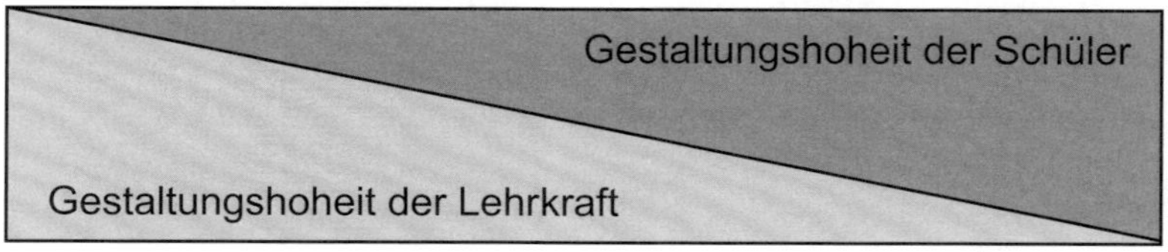

Nicht die Intensität der Zusammenarbeit ist das Einteilungskriterium, sondern die „Machtverteilung" im Zusammenwirken. Dabei gibt es keine Trennschärfe zwischen den einzelnen Formen.

- **Prüfungsgespräch**

Den höchsten Grad an Lehrerlenkung hat das Prüfungsgespräch, wenn in der Art der mittelalterlichen Katechese (standardisierte Frage – auswendig gelernte Antwort) auf jede kleinschrittige Frage die richtige Antwort gegeben werden muss. Leider erfolgt manche mündliche Leistungserhebung immer noch weitgehend nach diesem Schema. Denkbar ist diese Form als spielerische Überprüfung des Wissens aus der vorhergehenden Unterrichtsstunde.

- **Lehrgespräch (fragend-entwickelndes Unterrichtsgespräch)**

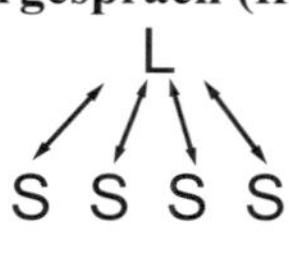

Die Mäeutik, die sokratische Hebammenkunst, also das Verfahren, durch Fragen die im Gesprächspartner unbewusst vorhandene Erkenntnis hervorzuholen, steht Pate bei dieser Gesprächsform. „Der Lehrer entwickelt fragend durch geschickte Nutzung der Vorkenntnisse der Schüler sowie ihres logischen und psychologischen Argumentationsvermögen einen Sach-, Sinn- oder Problemzusammenhang aus der Sicht und in der Sprache der Schüler." (Akademiebericht Päd., S. 149). Durch die Abfolge der Fragen bleibt die Führung des Gesprächs bei der Lehrkraft, da es auf jede Frage meist nur eine richtige Antwort gibt, die sie für die nächste Frage benötigt und damit die Entwicklung des Problems steuert.

- **Gelenktes Unterrichtsgespräch**

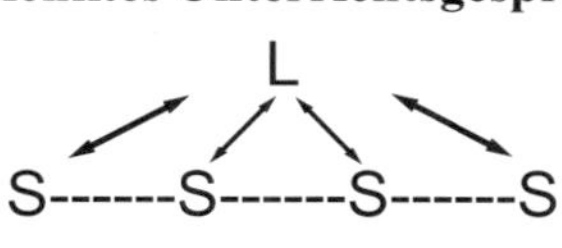

Diese Gesprächsform ähnelt dem Lehrgespräch, hat also einen hohen Lenkungsgrad, Ziel dieser Form ist es aber, von der Abfolge Lehrerfrage – Schülerantwort – Lehrerfrage abzukommen und die Schüler dadurch stärker einzubinden, indem sie miteinander diskutieren, der Lehrer also mehrere Antworten auf eine Frage zulässt. Folgende Gesichtspunkte helfen ihr bei der Durchführung:

- Das Thema muss geeignet sein. „Nur dort, wo Schüler Vorkenntnisse einbringen können und wo ihre eigenen Einstellungen, Interessen und Meinungen wichtig sind, ist ein solches Gespräch angebracht."(Auch im Folgenden: Akademiebericht Päd., S. 150).
- Die Schüler sind mit dieser Unterrichtsform vertraut und kennen ihre Rolle. Sie wissen, dass es nicht nur richtige und falsche Antworten gibt, dass sie also abweichende (kreative) Wege gehen dürfen und damit das Gespräch sogar bereichern können. Dabei verlieren sie allerdings nicht die Funktion des Gesprächs aus den Augen.
- Die Lehrkraft leitet das Gespräch durch geschickte Fragen und Impulse, informiert, korrigiert und steuert, wenn es für den Unterrichtserfolg nötig ist, sieht es aber als Erfolg an, wenn die Lehrerzentrierung zurückgenommen werden kann.

- **Schülergespräch**

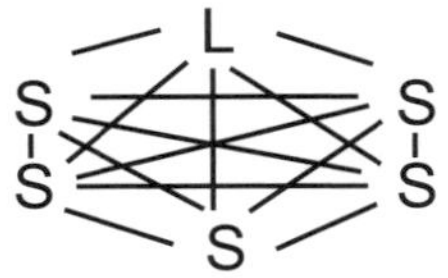

Beim Schülergespräch nimmt sich die Lehrkraft in der Leitung so weit wie möglich zurück, versteht sich als einer der Gesprächspartner oder übernimmt, was ggf. sinnvoll ist, die Moderation. Die Gesprächsteilnehmer können ihre Erfahrungen, Meinungen, Probleme zur Sprache bringen und die Aufgabe der Lehrkraft besteht darin, die einzelnen vor persönlicher Kritik zu schützen. Solche Gespräche entstehen auf Wunsch der Schüler, die unter einem Konfl ikt in der Klasse leiden, Einfl uss auf das Schulleben nehmen wollen oder ein aktuelles Ereignis zum Anlass nehmen sich auszusprechen. In jedem Fall sollte aber Anfang, Dauer und Ende von der Klasse festgelegt werden, ggf. ein Ergebnis (Beschluss, Aktion, Veranstaltung) ins Auge gefasst werden. Voraussetzungen für ein erfolgreiches Gespräch sind:

- Das Gespräch wird von einer deutlichen Mehrheit der Schüler gewünscht.
- Die Privatsphäre des Einzelnen bleibt unangetastet.
- Die Lehrkraft hält es für sinnvoll, Unterrichtszeit dafür zu „investieren".
- Die Gesprächsleitung kann ein Schüler oder auf Wunsch der Klasse der Lehrer übernehmen, der seine Rolle als Moderator betont.
- Die Schüler kennen die Gesprächsform und ihre Regeln: keine privaten Angriffe, keine Verunglimpfungen von Mitschülern und Lehrkräften, keine Unterstellungen, …
- Die Lehrkraft gibt den Schülern den nötigen Freiraum, sich ohne Angst äußern zu können, achtet aber auch auf die Verhaltensregeln und schreitet ggf. mit Takt ein.
- Die Moderation beschränkt sich darauf, bei Stocken des Gesprächs Impulse zu geben und achtet darauf, dass das Gespräch zu einem Ergebnis führt.

- **Diskussion, Streitgespräch und Debatte**

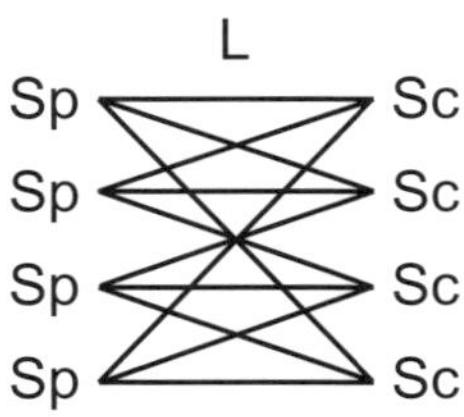

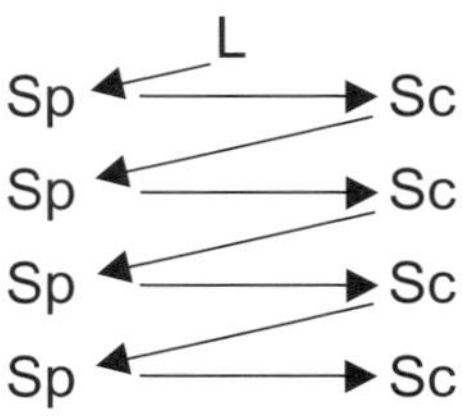

Diese festen Regeln unterworfenen Diskussionsformen finden unter der Leitung der Lehrkraft statt, die sich allerdings darauf beschränkt, auf die Einhaltung der Regeln zu achten. In der **Diskussion** sind die Pro- und Contra-Positionen wegen der Überzeugung des Einzelnen verteilt. Man kann auch im Sinn eines Rollenspiels die Positionen verteilen und jeder übernimmt aus Übungsgründen eine Rolle, die nicht der eigenen Position entsprechen muss, oder eine Beobachterrolle: **Streitgespräch** (linke Skizze). Vorbilder sind die Parlamente oder Spielformen aus den Medien. Alle Diskussionsformen dienen dazu, die Argumentationsfähigkeit, die Sprach- und Sprechfähigkeit sowie das genaue Denken zu schulen. Noch stärker verregelt ist die (englische) Debatte, in der die Abfolge der Sprecher festgelegt ist: Der Leiter (L) eröffnet mit einem Statement die **Debatte** und gibt an den Schüler mit der Pro-Einstellung (Sp) weiter, der Stellung nimmt, ein Argument nennt und an Sc (Schüler contra) weitergibt, der nun auf das Argument des Gegners eingeht, um ein eigenes Argument folgen zu lassen usw. In jedem Fall sollte am Ende eine Abstimmung erfolgen, damit ein Ergebnis feststeht.

Damit diese kontroversen Gesprächsformen gelingen, sind folgende Gesichtspunkte zu beachten:

- Das Thema muss kontrovers sein und sollte auf die Erfahrungswelt der Schüler eingehen.
- Das Thema ist inhaltlich eingeführt, damit auf gesicherter Basis diskutiert werden kann.
- Die Schüler haben genügend Zeit, sich auf die Rolle und die Argumentation vorzubereiten.
- Die Schüler können zwischen der vorbereiteten Argumentation eines Schülers und dessen eigenen Meinung unterscheiden. Sie vermeiden persönliche Bemerkungen.
- Die Gesprächsregeln sind bekannt.
- Sind Beobachter eingeteilt, so kennen sie ihren klaren Beobachtungsauftrag. Die Ergebnisse der Beobachtung werden abgerufen, sodass die Diskussionsteilnehmer eine Rückmeldung erfahren.

Frage und Impuls

Die beiden Tätigkeiten steuern Gespräche; deshalb werden sie auch als "Techniken des Unterrichtsgesprächs" bezeichnet, obwohl sie eigentlich als Grundtechniken der Unterrichtsführung gesehen werden können.

Lehrerfrage

Bei der Lehrerfrage handelt es sich um ein Konstrukt, das mit der echten Frage wenig zu tun hat. Wer fragt, will im Allgemeinen etwas wissen, möchte eine Auskunft haben, kennt also die richtige Antwort nicht. Der Lehrer hingegen kennt sie und will eigentlich nur wissen, ob der Schüler sie kennt: **Prüfungsfrage**. Daneben gibt es die **didaktische Frage**, mit der die Lehrkraft im Schüler einen Denk- und damit Lernprozess anstoßen will. Im lehrerzentrierten Lehrgespräch instruiert die Lehrkraft ihre Schüler, indem sie versucht, durch geschicktes Fragen in den Schülern einen Erkenntnisprozess zu initiieren, der durch das Ausschöpfen der eigenen Ressourcen (Vorwissen, Kombinatorik, logisches und laterales Denken, Assoziationsfähigkeit, Empathie ...) gelingt. Diese Form der Instruktion ist stärker schülerzentriert als die reine Belehrung (z. B. Vortrag).

• **Klassifizierung der Fragen**

Mit Fragen lassen sich Vorkenntnisse ermitteln, die als Grundlage für die weitere Unterrichtsarbeit notwendig sind, Aufmerksamkeit und Neugier wecken, zum Nachdenken provozieren und motivieren, die Denkrichtung bestimmen, den Unterricht strukturieren, den Aufmerksamkeitsgrad kontrollieren, Zusammenhänge erfassen, neue Perspektiven eröffnen, fokussieren, Folgerungen ziehen und Ergebnisse evaluieren. Die jeweilige Funktion bestimmt die Frageform. Folgende **Typen** lassen sich unterscheiden:

– Kognitive Gedächtnisfragen: Vom Schüler wird verlangt, dass er gelernte oder ohnehin bekannte Fakten wiedergibt. Sie können weit (*„Worin liegen die Ursachen für den 1. Weltkrieg?“*) oder geschlossen/eng (*„Wann hat Goethe gelebt?“*) formuliert sein.
– Konvergente Denkfragen: Der Schüler muss aus Bekanntem auf Unbekanntes schließen (*„Wie komme ich von der Geschwindigkeitsformel auf die Beschleunigungsformel“*); die Antwort kann nur richtig oder falsch sein.
– Divergente Denkfragen: Sie ermöglichen dem Schüler, einfallsreich und kreativ zu sein, lateral und assoziativ zu denken. (*„Wie sähe die Welt ohne Reibung aus?“*); es gibt keine falschen Antworten, wenn sie an der Fragestellung orientiert sind.
– Evaluative Fragen: Die Schüler werden aufgefordert, Werturteile abzugeben und zu begründen (*„Wie beurteilst du das generelle Rauchverbot in den Schulen?“*)

Die **zu vermeidenden Frageformen** können im Einzelfall durchaus angebracht sein, behindern aber im Normalfall und bei häufi ger Anwendung den Unterrichtsablauf eher und sind vor allem bei häufi ger Anwendung teils aus didaktischen, teils aus erzieherischen oder sprachlichen Gründen bedenklich:

– Ergänzungsfragen (nur ein Wort/Satzglied fehlt; häufi g inversiv gestellt): *„Caesar wurde von Brutus mit dem Dolch heimtückisch wann ermordet?“*
– Suggestivfragen (ironische, oft auch rhetorische Fragen): *„Kann man die Formel jetzt wirklich so stehen lassen?“*
– Kettenfragen (Serienfragen): *„Wann, wo und unter welchen Bedingungen wurde der Waffenstillstand beschlossen?“*
– Entscheidungsfragen, die nur die Antwort „ja“ oder „nein“ (oder „weiß nicht“) zulassen
– Echo-Fragen: Weitergabe der Schülerantwort als Frage: *„Sind die anderen auch der Ansicht, dass Wale Fische sind?“*
– Disziplinierende Fragen („Fangschussfragen“) an den Schüler, der nicht aufgepasst hat: *„Nun, Stefan, kannst du wiederholen, worum es beim Abstraktionsprinzip geht?“*
– zu enge Fragen (Ein-Wort-Antwort)
– Wiederholungsfragen: Der Lehrer erwartet einen bestimmten Begriff, den er solange erfragt, bis die „richtige“ Antwort kommt.

Dass Lehrkräfte auch manchmal echte Fragen stellen, deren Antwort sie also nicht kennen, sei erwähnt. Dass es außerdem Schülerfragen gibt, sollte nicht vergessen werden, nur weil sie so selten sind. Sicher ist die Lehrkraft erfolgreich, der es gelingt, dass die Schüler Fragen stellen, dass sie also Interesse signalisieren, aktiv mitarbeiten und in den Unterrichtsablauf konstruktiv mitgestalten wollen.

- **Praktische Hinweise**

Die folgenden Hinweise tragen zum Erfolg des Lehrgesprächs bei und entkräften den einen oder anderen Einwand gegen die Frage als Aktionsform:

– Fragen im Umfang und in der Zahl sinnvoll beschränken,
– möglichst offene, absichtlich unscharfe, impulsähnliche Fragen,
– zwischen Fragen, Impulsen und Aufträgen abwechseln,
– mit anspruchsvollen und weniger anspruchsvollen Fragen jedem Schüler gerecht werden,
– auf den „Vierer-Takt des Frage-Antwort-Unterrichts“ (Akademiebericht Päd., Realschule, S. 62) achten: Lehrerfrage – Pause zum Überlegen und Formulieren – Schülerantwort
– Würdigung der Antwort: Korrektur, Bestätigung, Verstärkung. Untersuchungen in unteren Klassen haben ergeben, dass Lehrer ihren Schülern in der Regel 0,9 Sekunden Zeit lassen, um eine gestellte Frage zu beantworten. (Meyer: Was ist guter Unterricht?, S. 43),
– Ein-Wort-Antworten nicht zulassen (auch durch die Fragestellung steuern),

– Lehrerecho (Wiederholung der Antwort durch den Lehrer) vermeiden bzw. bewusst und damit begründet einsetzen.

- **Einwände gegen die Lehrerfrage**

Die Lehrerfrage ist auch kritisch zu sehen. Sie sei das „fragwürdigste Mittel der Geistesbildung", eine „Brutalität", „lebens- und praxisfremd" (Gaudig), „die Fortsetzung des Lehrervortrags mit anderen Mitteln" (Wagner).

– Wenn der Lehrer fragt, dann stellt er und nicht der Schüler das Problem.
– Der Anstoß zum Denken geht vom Lehrer und nicht vom Schüler aus.
– Die Frage zwingt den Schüler in die Denkrichtung des Lehrers und nimmt ihm die Freiheit zur eigenen geistigen Bewegung.
– Die Frage hat die Antwort (Urteil, Lösung) zum Teil schon in sich und erlaubt es dem Schüler, den fehlenden Teil zu ergänzen, er leistet also nur die halbe Arbeit.
– Die Frage als starker Denkreiz erdrückt die Anreize, die im Inhalt, im Problem liegen.
– Die Lehrerfrage erstickt die Neugier, den Fragetrieb des Schülers.

Impuls

Beim Impuls im Sinne des Denkanstoßes wird im Unterschied zur Lehrerfrage der Denkfreiheit des Schülers mehr Spielraum gelassen. Während die Frage instruierenden Charakter hat, lässt der Impuls dem Schüler die Möglichkeit, seine Wirklichkeit zu konstruieren. Deshalb hat man auch gemeint, dem Frontalunterricht die Lehrerfrage und dem offenen Unterricht den Impuls zuordnen zu müssen oder sogar von Impulsunterricht zu sprechen, als sei der Impuls ein Unterrichtsprinzip. Dabei sind die beiden Tätigkeiten nicht strikt zu trennen: Manche offene Frage lässt mehr geistige Eigentätigkeit zu als ein Bildimpuls, der den Stoff der Stunde vorhersagt (z. B. ein Theaterplakat des zu lesenden Stückes). Die folgende Aufstellung zeigt, wie vielgestaltig Impulse sein können:

- **Impulsformen**

– Verbale Impulse:
  – Aufforderungen, Anweisungen, Befehle, Bitten: *„Überleg mal!" – „Schaut euch das an!"*
  – Feststellungen, die Folgerungen zulassen oder Widerspruch auslösen können: *„So argumentieren die Globalisierungskritiker." – „Dies sind meines Erachtens überzeugende Argumente."*
  – rhetorische (unechte) Fragen
  – Interjektionen und Ausrufe: *„tja", „hm!", „oje!"*
– Nonverbale Impulse
  – auf etwas deuten
  – Mimik (Ratlosigkeit signalisieren, skeptischer Blick, Kopfschütteln), Blickkontakt
  – Gestik (auf etwas deuten, am Kopf kratzen, Fragezeichen mit der Hand in der Luft formen, Kopf wiegen)

- Impulse über Unterrichtsmittel
  - Gegenstände präsentieren
  - mediengesteuerte Impulse (Bilder, Karikaturen, Dia, Filmausschnitt, Tondokument, Begriff an der Tafel)
  - schweigend verharren

- **Praktische Hinweise**
  - Impulse planen; nicht Impulse impulsiv setzen,
  - Impulse nicht nur zum Stundenbeginn einsetzen, sondern auch als Frageersatz verwenden,
  - Zeit geben, wirken lassen,
  - nicht den Impuls durch gezielte Fragen zerstören,
  - nicht Impuls oder Frage zum Prinzip erheben (Abwechslung!),
  - Reaktionen auf den Impuls nicht als zu benotenden Unterrichtsbeitrag ansehen.

Impulse sind nur dann sinnvoll, wenn sie die Erfahrungswelt der Schüler, ihren Erlebnishorizont, ihr Vorwissen ansprechen oder sie zum Widerspruch reizen. Impulse, die keinerlei Schülerreaktion hervorrufen, behindern den Unterricht stärker als eine ungeschickte Frage. In der Frage ist häufig die Antwort schon vorformuliert; der Impuls hingegen zwingt die Schüler zur eigenen Artikulation ihrer Gedanken. Es bedarf auch einiger Zeit, die Schüler mit der Impulstechnik vertraut zu machen, zumal dann, wenn sie das streng geführte Lehrgespräch gewohnt sind.

Aufgebende und ausführende Aktionsformen
„Schüler werden durch diese Unterrichtsform in die Lage versetzt, anhand einer präzisen Aufgabenstellung ein Lernproblem auf vereinbartem Weg selbsttätig zu lösen"(Köck/Ott, 54). Ob Schüler eine Rechenaufgabe im Unterricht lösen, in Gruppenarbeit eine Collage erstellen, eine Schulaufgabe schreiben oder Hausaufgaben anfertigen, immer führen sie eine Aufgabe aus, die der Lehrer gestellt hat.

Je nach Aufgabenstellung suchen die Schüler ihren Lernweg bzw. die Bearbeitungsmethode, bestimmen die Arbeitszeit sowie den Grad der Vertiefung und bearbeiten die Aufgabe selbstständig. Damit lernen sie den jeweiligen Aufgabentyp kennen, können üben und gewinnen dabei Sicherheit für die Hausaufgaben und die kommenden Leistungserhebungen. Dem Unterrichtsprinzip Selbsttätigkeit wird damit Rechnung getragen.

Den Lehrern bieten diese Aktionsformen die Möglichkeit, die Schüler bei der Arbeit zu beobachten, den Grad des Verständnisses bei den Schülern festzustellen, also auch die eigene Unterrichtsarbeit zu evaluieren, den zeitlichen Arbeitsaufwand einzuschätzen und ggf. zu beraten und zu helfen. In der Unterrichtsabfolge stellt diese Unterrichtsform eine Abwechslung dar. Außerdem wird die Lehrkraft dem Lehrplan gerecht, der Phasen des Übens im Unterricht fordert. Leider wird die Übungsphase sehr häufi g nicht in den Unterricht integriert, sondern auf die Hausaufgaben übertragen.

Die Hausaufgabe

Hausaufgaben sind Hausfriedensbruch. (Der Spiegel)

„Um den Lehrstoff einzuüben und die Schüler zu eigener Tätigkeit anzuregen, werden Hausaufgaben gestellt, die von Schülerinnen und Schülern mit durchschnittlichem Leistungsvermögen in angemessener Zeit erledigt werden können." (GSO, 2007, § 52). Auch heute noch wird von vielen dieser Text dahingehend missverstanden, dass im Unterricht der Stoff vorgestellt wird und zu Hause über Lernen und Einüben die Nachhaltigkeit gesichert wird. Die Notwendigkeit von Hausaufgaben stellen weder Schüler noch Eltern und Lehrer in Frage.

Trotzdem flammt immer wieder die Diskussion um Für und Wider der Hausaufgaben (HA) auf.

Die **Kritiker** äußern:

- **Ineffektivität:** HA sind nicht so lerneffektiv, wie meist angenommen wird. Untersuchungen mit Parallelgruppen ohne HA haben keinen signifi kanten Unterschied im Lernfortschritt erbracht.
- Die **Überforderung** rührt daher, dass die Kinder zeitlich stark belastet sind (Nachmittagsunterricht), kaum noch Zeit für Spielen und Hobbys haben. Gerade die Schwächeren und Langsameren leiden darunter, dass sie ungenügend vorbereitet, den HA nicht gewachsen sind, deren Umfang die Lehrer häufig unterschätzen. Der Misserfolg am Nachmittag führt zu Selbstzweifel, der die Motivation abtötet.
- Die **Belastung der Familie** hängt auch von den sozialen Bedingungen ab. Das Kind braucht einen eigenen ruhigen Arbeitsplatz und sollte nicht allein gelassen sein, wenn Hilfe nötig ist. Die Eltern, häufi g nicht kompetent, können nicht helfen oder helfen in falscher Weise, es kommt zu Diskussionen und Konflikten. Wo genügend Geld zur Verfügung steht, springt eine professionelle Hausaufgabenbetreuung oder Nachhilfe ein und verschärft das soziale Ungleichgewicht.
- Die Lehrkräfte wissen oft nicht von den häuslichen Schwierigkeiten, schätzen den Umfang der HA falsch ein, da sie sich auch nicht mit den Kollegen absprechen, und erhalten durch die HA oft **falsche Rückmeldungen** über den Leistungsstand.
- HA begünstigen den Trend zur **Stofffülle**. Wenn die Lehrkräfte im Unterricht keine Zeit zum Einüben lassen, bleibt ihnen mehr Raum für Stoffvermittlung, deren Vertiefung zu Hause erfolgen muss.

Die **Befürworter** äußern:

- Gerade in Halbtagsschulen ist eine **Entlastung des Unterrichts** unumgänglich. Die Lernzeit, die Schüler an Ganztagesschulen aufwenden, benötigen auch die Schüler anderer Schultypen. Es ist sinnvoll, Alleinarbeitsphasen (Vokabellernen, Trainieren von Fertigkeiten, Einüben), die ohne Hilfe der Lehrkraft stattfi nden können, auf den Nachmittag zu verlegen und den Vormittag dem gemeinsamen Lernen vorzubehalten.
- Phasen der Alleinarbeit, die nicht ständig von der Lehrkraft überprüft sind, fördern auch die **Selbstständigkeit und die Verantwortung** für das eigene Tun. Der Erfolg trägt auch zur **Lernmotivation** bei.
- Jede Form der Alleinarbeit hat den Vorteil der **Individualisierung** von Arbeitstempo, Methodenwahl, Zeiteinteilung, Vertiefungsgrad. Allerdings müssen die Schüler die Methoden gelernt haben (Lernen lernen) und dem Lehrer Rückmeldungen geben können (z. B. die für die Aufgabe benötigte Zeit im Heft notieren).
- Dass über die Hausaufgaben der **Kontakt zum Elternhaus** hergestellt werden kann, kann auch positiv gesehen werden. Die Eltern lernen die Unterrichtsinhalte kennen und nehmen das Arbeitsverhalten ihrer Kinder wahr. Sie können reagieren, wenn zu Hause Lernschwierigkeiten auftauchen, können bei der Lehrkraft Hinweise zur richtigen Unterstützung (wenn nötig) einholen und helfen damit ihren Kindern in kompetenter Weise.

Niemand bezweifelt, dass die Halbtagsschule ohne Hausaufgaben nicht denkbar ist. Zunehmender Nachmittagsunterricht im achtjährigen Gymnasium macht ein Umdenken erforderlich, nicht nur der einzelnen Lehrkräfte, sondern aller Beteiligten: Fachschaften, Kollegium, Schulleitung, Eltern, Schüler, weshalb die neue GSO (§ 52) anordnet, dass die Lehrerkonferenz die Grundsätze für die Hausaufgabe festlegt. Den Einwänden gegen die Hausaufgabe kann man nur mit einer sinnvollen Hausaufgabenpraxis begegnen.

- **Funktionen**

Mit Hausaufgaben werden unterschiedliche Zwecke verfolgt:

- Übungsaufgaben vertiefen und verfestigen das im Unterricht erarbeitete Wissen.
- Anwendungsaufgaben helfen, die gelernten Kenntnisse und die erworbenen Fähigkeiten auf neue Lernsituationen zu übertragen.
- Ein Teil der Hausaufgabenzeit dient dazu, sich den Unterrichtsstoff so einzuprägen, dass er in der nächsten Stunde präsentiert werden kann.
- Die vorbereitenden Aufgaben schaffen Grundlagen für die kommenden Unterrichtsstunden.
- Auch die Vorbereitung auf Leistungserhebungen gehört zu den Hausaufgaben.

- **Grundsätze**
  - nur methodisch begründete HA stellen, die aus dem Unterricht erwachsen (nicht als disziplinäre Maßnahme, nicht aus Gewohnheit!),
  - HA den verschiedenen Phasen des Unterrichts zuordnen (Motivation, Einüben, Transfer …), also z. B. vorbereitende Aufgaben für den Unterricht,
  - in den Aufgabentypen (siehe oben: „Funktionen“) variieren,
  - die unterschiedlichen Begabungs- und Leistungsgruppen in der Klasse durch differenzierte Hausaufgabenstellung berücksichtigen,
  - HA auch einmal als Partner- oder Gruppenarbeit stellen,
  - die Funktionen und die erwarteten Ergebnisse der HA erläutern (lernen, üben, vorbereiten, vertiefen …),
  - methodische Hinweise für das Verfertigen der HA geben (auch geschätzte Bearbeitungszeit),
  - HA rechtzeitig vor Stundenende stellen, am besten im Zusammenhang mit dem zu übenden Inhalt (nach dem Gong gestellt, bedeutet eine Abwertung der HA),
  - die konkreten Hinweise (Buchseite, Art der Bearbeitung, erwartetes Ergebnis …) schriftlich festhalten; den Eintrag ins Aufgabenheft überwachen (v. a. in der Unterstufe),
  - die Rolle der Eltern beim Verfertigen der HA erläutern (nur kontrollieren, abfragen, unterstützen; nichts unternehmen),
  - HA auch einmal im Unterricht beginnen lassen, um mögliche Probleme zu beheben (Vokabeln lernen in einer fünfminütigen Alleinarbeitsphase im Unterricht; gemeinsam ein Gedicht im Unterricht auswendig lernen usw.),
  - nach Möglichkeiten suchen, die es den Schülern erlauben, schon zu Hause die Richtigkeit zu überprüfen (z. B. Mathematik: Zwischen- oder Endergebnis angeben),
  - den Umfang auf die Jahrgangsstufe und mit den Kollegen/innen abstimmen; die aufgewandte Zeit im Hausaufgabenheft notieren lassen (vgl. § 52 GSO),
  - auch einmal keine HA stellen (HA sind kein Ritual!), vor allem, wenn eine komplexe Aufgabe in einem anderen Fach (z. B. Aufsatz) ansteht; aber nicht als Belohnung apostrophieren, da sonst die übliche HA als Bestrafung angesehen wird,
  - HA **immer** würdigen (ansehen, abzeichnen, überprüfen, besprechen, Feedback erfragen …),
  - HA nicht nur als Lernzielkontrolle, sondern auch als Evaluierung des eigenen Unterrichts ansehen,
  - mit Eltern und Nachhilfelehrern kooperieren (über die eigenen Vorstellungen informieren, beraten).

- **Differenzierung von Hausaufgaben**

Die HA ist eine Aktionsform, bei welcher der Schüler/die Schülerin im Normalfall allein arbeitet. Deshalb sollte die Lehrkraft die Chance der Differenzierung und Individualisierung nützen, um den Einzelnen optimal zu fördern. Schüler, die sich durch eine Aufgabenstellung unter- oder überfordert fühlen, ziehen aus der Arbeit keinen Gewinn. Dabei geht es nicht nur um eine Leistungsdifferenzierung; es kann auch das Ziel sein, die Interessenlage oder die Motivation differenziert zu berücksichtigen. Möglichkeiten der Differenzierung sind z. B.:

- unterschiedlicher **Umfang** der gleichen Aufgabenstellung: Nach Selbsteinschätzung bearbeitet jeder entweder zwei, drei oder vier Aufgaben („Zwei Aufgaben sind Minimum, drei sind normal, vier sind für Experten"). Die Erfahrung zeigt, dass keineswegs alle Schüler nur zwei Aufgaben erledigen.
- festgelegte **Arbeitszeit** (z. B. 20 Min.): Vier Aufgaben könnten in dieser Zeitspanne erledigt werden, jeder bearbeitet in dieser Zeit, was er schafft.
- unterschiedliches **Anforderungsniveau**: wahlweise vorgegebene Aufgaben bearbeiten oder entsprechende Aufgaben erfi nden (und bearbeiten).
- freiwillige Mehrleistungen aus dem eigenen Interessengebiet.

Voraussetzung für eine sinnvolle Differenzierung ist allerdings, dass die Methoden erlernt sind und dass die erforderlichen Materialien zur Verfügung stehen. Natürlich ist die Würdigung/Besprechung einer differenzierten Hausaufgabe zeitaufwändig. Hier wird man zeitlichen Aufwand und Ertrag ins Verhältnis setzen müssen. Oft erspart eine gut gemachte Hausaufgabe die nochmalige Erklärung eines Unterrichtsinhalts.

Entdeckende Aktionsformen

Die entdeckenden Aktionsformen (EA) realisieren in besonderem Maße das Unterrichtsprinzip der Selbsttätigkeit und werden auch unter dem Überbegriff „entdeckendes Lernen" geführt. „Sie sollen die Schüler dazu anleiten,

- ein vorgegebenes oder selbst gewähltes Thema
- durch eigene Materialsuche
- und durch eigene Ermittlung geeigneter Methoden
- bei freier Zielsetzung zu bearbeiten." (Köck/Ott, S. 172)

Da sich die Tätigkeit der Lehrkraft darauf beschränkt, soweit nötig, organisatorische Tätigkeiten (Bereitstellung des Raumes, zeitliche Vorgaben) zu übernehmen und ungefähre Zielvorgaben zu machen, genügt es, von „entdeckenden Aktionsformen" zu sprechen. Mit ihnen soll erreicht werden, dass die Schüler ihren Arbeitsprozess, ihr Arbeitsverhalten und die Arbeitsergebnisse selbst steuern und verantworten. Voraussetzung dafür ist, dass die Aufgabe komplex, problemhaltig und zieloffen genug ist, dass die Schüler selbstständig über einen längeren Zeitraum (eine Unterrichtsstunde, mehrere Stunden) mit verschiedenen Aktionsformen daran arbeiten können.

Beispiele für solche Aktionsformen können sein:

- Schüler experimentieren;
- sie bauen einen Hindernisparcours auf, den sie anschließend bewältigen;
- sie planen eine Lesenacht für die Unterstufe;
- sie organisieren eine Ausstellung;
- sie konzipieren für die andere Hälfte der Klasse die Hausaufgabe;
- sie bereiten das Treffen mit einem Zeitzeugen vor;
- sie erarbeiten das Interview mit dem Landtagsabgeordneten;
- sie machen eine Klassenzeitung usw.

Dabei bedienen sie sich der verschiedenen Kommunikationsformen, arbeiten in unterschiedlichen Sozialformen, recherchieren im Internet und anderen Medien, interviewen, gestalten kreativ und präsentieren ihre Ergebnisse. Dass diese EA in den Augen der Schüler so attraktiv sind, liegt daran, dass die Ergebnisse nicht von Lehrerseite vorgegeben sind und nicht ausschließlich den Kategorien von Richtig und Falsch gehorchen.

Hinweise für die Lehrkraft:

- den Ordnungsrahmen schaffen, aber nicht ständig eingreifen,
- den Schülern größtmögliche Freiheit lassen,
- einen allgemeinen Zielrahmen stecken,
- anregen statt anleiten,
- beraten statt belehren,
- beobachten statt beraten,
- ggf. Irrtümer zulassen,
- helfen nur auf ausdrückliche Bitte.

2.2.3.2 Sozialformen

Sozialformen sind verschiedene Organisationsrahmen, welche die Beziehungsstrukturen im Lehr- und Lernprozess zwischen Lehrkraft und Schülern wie auch die der Schüler untereinander beschreiben und durch räumliche Anordnung sichtbar machen. Insofern stellen sie die Voraussetzung dafür dar, dass Artikulations- und Verlaufsformen realisiert werden können.

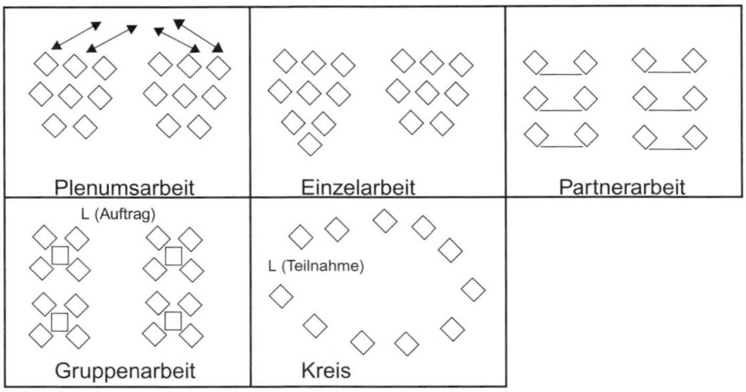

Zeit: *Gibt es denn überhaupt so etwas wie guten Unterricht?*

Helmke: *Es gibt nicht den guten Unterricht im Sinne einer bestimmten, durchweg überlegenen Methode. Wir haben uns in einer Vergleichsstudie diejenigen Lehrer genauer angeschaut, deren Klassen am besten abschnitten. Und siehe da: Im Unterrichtsstil haben sie sich fundamental voneinander unterschieden. Einige arbeiteten mit viel Humor, andere konnten ihre Schülermit ihrer Begeisterung fürs Fach mitreißen. Einige ließen die Schüler häufi g in Gruppen üben, andere bevorzugten den Frontalunterricht. Und sie alle kamen zu hervorragenden Ergebnissen. [...]*

Zeit: *Also ist die Gegenüberstellung von Frontalunterricht und Gruppenarbeit Unsinn?*

Helmke: *Genau. Ich warne vor jeder Dogmatik. Es kommt immer auf den guten Methodenmix an. Denn unterschiedliche Lernziele erfordern unterschiedliche Lehr- und Lernmethoden. [...] Zum anderen sind Schüler verschieden. Unsichere Kinder brauchen eher einen stark strukturierten Unterricht, der ihnen Rückhalt gibt. Ihre selbstbewussten Klassenkollegen, die schon weiter sind, profi tieren dagegen stärker von offenen Methoden.*

Spiewak, Martin: „Vibrierende Pädagogen“, aus einem Interview mit dem Schulforscher Andreas Helmke, DIE ZEIT, Nr. 30/2005

Plenumsunterricht (Frontalunterricht)

Begriff

Unter den Sozialformen nimmt der Frontalunterricht (FU) begriffl ich eine Sonderstellung ein. Während die anderen Formen Einzelarbeit, Partnerarbeit und Gruppenarbeit die Zusammensetzung und Größe des jeweiligen Lernverbandes beschreiben, signalisiert der Begriff FU, dass sich Lehrkraft und Schüler in einem Verhältnis befi nden, das von Grenzziehung, ja Gegnerschaft geprägt ist. Dies liegt daran, dass der Begriff in der Absicht gebraucht wurde, den FU gegenüber der Gruppenarbeit abzugrenzen und abzuwerten. Die Konstruktivisten meinten die lehrerzentrierte Instruktion, die die Lernenden zur Passivität und zu kritikloser Aufnahme von Inhalten verdamme, wenn sie von FU sprachen. Diese Kritik ist deshalb verständlich, weil viele Lehrkräfte sich fast ausschließlich dieser Unterrichtsform bedient haben. Wenn dann der Lehrer auch noch am Pult sitzt, womöglich noch auf einem Podest, dann ist das Bild des alten Paukers aus der Feuerzangenbowle fertig. Deshalb wäre es sinnvoller, von „Unterricht im Klassenverband“ oder von „Klassenunterricht“ (wikipedia) zu reden. Eindeutig, sachgerecht und wertneutral ist hingegen der bisher weniger verbreitete Begriff **Plenumsunterricht**: Die Schüler lernen im Klassenverband unter der Leitung einer Lehrkraft, welche die Planungs- und Steuerungsaufgaben im Unterricht weitgehend übernimmt. Daraus ergibt sich ein meist lehrerzentrierter Unterricht, der vorwiegend inhaltliche Elemente an die Lernenden weitergibt, die alle in gleicher Weise, in gleicher Intensität und unter gleichen Bedingungen, also nicht differenziert, informiert werden.

Aufbau des Plenumsunterrichts

Jürgen Wiechmann beschreibt idealtypisch vier Arbeitsphasen (S. 23 ff.), die aufeinander aufbauen und dem Plenumsunterricht eine sinnvolle Struktur verleihen sollen: Darbieten, konstruktives Durcharbeiten, übendes Wiederholen und problemorientiertes Anwenden. Damit macht er deutlich, dass dem Plenumsunterricht bestimmte Aktionsformen und Verlaufsformen zuzuordnen sind.

- **Darbieten**

Damit ist der Input gemeint, die Informationsphase, in der Fakten vermittelt werden oder eine Problemsituation dargestellt wird, die einer Lösung bedarf.

- **Informierendes Darbieten** erfolgt meist über die Aktionsformen Referieren, Vorführen und Erzählen und sollte 15–20 Minuten nicht überschreiten. Jede dieser Präsentationsformen ist gut zu planen, sollte medial unterstützt sein und auf das mittlere Aufnahmeniveau der Lernenden abgestimmt sein, aber auch den Schwächeren wie den Stärkeren entsprechende Impulse geben.
- **Problemorientiertes Darbieten** bedeutet, dass die Lehrkraft das Thema in Form eines Problems darstellt, das von der Klasse gemeinsam gelöst werden soll. Als Beispiel für die Flächenberechnung des Kreises nennt Wiechmann die Frage, ob man besser eine große Pizza oder zwei kleine Pizzas bestellen sollte. Das Problem sollte im Erfahrungsbereich der Schüler liegen und so relevant sein, dass die Schüler zur Lösung motiviert werden. Über viele kleinschrittige Fragen, besser noch Impulse, die alle Schüler zu aktiver Teilnahme veranlassen, gewinnt der Lehrer das notwendige Feedback, das ihm Rückschlüsse über den augenblicklichen Lernstand der Klasse gibt und den Fortgang des Unterrichts bestimmt.

- **Konstruktives Durcharbeiten**

Der Vorstellung des Themas oder Problems folgt eine Phase der Vertiefung, in der aus der Kenntnisnahme Verständnis entstehen soll. Dies funktioniert nach Ansicht der konstruktivistischen Didaktik am besten dadurch, dass jeder Lernende aus dem Input sein eigenes Bild von der Wirklichkeit konstruiert, also das neue Wissen in sein Verständnissystem integriert. Wiechman ordnet dieser Phase als Aktionsformen das Unterrichtsgespräch oder den fragendentwickelnden Unterricht zu und fordert von den Lehrkräften einen sinnvollen Umgang mit der Fragetechnik und mit den möglichen „falschen" Antworten. Durch beantwortbare Fragen aus wechselnden Perspektiven, die den unterschiedlichen Denkvorgängen der Lernenden gerecht werden, werden die Schüler zu Antworten animiert, die nicht unbedingt „richtig" sein müssen: „Falsche Antworten gibt es nicht, allenfalls schlechte Fragen" (Wiechmann, S. 26). Die Lehrer wie die Schüler erhalten eine stetige Rückmeldung über die durchaus unterschiedlichen Lernprozesse und arbeiten zusammen.

- **Übendes Wiederholen**

Im Sinne des nachhaltigen Lernens ist es nun geboten, das in das Verständnis integrierte Wissen zu konsolidieren, damit es abrufbar wird. Dies geschieht über differenzierte Aufgaben, die den unterschiedlichen Lerntypen vom Schwierigkeitsgrad und vom Umfang her gerecht werden. Wiechmann will die Schüler selbst wählen lassen, nachdem sie das Differenzierungskriterium kennengelernt haben. Wichtig ist, dass die Lernenden beim Üben Erfolg haben, weil er am besten motiviert. Das bedeutet, mit lösbaren Aufgaben zu beginnen und behutsam den Schwierigkeitsgrad zu steigern. Damit nichts Falsches gelernt wird, müssen Kontrollmechanismen eingebaut sein (Selbstkontrolle, Vorgabe des Ergebnisses und Kontrolle durch die Lehrkraft), die nicht zur Bewertung führen dürfen.

- **Problemorientiertes Anwenden**

Im Unterschied zum übenden Wiederholen, bei dem ein bekannter Lösungsweg trainiert wird, geht es in dieser Phase darum, an einem neuen Problem die erworbenen Kompetenzen anwenden zu können, also eine Transferleistung zu erbringen. Selbstverständlich wird in dieser Phase der Lehrer mit streng dosierter Hilfe den überforderten Schülern den Schritt zeigen, der sie wieder auf die Lösungsbahn bringt.

Möglichkeiten und Grenzen

Die Diskussion um Vor- und Nachteile des Plenumsunterrichts, oder noch pointierter: um Für und Wider, geht in die falsche Richtung. Wer den „Frontalunterricht" angesichts der Vorzüge der Gruppenarbeit aushebelt, zwingt zu einer Entscheidung zwischen zwei scheinbar gegensätzlichen Unterrichtsformen und begibt sich auf ideologisches Parkett. Unstrittig ist, dass Plenumsunterricht als allein verwendete Unterrichtsform (wie auch die Gruppenarbeit!) unsinnig und gefährlich ist. Wenn es zu einer Bewertung der Möglichkeiten und Grenzen des Plenumsunterrichts kommen soll, dann darf man nicht schlecht durchgeführten Frontalunterricht mit der Idealform von Gruppenarbeit vergleichen.

- **Plenumsunterricht und Unterrichtsprinzipien**

An den in diesem Buch aufgeführten Unterrichtsprinzipien (Sachgemäßheit, Schülergemäßheit, Zielorientierung, Motivation, Selbsttätigkeit, Anschaulichkeit, Ganzheitlichkeit und Nachhaltigkeit) müssen sich die verschiedenen Unterrichtsformen, also auch die Sozialformen messen lassen.

  - Die **Sachgemäßheit** wird durch die Lehrerzentrierung garantiert. Man kann sicher sein, dass die Lehrkraft nichts Falsches mitteilen wird, dass sie Fehler in den Antworten der Lernenden verbessern wird, so dass die Schüler nichts Falsches lernen. Dies kann bei anderen Sozialformen nicht in gleichem Maße kontrolliert werden, obwohl auch da die Lehrkraft in ihrer Beraterfunktion eingreifen kann und wird.
  - Da die **Schülergemäßheit** ein zur Sachgemäßheit konkurrierendes Unterrichtsprinzip ist, verwundert es nicht, dass sie beim Plenumsunterricht ein schattigeres Dasein führt. Wenn der Lehrer die Sachinformationen gibt, dann wird er auf die Möglichkeiten der

Schüler eingehen, soweit sie ihm bekannt sind. Beim Referat sind aber die Möglichkeiten der Differenzierung begrenzt.
- Die **Zielorientierung** des Unterrichts ist in einem gut geplanten lehrergesteuerten Plenumsunterricht ebenso realisierbar wie die **Anschaulichkeit**. Die Lehrkraft kann eine genaue Zielanalyse durchführen, geeignete Formen der Veranschaulichung wählen und die anvisierten Ziele dank der Unterrichtsleitung auch durchsetzen.
- Allgemein heißt es, dass die **Motivation** durch die Lehrersteuerung leidet. Mittlerweile haben aber die Schüler den Plenumsunterricht als die bequemste Unterrichtsform schätzen gelernt, was nicht für die Unterrichtsform und nicht für die Lehrer spricht.
- Demgemäß kommen auch die **Selbsttätigkeit** und die **Ganzheitlichkeit** im Plenumsunterricht zu kurz.
- Bei der **Nachhaltigkeit** gibt es keine Einigkeit. Sicherlich fördert das gemeinsame Üben im Klassenverband eine Festigung. Andererseits ist bekannt, dass Selbsttun den höchsten Behaltwert besitzt.

- **Plenumsunterricht und Lernformen**

Wenn man Franz E. Weinert folgt, dann gibt es vier Lernformen (siehe S. 95 ff.), die alle im Unterricht vertreten sein müssen. Die vertikale Lernform sichert den Erwerb intelligenten (vertieften, anwendungsbezogenen) Lernens; ihr ordnet Weinert als Unterrichtsverfahren die lehrergesteuerte, systematische, intensive direkte Instruktion, also den Plenumsunterricht zu. Dass er dem horizontalen Lernen die Gruppenarbeit zuordnet, zeigt, dass so, wie verschiedene Lernformen in der Schule vorkommen, auch verschiedene Sozialformen nebeneinander ihre Berechtigung haben.

- **Plenumsunterricht und Sozialisation**

Als Argumente gegen den Plenumsunterricht werden gerne angeführt, dass in diesem Unterricht die Kommunikation unter Schülern (auch fachliche) als Störung empfunden werde, dass der Konkurrenzdruck wachse, weil der Eigennutz im Vordergrund stehe, und dass das Verantwortungsbewusstsein durch die rezeptive Haltung des Einzelnen und durch das Untergehen in der Masse eher beeinträchtigt werde. Dem ist allenfalls entgegenzuhalten, dass aus der gemeinsamen erfolgreichen Arbeit im Klassenverband eine Identität der Klasse, eine Verbundenheit entstehen kann, die sogar helfen könnte, Gruppenegoismen aufzulösen.

Einzelarbeit

Begriff und Beschreibung

Einzelarbeit (EA) ist die „extremste“ Sozialform, bei der der einzelne Schüler im Unterricht die „Lerngruppe“ bildet, also allein und selbstständig nach Vorgaben des Lehrers im Wesentlichen lösbare Aufgaben bearbeitet, Inhalte erarbeitet, Stoff wiederholt oder Gelerntes einübt. Der Begriff **„Einzelunterricht“** darf nicht als Synonym zu Einzelarbeit gesehen werden, sondern ist für Formen des Privatunterrichts, der Nachhilfe reserviert. Nicht durchgesetzt hat sich der Begriff „Alleinarbeit“, wohl deshalb, weil er sich unter der Überschrift „Sozialformen“ seltsam ausnimmt, zumal die Schüler im Unterricht bei der Einzelarbeit auch nicht allein sind.

Es ist sinnvoll, zwischen **„Stillarbeit“** und **„partnerschaftlicher Einzelarbeit“** zu unterscheiden. In der Stillarbeit bleibt der Lernende am Platz und bearbeitet seine Aufgabe still, allein und selbstständig, ohne Kontakt zu anderen aufzunehmen, während in der partnerschaftlichen Einzelarbeit wohl jeder seine Aufgabe zu bewältigen hat, aber zwischendurch den anderen (z. B. Nachbarn) um Rat fragen oder unterstützen kann. Im offenen Unterricht, etwa bei der Freiarbeit, ist dies eine beliebte Variante, die allerdings als Zwischenform eingeübt werden muss.

Methodische Gesichtspunkte zum Einsatz der Einzelarbeit

- **Abwechslung und Strukturierung**

Mit der EA lässt sich der lehrerzentrierte (Plenums-)Unterricht unterbrechen; eine andere Sozialform schafft neues Interesse, holt die Schüler aus ihrer Lethargie. Gleichzeitig erkennen sie die Gewichtung, wenn Inhalte in der EA vertieft werden sollen oder wenn etwa zur Sicherung des Grundwissens Aufgaben gestellt werden. Außerdem bringt EA eine Phase der Stille, des Zu-Sich-Kommens in den Unterricht.

- **Eigenaktivität**

EA ist geeignet, das Unterrichtsprinzip der Selbsttätigkeit auch in Unterrichtsstunden zu realisieren, in denen z. B. überwiegend lehrergesteuerter Plenumsunterricht sinnvoll ist. Der Einzelne wird aus der Rezeptionshaltung herausgeholt und zu aktivem Tun veranlasst. Die Schüler übernehmen in diesem Fall wieder die Verantwortung für ihr Lernen, was durchaus motivierend wirkt.

- **Selbstkontrolle und Selbstvertrauen**

In der EA haben die Schüler die Möglichkeit, ihren Kenntnisstand, ihr Verständnis, ihr Können zu überprüfen, Methoden des eigenständigen Arbeitens zu testen und sich damit auch auf Leistungsnachweise vorzubereiten. Dass sie dadurch an Sicherheit gewinnen, versteht sich von selbst. Zu Hause wäre dies in Alleinarbeit natürlich auch möglich, nur sind die Schüler dort wirklich allein, wenn nicht die Eltern eingreifen oder Telefonkonferenzen das Problem des Alleinseins lösen.

- **Individualisierung**

Der Forderung nach Differenzierung und weitergehend nach Individualisierung im Unterricht kommt die EA besonders gut nach. Die Schüler können ggf. die Aufgabe nach ihrer Interessenlage und nach dem Schwierigkeitsgrad auswählen, sie arbeiten nach ihrem individuellen Arbeitstempo, erproben ihre eigene Arbeitsmethode und können den Vertiefungsgrad bestimmen. Auch durch die individuelle Betreuung während der EA kann die Lehrkraft den Einzelnen fördern.

- **Brainstorming**

Die Hinführung zu einem Unterrichtsthema zu Beginn der Stunde erfolgt oft über einen Impuls, der die Gedanken der Lernenden auf einen Aspekt fokussieren soll und hoffentlich auch motiviert, sich damit weiter zu beschäftigen. Viel zu häufi g werden die Schüler zu unmittelbar ins kalte Wasser geworfen, sollen im Unterrichtsgespräch sofort Antworten parat haben. Da ist es sinnvoll, ihnen ein paar Minuten der Besinnung, der eigenständigen Einstimmung auf das Thema zu gönnen. Wenn dabei schon eine Idee oder eine Frage formuliert und notiert wird, bereichert dies den weiteren Unterricht. Im Gruppenunterricht ist diese Form der Einzelarbeit als eine eigene Phase ausgewiesen.

„Nachteile“ der Einzelarbeit

Der Einsatz der EA ist von Fach zu Fach verschieden. So gestalten im Kunstunterricht die Schüler in vielen Stunden ihre Werke in EA; im Sportunterricht übt der Einzelne am Gerät oder verfeinert seine Technik beim Schwimmen oder in der Leichtathletik. In der Mathematik ist die Rechenaufgabe zum Einüben selbstverständlich.

Andere Fächer verwenden die EA seltener, weil die Kinder und Jugendlichen am Nachmittag ohnehin allein arbeiteten und die Schule als Ort des gemeinsamen Lernens nicht gerade das einsame Lernen zum Prinzip erheben könne. Dies geschieht auch nicht, wenn die EA zeitlich angemessen begrenzt wird und im Unterrichtsablauf eine spezifi sche Funktion übernimmt.

In der Literatur wird gerne die „Vereinsamung“ des Lernenden als Argument gegen die EA genannt. Dies mag für die Hausaufgabensituation gelten, im Unterricht ist die Sitzordnung nicht aufgehoben, jeder bleibt neben seinem Nachbarn, die Chance zum Kontakt besteht und sollte auch nicht generell unterbunden werden.

Um der möglichen Demotivierung durch Misserfolge vorzubeugen, stellen die Lehrkräfte lösbare Aufgaben und fördern damit das Erfolgslernen, ohne dabei gänzlich auf die Möglichkeit zu verzichten, den Lernerfolg zu überprüfen und auch Leistungsstarke herauszufordern.

Partnerarbeit

Begriff
Bei dieser Sozialform sitzen jeweils zwei Schüler zusammen und arbeiten miteinander. Obwohl eigentlich unpräzise, hat sich der Begriff Partnerarbeit eingebürgert. Sinnvoller wäre wohl „Paararbeit“; denn auch in der Gruppe gibt es – allerdings mehr – Partner. In der Literatur führt die Partnerarbeit eher ein Schattendasein; sie wird als Kompromiss zwischen Einzelarbeit und Gruppenarbeit missverstanden oder als Nebenform zur Gruppenarbeit abgewertet.

Von der eigentlichen Partnerarbeit grenzen v. Grone-Lübke/Petersen (S. 83) die **„Lernpartnerschaft“** ab, bei der sich zwei Schüler gegenseitig im Lernen unterstützen, sich abfragen, gegenseitig korrigieren und kontrollieren, aber auch Lernstrategien austauschen und Aufgaben lösen.

Eine weitere Form der Partnerarbeit wird häufi g noch vernachlässigt, könnte aber dank der Intensivierungsstunden neue Bedeutung erlangen. Ein leistungsstärkerer und ein leistungsschwächerer Schüler bilden längerfristig ein **Betreuungspaar (tutoring)**, bei dem durchaus auch die Rollen je nach Fächern vertauscht werden können. Dass dabei die Bereitschaft zu helfen dem Konkurrenzdenken entgegenwirkt, ist neben der Effektivität der Zusammenarbeit ein wichtiges Ergebnis. Dieses Tutoring ist auch im Computerraum sinnvoll, wenn sich im computergestützten Unterricht der Computerfreak und das fachliche Ass zum **„Rechnerduo“** zusammenschließen.

Einsatz der Partnerarbeit (PA)
Als Nachteile der PA werden gerne ins Feld geführt, komplexere Aufgaben ließen sich nicht realisieren, die Ergebnissicherung sei durch die Vielzahl der Kleinstgruppen erschwert, es entstehe Langeweile bei arbeitsgleicher Arbeit, und arbeitsteilige lasse sich praktisch nicht durchführen. Die Argumente beziehen sich auf den Vergleich mit der Gruppenarbeit. Außerdem seien die Schüler selbst vom Lernerfolg bei der PA nicht überzeugt. Will man diesen Argumenten die Spitze abbrechen, ist auf folgende Punkte zu achten:

- **Paarbildung**

Grundsätzlich bietet es sich an, schon aus Organisations- und Zeitgründen die Sitznachbarn zusammenarbeiten zu lassen. Es kann aus disziplinären Gründen auch sinnvoll sein, die Paare nach dem Zufallsprinzip zusammenzustellen (Klassenliste: Pos. 1 mit Pos. 30, Pos. 2 mit Pos. 29, …). Beim Tutoring empfi ehlt es sich, längerfristige Partnerschaften zu bilden, die auch außerhalb des Unterrichts zusammenarbeiten können (Leistung, Wohnort). Vorausschauende Lehrkräfte beginnen in der 5. Jahrgangsstufe damit, auch jeweils einen Jungen und ein Mädchen ein Lernpaar bilden zu lassen, um sie an diese Konstellation zu gewöhnen.

- **Aufgabenstellung**

Da die PA in der Regel nicht länger als 20 Minuten dauern dürfte, müssen auch die Aufgaben inhaltlich und methodisch lösbar, überschaubar und klar formuliert sein: Partnerdiktat, gegenseitiges Abfragen, wechselseitiges Korrigieren, Interview, Lösungsvergleich, Materialsuche, Frage- und Antwortspiele. Für komplexere Erarbeitungsaufgaben bietet sich der Gruppenunterricht an. Das vorbereitende Brainstorming für die Gruppen- oder Projektarbeit hingegen kann im Tandem erfolgen. Den Lehrervortrag/die Demonstration zu unterbrechen, die Paare über das Gehörte/Gesehene refl ektieren zu lassen und ggf. Verständnisfragen zuzulassen, gliedert die Aktion der Lehrkraft und aktiviert die Schüler. Arbeitsteilige Aufgaben, die eine Präsentation von 15 Paarleistungen notwendig machen, sollten aus Zeitgründen nicht gestellt werden. Hier bietet sich als Lösung an, den Bankreihen unterschiedliche Aufgaben zu stellen, die innerhalb der Bankreihen arbeitsgleich erledigt werden.

- **Indikatoren für den Einsatz**

Schon die Abwechslung rechtfertigt den Einsatz der PA. Immer dann, wenn Einzelarbeit nicht angezeigt ist und die Gruppenarbeit einen zu großen Aufwand bedeutet, bietet sich die PA an, um die Schülerinnen und Schüler zu aktivieren. Gerade am Computer und in den Intensivierungsstunden, wenn Selbsttätigkeit gefordert ist, arbeiten die Schüler gerne im „Kleinstteam". Für die Lehrkraft stellt sich allerdings die Aufgabe, die Vielzahl solcher Teams kontrollierend und unterstützend zu begleiten.

Für die methodische Vorbereitung der Gruppenarbeit ist die PA unverzichtbar. Die Schüler lernen einen – vorgegebenen – Partner zu akzeptieren, mit ihm zusammenzuarbeiten und Verantwortung für die gemeinsame Arbeit zu übernehmen, bevor sie sich auf mehrere Partner einstellen und ihre Rollen in der größeren Gruppe finden müssen.

- **Variationen aus der Moderation**
  - **Kugellager:** In einem Innen- und einem Außenkreis sitzen/stehen sich die Schüler paarweise gegenüber und erarbeiten/besprechen etwa fünf Minuten lang eine Aufgabe/ein Thema; dann drehen sich die beiden Kreise in entgegengesetzter Richtung, wobei die Lehrkraft bestimmt, wie lange gesprochen und wie viele Positionen/Stühle vorgerückt wird. Eine weitere Gesprächsrunde folgt …
  - **Wachsende Gruppe** (siehe Gruppenunterricht)

Gruppenarbeit

*Team: **T**oll, **e**in **a**nderer **m**acht.*
Gruppenarbeit ist, wenn die Gruppe gegen die Arbeit gewinnt.
Paul Glara

Begriff

Gruppenarbeit (auch: Gruppenunterricht) ist eine Sozialform des Unterrichts, bei der mehrere kleinere Abteilungen (Gruppen), die durch Teilung der Klasse entstanden sind, an Aufgaben, die von der Lehrkraft erstellt oder von der Klasse erarbeitet worden sind, für einen bestimmten Zeitraum selbstständig arbeiten und anschließend die Ergebnisse der Klasse präsentieren, um sie für alle nutzbar zu machen.

Man unterscheidet folgende Formen:

- **Arbeitsgleiche Gruppenarbeit**, auch themengleiche oder konkurrierende Gruppenarbeit: Alle Gruppen erhalten die gleiche zu bearbeitende Aufgabe.
- **Arbeitsteilige Gruppenarbeit**: Jede Gruppe erhält eine eigene Aufgabe oder eine eigene Teilaufgabe aus einem größeren zusammenhängenden Aufgabengebiet.

Motive, Möglichkeiten, Ziele

Die Gruppenarbeit (GA) ist heute aus dem Unterricht nicht mehr wegzudenken. Stellenweise wurde die Häufi gkeit ihres Einsatzes als Indikator für gute Unterrichtsarbeit angesehen. Aber auch außerhalb der Pädagogik und der Erwachsenenbildung hat die GA Fuß gefasst. Sie gilt als unverzichtbares Prinzip im Management, in der Hochschule, sogar als eine Möglichkeit der industriellen Fertigung. In der Schule ist die GA schon wegen der Abwechslung zum Plenumsunterricht wichtig und es gibt noch andere Gesichtspunkte, die GA rechtfertigen:

- **Synergieeffekte**

Der Grundgedanke ist, dass eine aus fünf Individuen bestehende Arbeitsgruppe zu besseren Ergebnissen kommt als fünf Individuen, die unabhängig voneinander jeweils allein an einer Aufgabe arbeiten. Unterschiedliche Kenntnisse, Erfahrungen, Methoden und Denkweisen würden nicht miteinander konkurrieren, sondern könnten sich ergänzen, ja sogar potenzieren. Die Gruppe ist also den Einzelnen überlegen Mehrere Gruppen gelten aber auch als der Großgruppe, etwa der Schulklasse, überlegen: Die von der Lehrkraft mit einzelnen mitarbeitenden Schülern erarbeiteten Ergebnisse können möglicherweise mit den Ergebnissen der Gruppenarbeit in der Klasse nicht mithalten.

- **Differenzierung**

Die Gefahr, dass der einzelne Schüler in seiner Zurückhaltung, Unsicherheit oder auch wegen seiner nicht zureichenden Kenntnisse und Möglichkeiten in seiner Klasse untergeht, ist nicht zu unterschätzen. In der Kleingruppe kann er seine spezifischen Fähigkeiten und Interessen weit besser einbringen als im Klassenverband, wo er möglicherweise den Spott der anderen fürchtet. Außerdem können Arbeitsablauf, -tempo, -intensität und -methode besser auf die Gruppe und den Einzelnen in der Gruppe abgestimmt werden und orientieren sich nicht an den Gewohnheiten des Lehrers.

- **Selbsttätigkeit**

Wenn man weiß, dass die Redeanteile und damit die Beiträge aller Schüler zum Unterricht der Großgruppe (= Klasse) bei deutlich weniger als 50 % liegen, kann man sich ausrechnen, auf welch geringe Anteile der einzelne Schüler in der Klasse kommt, vor allem dann, wenn er resigniert oder das Unterrichtsgeschehen an sich vorbeilaufen lässt. In der Kleingruppe wird er gefordert, weil er sich nicht verstecken kann, und er will gefordert werden, er will selbst handeln. Mit der Selbsttätigkeit wachsen auch die Selbstständigkeit und die Verantwortung für das eigene Tun, Schlüsselqualifi kationen, die zu den übergeordneten Zielen der schulischen Arbeit gehören. Dass sich damit auch eine größere Nachhaltigkeit des Lernens verbindet, ist bei den Prinzipien guten Unterrichts schon deutlich gemacht worden.

- **Kooperation und Teamfähigkeit**

In der übersichtlicheren Kleingruppe erfahren die Kinder und Jugendlichen die Notwendigkeit, sich bei der gemeinsamen Arbeit vereinbarten (Gesprächs-)Regeln zu unterwerfen, und lernen Hilfsbereitschaft, Partnerschaft und Teamfähigkeit als Tugenden der anderen zu schätzen und sich in sozialer Verantwortung selbst entsprechend zu verhalten. Durch dieses soziale Lernen entsteht über solidarisches Denken und Handeln ein Wir-Gefühl, das über den Leistungsanreiz hinaus motiviert.

- **Methodenkompetenz**

Die Gruppenarbeit fordert dem Einzelnen so unterschiedliche Tätigkeiten ab, dass er im Lauf der Jahre ganz erheblich an Methodenkompetenz gewinnt: Argumentieren, zuhören, protokollieren, vortragen, präsentieren, dokumentieren, moderieren, überzeugen, Rollen ausprobieren, zusammenfassen, strukturieren und sich durchsetzen sind Fertigkeiten, die gelernt und erprobt werden müssen. In der Kleingruppe erhält der Einzelne viel mehr Gelegenheit dazu und muss nicht fürchten, bloßgestellt oder beurteilt zu werden, was seine Bereitschaft tätig zu sein und damit zu lernen erhöht.

- **Kreativität**

Der verminderte Leistungsdruck und damit die Chance, Fehler machen zu dürfen, setzen in vielen Schülern Kräfte frei, die sonst in der Schule kaum zum Vorschein kommen. Gerade in der Phase des Brainstormings, wo auch scheinbar abstruse Einfälle und Ideen gefragt sind, wo laterales Denken und methodische „Umwege" zu überraschenden Ergebnissen führen können, kommt das entdeckende Lernen zur Geltung. Zudem will auch der Umgang mit scheinbaren oder echten Fehlern gelernt sein. Dass in der Gruppenarbeit Phantasie und Ideenreichtum, Gestaltungskraft und schöpferisches Handeln zur Geltung kommen und gefördert werden, kann gar nicht hoch genug eingeschätzt werden.

Voraussetzungen für das Gelingen von Gruppenarbeit

- **Grundsätzliche Bereitschaft**

Gruppenarbeit ist keine Spielform des Unterrichts, die lediglich zur Aufl ockerung dient oder nur bestimmte soziale Tugenden einübt, sondern konkrete Arbeit, die vor allem auch zu kognitiven Ergebnissen führen soll. Schüler erkennen mit der Zeit, dass in dem Begriff „Gruppenarbeit" auch das Wort „Arbeit" steckt und ihre Begeisterung für diese Sozialform kühlt sich deshalb ab. Wenn sie GA als Abwechslung im Unterrichtsgeschehen und als effektive, weil ergebnisträchtige Unterrichtsform begreifen und zur Kooperation bereit sind, kann sie gelingen.

- **Arbeitsregeln und Aufgabenverteilung**

Eine wichtige Voraussetzung ist auch, dass diese Sozialform eingeübt wird. In dieser Phase werden weniger die inhaltlichen Ergebnisse als die Aneignung methodischer Kompetenzen im Vordergrund stehen: Gesprächsregeln und Aufgabenverteilung, Argumentation, Moderation, Protokollieren, Präsentieren. Erst wenn diese Voraussetzungen geschaffen sind, kann Gruppenarbeit effizient und deshalb ökonomisch sein.

- **Klare Zielsetzung**

Die Bereitschaft zur Zusammenarbeit hängt ganz wesentlich von einer Zielsetzung ab, die allen bekannt ist und einleuchtet. Damit ist nicht nur die Aufgabenstellung oder das Thema gemeint, sondern eine klare Aussage darüber, was in welcher Intensität erreicht werden soll.

In diese Zielangabe gehören auch Hinweise, was auf der affektiven und methodischen Ebene erreicht werden soll (vgl. „Zielplanung").

- **Gruppengröße**

Viele Untersuchungen (u. a. Rosenstiel, 1993) haben herausgefunden, dass die ideale Gruppengröße bei fünf Mitgliedern liegt. Bei weniger als vier ist die Chance auf Synergie zu gering, bei mehr als sechs kommt es nicht mehr unbedingt zu neuen Gesichtspunkten, ggf. zu Binnengruppierungen oder zu endlosen Diskussionen, weil jeder seinen Beitrag leisten will, oder aber einzelne Teilnehmer überlassen die Arbeit den anderen, weil ihre Leistung nicht genügend wahrgenommen wird.(„Ringelmann-Effekt").

- **Vergleichbarer Kenntnisstand**

Gemeint ist damit nicht, dass alle gleich kompetent sein müssen, sondern dass alle auf diese GA vorbereitet sind und dass sie vom Niveau her vergleichbare Kenntnisse haben. Es ist sogar von Vorteil, wenn unterschiedliche „Fachleute" zusammenarbeiten.

- **Rolle des Lehrers**

Einerseits muss er sich von seinem lehrerzentrierten Unterrichtsstil verabschieden, muss die Gruppen also gewähren und auch Fehler machen lassen, andererseits soll er beratend und unterstützend wirken, wenn er um Hilfe gebeten wird, aber wirklich nur dann! Empfindet die Gruppe ihre Ergebnisse nicht als die eigenen, sondern als die des Lehrers, hat die Gruppenarbeit ihren Sinn verfehlt.

Planung und Vorbereitung

- **Entscheidung für Gruppenarbeit**

Die Entscheidung für Gruppenarbeit muss wie jede andere Unterrichtsplanung von den Unterrichtsprinzipien getragen sein, und auch die Ökonomie (Aufwand und Ertrag) darf als Gesichtspunkt nicht fehlen. Nicht jeder Inhalt eignet sich für GA. Das Thema muss vielmehr komplex, aber für die Schüler mit den gegebenen Mitteln zu erarbeiten sein, sich (bei arbeitsteiliger GA) in einzelne Teilgebiete aufteilen und wieder zusammenführen lassen, der Schwierigkeitsgrad muss den Einzelnen überfordern, so dass ihm GA als sinnreich erscheint. Schließlich sollte die Gesamtaufgabe unterschiedliche Lerntypen ansprechen, für den Schwächeren wie für den Stärkeren gleichermaßen Leistungsanreize bereithalten und Kompetenzen wie Fantasie, Ideenreichtum und Kreativität für die Lösung erforderlich machen.

- **Ausstattung und Materialien**

Für das Gelingen der GA ist die Planung und Bereitstellung von Materialien (Objekte, Texte, Nachschlagewerke, Zugang zur Bibliothek, zum Internet, Computer mit Speichermedien) und anderer Arbeitsmittel (Folien, Plakate ...) notwendig. Auch das Raumproblem sollte im Vorhinein gelöst sein.

- **Zeitplanung**

Mehr noch als für den Unterricht im Klassenverband müssen für die GA klare zeitliche Vorgaben eingeplant sein. Die GA in der nächsten Stunde enden zu lassen, bedeutet einen hohen Zeitverlust und behindert die Dynamik der Arbeit. Allerdings ist es oft nicht einfach, den Zeitaufwand einzuschätzen. Wichtig hingegen ist es, die Zeitplanung den Schülern bekannt zu machen.

- **Gruppeneinteilung**

Sie kann nach verschiedenen Kriterien erfolgen:

- Zufall: die willkürliche Zuordnung über Karten, Auslosen ...
- Neigung: Gruppen bilden sich nach Freundschaft, Sympathie ...
- Sitzordnung: neben- oder hintereinander sitzende Banknachbarn
- Interesse: Bei arbeitsteiliger GA entscheidet das Interesse an einem Gruppenthema.
- Leistung: Zu unterscheiden ist zwischen homogenen Gruppen (sie bestehen aus Schülern mit gleichem Leistungsvermögen) und heterogenen Gruppen (dort arbeiten gute, mittlere und schwächere Schüler miteinander); die Gruppen sind aber in ihrem Leistungsvermögen vergleichbar. Homogene Gruppen bildet man, wenn man Spitzenleistungen erzielen will und deshalb die Besten in einer Gruppe versammelt.
- Gruppendynamik: Für den Erfolg kann es sinnvoll sein, nicht in einer Gruppe nur Führer-(Alpha-Typen) bzw. nur Mitläufertypen (Gamma-Typen) oder Außenseiter oder Schweiger (Omega-Typen) zu versammeln.
- Sozialaspekt: Hier geht es um die Integration von Außenseitern und ausgegrenzten Mitschülern, ohne dass dies den Schülern bewusst wird.
- Gender: Gesichtspunkte der Disziplin oder thematische Überlegungen können auch einmal geschlechtsspezifi sche Gruppen als sinnvoll erscheinen lassen.

Zu überlegen ist auch, ob man nicht über einen längeren Zeitraum die Gruppenzusammensetzung stabil hält, damit sich die Mitglieder zusammenfi nden, ihre Spielregeln entwickeln, die Rollen (Gesprächsleiter, Zeitwächter, Protokollant, Regelbeobachter, Präsentator/Gruppensprecher) innerhalb der Gruppe abklären und regelmäßig wechseln, ein Wir-Gefühl entwickeln und so effektiver arbeiten. Dies kann bedeuten, dass sich die Teilnehmer auch außerhalb des Unterrichts zusammenfi nden und z. B. ihre längerfristige Arbeit zu Hause fortsetzen.

Durchführung der Gruppenarbeit

Nicht jede Gruppenarbeit läuft nach dem gleichen Schema ab, doch ist zu beachten, dass man auf bestimmte Arbeitsphasen nicht verzichten kann. Im Folgenden wird ein Schema vorgestellt, das verschiedene Sozialformen (Plenum: Pl, Einzelarbeit: EA) integriert:

1. Plenum:	
– Vorstellung des Themas, der Aufgabe	Pl
– Hinweise zu Methoden, Arbeitsmitteln	Pl
– Einteilung der Gruppen, Raumeinteilung, Ausgabe der Arbeitsmittel	Pl
2. Gruppenphase:	
– Besprechung der Organisation, des Ablaufs, Festlegung der Funktionen (Protokoll …)	GA
– Sichten des Materials, Lesen von Texten …	EA
– Brainstorming, Bearbeitung von Unterthemen	EA
– Arbeit an der Aufgabe, Fixieren der Ergebnisse (ggf. auf Folie, Beamer …)	GA
– Vorbereitung der Präsentation der Ergebnisse	GA
3. Plenum:	
– Berichte, Präsentationen vor dem Plenum	Pl
– Vergleich (arbeitsgleich) oder Verknüpfung (arbeitsteilig) der Ergebnisse	Pl

„Trotzdem fällt es mir noch sehr schwer, Kontrollsucht und Machtstreben aufzugeben. Aber meine Stieftochter hat im Seminar gelernt: Die Lehrerin hält sich zurück. Sie lenkt nicht, greift nicht ein und drängt sich nicht auf. Sie bereitet lediglich das Material so genial zu, dass die Schüler selber herausfi nden, was sie lernen sollen – ich meine natürlich: wollen. Ich kann mich leider kaum bremsen, wenn Schüler bei der Gruppenarbeit Walkman hören, wenn nur einzelne intensiv arbeiten und die anderen einfach abschreiben, wenn falsche Ergebnisse präsentiert werden und mein binnendifferenzierendes Zusatzmaterial unbeachtet liegen bleibt. Ich weiß, das wird sich mit der Zeit alles von selbst regulieren. Nur – wo kommt die Zeit dafür her?“

(aus: Gabriele Frydrych „Methodenkasperle“, S. 53 f.)

Probleme und Grenzen der Gruppenarbeit

Die Gruppenarbeit lässt sich heute aus dem Unterricht nicht mehr wegdenken. Viele Vertreter glauben, dass sie wie früher der Frontalunterricht die Unterrichtsform für alle Gelegenheiten schlechthin ist. Doch machen die verschiedenen Formen des Lernens (Weinert: vertikal, horizontal …) deutlich, dass sich nicht jeder Inhalt in die GA integrieren lässt.

Als Haupteinwand gegen die GA wird die **Zeitnot** angesprochen: Im Plenum lasse sich der Stoff sehr viel schneller und ökonomischer durchnehmen. In der Tat kostet die GA mehr Zeit, nur bringt sie, richtig angewandt, auch mehr Ergebnisse. Die Schüler lernen nicht nur viel nachhaltiger (Eigentätigkeit hat eine größere Behaltensquote), sie profi tieren auch im methodischen Bereich, lernen einander zuzuhören, zu argumentieren, haben erheblich mehr Redeanteile als im Plenum, erfahren und üben Solidarität und lernen zu kooperieren. Damit erledigt sich auch das Argument, dass nicht jeder die Fähigkeit habe, in der Gruppe zu arbeiten. Der Einzelkämpfer erlebt die Überlegenheit der Gruppe gegenüber dem Einzelnen und wird motiviert, sich an der größeren Leistung zu beteiligen.

Auch **Disziplinprobleme** werden gegen die GA ins Feld geführt. Der notgedrungen höhere Geräuschpegel kann in hellhörigen Schulbauten ebenfalls ein Problem darstellen.

Ein Problem stellt die Leistungsbeurteilung in der Gruppenarbeit dar. Schüler wollen ihre Leistungen – auch in der Gruppenarbeit – wahrgenommen sehen. Es ist nicht erlaubt, jedem Teilnehmer die Leistung der Gruppe gutzuschreiben; deshalb sind manche nicht motiviert in der Gruppe zu arbeiten, da ihre Arbeit nicht „honoriert" wird. Doch lassen sich Individualleistungen innerhalb der Gruppenarbeit sehr wohl feststellen. Die Aktivität in der Gruppe, die Recherche-Leistung, das Protokoll, das Referat bzw. die Präsentation der Gruppenergebnisse lassen sich in einer mündlichen Note festhalten und geben dem Schüler die Gewissheit, dass er nicht „umsonst" gearbeitet hat. Natürlich ist es das Ziel, dass die Schüler auch intrinsisch motiviert sind, dass sie aus Interesse an den Inhalten arbeiten. Und schließlich sollte es auch Unterrichtsbereiche geben, die beurteilungsfrei bleiben, zumal dann, wenn Kreativität und Phantasie gefordert sind.
Die künftig im Seminarfach 2 enthaltene Projektarbeit wird es notwendig machen, für Gruppenarbeit eine geeignete Form der Leistungsbewertung zu entwickeln, die auch Methodenund Sozialkompetenz einbeziehen müsste. Damit wird eventuell der Weg gebahnt für andere Formen der Leistungsbewertung auch in der Unter- und Mittelstufe.

Das Unbehagen, das viele Kollegen bei der Gruppenarbeit haben, bezieht sich auch auf das **„soziale Faulenzen"** von Teilnehmern, die andere in der Gruppe für sich arbeiten lassen. Ob sie nun generell nicht motiviert sind, ob sie ihre Individualleistung zu wenig gewürdigt sehen oder ob sie ihren Beitrag für die Gruppe als nicht so bedeutend ansehen, sie erliegen dem „Trittbrettfahrer-Effekt". Es gibt auch Gruppenteilnehmer, die sich gegen die Trittbrettfahrer wehren und ihre eigene Leistung reduzieren, weil sie nicht ausgenutzt werden wollen. Dies bezeichnet man als „Gimpel- oder Trottel-Effekt." Die Lehrkraft wird auf diese Probleme achten und, wenn nötig, eingreifen, um nicht den Erfolg der GA zu gefährden.

Sonderformen der Gruppenarbeit

- **Wachsende Gruppe**

Eine Möglichkeit, die Ergebnisse der GA schneller als in der Plenumsphase zu kommunizieren oder Teilergebnisse der Partnerarbeit einer größeren Gruppe zu vermitteln, ist die wachsende Gruppe. In der ersten Phase arbeiten 12 Partnergruppen zusammen, in der zweiten gehen jeweils zwei Partnergruppen zu einer Vierergruppe zusammen. In der dritten Phase werden die Ergebnisse zweier Vierergruppen in einer Achtergruppe bekannt gemacht und diskutiert. Vorteile dieser Variante sind, dass jeder zum Endergebnis schon in der Partnergruppe Namhaftes beigetragen hat, dass sich das Brainstorming erübrigt und die Zahl der berichtenden Gruppen verringert, was bei der Ergebniszusammenführung Zeit spart.

- **Gruppenpuzzle**

Ziel des Gruppenpuzzles (GP) ist, dass sich die Gruppenmitglieder gemeinsam Wissen erarbeiten; „Die Effektivität des Wissens und seines Erwerbs hängt von den einzelnen Gruppenteilnehmern und ihrer Zusammenarbeit im Team ab" (Peterßen, 2001, S. 127).Geeignet ist dieses Verfahren weniger zum Üben als vielmehr für die Einführung neuer Themenbereiche.

Die Schülerinnen und Schüler werden in einer *ersten Phase* zuerst in **Stammgruppen** aufgeteilt (empfehlenswert: 4 Gruppenmitglieder). In den Stammgruppen wählt sich jeder eine Expertenaufgabe aus oder wird z. B. durch Farbkarten einer **Expertengruppe** zugeteilt. In der *zweiten Phase* setzen sich die Schüler mit den gleichen Aufgaben/Themen in Expertengruppen zusammen und erarbeiten sich gemeinsam ihren Bereich, den sie dann in der *dritten Phase*, in der sie wieder in ihre Stammgruppen zurückkehren, ihren Teamkollegen vermitteln.

In der abschließenden *Evaluationsphase* wird überprüft, ob alle Mitglieder der Stammgruppen alle vorgestellten Teilbereiche verstanden haben (z. B. durch einen herkömmlichen Test mit Fragen zu allen Teilbereichen oder durch das Zusammenfassen der Gruppenergebnisse in einer Wandzeitung, einem Infobrief, einem Kurzaufsatz oder einer Präsentation).
Auch hier ist der Vorteil, dass am Schluss alle den in etwa gleichen Kenntnisstand haben und die Plenumsphase am Schluss verkürzt wird.

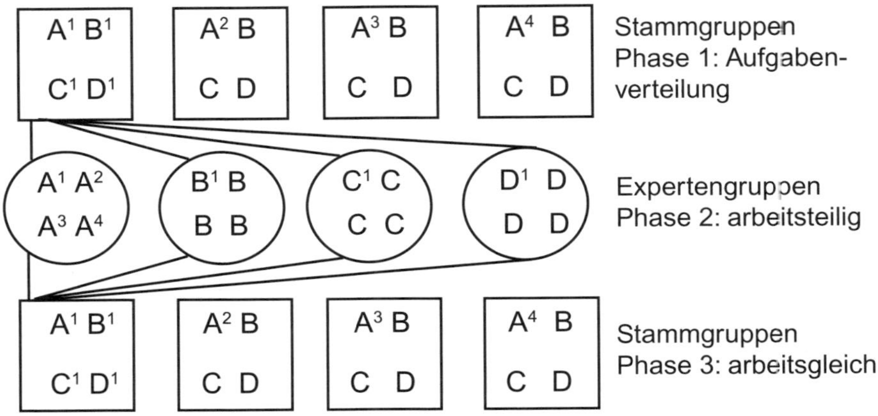

- **Überläufer**

Die durchnummerierten Gruppen arbeiten etwa dreißig Minuten arbeitsteilig. Nach zehn Minuten verlässt je ein Teilnehmer seine Gruppe und schließt sich der nächsten an (Überläufer aus Gruppe 1 in Gruppe 2, … aus Gruppe 5 in Gruppe 1). Er berichtet in der neuen Gruppe von den Ergebnissen seiner alten und arbeitet weiter mit. Nach weiteren 10 min verlässt jeweils ein anderer seine Gruppe und schließt sich einer neuen an. Damit verbreitert sich die Wissensbasis aller schon während der Gruppenphase und die Plenumsphase kann verkürzt werden.

2.2.3.3 Offene Unterrichtsformen

Der Lehrer schaut, ein jeder spricht; dies nennt man off'nen Unterricht.
Paul Glara

Begriff

Die Ansätze zur begriffl ichen Fixierung gehen deutlich auseinander: Für Glöckel sind sie gekennzeichnet durch die „Wiederaufnahme reformpädagogischer Gedanken in zeitgemäßer Umformung“ (Glöckel, 1992, 139).

Köck/Ott sehen im offenen Unterricht Formen, „die ganz oder teilweise wesentliche Elemente des Lernprozesses, wie z. B. Zielbestimmung, Methodenwahl, Ergebnisformulierung und Ergebnissicherung, der Eigensteuerung und Eigenverantwortung der Schüler überlassen. Das Ausmaß der Öffnung ist abhängig von den mittlerweile erreichten Fähigkeiten der Schüler, ihre eigenen Lernprozesse zu entwerfen und zu steuern. Ziel des offenen Unterrichts ist die Bewältigung von Lebenssituationen durch selbstbestimmtes Handeln.“ (Köck/Ott, 509)

Offener Unterricht bedeutet nicht, Grenzzäune einzureißen, sondern Zugänge nach außen zu schaffen, also sich öffnen, nicht aber alle Ordnungen in Frage zu stellen.

- **Öffnung gegenüber den Interessen der Lernenden**

Die Schüler sind (durchaus auf Grund eines Impulses des Lehrers) stärker in die inhaltliche und methodische Planung involviert, sind beteiligt an der Ausführung und den Aktionen. Dies kann nur funktionieren, wenn die Schüler nicht interessiert werden, sondern interessiert sind.

- **Öffnung der Verantwortung zu den Schülern hin**

Offener Unterricht muss scheitern, wenn er in der alleinigen Verantwortung des Lehrers bleibt. Dies bedeutet, dass sich der Lehrer zurücknimmt und die Schüler planen, entscheiden und handeln.

- **Öffnung zu den anderen Fächern hin**

Das Unterrichtsvorhaben, das ausschließlich in einem Fach zu Hause ist, wird die Ausnahme bleiben. Kenntnisse, Können und Erfahrungen aus verschiedenen Bereichen und Fächern wirken zusammen.

- **Öffnung der Unterrichtsorganisation**

Die Grenzen der Schule (Klassenzimmer, Anwesenheitspflicht, Stundeneinteilung u. a.) werden geöffnet: Der Kollege „spendiert“ „seine“ Stunde für eine Aktion, die Schüler verlassen für bestimmte Aufträge die Schule, und zu Hause wird weiter geplant und gearbeitet.

- **Öffnung der Schule nach außen**

Die Schule ist nicht mehr ein abgeschotteter Lernraum, aus dem das Leben ausgesperrt ist. Der Lebensraum Schule wird zum Lebensraum Leben.

Die Graphik (nach Wiechmann, S. 14, modifiziert) macht deutlich, dass offene Unterrichtsformen dem Schüler erlauben, weitgehend autonom entdeckend und handlungsorientiert zu lernen.

Entscheidungsfeld der Unterrichtsformen

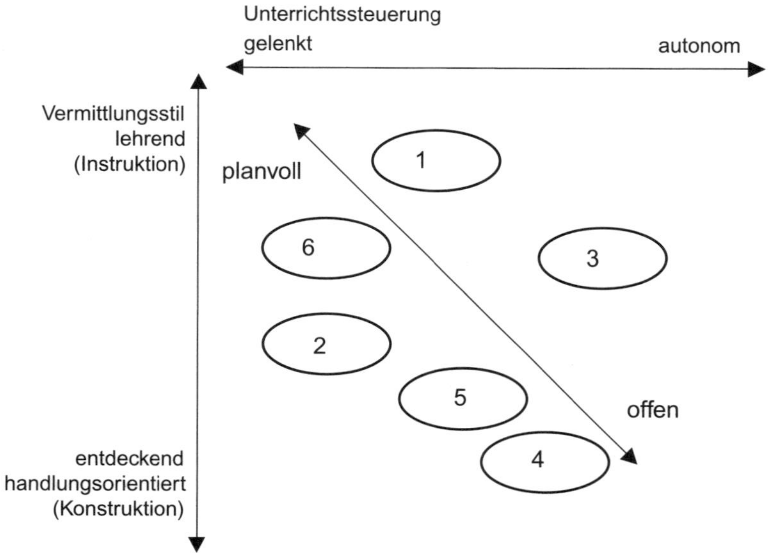

1: Lehrervortrag (?); 2: Einzelarbeit (?); 3: Moderation (?); 4: Rollenspiel (?);
5: Projekt (?); 6: Fragend-entwickelndes Unterrichtsgespräch (?)

Konsequenzen für Lehrkräfte und Schüler

Die Lehrkraft muss bereit sein, eine neue Lehrerrolle zu übernehmen, die auf die alleinige Planung, Durchführung, Leitung und Evaluation des Unterrichts verzichtet und stattdessen den Mut hat, Aufgaben an die Schüler zu delegieren, auch auf die Gefahr hin, dass manches

schiefgeht, was bei eigener Planung und Durchführung hätte vermieden werden können.
Auch die Schüler müssen sich von der – durchaus bei vielen geschätzten – passiven Rolle des kontrollierten, geführten und belehrten Befehlsempfängers verabschieden, mit neuen Freiheiten umgehen und Verantwortung für den Unterricht und das eigene Lernen übernehmen lernen: vom Belehrten zum Lernenden.
Die bekanntesten Formen der offenen Unterrichts sind: (materialgeleitete) Freiarbeit, Arbeit mit Wochenplänen, Lernzirkel, Projekt im Unterricht, Arbeit im Computerraum.

Materialgeleitete Freiarbeit
Freiarbeit ist nicht frei, sondern eine Unterrichtsorganisation, die dem Schüler Freiheiten lässt, die der konventionelle Unterricht z. B. bei der Neudurchnahme von Stoff nicht anbieten kann. Freiarbeit bietet sich an in Übungs- und Wiederholungsphasen (z. B. auch in Intensivierungsstunden), wenn der Stoff eingeführt ist, und erlaubt dem Schüler, die ihm zusagende oder zum Inhalt bzw. Arbeitsmaterial passende Sozialform (Einzel-, Partner-, Gruppenarbeit), die Abfolge der Einzelaufgaben und das Arbeitstempo zu wählen.
Im Normalfall sind zu Beginn der Freiarbeit Lernmaterialien ausgelegt, von denen ein Teil als verbindlich, ein anderer Teil als freiwilliges Zusatzangebot ausgewiesen ist. Die Lehrkraft führt in das Thema ein, stellt die Materialien vor und klärt den Ablauf der Stunde.
Die Schüler wählen Aufgaben aus, bearbeiten sie, kontrollieren in der Regel die Lösungen selbst, geben die Arbeitsmaterialien zurück und vermerken auf ihren Arbeitsbogen, welche Arbeit sie geleistet haben, um sich dann einer neuen Aufgabe zuzuwenden. Die Lehrkraft ist anwesend, hilft auf Bitten, auch bei organisatorischen „Problemen", und sichert die notwendige Ordnung, damit die Arbeit störungsfrei ablaufen kann. Sinnvoll ist auch, gemeinsam am Unterrichtsende kurz den Ablauf der Freiarbeit zu reflektieren.

Entscheidend für die Qualität der Freiarbeit sind die Materialien, die von Verlagen angeboten werden, aber auch von den Lehrkräften (allein oder im Team mit Fachkollegen) erdacht und gestaltet werden. Sie sollten Aufforderungscharakter besitzen, den Denkprozess anregen und ggf. lenken, auch alternative Lernwege zulassen, trotz aller möglichen spielerischen Elemente den Lerneffekt nicht vermissen lassen, selbsterklärend (Arbeitsanleitung) sein und eine selbstständige Kontrolle durch die Schüler ermöglichen. Sinnvoll ist es, Materialien zu entwickeln, die stabil und abwaschbar (laminiert) sind, damit sie mehrfach verwendet werden können. Das Angebot an Materialien für eine Freiarbeitsstunde sollte so vielfältig sein, dass verschiedene Sinne angesprochen werden und unterschiedliche Arbeitsformen möglich sind.

Freiarbeit wird dann gelingen und nicht als Spielstunde (von Schülern, Kollegen und Eltern) diskreditiert, wenn Lernerfolge sichtbar werden und die aufgewendete Zeit in vertretbarer Relation zum Fachunterricht insgesamt steht.

Wochenplanarbeit
Die Schüler erhalten einen schriftlich festgelegten Arbeitsplan für eine Woche, den sie in Eigenverantwortung teils in der Schule, teils zu Hause bearbeiten, wobei sie die Abfolge und den Zeitaufwand selbst bestimmen. Meist besteht der Plan aus Pflicht-, Wahlpflicht- (eine bestimmte Zahl in freier Auswahl) und freiwilligen Zusatzaufgaben. Der Schüler stellt für sich fest, was er tun muss, was er tun darf, wie er vorgehen kann, was er zur Bearbeitung an Material und Voraussetzungen benötigt und wann er wie lange nach seinem Plan arbeitet. Es ist sinnvoll, wenn er die erledigte Arbeit abhakt, den Zeitbedarf notiert und die Qualität der geleisteten Arbeit anhand von Kontrollblättern, die beim Lehrer eingesehen werden können, überprüft.

Wie bei der Freiarbeit liegt der Reiz für die Schüler in der Eigenaktivität und der Verantwortung für das eigene Arbeiten. Sie erkennen Lernwege und Lernumwege, lernen ihr Arbeitstempo einzuschätzen, erkennen, wo ihre Stärken und Schwächen liegen, und nehmen ihre Ausdauer und Konzentrationsfähigkeit wahr. Wohltuend ist auch die entspannte und trotzdem konzentrierte Arbeitsatmosphäre, in der die Lehrkraft zum Berater, Begleiter und Hilfesteller wird, sich aber nicht ungefragt und ungebeten einmischt. Ihre Arbeit liegt vor allem in der Konzipierung der Arbeitspläne und Lösungsblätter, in der Wahrnehmung von Schwierigkeiten und Störungen, die behoben werden müssen, und in der Überprüfung der Wochenplanordner. Diese Evaluation dient einmal der Überprüfung der Schülerarbeit, zum anderen der Bewertung der Pläne hinsichtlich des Anforderungsniveaus.

Lernzirkel (Stationenlernen)

Der Lernzirkel dient dazu, neuen Stoff zu erarbeiten oder Behandeltes zu üben und zu festigen. Ein komplexeres Thema wird in einzelne Bereiche aufgeteilt, die jeweils einer Station zugeordnet sind. An den Stationen sind das Thema, die Aufgabenstellung und das dazu notwendige didaktisch aufbereitete Material bzw. Hinweise zur Bearbeitung ausgelegt. Die Schülerinnen und Schüler bearbeiten selbstständig oder auch mit Partner bzw. in Gruppen die Aufgaben einer Station, um anschließend zur nächsten Station zu wechseln. Die Reihenfolge entnehmen sie einem Laufzettel, auf dem sie die erledigten Aufgaben abzeichnen können.

Als letzte Station bietet sich eine Kontrollstelle an, an der die Schüler ihre Arbeit überprüfen und ggf. ergänzen können.

Wenn die Aufgaben in einem logischen Zusammenhang stehen und deshalb in einer bestimmten Reihenfolge erledigt werden müssen, spricht man vom Lernzirkel. Dieser hat den Nachteil, dass eigentlich alle Gruppen oder einzelne Schüler an der gleichen Station beginnen müssten. Deshalb sucht man nach Varianten, welche die Abfolge weitgehend freistellen („Stationenlernen“):

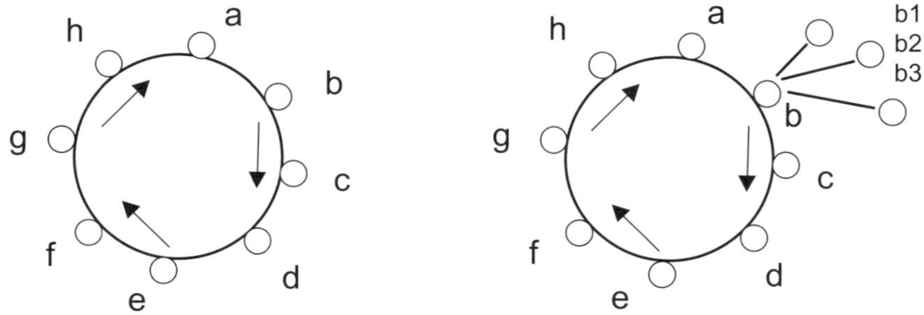

An einzelnen Stationen gibt es Wahlmöglichkeiten (unterschiedliche Beispiele, andere Materialien, computerorientiert). Eine zweite Variante (nicht in der Graphik) bietet einen zweiten additiven Zirkel an, der fakultativ zu bearbeiten ist, während bei der Normalform alle Stationen verbindlich sind. Eine dritte bietet an einzelnen Stationen Puffer an, d. h. die Station ist doppelt oder dreifach besetzt, sodass auch mehrere Schüler bzw. Gruppen gleichzeitig daran arbeiten können. Dass nicht alle Stationen im Klassenzimmer aufgebaut sein müssen, versteht sich von selbst („offene Unterrichtsformen“). Auch in der Bibliothek, im Computerraum oder im Fachraum können Stationen eingerichtet sein.

Der Lernzirkel ermöglicht wie die anderen offenen Unterrichtsformen auch selbstgesteuertes Arbeiten. Er unterscheidet sich in erster Linie dadurch, dass er nicht nur auf Wiederholen und Üben (Freiarbeit) beschränkt ist, sondern dem Schüler bzw. der Gruppe die Möglichkeit bietet, sich selbstständig neuen Stoff anzueignen, was sich vor allem für die Mittel- und Oberstufe anbietet. Auch hier gilt wieder, dass die Lehrkraft zwar während des Unterrichts entlastet ist, aber mehr Vorbereitungszeit aufwenden muss. Da der Lernzirkel allerdings jederzeit wieder einsetzbar ist, relativiert sich der Zeitaufwand bei der Vorbereitung.

Die Methode

„Lernen durch Lehren" beruht auf dem Prinzip, dass der Unterricht weitgehend von den Schülern verantwortet wird. Zu Beginn einer neuen Lerneinheit teilt die Lehrkraft den Stoff in kleinere Sinnabschnitte (Teile einer Unterrichtsstunde) ein, die an die Schüler zur Vorbereitung so verteilt werden, dass jeweils zwei bis drei einen Abschnitt, der sich auf eine Teilunterrichtsstunde bezieht, inhaltlich und methodisch in Unterrichtsstunden und/oder zu Hause vorbereiten. Die Lehrkraft betreut die Schüler im Unterricht bei der Vorbereitung, indem sie zum einen Ratschläge und Impulse gibt, andererseits die Entwürfe korrigiert (vor allem geplante Tafelbilder, Folien, Arbeitsblätter müssen sorgfältig überprüft werden) und etwa die Stellung der Hausaufgabe abspricht. Diese einst (frühe 80er Jahre) für den Fremdsprachenunterricht konzipierte Unterrichtsmethode bezog sich ursprünglich auf solche Phasen, die auf Grund des fachlichen und methodischen Entwicklungsstandes auf die Schüler delegiert werden konnten. Mit der Verbreitung der Methode erwies es sich, dass die Schüler vergleichsweise schnell die methodischen Kompetenzen erwarben, die sie zur Vermittlung komplexerer Inhalte befähigten.

Effekte dieser Methode

Diese Methode verbindet Instruktion (vgl. „vertikales Lernen", S. 95 f.) mit Elementen des handlungsorientierten Unterrichts, der die Eigentätigkeit fördert und konstruktivistische Zielsetzungen („laterales Lernen") realisiert. Schüler konstruieren ihre Sicht der Inhalte und präsentieren sie ihren Mitschülern. Folgende Effekte verbinden sich mit dieser Methode:

- „Der Lehrer redet weniger. Z. B. kommen im Fremdsprachenunterricht mit dieser Methode bis zu 80 % der Äußerungen von Schülern.
- Schwierige Stoffsequenzen werden aus Schülerperspektive beleuchtet; dadurch gewinnt der Schüler einen seiner Art zu lernen entsprechenden Zugang.
- Da verschiedene Gruppen den Stoff vermitteln, setzen sich die Schüler intensiver und vielseitiger mit ihm auseinander.
- Die Hemmschwelle von Schülern zu Schülern ist geringer. Es fällt den Schülern leichter, ihrem Unverständnis Ausdruck zu verleihen und um Erklärung zu bitten.
- Bekanntermaßen hat der selbst erarbeitete Stoff die besten Behaltenswerte. Die Nachhaltigkeit des Lernens wird also gesteigert.
- Der Lehrer erkennt Verständnislücken der Klasse oder einzelner Schüler schneller und hat Zeit und Gelegenheit, gezielt und individuell darauf zu reagieren.
- Das soziale Lernen wird gefördert, da die Schüler neue Rollen einüben und sich häufiger einander zuwenden." (Martin, S. 6)
- Die präsentierenden Schüler lernen Verantwortung zu übernehmen und sind durch das selbstständige Handeln stärker motiviert. Auch die Zuverlässigkeit lernen sie als notwendige „Sekundärtugend" schätzen.
- Neben fachlicher Kompetenz erwerben die Schüler methodische und kommunikative Kompetenzen und lernen verschiedene Präsentationstechniken und -verfahren.
- Der Umgang der Schüler untereinander wird entspannter, weil sich jeder in die Rollen des Lehrenden und des Lernenden hineinfinden muss.
- Bei der Planung des Unterrichts arbeiten die Schüler in der Gruppe und lernen, dass die Teamarbeit zum Erfolg führt.

Grenzen von LdL

Die Methode ist nichts grundsätzlich Neues. Schon Seneca hatte diese Erkenntnis („docendo discimus"). Neu ist allenfalls die Konsequenz, mit der diese Methode von manchen Vertretern zum alleinigen Prinzip erkoren wurde. Dieser Absolutheitsanspruch ist zu einseitig schülerorientiert und degradiert die Lehrkraft zum Impulsgeber.

Es darf auch nicht vergessen werden, dass zwar die Schüler unterrichten und, so gesehen, die Lehrerdominanz deutlich vermindert wird, aber nun ein Frontalunterricht von Schülern zu Schülern stattfindet. Jetzt unterrichtet nicht mehr der Lehrer, sondern der Schüler, doch es findet fast ausschließlich Instruktion statt. Das heißt, zwei oder drei Schüler lernen jeweils durch das Lehren, die anderen lernen auch weiterhin durch Instruktion.

Für die lehrenden Schüler können die Aufgaben, 1. den Stoff zu erarbeiten, 2. den Stoff didaktisch aufzubereiten (didaktische Reduktion) und 3. methodisch zu gestalten, zur Überforderung führen. Wenn sie etwa in Mathematik einen Sachverhalt erklären sollen, dann müssen sie ihn perfekt verstanden haben. Nur, wer unterrichtet die lehrenden Schüler so, dass sie anschließend ihrerseits unterrichten können. „Hilfestellung und Impuls“ genügen nicht. Und auch die Lernenden erleben nicht die Unterrichtsqualität, die sie von ausgebildeten Lehrkräften erwarten dürfen.

Auch die Lerninhalte sind nicht immer von der Qualität, dass sie sich ohne Verlust parzellieren lassen. Wie lassen sich komplexe Sachverhalte so zerteilen, dass die Zusammenhänge erkennbar bleiben? Hier sind Reibungsverluste bei der Übergabe von einer Schülerlehrkraft zur nächsten unvermeidlich.

Schlussbemerkung
Die oben angeführten Argumente gelten dem „Unterrichtsprinzip“ LdL, wie es von Jean-Pol Martin vertreten wird. Versteht man LdL als eine Möglichkeit zu unterrichten unter vielen oder, wie es Martin gelegentlich selbst fordert, als ein Projekt, dann sollte es im Repertoire eines jeden Lehrers sein. Nicht zuletzt, weil es für die Schülerinnen und Schüler reizvoll ist, die Rolle der Lehrkraft zu übernehmen, aber auch heilsam zu erkennen, dass diese Tätigkeit so mühelos nicht ist.

Projekt im Unterricht

Begriff
„Projektmethode“, „projektorientierter Unterricht“, „Projektlernen“, „Projektarbeit“, „Projektunterricht“ sind die gängigen Begriffe, die scheinbar alle das Gleiche meinen. Der am meisten verbreitete Begriff „Projektunterricht“ zeigt am deutlichsten das Begriffsdilemma: Unterricht ist zunächst „eine Form des systematisch organisierten Lehrens und Lernens [...], in der die Rollen und Funktionen der Beteiligten durch Lernziele, durch eine Artikulation der Lehr-Lern-Situation und durch unterrichtliche Methoden festgelegt werden.“ (Apel/Knoll, S. 75). „Projekt“ hingegen meint eben nicht Unterricht in der genannten Definition, sondern ein Öffnen dieser Bindungen und die Zielsetzung auf ein „Projektergebnis“, ein „Projektprodukt“, das sich nicht im Lernen erschöpft, sondern in die Welt außerhalb der Schule eingreift. Projekt simuliert nicht die Realität, sondern versucht sie zu verändern. Deshalb ist auch der Projektunterricht immer als eine Domäne des politischen Unterrichts (Erziehung zur Demokratie) verstanden worden.

Der in der Überschrift gewählte Begriff erscheint daher sinnvoll, weil er deutlich machen soll, dass ein Projekt den Unterricht verändert, aber auch umgekehrt der Unterricht das Projekt modifiziert: „Ein Bastelkurs, ein Besuch beim Bäcker, der Bau einer Flöte, die Betreuung alter Menschen durch Schüler – alles interessante Unternehmungen, aber ist das schon Projektunterricht?“ (Gudjons, 2003, S. 125). „Projekt im Unterricht“ besagt also, dass sehr wohl Unterricht nach den oben genannten Prinzipien stattfindet, dass aber ein Projekt innerhalb des Unterrichts zu selbsttätigem, zu ganzheitlichem (Kopf, Herz, Hand) Lernen beiträgt, dabei den Unterricht zur außerschulischen Welt hin öffnet und dort eingreift, was auch erlaubt, anhand des „Produkts“ (Ergebnis) die Qualität der Problemlösung zu überprüfen.

Modelle

Apel/Knoll (86/91) beschreiben drei Modelle des Projektlernens, wie sie diese offene Form des Unterrichtens benennen, die unterschiedliche Relationen von Projekt und Unterricht skizzieren:

- **Lineares Modell**

Diese am stärksten dem Unterricht verpflichtete Form hat folgenden Verlauf: Im herkömmlichen Unterricht erwerben die Lernenden notwendige Kenntnisse und Fertigkeiten, die durch Üben haltbar gemacht werden und nun auf eine umfangreichere Aufgabe (Projekt) angewendet werden. Am Ende steht ein Ergebnis da. An einen traditionellen Unterricht schließt sich also ein Projekt an, welches das Gelernte präsentiert, verifiziert, vertieft oder evaluiert.

- **Integratives Modell**

Wenn über das Projekt die Kenntnisse erworben werden, entsteht eine anderes Projektmodell: Lehrer und Schüler einigen sich auf ein zu bearbeitendes Problem, erarbeiten, was zur Lösung an Wissen und Können erforderlich ist, erwerben im Unterricht, aber auch zu Hause (z. B. Internet) und auf Exkursionen die notwendigen Grundlagen, arbeiten zwischenzeitlich an ihrem Projekt weiter und kommen zur Lösung, zum präsentierbaren Ergebnis bzw. Produkt.

- **Aktionistische Form**

Der Lehrkraft und den Schülern stellt sich ein reizvolles oder drängendes Problem, das sie selbstständig bearbeiten bzw. lösen wollen, indem sie in die Öffentlichkeit gehen und darauf aufmerksam machen wollen: Solche Probleme können gesellschaftlicher, politischer Natur sein, aber auch ganz konkrete karitative Aspekte ansprechen oder auch eigene Bedürfnisse thematisieren (z. B: „Gegen rechte Gewalt“, „Ein Jugendtreff muss her“). Hier steht die Aktion im Vordergrund. Aber es wird notwendig sein, entsprechende Hintergrundinformation einzuholen, Kontakte zu knüpfen, behördliche Genehmigungen einzuholen, die erforderliche Argumentation vorzubereiten, um bestehen zu können. Dies kann und muss auch im Unterricht geschehen.

Phasen und Merkmale

Gudjons (2003, S. 128 ff) ordnet vier Phasen des Projekts insgesamt zehn Grundsätze/Merkmale zu und skizziert damit einen idealtypischen Ablauf (die Artikulation) des Projekts im Unterricht:

Projektschritte	**Merkmale**
1. Die unterrichtskonforme problemhaltige Sachlage finden	a) Situationsbezug: über die Fachgrenzen hinausgehende Problemlage, die in die Erfahrungswelt der Schüler eingreift
	b) Orientierung an den Interessen vor allem der Schüler, die allerdings vom Lehrer geweckt werden dürfen
	c) Gesellschaftliche Relevanz: kein künstliches Problem, sondern eines, das in die Welt eingreift

2. Gemeinsam einen Plan zur Problemlösung finden	a) Zielgerichtete Projektplanung: gemeinsame Planung der inhaltlichen, zeitlichen und organisatorischen Elemente b) Selbstorganisation und -verantwortung: Verantwortung für das Projekt bei den Schülern im Rahmen ihrer Möglichkeiten
3. Sich mit dem Problem handlungsorientiert auseinandersetzen	a) Einbeziehen vieler Sinne und Medien: Geistige Arbeit und körperliches Tun (Kopf, Herz, Hand) werden „wiedervereinigt“ (ebd. S. 130); traditionelle, technische und selbst produzierte Medien und Materialien. b) Soziales Lernen: Kommunikation, Kooperation und Koordination, Interessenausgleich als notwendige Lernprozesse
4. Die Lösung an der Wirklichkeit überprüfen	a) Produktorientierung: Die Qualität des Projekts orientiert sich am präsentierbaren Ergebnis. b) Fächerübergreifendes Arbeiten: Dies ermöglicht es, ein Problem zu sehen.

Sehr viel kompakter erweist sich die Abfolge bei Frey (Wiechmann, S. 158, modifiziert):

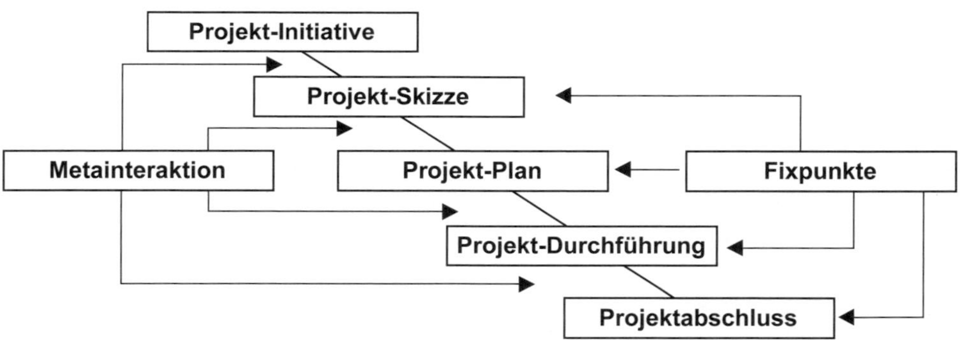

Metainteraktion: Gespräch über das Projekt (Planeinhaltung, Korrekturen, Szenenwechsel, Beziehungsprobleme, Krisen, Konflikte).
Fixpunkte: bei länger dauernden Projekten: organisatorische Schaltstelle, Abstimmung als Mittel gegen Betriebsblindheit und fehlende Abstimmung.

Mit der Projektarbeit öffnet sich der Unterricht in mehrfacher Hinsicht:

- **Öffnung gegenüber den Interessen der Lernenden**

Ein Projekt kann nicht die Sache eines interessierten oder engagierten Lehrers sein oder sich ausschließlich aus der Lehrplanforderung („fächerübergreifende und fächerverknüpfende Unterrichtsvorhaben“) herleiten. Vielmehr sind die Schüler (durchaus auf Grund eines Impulses des Lehrers) in die inhaltliche und methodische Planung involviert, sind beteiligt an der Ausführung und den Aktionen. Dies kann nur funktionieren, wenn die Schüler nicht mühselig interessiert werden, sondern interessiert, ja sogar begeistert sind.

- **Öffnung zur Schülerzentrierung hin**

Ein Projekt muss scheitern, wenn es in den Händen des Lehrers bleibt. Die Schüler müssen die Initiativen ergreifen und müssen den Fortgang vorantreiben. Dies bedeutet, dass sich der Lehrer zurücknimmt und die Schüler planen, entscheiden und handeln.

- **Öffnung zu den anderen Fächern**

Das Projekt, das ausschließlich in einem Fach zu Hause ist, wird die Ausnahme bleiben. Gerade das Projekt zeigt, dass auf ein Fach bezogene („einfache") Lösungen unmöglich sind, dass Kenntnisse, Können und Erfahrungen aus anderen Bereichen und Fächern bei der Problembewältigung helfen können.

- **Öffnung der Unterrichtsorganisation**

Die Grenzen der Schule (Klassenzimmer, Anwesenheitspflicht, Stundeneinteilung u. a.) werden geöffnet: Der Kollege „spendiert" „seine" Stunde für das Projekt, Lehrer arbeiten im Team, die Schüler verlassen für bestimmte Aufträge die Schule, und zu Hause wird weiter geplant und gearbeitet.

- **Öffnung der Schule nach außen**

Die Schule ist nicht mehr ein abgeschotteter Lernraum, in dem eine eigene schulische Wirklichkeit herrscht. Der Lebensraum Schule wird zum Lebensraum Leben. Vgl. offener Unterricht!

Wenn es beim Lernen um raschen und ökonomischen Erwerb von Inhalten (vertikaler Lerntransfer) geht, ist die Arbeit am Projekt als Methode wenig ergiebig. Auch Zeitdruck und permanente Leistungsbeurteilung behindern eine erfolgreiche Arbeit.

Spiel im Unterricht

Spiel und Arbeit gehen nicht zusammen. Doch!
Ich spiele nämlich mit dem Gedanken, die Arbeit zu beenden.
Paul Glara

Das Spiel

„Tätigkeit, die ohne bewussten Zweck lediglich aus der Freude an ihr selbst ausgeübt wird und mit Lustempfindungen verbunden ist. Spiel findet sich bei Menschen und Tieren. [...] Die klassischen Theorien vom Spiel verstehen Spiel u. a. als Einübung wichtiger Fähigkeiten und exploratives Ausschöpfen des Verhaltensspektrums, als Erholung und Entlastung oder als Abfuhr von Affekten und Triebregungen." Der deutsche Idealismus sah das Spiel als Ausdruck des schöpferischen Triebes, Huizinga als Grundlage kultureller Tätigkeit (vgl. Die Zeit (Hrsg.): Das Lexikon, Bd. 14, S. 14 f.).

Als Merkmale des Spiels werden genannt:

- Zweckfreiheit: Man spielt um des Spieles willen (Freiheit von Erfolgs- und Ergebniszwang).
- Freiwilligkeit: Das Spiel ist keine verpflichtende Tätigkeit.
- Zielgerichtetheit in sich: Das Ziel liegt im Spiel und ordnet sich keiner anderen Setzung unter.
- Symbolhaftigkeit: Spiele finden in einer eigenen Welt statt, die sich der Wirklichkeit allenfalls symbolisch bedient.
- Spannung: Der mehrdeutige und offene Spielverlauf sowie der offene Ausgang lassen eine Vorhersage des Verlaufs und des Ergebnisses nicht zu.
- Gegenwärtigkeit: Das Spiel hat sein Ende (Auflösung, Ergebnis, Sieg) im Jetzt.
- Dynamik und Aktivität: Die Mitspielenden müssen aktiv sein. Der Passive schließt sich aus dem Spiel aus.

– Regelhaftigkeit: Die Spieler unterwerfen sich vereinbarten oder überkommenen Regeln.
– Gleichberechtigung: Alle Spieler haben gleiche Rechte und gleiche Chancen, wenn nicht anderes vereinbart ist.
– Lustgewinn: Die Freude liegt im Spiel, nicht in seinen Folgen.

Das didaktische Spiel
Mit dieser Formulierung gibt das Spiel die oben genannte Zweckfreiheit auf. Das Spiel behält zwar seinen Reiz, ist aber nun Mittel zum Zweck. Für den Unterricht eignen sich folgende Spielformen:

- **Spiele ohne Partner**

Denk- und Strategiespiele (Tangram, Sudoku, Logeleien, Knobeleien, Patiencen …), Geschicklichkeitsspiele, (Akrobatik, Computerspiele …), Lernspiele …

- **Interaktionsspiele**

Spielerische Auseinandersetzung mit Partnern: Gesellschaftsspiele, Mannschaftsspiele, Sportspiele, Wettkämpfe …

- **Simulationsspiele**

Spielerische Simulation von Konflikten, Entscheidungsprozessen: Planspiel, Rollenspiel, Standbild, Falluntersuchung, Computersimulation, Börsenspiel …

- **Szenisches Spiel**

Ästhetische Darstellung einer symbolisch vermittelten Wirklichkeit mit den Möglichkeiten des Körpers (Stimme, Mimik, Gestik, Körpersprache): Stegreifspiel, Pantomime, Scharade, Puppentheater, Tanz, Kabarett, Musical, Hörspiel, Aufführung selbstgeschriebener Stücke oder literarischer Vorlagen …

Für viele Lehrer gehört das Spiel, wenn es schon in der Schule stattfinden soll, in die Pause, in „passende“ Fächer wie Deutsch, Musik, Sport, in den Grundkurs „Darstellendes Spiel“ oder in die Freiarbeit, in die Neigungsgruppe nicht aber in den eigenen Unterricht. Ein Grund ist, dass das Spiel wie alle offenen Unterrichtsformen Zeit in der Vorbereitung und in der Realisierung im Unterricht kostet. Auch sind Spiele nicht so genau planbar: die Teilnehmer wollen es verlängern, die Regeln sind zu kompliziert oder die räumlichen und zeitlichen Voraussetzungen lassen das Spiel scheitern.

Mittlerweile werden sehr viele unterschiedliche Spiele für praktisch alle Unterrichtsfächer und alle Zielsetzungen angeboten. Die Lehrkräfte wissen, dass jeder Mensch gerne spielt und deshalb alle Altersgruppen durch Spiele angesprochen werden.
Freilich sind einige Kriterien zu beachten, die aus dem Spiel eine sinnvolle Form des Lernens machen:

– Das Spiel ist den Lernzielen des Unterrichts (einschließlich den fachübergreifenden Lernzielen) zuzuordnen.
– Der Lehrplanbezug ist erkennbar.
– Das Spiel entspricht der Altersstufe und der Interessenlage der Schüler.
– Die Spielregeln sind einfach und schnell zu erklären.
– Die benötigten Materialien können ohne viel Aufwand organisiert werden.
– Das Spiel hat ein klares, vorher vereinbartes Ende.
– Das Spiel grenzt Verlierer nicht aus oder demütigt sie.
– Alle Schüler lernen bei diesem Spiel.
– Es bleibt Zeit zur Auswertung des Spiels und des Gelernten.

Das Planspiel
Ein fiktiver Konflikt, ein simuliertes Problem oder eine simulierte komplexe Aufgabe soll von den Schülern dadurch gelöst werden, dass sie bestimmte Rollen übernehmen, Entscheidungen fällen und dadurch lernen, im Team ihre Rolle und die damit verbundenen Aufgaben verantwortlich zu übernehmen. Keinesfalls darf es um die Bewältigung eines tatsächlichen gegenwärtigen Konflikts gehen. Wichtig ist auch, dass alle Schüler am Spiel beteiligt sind. Die Lehrkraft fungiert als Spielleiter. Zu Beginn erläutert sie die Situation, verteilt (verlost, vergibt auf Wunsch) die Rollen, nennt die Verfahrensregeln und leitet die Vereinbarungen der Klasse über den Ablauf (Dauer: mindestens zwei Unterrichtsstunden). Gegebenfalls greift sie auch in den Ablauf ein, um den Fortgang sicherzustellen. In der abschließenden Auswertungsphase werden die Entscheidungen und Ergebnisse ausgewertet, die Schüler berichten über ihre Erfahrungen und evaluieren das Spiel nach Realitätsgehalt, Lernerfolg und Spaß.

Das Rollenspiel
Schüler versetzen sich in die Rolle eines anderen, handeln in einer gestellten Szene stellvertretend für ihn und lernen so, andere Positionen, aber auch die eigene zu verstehen. Sie verbessern ihre Argumentation, erfahren Rollendistanz und lernen Toleranz, wenn sie z. B. in die Rolle des Lehrers oder der Eltern schlüpfen und fiktiv einen Konflikt mit Kindern und Jugendlichen austragen. Das Rollenspiel ist stärker personenorientiert im Vergleich zum sachorientierten Planspiel. Es eignet sich als Einstieg in ein neues Thema (Veranschaulichung), zum Nacherleben einer geschehenen (historischen) Situation (innere Anschaulichkeit) oder um die Lösung eines konkreten Konflikts (Konkretisierung von Lösungsmöglichkeiten im Spiel).

Für ein Rollenspiel genügt oft schon der Teil einer Unterrichtsstunde; auch benötigt man kaum Requisiten (Schüler sind erfinderisch: Die Kreide reicht, um einen Lehrer zu spielen.). Die gespielte Szene hat (im Gegensatz zum Planspiel) wenige Akteure und viele Zuschauer. Den Spielern wird kurz Gelegenheit gegeben, sich in die Rolle zu finden. Die Zuschauer erhalten Beobachtungsaufgaben. Nach Ende der Szene beschreiben, analysieren und interpretieren die Zuschauer den Spielverlauf, gehen dabei aber nur bedingt auf die schauspielerischen Leistungen ein, und die Spieler reflektieren ihre Empfindungen während des Spiels. Die Szene kann auch noch einmal mit anderen Akteuren und anderer Lösung gespielt werden. Rollenspiele lassen sich auch in Gruppenarbeit durchgeführen, so dass alle Beteiligten das Spiel aus unterschiedlicher Perspektive erleben können (einmal in einer Spielerrolle, bei einem weiteren Durchgang in der Beobachterrolle).

Auf vielfältige Weise lernen die Kinder und Jugendlichen im Rollenspiel: Sie überwinden ihre Scheu aufzutreten, erfahren sich in einer anderen Rolle, lernen andere Positionen zu vertreten, genau zu beobachten, ihre Eindrücke und Gefühle zu artikulieren, zu argumentieren und konstruktive Kritik von verletzender zu unterscheiden.

Moderierter Unterricht

Begriff und Beschreibung
Die Moderation im heutigen Sinn wurde Anfang der 70er Jahre in der Wirtschaft als eine Antwort auf die Forderungen der 68er-Bewegung nach mehr demokratischer Mitbestimmung entwickelt. Mit der Erkenntnis, dass flache Hierarchien mit mehr Verantwortung den Betrieben mehr Gewinn brachten, war es notwendig, eine Kommunikationsform zu finden, in der der Einzelne an den Entscheidungsprozessen beteiligt wurde. Dass die Lehrmethodik sich dieser Form bemächtigt hat, hat seinen Grund in dem Misstrauen gegenüber dem Frontalunterricht, der nicht tauglich erschien für eine gleichberechtigte Zusammenarbeit, in der die Teilnehmer lernen, interaktiv zu lernen und zu arbeiten und ihre Entscheidungs- und Problemlösungskompetenzen zu erweitern.

In diesem Sinn ist Moderation eine Methode (auch) im Unterricht, bei der der Lehrer als Moderator den Lernenden die Möglichkeit gibt, sich die (hierfür geeigneten) Bildungsinhalte im Klassenteam interaktiv zu erarbeiten, dabei selbst Entscheidungen zu treffen und den Lernprozess mit zu gestalten. Von Unverbindlichkeit und Spaß-Stunden kann in diesem Zusammenhang nicht die Rede sein.

Es ist nicht sinnvoll, den Begriff „Moderationsmethode" zu verwenden, da es zu Überschneidungen mit „den Moderationsmethoden" kommt. Unter diesen versteht man Visualisierungs-, Gruppierungs-, Artikulations-, Abstimmungs-, Evaluationsmethoden u. a. m. in der Moderation. Besser erscheint der Begriff „moderierter Unterricht" für all die Stunden, in denen die Schüler nicht instruiert werden, sondern sich mit Hilfe von Moderationsmethoden Inhalte erarbeiten. Moderation findet z.B. dann statt, wenn die Klasse ihre eigene Organisation, ihr Zusammenleben, ihre Teilnahme am Schulleben, ihre Probleme und Krisen unter der Leitung eines Moderators, der meist ihre Lehrkraft ist, regelt.

- **Die Lehrkraft als Moderator/Moderatorin**

Ihre Aufgaben sieht sie im Planen und Organisieren einer Veranstaltung (Schulstunde), deren Gesprächsleitung sie übernimmt. Das bedeutet, dass sie die ganze Klasse aktiviert, nicht doziert, sich mit ihrer Meinung zurückhält, auf kurze Beiträge achtet, Meinungen und Verhaltensweisen der Klassenmitglieder nicht bewertet, bei Störungen, die den Ablauf gefährden, klärend eingreift, die Stunde/Veranstaltung durch die Präsentation von Zwischenergebnissen strukturiert, nicht vorschnell Lösungen anbietet, um Abwechslung im Geschehen bemüht ist, am Schluss Ergebnisse präsentiert und die Veranstaltung durch die Teilnehmer evaluieren lässt.

- **Die Klasse als moderierte Gruppe**

Alle Teilnehmer der Gruppe arbeiten aktiv mit, fühlen sich für das Gelingen der Veranstaltung mit verantwortlich, liefern viele kurze Beiträge, verzichten auf Bewertungen der Beiträge anderer, halten die Gesprächsregeln ein, beteiligen sich an der Präsentation der Ergebnisse und evaluieren die Stunde/Veranstaltung in verantwortungsvoller Weise.

Phasen des moderierten Unterrichts

Auch für die Moderation bietet sich eine Strukturierung an, die den Zielen einer so geführten Unterrichtsstunde entgegenkommt.

1. Schritt: Einstieg (warming-up)

In diese kurze Phase gehören die Begrüßung, ggf. die Vorstellung des Moderators (nur in Vertretungsstunden), eine Verständigung über die Spielregeln der kommenden Stunde, ein (auch emotionales) Einstimmen auf das Thema und die Bekanntgabe bzw. das gemeinsame Erarbeiten des Themas oder des Problems, an dem gearbeitet werden soll. Die Teilnehmer erhalten Gelegenheit, ihre Erwartungen, Interessen und Befürchtungen zu äußern, welche bei der Moderation schriftlich festgehalten werden (Kartenabfrage, Blitzlicht mit Fixierung der Antworten, Themenkatalog an der Tafel erarbeiten und nach Wichtigkeit bzw. Interesse individuell bepunkten, Einstiegsgespräch durch Impuls der Lehrkraft ausgelöst u. a.).

2. Schritt: Orientierung und Planung

Es geht darum, sich in das zu lösende Problem (z. B. Konflikt zwischen Mädchen und Jungen) oder das Themenfeld (Lehrplaninhalt) hineinzufinden. Dies gelingt z. B. durch Brainstorming, durch ein Impulsreferat, einen Themenkatalog u. a. Außerdem einigt sich die Klasse über das methodische Vorgehen zur Bearbeitung des Themas/Problems und die zu erreichenden Ziele.

3. Schritt: Problembearbeitung bzw. Themenbearbeitung
In dieser Phase werden die Materialien (Texte, Medien) gesichtet und mit ihnen Antworten oder Lösungen gesucht. Dies geschieht am besten in Kleingruppen (Partner- und Gruppenarbeit, aber auch Einzelarbeit). Die Aufträge können entweder vom Moderator präzise vorgegeben sein oder werden von der Gruppe mit dem Einverständnis des Moderators formuliert.

4. Schritt: Ergebnissicherung
Soll die Moderation gelingen, müssen am Schluss greifbare Ergebnisse vorliegen: Abstimmung über konkrete Vereinbarungen, Vertrag, „behandelter Stoff", Ergebnisse, die visualisiert sein müssen (Mindmap, Wandzeitung, Großplakat aus zusammengeklebten Flipchartblättern auf dem Fußboden, Wäscheleine mit Flipchartblättern, Tafelanschrieb u. a.).

5. Schritt: Abschluss, Evaluation
Die Moderation bedarf eines Abschlusses, der auf den Beginn Bezug nimmt. Inwieweit sich die Zielvorstellungen der Klasse und die Erwartungen der einzelnen Teilnehmer erfüllt haben, müsste angesprochen werden. Es geht hier auch um Stimmungen und Gefühle, die zum Schluss freiwillig geäußert werden können. Damit wird den Lernenden signalisiert, dass es um ihren Erfolg geht, dass ihre Erwartungen erfüllt sein sollen. Deshalb ist es notwendig, noch einmal den Erwartungskatalog anzusehen und zu überprüfen, ob alles „abgearbeitet" worden ist. Man kann also von einer sachlichen und „gefühlten" Evaluation der Veranstaltung sprechen. Als weitere Moderationsmethoden bieten sich hier Blitzlicht, Fragebogen und Barometer an.

Grundtechniken im moderierten Unterricht
Moderation gelingt nur, wenn die Lernenden im rationalen und emotionalen Bereich angesprochen, aktiviert und gefordert werden. Auf drei zentrale Techniken kann die Lerngruppe deshalb nicht verzichten: Versprachlichung, Visualisierung, Strukturierung.

- **Versprachlichung**

Versprachlichen bedeutet Impulse zu setzen, vor allem aber Fragen zu formulieren. Die Lehrkraft zeigt damit, dass sie auf die aktive Arbeit der Klasse setzt. Indem sie offene Fragen verwendet und deren Funktion transparent macht, entsteht beim Lernenden das Gefühl, an der Unterrichtsarbeit beteiligt zu sein und nicht nur kontrolliert zu werden. Damit wird der Unterricht zur Sache der Schüler und bleibt nicht Lehrertätigkeit. Auch die Sprache ist ein Veranschaulichungsmittel (vgl. innere Anschauung).

- **Visualisierung**

Dient die Versprachlichung der ersten Präsentation von Inhalten, so bedarf es zur Fixierung des sprachlich Dargelegten der Visualisierung, der „optischen Rhetorik" (Haarmann, S. 107), der Aufwertung und Haltbarmachung des Gesprochenen. In der Moderation hat sich eine eigene Visualisierungskultur entwickelt, von der die Lehrerinnen und Lehrer nur lernen können, aber auch träumen, weil die Ausstattung (Stellwände, Flipchart ...) in den meisten Schulen noch fehlt.

- **Strukturierung**

Moderierter Unterricht funktioniert und gewinnt nur dann an Attraktivität bei Lehrkraft und Lernenden, wenn Ergebnisse erzielt werden. Unterhaltungen und Flipchartmalereien genügen eben nicht: Die Lehrkraft gerät in Zeitnot, die Schüler missverstehen die Veranstaltung als gute Unterhaltung. Die Struktur, die durchaus von den Schülern mit erarbeitet sein kann, hilft sich zu orientieren, Zusammenhänge zu erkennen, den Ablauf zu durchschauen und deshalb ökonomisch und effektiv zu arbeiten.

Moderierter Unterricht und Frontalunterricht
Da sich der moderierte Unterricht und der Plenumsunterricht vom Lernverband her nicht unterscheiden – in beiden Fällen arbeitet (zumindest zeitweise) der Klassenverband –, fragt man nicht zu Unrecht nach dem Unterschied zwischen den beiden Unterrichtsformen. Während der Plenumsunterricht vorwiegend auf Instruktion und vertikales Lernen ausgerichtet ist, bietet der moderierte Unterricht den Lernenden die Chance, in konstruktivistischer Weise sich die Lerninhalte selbst anzueignen, Probleme zu erfassen, Lösungen zu finden und auf diese Weise nachhaltiger zu lernen.
Auch durch die Sitzordnung sollte im moderierten Unterricht eine kommunikationsfördernde Situation hergestellt werden, z. B. durch einen Stuhlkreis. Sehr gut einsetzbar ist moderierter Unterricht etwa in der Plenumsphase eines Projekts.
Es ist aber gar nicht nötig, die beiden Formen strikt voneinander zu trennen und nach Unterschieden zu suchen. Vielmehr könnte es das Ziel der Lehrkraft sein, wo immer der Inhalt, die Zielsetzung und die erforderliche Lernform es erlauben, die instruierende Rolle zu relativieren und Elemente der Moderation (z. B. Moderationsmethoden) in den (Frontal-) Unterricht zu integrieren.

Unterricht im Computerraum

Mit dem Computerraum ist es wie mit dem Sportplatz;
man möchte spielen, nicht unterrichtet werden.
Paul Glara

Begriff
Es ist schwierig, dieser Unterrichtsform in der Systematik einen Platz zuzuweisen. Zweifellos gehört der Computer zu den Medien, und dort wird auf ihn auch eingegangen. Doch ist zu unterscheiden zwischen dem Unterricht im Klassenzimmer, das mit einem Computer, Internetanschluss und im besten Fall einem Beamer oder einem Smart-Board ausgestattet ist, und dem Unterricht im Computerraum (UCR), wo im Normalfall zwei Schüler an einem Gerät sitzen und das Medium Computer den Unterrichtsablauf sowie die Sozial- und Aktionsformen bestimmt. Auch die – meist von Eltern gesponserte – „Laptop-Klasse" arbeitet nach dem gleichen Prinzip.

Dieser Unterricht basiert auf der intensiven Arbeit der Lernenden mit den Computern während der ganzen Stunde. Da diese Form des Unterrichts wenig lehrergesteuert ist, die Schüler viele Einzelentscheidungen selbst treffen und handlungsorientiert arbeiten, ist es erlaubt, diese Arbeit den offenen Unterrichtsformen zuzuordnen.

Organisation
- **Sitzordnung und Gruppenbildung**

Diese Frage ist in der Regel vom Systembetreuer längst entschieden. Trotzdem lohnt es sich, über Optimierungen nachzudenken. Bei der „Busanordnung sitzen die Besten in der ersten Reihe. Andere sehen erste Ergebnisse und Fortschritte von hinten. Der Beste wird so also als Hilfslehrer von hinten angefordert" (auch im Folgenden: Louise-Schroeder-Gymnasium, online). Sind die Geräte im (Halb-)Kreis bzw. in U-Form angeordnet („Arena"), ist noch zu entscheiden, ob die Lehrkraft die Bildschirme ohne Blickkontakt zu den Schülern sieht oder die Gesichter und damit nicht unmittelbar, was sich tatsächlich auf den Bildschirmen abspielt. Der Lehrer verschwindet beim UCR schon deshalb aus dem Zentrum des Geschehens, weil viele Schüler technisch ihren Lehrkräften überlegen sind. Deshalb arbeiten auch immer ein Anfänger und ein Könner zusammen, wobei der Könner die Maus nicht berühren darf, damit der Schwächere lernt. Wenn dann der technisch Schwächere vielleicht der inhaltlich Stärkere ist, entstehen Synergieeffekte, welche die Schülerinnen und Schüler den Vorteil der Ko-Operation spüren lassen. Manche Lehrkräfte misstrauen der Zusammenarbeit, weil immer der

Stärkere das Sagen hat und teilen die Klasse: Die eine Hälfte lernt in Einzelarbeit am Rechner, während die andere Hälfte nicht am Computer arbeitet (Recherche in der Bibliothek, Arbeit mit dem Lehrbuch).

- **Aufgabenstellung und zeitliche Planung**

Ein Argument gegen die offenen Unterrichtsformen zielt auf die scheinbare Zeitverschwendung. Gerade der UCR braucht viel Zeit (Geräte hoch- und herunterfahren, technische Probleme, Verzetteln in den technischen Möglichkeiten, Ladezeiten, unterschiedliches Arbeitstempo). Deshalb erhalten die Schüler präzise (schriftlich gestellte) Aufgaben mit Zusatzaufgaben für die stärkeren Schüler (kein freies Surfen). Es soll immer deutlich werden, dass nicht der Computer mit seinen Möglichkeiten im Zentrum der Arbeit steht, sondern die Inhalte, deren Bearbeitung aufgrund des Rechners entsprechend dessen Möglichkeiten anders abläuft. „Die Kompetenz, die sich der Schüler am Rechner erwirbt, ersetzt nicht die Fachkompetenz." (Louise-Schroeder-Gymnasium online, S. 6). Experten empfehlen für jede Kleingruppe an einem Gerät einen „Zeitwächter", der den Zeitplan im Auge hat, und für die Klasse einen weiteren, der darauf achtet, dass die Geräte zum Schluss der Stunde rechtzeitig heruntergefahren werden.

Didaktische und methodische Aspekte

- **Didaktische Anforderungen**

Tulodziecki (S. 90) nennt vier Forderungen an den UCR:

- Der Unterricht soll von einer bedeutsamen Aufgabe (Probleme, Entscheidungsfälle, Gestaltungs- und Beurteilungsaufgaben) ausgehen.
- Vorhandene Kenntnisse und Fertigkeiten sollen aktiviert werden, damit sie gegebenenfalls korrigiert, erweitert, ausdifferenziert oder neu integriert werden können.
- UCR soll es dem Lernenden ermöglichen, aktiv und kooperativ eigene Lösungswege zu entwickeln und zu erproben.
- Unterschiedliche Lösungen sollen verglichen und Vorgehensweisen reflektiert werden, damit die neu erworbenen Kenntnisse und Fähigkeiten integriert werden können.

- **Strukturierung des Unterrichts**

Ausgehend von den Forderungen entwickelt Tulodziecki eine „idealtypische Strukturierung des Unterrichts" (S. 91):

- „Aufgabenstellung, Sammeln und Problematisierung spontaner Lösungsvermutungen
- Zielvereinbarung
- Verständigung über das Vorgehen
- Erarbeitung von Grundlagen für die Aufgabenlösung
- Durchführung der Aufgabenlösung
- Vergleich von Lösungen und Zusammenfassung des Gelernten
- Einführen von Anwendungsaufgaben und deren Bearbeitung
- Weiterführung und Reflexion des Gelernten und der Lernwege"

- **Anwendungsfelder**

Dass der Computer im UCR mehr als ein Medium ist, wird an der Vielzahl der Anwendungsmöglichkeiten deutlich (vgl. Holger Meeh):

- Der Computer dient als Arbeitswerkzeug, wenn er wie eine Schreibmaschine oder ein Taschenrechner verwendet wird.
- Entsprechende Software bietet ideale Möglichkeiten des Übens und Trainierens an. Wissen kann überprüft werden, Übungsaufgaben können gelöst und die Richtigkeit der Lösungen kann überprüft werden.

- Visualisieren und Präsentieren machen den Computer in zweifacher Hinsicht attraktiv: Lernende können die professionell präsentierte Software nutzen und selbst für die Visualisierung des von ihnen Erarbeiteten sorgen.
- Über das Internet, über DVD und CD-ROM kann sich der Lernende informieren. Gerade die Recherche im Internet muss allerdings gelernt werden, um sie ökonomisch und effizient zu machen und um die Fähigkeit zu schulen, Internetinhalte auf ihre Zuverlässigkeit hin zu beurteilen. Inwieweit klare Anweisungen notwendig sind, ob jeder Schüler ein Protokoll über seine Arbeit erstellt oder ob die Recherchen gespeichert werden, um die notwendige Kontrolle über die Aktivitäten der Schüler zu haben, muss im Einzelfall geklärt werden.
- Kommunizieren und Kooperieren sind Schlüsselqualifikationen, die auch am Rechner eingeübt werden können. Elektronische Foren, E-Mail und Chat öffnen das Klassenzimmer nach außen. Der Kontakt mit anderen Schulklassen und Interviews mit Politikern und Fachleuten (auch als Videokonferenzen) gehören dazu.
- Simulieren im Rahmen eines Projekts (Börsenspiel, simulierte Betriebsleitung, Simulation im Physikunterricht, virtuelle Stadtplanung ...) fordert wie das Planspiel den Lernenden neben Fachkenntnissen Kooperationsfähigkeit, Entscheidungsfreude und Verantwortungsbewusstsein ab.

• **Leistungserhebung und -beurteilung**

Da sich der Unterricht handlungsorientiert selten in Einzelarbeit, meist in Partner- oder Gruppenarbeit abspielt, stellt sich das Problem der Leistungserhebung wie auch sonst in den genannten Sozialformen. Gruppenleistungen, die den Teilnehmern in gleicher Weise gutgeschrieben werden, sind nicht erlaubt. Es geht also immer darum, die Einzelleistung zu erfassen. Eine Möglichkeit ist, neben der Gruppenaufgabe Einzelaufgaben an allein sitzende Schüler zu verteilen, die dann bewertet werden können. Da im Computerraum Gruppenarbeit dann anfällt, wenn zwei oder drei Teilnehmer an einem Gerät sitzen, gelten die Möglichkeiten, wie sie bei der Gruppenarbeit angesprochen sind: Präsentation der Gruppenergebnisse, gezielte Fragen zur Tätigkeit in der Gruppe. Zu prüfen wird sein, ob man das Technikwissen bewerten will und ob die graphische Qualität der Präsentation in die Note einfließen soll. Andererseits wird die Lehrkraft immer versuchen, Teile des Unterrichts frei von Leistungserhebungen zu halten.

• **Unterrichtsziele/Motivation**

Die Lernenden sind (noch) weitgehend für die Arbeit im Computerraum zu motivieren. Die Freaks können ggf. brillieren, die trotz des Unterrichts in Natur und Technik bzw. Informatik noch unsicheren oder wenig geübten Schülerinnen und Schüler profitieren im technischen Bereich. Einzelne hoffen auf die Möglichkeit des freien Surfens oder schmuggeln ein Spiel ein, andere sind wegen der Abwechslung oder der Ortsveränderung zur Mitarbeit bereit. Allerdings gilt die Motivation eher dem Computer und weniger den Inhalten. Ziel für die Lehrkraft sollte es sein, dass die Unterrichtsziele in den Fokus der Lernenden finden und nicht das Medium Computer mit seinen technischen und spielerischen Möglichkeiten.

2.2.3.4 Artikulation des Unterrichts

„In der Folge von Herbarts Artikulation des Unterrichts und in neuerer Zeit abgestützt durch empirische Befunde der Lernpsychologie wurden von der Methodik Artikulationsschemata des Unterrichts definiert, die einen nach den Lernphasen der Schüler gegliederten Ablauf von Lernprozessen garantieren sollen“ (Köck/Ott S. 47). Grundgedanke war und ist, dass der Unterricht nicht nur durch verschiedene Unterrichtsformen definiert ist, sondern auch durch eine bestimmte Abfolge von Kleinst-Einheiten, die, logisch geordnet, eine sinnvolle Einheit ergeben. So ist es verständlich, dass jeder Theorie von Unterricht auch eine Anordnung von

„Formalstufen“ (Herbartianer) zuzuordnen ist. Man missversteht die Artikulation, wenn man sie als ein Grundmodell für jede Unterrichtsstunde ansieht.

Als Vorbild für alle aktuellen Schemata kann das System von Heinrich Roth gelten, das als erstes die Lernpsychologie stärker berücksichtigt (vgl. Akademiebericht Päd., S. 172 f.):

Stufe	**indirektes Lernen**	**direktes Lernen**
1. Motivation	Eine Handlung kommt zustande.	Ein Lernwunsch erwacht.
2. Schwierigkeiten	Die Handlung gelingt nicht (fehlende Kompetenzen).	Die Übernahme oder der Neuerwerb einer gewünschten Leistungsform macht Schwierigkeiten.
3. Lösung	Ein neuer Lösungsweg wird durch Anpassen, Probieren oder Einsicht entdeckt.	Die Übernahme oder der Neuerwerb der Leistungsform gelingt mehr und mehr.
4. Tun und Ausführen	Der neue Lösungsweg wird aus- und durchgeführt.	Die neue Leistungsform wird aktiv vollzogen und optimiert.
5. Behalten und Ausüben	Die neue Leistungsform wird verfestigt oder vergessen und immer neu erworben.	Die Leistungsform wird bewusst eingeübt, Variation der Anwendungsbeispiele, Erprobung und Festigung.
6. Bereitstellung, Übertragung, Integration	Die verfestigte Leistungsform steht für künftige Situationen bereit oder wird in bewussten Lernakten bereitgestellt.	Die eingeübte Verhaltens- oder Leistungsform bewährt sich in der Übertragung auf das Leben oder nicht.

Ein solches Schema ist nicht auf alle Unterrichtssituationen anwendbar ist. Prange hat deshalb drei Grundmodellen des Unterrichtens jeweils ein Artikulationsschema zuordnet:

	Kognitiv-humanist. Modell	**Pragmatisches Modell**	**Erlebnismodell**
1.	Vorbereitung, Analyse	Problematisierung	Einstimmung
2.	Darbietung, Synthese	Operationalisierung	Darbietung
3.	Verknüpfung	Verifikation	Besinnung
4.	Zusammenfassung	Transfer	Tataufruf
5.	Anwendung	---	---

Nun soll nicht immer jeweils ein Modell ausgewählt werden, sondern je nach Bedarf und Zielsetzung werden Elemente aus den drei Modellen zum konkreten Unterricht zusammengesetzt. Geht man den Weg konsequent und ordnet die Gemeinsamkeiten der drei Prange´schen Modelle einander zu, so entsteht ein heute weithin geläufiges, lehrprobenerprobtes Standardmodell, das ein erstes Grundmuster ist, das aber variiert werden sollte:

1. Anschluss an die letzte Stunde	Rechenschaftsablage, Protokoll verlesen, Wiederholung mit der Klasse
2. Impuls/„Motivation“/Hinführung	Bild, Versuch, Text mit dem Ziel, auf das Thema zu kommen
3. Vorstellen des Unterrichtsthemas	neue Aufgabe, neues Problem, neuer Inhalt, neues Thema

4. Arbeit an der neuen Sache	Ziele werden genannt, Verfahren und Materialien festgelegt
5. Lösung, Ergebnis, Formel, Kompromiss, Werkstück	Arbeit an der Sache hat zum Ergebnis geführt; das Werkstück ist fertig; die sportliche Bewegung erstmalig geglückt
6. Fixieren der Ergebnisse	Hefteintrag, Feststellung des Lernfortschritts, Festhalten an der Tafel
7. Üben	die Ergebnisse anwenden, verfestigen, internalisieren, Konsequenzen überlegen
8. Abschluss	Feststellung, dass die Lernziele erreicht sind; Hausaufgabe, weitere Planung

Hinter allen Modellen steckt das gleiche Verständnis vom Lernen als einem Prozess in einer bestimmten Abfolge von aufeinander bezogenen Schritten, die zu einem Ergebnis führen. Wie immer ein solches Modell variiert oder neu entwickelt wird, die Veränderung oder Neugestaltung muss sich an Kriterien orientieren:

- **Fachspezifische Kriterien**

Jedes Fach hat seine eigene Struktur, seine wissenschaftlichen Methoden, seine Erkenntniswege. Der Naturwissenschaftler wählt andere Wege als der Geisteswissenschaftler und der Sportlehrer trainiert die Bewegung anders als der Kunsterzieher.

- **Sachlogische Kriterien**

Jedes Unterrichtsthema, jeder Inhalt hat seine Struktur, seine Logik, die Widersprüche nicht erlaubt (s. o. didaktische Analyse). Ohne einen Begriff von einer Sache lässt sich nicht über dieselbe diskutieren, ohne die physikalische Formel lässt sich wenig berechnen.

- **Methodische Kriterien**

Bestimmte Formen des Erkenntnisgewinns, des Lernens, der Wahrnehmung haben ihre eigene Abfolge: vom Einfachen zum Schwierigen, vom Bekannten zum Unbekannten, vom Konkreten zum Abstrakten, von der Wahrnehmung zum Gesetz, vom Diskurs zum Kompromiss, von den Einzelheiten zum Gesamten, vom Gesamten zu den Einzelheiten, von der Arbeit zum Produkt sind solche Wege, an denen sich die Artikulation des Unterrichts orientieren muss.

- **Dramaturgische Kriterien**

Dass auch Elemente der Spannung, der Neugier, der Abwechslung den Unterricht in seiner Abfolge bestimmen dürfen und sollen, versteht sich von selbst. Das Aha-Erlebnis, das Déjà-vu-Erlebnis erleichtern das Lernen und verstärken die Motivation. Rhythmisierung, Tempoveränderungen, retardierende Momente, falsche Fährten schaffen Spannung und Nähe zu den Inhalten.

2.3 Besondere Unterrichtssituationen

2.3.1 Intensivierungsstunden

„Die Intensivierungsstunden sollen den individuellen Lernprozess durch gezieltes Üben, Wiederholen und Vertiefen in kleineren Lerngruppen unterstützen. Zudem bieten sie die Möglichkeit, die Potenziale von besonders Begabten zielgerichteter zu fördern. Bei der Zuordnung zu den Fächern können auch schulische Schwerpunktsetzungen (Schulprofil) berücksichtigt werden. Die Intensivierungsstunden dienen nicht der Vermittlung neuer Lehrplaninhalte." (GSO 2007, Stundentafel, Anlage 2, Fußnote 9; im Folgenden: ISB: Intensivierungsstunden und Intensivierungsstunden Latein).

Zielsetzungen
Mit dem achtjährigen Gymnasium, das eine, wenn auch abgeschwächte Komprimierung der Lehrpläne (vgl. Stundentafeln) erfordert hat, mit der PISA-Studie, welche die Förderung schwächerer Schüler fordert, und im Zusammenhang mit der Tendenz, den Schulen mehr Autonomie zuzugestehen, sind die Intensivierungsstunden eingeführt worden, die Schülern und Lehrkräften neue Möglichkeiten der Zusammenarbeit bieten. Ziel allen Unterrichtens ist, wie aus dem Lehrplan hervorgeht, die umfassende Persönlichkeitsentwicklung, die gelingt, wenn Sach-, Methoden-, Sozial- und Selbstkompetenz gefördert werden.

Dazu ist es notwendig, die Möglichkeiten, Anlagen und Neigungen eines jeden Schülers zu erkennen, um zu einer optimalen Betreuung zu gelangen. Die Mithilfe der Eltern, die kleineren Lerngruppen und die diagnostische Kompetenz der Lehrkräfte erleichtern diese Aufgabe. Ziel ist es, den Schülerinnen und Schülern mit Verständnis- und Lernschwierigkeiten durch zusätzliches Wiederholen und Üben die Hilfen anzubieten, die es ihnen erlauben, ihre Lücken zu schließen und das Grundwissen nachhaltig zu festigen. Leistungsstärkere Schüler sollen dank der musischen, künstlerischen, sprachlichen, natur- und gesellschaftswissenschaftlichen Lernangebote ihre individuellen Stärken ausbauen oder als Unterstützer der schwächeren Mitschüler ihre Persönlichkeit weiterentwickeln. Dies gelingt umso mehr, als der einzelne Schüler in einer kleineren Lerngruppe einen notenfreien Lernbereich vorfindet.

Konsequenzen für die Unterrichtsgestaltung
Jede Lehrkraft schwärmt davon, kleine Klassen ohne die Verpflichtung, ständig Leistungserhebungen und Benotungen durchführen zu müssen, ohne Zeitdruck und mit den Möglichkeiten der Differenzierung und Individualisierung so zu unterrichten, dass alle Schüler eine optimale Förderung erhalten. Die Intensivierungsstunden (IS) bieten diese Chance, fordern aber von der Lehrkraft ein modifiziertes Rollenverständnis: Sie ist Lernbegleiter, Lernberater, Lernbetreuer:

- **Lernberater**

Die erste Aufgabe wird sein, auf Grund des Leistungsverhaltens jedes einzelnen Schülers den individuellen Lernbedarf zu ermitteln. Dies kann bedeuten, u. a. ein Defizit an Lernzeit, an Lernökonomie, an Lernmethode zu erkennen oder Verständnisschwierigkeiten in einem oder mehreren Lernbereichen auszumachen oder auch nur fehlende Technik bei der Bearbeitung von Leistungserhebungen wahrzunehmen. Daran schließt sich die Beratung an, die auf das passende Lernangebot oder auf Techniken der Bearbeitung hinweist. Für die Leistungsstärkeren gilt Ähnliches. Hier wird zu prüfen sein, in welchen Bereichen und auf welche Weise diese Schüler gefördert werden können, und dies ist dann zu realisieren. Dabei ist darauf zu achten, dass nicht Unterrichtsinhalte vorweggenommen werden.

- **Lernbegleiter/Lernbetreuer**

Die Lehrkraft wiederholt nicht den vorausgegangenen Unterricht, sondern organisiert schülerzentriertes Arbeiten in der kleineren Gruppe oder in Kleinstgruppen, versteht sich als Partner, der kurze Zeit gezielt einen einzelnen Schüler betreut. Formen wie Freiarbeit, Lernzirkel, Lernspiele, Expertengruppe, Lernen durch Erklären, Wochenplanarbeit, Projekt, computergestütztes Lernen, Lernplakate, Portfolio sind geeignete Möglichkeiten der Differenzierung und der Abwechslung, welche die Lehrkraft in der IS entlasten, ihr mehr pädagogischen Gestaltungsraum belassen und damit die Gelegenheit zu individueller Hilfe geben. Ziel kann und darf nicht eine Leistungsnivellierung auf niedrigem Niveau sein, da auch die Leistungsstärkeren gefördert werden sollen. Andererseits muss darauf geachtet werden, dass die Leistungsschere nicht geöffnet, sondern eher geschlossen wird.

Die Schüler empfinden diese Form druckfreien Lernens als angenehm, sie genießen die motivierende Lernatmosphäre, in der auch die Distanz zwischen Lehrkraft und Schüler geringer ist, und reagieren darauf mit verstärkter Mitarbeit und mit mehr Mut Fragen zu stellen. Wenn sich dabei herausstellt, dass die Intensivierungsstunden auch die häusliche Arbeit entlasten, weil entspannen, dann sind auch die Eltern als Mitbetroffene des achtjährigen Gymnasiums zu gewinnen.

Organisation
Da die Organisation ganz wesentlich von pädagogischen Entscheidungen abhängig ist und Auswirkungen auf die IS hat, ist sie nicht Angelegenheit der Schulleitung, sondern aller betroffenen Lehrkräfte. Die drei Bereiche „Gruppenbildung“, „Lehrereinsatz“ und „Aufteilung der IS bzw. deren Integration in den Stundenplan“ bedingen einander.

- **Gruppenbildung**

Zu überlegen ist, ob die Gruppen über ein Schuljahr konstant bleiben oder ob je nach Bedarf wieder neue Zusammensetzungen möglich sein sollen. Bleibt eine Gruppe konstant, so gewinnt ihre Einteilung eine größere Bedeutung. Es bieten sich verschiedene Kriterien an: numerisch, nach Geschlecht, nach Leistung, nach spezifischer Begabung oder nach Interesse (vgl. auch „Gruppenarbeit S. 150 ff.). Sinnvoll erscheint – vor allem in der Unterstufe – zunächst eine numerische Teilung der Klasse, da hinreichende Erkenntnisse über Leistungsverhalten und Begabungsschwerpunkte noch nicht vorliegen. Der Normalfall wird das Leistungskriterium sein. Homogene Gruppen nutzen allerdings den Stärkeren mehr als den Schwächeren, die von einer heterogenen Gruppenbildung mehr profitieren. Um einer Stigmatisierung vorzubeugen, sollten die Gruppen „freundlich“ benannt sein: „Geometrie-Grundlagen; Geometrie für Tüftler; Geometrie für den Bundeswettbewerb“ (ISB, Intensivierungsstunden am achtjährigen Gymnasium, S. 8). Auch die Frage, ob die Einteilung klassenintern, klassenübergreifend oder sogar jahrgangsstufenübergreifend erfolgen soll, hat Konsequenzen für die unterrichtliche Arbeit (unterschiedlicher Kenntnisstand der Klassen, Organisationsaufwand, Probleme bei der Integration in den Stundenplan).

Auch die Differenzierung innerhalb der Gruppen kann auf verschiedene Art erfolgen:
- Quantität und Qualität: Zahl und Schwierigkeitsgrad der Aufgaben.
- Reflexionsebenen: Eine Gruppe arbeitet ohne Hilfe und Beispiele; eine zweite erhält einen erläuterten Auftrag mit Beispiel, und die dritte erhält die Aufgabe mit Lösungsstrategie, Beispiel und Hilfsmittel.
- schülerbezogen: Jeder Schüler arbeitet in einer Gruppe, die sein spezifisches Lerndefizit anspricht. Beispiel in Deutsch: Gruppe A bearbeitet die Rechtschreibung, B Aufsatz und C Literatur.
- Tutorensystem: Helfer erarbeiten Aufgaben, die anderen erhalten eine einfachere Aufgabe; anschließend unterstützen die Tutoren jeweils einen oder zwei andere in dem gerade bearbeiteten Themenbereich. Es können auch die Tutoren der Klasse a leistungsschwächeren Schülern in Klasse b helfen und umgekehrt.

- **Lehrereinsatz**

Soll die Englisch-Lehrkraft die fachlich gebundenen IS in der Klasse übernehmen oder kommen auch Kollegen zum Einsatz? Für die 5. Jahrgangsstufe spricht sicherlich Ersteres (langsame Gewöhnung an das Fachlehrerprinzip). Aber der Nachhilfe-Effekt ist nicht zu unterschätzen: Ein anderer erklärt anders und damit möglicherweise für den einen oder anderen Schüler erfolgreicher. Natürlich ist eine präzise Absprache der Kolleginnen und Kollegen unumgänglich, ob das die Lehrkräfte eines Faches bzw. der Intensivierungsstunden, des Klassenteams, der Fachschaft oder des Koordinierungsteams (Schulleitung, Stufenbetreuer, Beratungslehrer) sind.

- **Thematische Gliederung der Intensivierungsstunden**

Im Normalfall kann man von 30 IS im Schuljahr ausgehen, deren Inhalte je nach Intention geklärt werden:

- Schuljahresrhythmus: Sinnvollerweise bilden fachspezifische Techniken (Lernen lernen) den Einstieg; dann folgen Schulaufgabenvorbereitung (auch methodisch); vor den Ferien Lernspiele; nach den Ferien Wiederholung; Zwischenzeugnis: Bilanz, Beobachtungsbogen, Portfolio; vor den Sommerferien: (Lern-)Programm für Wiederholung in den Ferien.
- Bedarfsmodell: Es wird immer neu entschieden, was einer Intensivierung bedarf. Dies bedeutet ein flexibles Eingehen auf die Bedürfnisse des Einzelnen.
- Bausteinmodell: Die Fachschaft erarbeitet Lernbausteine, also Inhalte, die erfahrungsgemäß eine intensivere Bearbeitung verdienen. Am Ende eines solchen Bausteins erfolgt eine Evaluation im Hinblick auf eine Modifikation der Bausteine.
- Wahlmodell: Das Wahlmodell ermöglicht den Schülern für einen begrenzten Zeitraum, etwa zwei Wochen, aus einem Angebot von vier Unterrichtsbausteinen zwei zu wählen. Der in den Intensivierungsstunden angebotene Unterricht kann somit verstärkt sowohl den Grundsätzen der individuellen Förderung als auch der Eigenverantwortung Rechnung tragen.
- Rondomodell: Kombination zwischen festem Jahresangebot (A) und aktuellen Bedarfsthemen (B, C, D …), die abwechselnd angeboten werden: ABACAD … (Bauprinzip des Rondos in der Musik).

Auch hier wird deutlich, dass die inhaltliche Gestaltung der IS, die Gruppeneinteilung und der Lehrereinsatz eng miteinander zusammenhängen. Auch stundenplantechnische Fragen spielen eine Rolle: Ist es etwa sinnvoll, für Unterstufenklassen die IS auf den Nachmittag zu verlegen, um eine optimale klassenübergreifende Differenzierung zu erreichen und einen problemlosen Wechsel der Intensivierungsgruppe zu ermöglichen, oder überlässt man dem Fachlehrer der Klasse auch die IS und integriert sie möglichst weitgehend in den Vormittagsunterricht.

Die oben genannten Ziele können realisiert werden, wenn nicht der Stundenplan oder die Einzelkämpfermentalität der Lehrkraft („In meiner Klasse gebe nur ich den Lateinunterricht, sonst niemand.“), sondern pädagogische Gesichtspunkte die IS gestalten. Auf keinen Fall dürfen die IS dazu missbraucht werden, neuen Stoff durchzunehmen oder die in den Unterricht gehörenden Übungsphasen ganz auf die IS zu verschieben.

2.3.2 Seminarfach

Begriff

Für die Oberstufe werden im achtjährigen Gymnasium zwei Seminare angeboten, das Seminar 1, das „seinen Schwerpunkt im wissenschaftspropädeutischen Arbeiten und damit in einer Vertiefung des fachlichen Wissens und der fachgebundenen Methodenkompetenz“ (ISB: Schulversuch Seminar 1, S. 1) hat, und das Seminar 2, das „seine Schwerpunkte in der Vermittlung von Wissen und Kompetenzen zur Studien- und Berufswahl und zur Bewältigung der Anforderungen in der Arbeitswelt [hat]. Die Förderung der Selbst- und Sozialkompetenz der Schüler steht dabei im Mittelpunkt.“ (ISB: Schulversuch Seminar 2, S. 1). In beiden Seminaren findet begleitender Unterricht statt mit dem Ziel, auf eine Seminararbeit (Seminar 1) bzw. auf ein präsentiertes Projekt (Seminar 2) fachlich und methodisch vorzubereiten.

Ziele
Beide Seminarfächer sind mit ihrer Zielsetzung nicht mehr dem einzelnen Unterrichtsfach verpflichtet, sondern gehen über die Fachgrenzen hinaus. Während die Seminararbeit mit der „alten" Facharbeit noch verwandt erscheint, ist die Projektpräsentation als Ergebnis des Seminars 2 zwar als „offene Unterrichtsform" den Schülern in etwa vertraut, wird aber jetzt in das Zentrum einer dreisemestrigen Veranstaltung gestellt.

• **Seminar 1**
Die Schüler erwerben im Seminar 1 die für ein Studium notwendigen Voraussetzungen vor allem im fachmethodischen Bereich und im Bereich der Selbstkompetenz:
- Informationsbeschaffung (Recherche mit analogen und digitalen Medien, Text- und Werkerschließung, Quellenstudium, experimentelles Arbeiten)
- Informationsauswertung, -aufbereitung und -bewertung
- Informationsdokumentation und -präsentation (schriftlich, mündlich, praktisch) unter Einsatz zeitgemäßer Informations- und Kommunikationstechnologie)
- Differenziertes begriffliches Denken und Formulieren, Denken in fachüberschreitenden Zusammenhängen
- Ausdauer, Beharrlichkeit, Stressfähigkeit, Selbstverantwortung
- Arbeitsorganisation und Zeitmanagement, Flexibilität
- Kreativität, Innovationsbereitschaft und -fähigkeit.

• **Seminar 2**
Im Seminar 2 erwerben die Schüler die Grundlagen für eine verantwortliche Studien- und Berufswahl und lernen die Bedingungen der Berufswelt kennen. Voraussetzung dafür ist, dass sie die Notwendigkeit einsehen, sich in der Studien- und Berufswelt zu orientieren und dann auch verantwortungsbewusste Entscheidungen zu treffen. Sie erarbeiten sich:
- Kenntnisse zum gesellschaftlichen, wirtschaftlichen und technischen Strukturwandel und seine Auswirkungen auf die Arbeitswelt
- Kenntnisse über die Bedingungen und Voraussetzungen für den Weg in die Arbeits- und Berufswelt
- Einblick in die Informationsquellen (Internet, Agenturen), in die Diagnoseinstrumente (Assessment-Center, Eingangstests, Vorstellungsgespräche, ...) und in die Vorbereitung auf solche Eingangshürden
- Einsicht in die Notwendigkeit, Schlüsselkompetenzen und berufsspezifische Qualifikationen zu erwerben (Verantwortungsbereitschaft, Engagement und Eigeninitiative, Selbstmanagement, Kommunikationsfähigkeit, Teamfähigkeit, Methodenkompetenz, Umgang mit Problemen, Stressresistenz).

Forderungen an die Lehrkraft
Die Lehrkraft orientiert sich an den (nahezu) erwachsenen Schülerinnen und Schülern und übernimmt Rollen, die sie aus den offenen Unterrichtsformen, insbesondere aus der Projektarbeit kennt: Fach- und Methodenexperte, Impulsgeber, Betreuer/Coach („Motivator"), Moderator, Mediator, Organisator, Prüfer/Beurteiler. Dass der Lehrer zum Partner seiner Schüler wird, gelingt nur dann, wenn er über genügend kooperative Autorität (siehe „Autorität", S. 36 ff.) verfügt, die es den Schülern erlaubt, ihn gleichermaßen als Partner und Prüfer zu akzeptieren. Überdies bedarf es sensibler Wahrnehmung, um im Einzelfall herauszufinden, wie viel an Betreuung und Hilfe der einzelne Schüler benötigt, damit er gleichermaßen sich fordert, wie er gefördert wird.

Auch die Methoden werden an den neuen „Fächern" und deren Zielsetzungen ausgerichtet. Die Lehrkraft wird schülerzentrierte Aktionsformen auswählen, welche die Schülerinnen und Schüler zu eigenständiger und eigenverantwortlicher Arbeit aktivieren und motivieren: z. B. Textarbeit und Werkanalyse, Versuch und Experiment, Recherche, Quellenarbeit, Referat/Präsentation, Diskussion, Exkursion, aber auch Lehrer-, Experten- und Schülervortrag. Dies kann in verschiedenen Sozialformen geschehen.

Auch in ihrem Selbstverständnis als Experte/in für zwei oder mehr Fächer und deren Fachmethodik ändert sich die Lehrkraft. Von ihr wird erwartet, dass sie sich in der Wissenschaftstheorie orientiert hat, dass sie fächerübergreifend und -verknüpfend denken und handeln kann und z. B. in der Lage ist, ein Konzept für das Seminar 1 oder 2 zu erarbeiten bzw. es mit Inhalt zu füllen. Es gilt, die verschiedenen Interessen und Themenwünsche zu bündeln und sie unter ein Seminarthema zu subsumieren. Schließlich sollen nicht zwanzig Teilnehmer isoliert und fachegoistisch nebeneinander her arbeiten, sondern im gemeinsamen Unterricht, ausgehend von ihren Fachbereichen, zu gemeinsamen Ergebnissen gelangen. Nur der Lehrer, der dieses Seminar als Herausforderung und Chance für die Schüler und für sich versteht, wird der Aufgabe gerecht, die zum Bereich der Erwachsenenbildung gehört.

2.4 Analyse und Evaluation von Unterrichts- und Lernprozessen

Begriff

Die Unterrichtsevaluation kann eine Selbsteinschätzung durch jede Lehrkraft bzgl. des Ist- und Sollzustandes sein. Da die Selbstwahrnehmung oft verzerrt ist, ist es sinnvoll, sich auch fremd einschätzen zu lassen. Geeignete Gruppen für eine Fremdevaluation sind Schüler, Kollegen (gleiche Fächerkombination oder in der gleichen Jahrgangsstufe unterrichtende Lehrkräfte), Betreuungs-, Seminarlehrer, Schülereltern.

Evaluation durch	**Besonders geeignete Gebiete**	**Ungeeignete Gebiete**
Schüler	Ablauf der Lern- und Arbeitsprozesse Gerechtigkeit der Bewertung Arbeitsklima (L-S-Verhältnis) Lernergebnisse	Fachdidaktik, Fachinhalte
Kollegen/Betreuungslehrer etc.	Fachdidaktik Fachliches Niveau Lehrerverhalten	
Schülereltern	Wahrnehmung des Unterrichts Wahrnehmung des Arbeitsklimas Organisation und Durchführung von außerunterrichtlichen Aktivitäten	Fachdidaktik Fachinhalte

Ziel der Evaluation

Evaluation des Unterrichts ist ein Werkzeug für die Unterrichtsentwicklung und damit wesentliche Voraussetzung für Qualitätsentwicklung. Genaueres hierzu wird im Kapitel „Schulentwicklung" ausgeführt. Die Selbstevaluation von Lehrern ist die entscheidende Grundlage für deren Weiterentwicklung (vgl. Kempert/Rolf, S. 43). Die Evaluation verfolgt keinen Selbstzweck. Sie knüpft an vorausgegangene Arbeit (z. B. unterrichtliches Handeln) an und hat das Ziel, die gewonnenen Ergebnisse für die daran anschließende Arbeit zu nutzen. Lehr- und Lernprozesse sollen positiv beeinflusst werden (vgl. Buschmann, S. 31):

- Evaluation analysiert und bewertet die Qualität von erreichten Ergebnissen von Arbeitsprozessen.
- Die Lehrkraft erhält Rückmeldung über die eigenen Leistungen sowie die Einhaltung eigener und fremder Standards und kann die Zielerreichung prüfen (eine ehrliche und kritische Analyse der Arbeit kann nur dann vorgenommen werden, wenn keine „heiklen" Bereiche ausgeblendet werden).
- Sie gewinnt Einsichten, um Handlungssicherheit und Orientierung zu erlangen (Wissen über die Wirkung des eigenen Handelns, Erstellung eines Profils der Stärken und Schwächen, Möglichkeit der Selbstfindung in der Lehrerrolle).
- Sie kann Handlungsstrategien entwickeln und Entscheidungen über methodisches Vorgehen treffen.

Um die eigenen Stärken und Schwächen zu analysieren sowie die persönliche Entwicklung zu dokumentieren, empfiehlt sich das Anlegen eines Portfolios. In dieser Mappe können Lehrer alle verfügbaren Dokumente zur Selbst- und Fremdeinschätzung ihres Unterrichts sammeln. Darin lassen sich auch Materialien sammeln, die bei Beurteilungen oder Bewertungen vorgelegt werden können.

Gegenstände der Evaluation
Die Aufgaben- und Rollenverteilung im Unterricht kann nicht in Frage gestellt werden. Es ist deshalb sinnvoll, vor Durchführung einer Evaluation klar darzulegen, was im Unterricht veränderbar ist und was nicht. Sonst besteht die Gefahr, dass falsche Hoffnungen geweckt werden und Rückmeldungen sich auf Nicht-Machbares beziehen. Evaluationen sollten auch nicht dazu benutzt werden, Macht auszuüben oder Rache zu nehmen.
Folgende Bereiche können Gegenstand der Evaluation sein:

- **Unterricht**
  - Strukturiertheit des Unterrichts (Flüssigkeit, Schwerpunktsetzung)
  - Präsentation des Lehrstoffes (Klarheit, Zeitplanung)
  - Methodenvielfalt und Effizienz der eingesetzten Methoden
  - Medieneinsatz (Quantität, Attraktivität, Altersgemäßheit)
  - Bewertungsverfahren (Transparenz, Gerechtigkeit)
  - Hausaufgaben (Umfang, Sinnhaftigkeit, Qualität der Besprechung, Kontrolle)
  - Tafelbilder, Hefteinträge, Arbeitsblätter (Quantität, Qualität, Nachvollziehbarkeit)

- **Lehrerpersönlichkeit (Klassenführung, Lehrerverhalten)**
  - Fachkompetenz
  - Schaffung und Einhaltung eines Ordnungsrahmens (Überblick über die Klasse, Umgang mit Störungen)
  - Schaffung eines guten Arbeitsklimas (angstfrei, motivierend, unterstützend)
  - Geduld, Geschick bei Erklärungen
  - Redeanteile von Lehrer und Schüler
  - Anteile von Lob und Kritik
  - Humor, Toleranz, Gerechtigkeit, Pünktlichkeit
  - Unterstützung eines guten Klassenklimas

Evaluationsverfahren
Für alle Verfahren gilt: Die Evaluation soll ohne großen Aufwand möglichst schnell zu konkreten Ergebnissen führen. Auch hierzu ist Genaueres im Kapitel „Schulentwicklung" ausgeführt.

- **Schriftliche Befragungen**
  - Standardisierte schriftliche Befragung: Fragebögen mit vorgegebenen Antwortalternativen. Vorteile: Viele/alle Schüler äußern sich anonym nur zu den Themen, die für die Lehrkraft relevant sind. Die Evaluation in vielen Klassen und über Jahre lässt Vergleiche zu.
  - Offene schriftliche Befragung: Die Schüler können sich anonym äußern und werden nicht durch Fragen eingeschränkt. Dadurch erhält die Lehrkraft auch unerwartete Informationen, die gewinnbringend sein können. Nachteile sind die schwierigere Auswertung und die geringere Vergleichbarkeit.
  - Kombinierte schriftliche Befragung: Die Vorteile der beiden oben genannten Möglichkeiten werden gekoppelt. Am Ende jedes standardisierten Fragebogens kann der Schüler eigene Anliegen äußern („Was ich noch sagen wollte:" …, „Ich finde es schön, dass …", „Ich finde es nicht gut, dass …").

- **Mündliche Befragungen**

In einer Unterrichtsstunde gibt eine Klasse der Lehrkraft Feedback z. B. mit Methoden der Moderation (Kartenabfrage …).

- **Beobachtungen**
  - Eigene persönliche Beobachtungen werden festgehalten durch Notizen, Checklisten, Tonband- und Videoaufzeichnungen
  - Beobachtung durch andere Personen: Ein Mitglied des Kollegiums beobachtet den Unterricht anhand vorher festgelegter Aspekte, z. B. Effizienz einer neuen Methode, Klarheit der Arbeitsanweisungen, Einsatz von Lob und Tadel. Dies geschieht bei Unterrichtsbesuchen, durch Begleitung der Lehrkraft über einen Tag durch „einen Schatten" oder durch Peer Review (gegenseitiges kollegiales Feedback).

- **Simulationen und Rollenspiele, Standbilder, szenisches Spiel**

Beobachtungen werden spielerisch dargestellt und anschließend ausgewertet.

- **Auswertung vorhandener Daten:**

Klassenarbeiten (z. B. auch Parallelarbeiten) und andere Verfahren der Lernerfolgsüberprüfung werden daraufhin ausgewertet, was sie über die Arbeit der Lehrkraft im Unterricht aussagen.

- **Kleine/schnelle Feedbackmethoden**

Aus der Moderation kommende Verfahren erlauben nach einer Veranstaltung (herkömmlicher Unterricht, Projekt u. a.) eine rasche, mehr oder minder anonyme Rückmeldung. Einige Beispiele: kleine schriftliche Kommentare auf roten „contra bzw. ändern" und grünen „pro bzw. beibehalten" Karten, Evaluationszielscheibe, Stimmungsbarometer, Spinnennetz, Blitzlicht, Ideenund Klagemauer, Daumenmethode (vgl. die gute Sammlung bei Brenner/Brenner).

Die Erstellung eines Fragebogens

Folgendes Vorgehen ist sinnvoll:

- Ziele der Evaluation klären und den Schwerpunkt der Analyse bestimmen;
- Themenbereiche (s. o.Was kann evaluiert werden?) und Zielgruppe festlegen;
- Fragen formulieren (geschlossen oder offen/eine Frage sollte nur nach einer Sache fragen/keine Suggestivfragen, keine hypothetischen Fragen);
- Zahl der Fragen begrenzen (Zeitaufwand, Bearbeitungsmotivation!);
- Antwortalternativen klar voneinander abgrenzen;
- alle denkbaren Antwortalternativen erfassen (auch z. B. „kann ich nicht beantworten" oder „weiß nicht");

– besser als 3er/5er Skalen: Skalen mit einer geraden Zahl von Antwortmöglichkeiten (z. B. 4er Skala), da dann eine eindeutigere Festlegung nötig ist.

Fragebögen und Abhandlungen im Internet:
www.paed.uni-muenchen.de/unius/L3_materialien_auszaehlliste.pdf (Untersuchungen von Prof. Sigel, Institut für Schulpädagogik an der LMU München)
www.oberschulamt-stuttgart.de/beratung/material/eval/graf.html www.qis.at

2.5 Schülerleistungen erheben, beurteilen und bewerten

Leistung ist Tun mal Anerkennung, geteilt durch Faulheit. (Paul Glara)
Wenn der Mensch alles leisten soll, was man von ihm fordert, so muss er sich für mehr halten, als er ist. (Goethe)

Kompetenzbereich: Beurteilen
Lehrerinnen und Lehrer üben ihre Beurteilungsaufgabe gerecht und verantwortungsbewusst aus.
Kompetenz 8:
Lehrerinnen und Lehrer erfassen Leistungen von Schülerinnen und Schülern auf der Grundlage transparenter Beurteilungsmaßstäbe.
aus: KMK-Standards zur Lehrerbildung

2.5.1 Begriff

Was auch immer zum Thema Schule diskutiert wird, die grundsätzliche Notwendigkeit Leistungen zu erheben, zu beurteilen und zu bewerten wird weder innerhalb der Schule (Lehrer, Schüler) noch in deren Umfeld (Eltern, Universität, Wirtschaft, Gesellschaft) in Frage gestellt. Was ist aber überhaupt „Leistung"?

„Die einfachste Antwort auf das Problem der Leistungsdefinition haben die Naturwissenschaftler, speziell die Physiker: Leistung ist Kraft mal Weg durch Zeit. Wer bei normalen Erdschwerkraftverhältnissen ein Gewicht von 100 Kilo in einer Sekunde einen Meter hoch hebt, leistet etwa ein Kilowatt." Diese Definition lässt sich laut Paradies/Wester/Greving insofern für eine pädagogische Begriffsbestimmung nutzen, als sie drei zentrale Aspekte beinhaltet: „Leistung setzt sich zusammen aus:

- einer genau definierten Arbeit, also geistiger oder körperlicher Anstrengung: Leistung ist normorientiert und lässt sich messen.
- einem zurückgelegten Weg, d. h., das Gewicht befindet sich nach Erbringen der Leistung an einem anderen „Ort" (geografisch, kognitiv, methodisch, affektiv…) als vorher: Leistung ist prozess- und ergebnisorientiert.
- einer Zeitvorgabe, d. h., Leistung kann nicht beliebig lange dauern, sondern ist in einem Zeitrahmen zu erledigen. Die Zeit ist bei allen Tests (auch PISA, TIMMS, IGLU etc.) begrenzt; Leistung ist selektionsorientiert. Die Begrenzung der Zeit führt zur Selektion bzw. verstärkt diese."

Leistung ist weiterhin eine Tätigkeit und/oder deren Ergebnis, die von einem anderen beurteilt und anerkannt werden, wobei die Beurteilung auf einem Gütemaßstab beruht. Solche Maßstäbe können die Lehrpläne, überregionale Teststandards, schulinterne Vorgaben, die Gütekriterien des einzelnen Lehrers oder eine Kombination aus verschiedenen Kategorien sein.

Die **etymologische Bedeutung** des Wortes „leisten“ (laists: Wildspur; laistjan: einer Spur folgen, einer Sache nachkommen, einen Auftrag erfüllen) führt ebenfalls zu einem auch heute noch gültigen Begriff: Der Staat setzt Ziele (das Wild → Abschluss) fest, bestimmt die Verfahrensweisen zu dessen Verfolgung (Spur → Lehrpläne) und setzt die meist kognitiven Maßstäbe des Erfolgs fest: Vorrücken in die nächste Jahrgangsstufe, Abitur (Erlegen des Wilds?). Nicht geklärt ist aber, ob die Leistung darin besteht das Wild erlegt zu haben oder ob das geschickte Spurlesen schon als Leistung gesehen wird.
Zu diskutieren wäre also, ob nicht nur das Leistungs**ergebnis** (z. B. Schulaufgabe), sondern auch schon der Lern**prozess** wahrgenommen werden sollte. Die engagierte Mitarbeit in einem Projekt wäre dann auch zu würdigen und nicht nur das messbare Ergebnis am Ende der gemeinsamen Arbeit. Gerade die Schüler fordern diese Erweiterung ein, wenn sie nach einem Referat allein dafür schon „belohnt“ werden wollen, dass sie es vorbereitet und sich angestrengt haben, während die Lehrer nur die Qualität des gehaltenen Referats würdigen und sich weigern, eine Art „Fleißnote“ in die Bewertung mit aufzunehmen.

Man spricht von einem **geschlossenen** Leistungsbegriff, wenn nur das nachweisbar abgelieferte, leicht nachprüfbare und messbare meist kognitive Ergebnis von Schülertätigkeit als Leistung und damit für den Schulerfolg als relevante Größe gesehen wird. Der offene Leistungsbegriff hingegen bezieht affektive, motorische und methodische Fähigkeiten mit ein, würdigt Schlüsselqualifikationen (Sozialverhalten, Kooperation und Verantwortungsfähigkeit), erkennt die aktive Mitwirkung am Schulleben (SMV, Chor, AG, Wettbewerbe, Mediation …) an und nimmt die Einstellung zur Schule sowie zum Unterricht wahr. Diesem Begriff folgend, ist z. B. der beste Schüler einer Schule nicht der mit dem besten Notendurchschnitt, sondern der mit erfreulichen Noten und anerkannten Leistungen, die er über den kognitiven Bereich der Fächer hinaus erbracht hat. In die Schulwirklichkeit ist dieser Begriff nur bedingt eingezogen, was man etwa am Jahreszeugnis gut erkennen kann, das nach wie vor den Fachnoten breiten Platz einräumt, während die weiteren Leistungen nur zum Teil und nur in wenigen Zeilen verbalisiert werden. Die Diskussionen über die sogenannten „Kopfnoten“, also Verhaltensprädikate, gehören in diesen Zusammenhang wie auch die Berichtszeugnisse der Grundschulen oder Waldorfschulen. Ein pädagogisches Ziel sollte sein, die Zeugnisnoten nur als einen Teil der Leistungsbestätigung zu sehen und nach Wegen zu suchen, ein breiter gefächertes Spektrum an schulischen Leistungen wahrzunehmen und zu würdigen. Außerdem macht die Neugestaltung der Oberstufe mit den Seminarfächern eine erweiterte Form der Leistungsbewertung – Möglichkeiten hierfür werden derzeit in Schulversuchen erprobt – erforderlich, die sich dann eventuell auch auf die Leistungserhebung und -bewertung in den vorausgehenden Jahrgangsstufen des Gymnasiums auswirken wird.

2.5.2 Funktionen der Leistungsforderung und -beurteilung

Warum ist nicht eine Schule denkbar, in der angstfrei gelernt wird, weil die ständigen Kontrollen, die Disqualifikationen vermieden werden können, eine Schule, in der Schüler gerne arbeiten, weil sie nicht nur mit ihren Schulleistungen von Mitschülern und Lehrern wahrgenommen werden, eine Schule, in der Lehrer gerne arbeiten, weil auch sie unter dem Druck der Notengebung und unter der Entfremdung von den Schülern leiden? Diesem Traum stehen wichtige Funktionen der Leistungsforderung und -bewertung gegenüber.

- **Selektion und Allokation**

Keine Gesellschaft kann es sich leisten, auf ihre Leistungsstärksten zu verzichten. Sie wird versuchen, ihnen die bestmögliche Ausbildung zukommen und sie mit dem Nachweis ihrer Qualifikation in die entsprechenden Positionen aufsteigen zu lassen. Jeder junge Mensch soll seinen Fähigkeiten entsprechend in der Gesellschaft seinen Platz finden dürfen und damit dem Staat auch nützen (Steuern, wirtschaftliche, kulturelle, wissenschaftliche Entwicklung). Wenn aber die Schulleistung ein entscheidender und gerechter Qualifikationsmaßstab ist, dann muss sie eingefordert und beurteilt werden.

Allerdings ist unser Qualifikationssystem durchaus nicht unproblematisch: So beginnt die Auslese schon nach der 4. Jahrgangsstufe, wenn die Entscheidung für Hauptschule, Realschule oder Gymnasium getroffen werden muss, ein Zeitpunkt, der vielen als zu früh erscheint. Die PISA-Studie 2006 bemängelt überdies, dass soziale Unterschiede und Migration zu Ungerechtigkeit führen, weil der Qualifikation die gezielte Förderung vorausgehen müsste. Dass mit der Qualifikation eine Disqualifikation („Stigmatisierung", Sacher, S. 23) einhergeht, ist unvermeidlich. So scheuen viele Eltern einen Übertritt ihrer Kinder an die Hauptschule, weil sie als Versagerschule diskriminiert wird. Dem Vorwurf, dass die frühzeitige Zuweisung an eine bestimmte Schulform zu endgültig sei, kann man mit dem Hinweis auf die Durchlässigkeit begegnen.

- **Sozialisation**

In der Schule werden die Schülerinnen und Schüler mit Prüfungen, Noten und Zeugnissen als Qualifikationsmittel vertraut gemacht, denen sie auch in ihrem späteren Leben begegnen, und werden damit für ihre Zukunft vorbereitet.

Allerdings erleben sie, dass der geschlossene Leistungsbegriff Grundlage für die Wahrnehmung ihrer Persönlichkeit und ihres Erfolgs ist. Sie lernen, in den Kategorien von Noten zu denken und zu handeln, was auch bedeutet, dass sie ohne „Honorar durch Noten" oft nicht bereit sind zu arbeiten, und sie „lernen" auch, den Leistungsdruck als die einzige Motivation anzusehen, was bedeutet, dass sie sich ohne ihn nicht (mehr) zur Leistung entschließen.
Sie müssen auch erfahren, dass sie eingeschätzt werden nach Abschlüssen und Testaten und nicht nach ihrem tatsächlichen Können. So gilt das Abitur als Eintrittsberechtigung für die Hochschule, aber auch für viele Berufe, auf die das Abitur nicht vorbereitet.
Sacher (S. 24) spricht mit der „Abkühlung" („cooling out") noch ein weiteres Problem an: Die Schule motiviert zunächst alle, ihre Höchstleistung abzurufen, um vielen von ihnen anschließend mitzuteilen, dass sie sich nicht qualifiziert haben. Diese motivationale Abkühlung birgt Gefahren. Schüler mit ständigen Misserfolgserlebnissen können in Verhaltensauffälligkeit abdriften oder sich aufgeben. Sie leiden an der Sozialisation in die Leistungsgesellschaft und scheitern möglicherweise daran.

- **Legitimation und Kontrolle**

Leistungsbeurteilungen und vor allem solche mit der Notenklassifikation dienen auch dazu, schulpolitische Entscheidungen und Unterrichtstätigkeit zu legitimieren. So schließt man von guten Fachnoten auf einen guten Fachunterricht, von guten Abiturleistungen auf ein gutes Bildungssystem und legitimiert damit beides. Auch die Kontrolle funktioniert über Leistungserhebung und -beurteilung. Die Qualitätsüberprüfung des Unterrichts geschieht häufig über die Abweichung der Notenschnitte einer Schule vom Landesdurchschnitt. Manche neue Unterrichtsform legitimiert sich über die anschließend gezeigten Leistungen der Schüler.

Allerdings relativiert sich diese Legitimation dadurch, dass die Bildungspolitik gute Noten zur Legitimation ihrer Entscheidungen wünscht und sie von der untergeordneten Institution Schule auch erhält. Eine Abiturientenquote von 40 Prozent gelingt trotz verstärkter Förderung eben nur dann, wenn die Leistungsanforderungen entsprechend gesenkt werden.

- **Information und Feedback (Motivation)**

Mündliche wie schriftliche Prüfungsergebnisse geben dem Lehrer Rückschlüsse über seinen Unterrichtserfolg, informieren die Eltern über den Lernfortschritt ihres Kindes und teilen dem

Schüler mit, welchen Erfolg er mit seinen Lernbemühungen erzielt hat und wo er im Vergleich mit den Mitschülern positioniert ist.

Die **Lehrer**, die bereit sind, in den unbefriedigenden Leistungen ihrer Schüler auch Hinweise auf die Qualität ihres Unterrichts zu sehen, erfahren über die Defizite ihrer Schüler, ob es an Strukturierung gefehlt hat, ob genügend Zeit zum Üben und Vertiefen angeboten war, ob es am Erklärungsgeschick gelegen haben kann oder ob die Aufgabenstellung und die Bearbeitungszeit Probleme bereitet haben (Evaluierung des Unterrichts und der Leistungserhebung).

Die **Eltern** werden üblicherweise von ihren Kindern nicht erschöpfend über die Schule informiert. Oft sind die mitgeteilten Noten zunächst die einzige Information und erst die Kenntnis von schlechten Ergebnissen veranlasst sie, den Lehrer aufzusuchen.
Die **Schüler** erhalten aus den Rückmeldungen, wenn sie über die Ziffernbenotung hinausgehen, Hinweise auf ihr Lernverhalten, die Effektivität der angewandten Methoden, die Stärken und Schwächen, den Wissensstand und das Können und lernen sich selbst und ihr Leistungsvermögen einzuschätzen.

Überdies werden sie durch erfreuliche Rückmeldungen in ihrer Arbeit und ihrem Einsatz bestätigt und motiviert, so weiterzumachen, oder sie sehen bei schlechteren Ergebnissen die Notwendigkeit ein, mehr zu arbeiten. Allerdings darf auch diese Funktion nicht überschätzt werden. Schüler, die unerfreuliche Rückmeldungen erhalten, empfinden sie als störend, sind enttäuscht und demotiviert und verdrängen sie oft, statt einzusehen, dass sie ihr Lernverhalten verändern müssen. Auch darf der Informationsgehalt einer Note nicht überschätzt werden.

- **Prognose und Beratung**

Lehrer, Eltern und Schüler interpretieren gleichermaßen schulische Leistungsergebnisse als aussagekräftig für die Zukunft: für das Bestehen oder Scheitern in der nächsten Prüfung, für das Erreichen des Klassenziels oder für den Schulerfolg. Jede Beratung der Eltern über die Änderung des Lernverhaltens, über die Notwendigkeit von Nachhilfe, jede Schullaufbahnberatung durch die Lehrer baut auf diesen Prognosen auf.

Allerdings sind Urteile über die Begabung und daraus abgeleitete Prognosen zur weiteren Schullaufbahn mit Vorsicht anzugehen. Auch wenn sich Lehrer nicht zu einer solchen Feststellung hinreißen lassen, so interpretieren Eltern, aber auch Schüler selbst die Leistungen häufig als Ergebnisse von Begabung. Hier beginnt die Aufgabe der Lehrer, möglicherweise korrigierend einzugreifen, die Ursachen genauer zu untersuchen und eindeutige Hinweise zu geben.

- **Disziplin fördern – Disziplinieren**

Die Ergebnisse von Leistungserhebungen können den Schüler veranlassen, Verhalten und Mitarbeit im Unterricht zu überprüfen, wenn er oder der Lehrer einen Zusammenhang zwischen der erbrachten Leistung und seinem Verhalten erkennt. In diesem Sinn haben Leistungserhebungen Disziplin fördernde Funktion, wobei mit Disziplin sowohl das Verhalten im Unterricht gemeint ist, wie auch die Arbeitsdisziplin in der Schule und zu Hause.

Allerdings ist es mehr als bedenklich, wenn Lehrer zum Zwecke der Disziplinierung Leistungserhebungen besonders schwierig gestalten oder die Einzelnote zum Zweck der Bestrafung einsetzen. Die Methode, im Unterricht auf Disziplinmaßnahmen zu verzichten und die Schüler die Konsequenzen ihres Fehlverhaltens über die Notenvergabe spüren zu lassen, widerspricht dem Bildungs- und Erziehungsauftrag des Lehrers. Schaden abzuwenden und das Wohl der anvertrauten Kinder und Jugendlichen im Auge zu haben, muss außerdem zum selbstverständlichen Berufsethos eines Lehrers gehören.

2.5.3 Bedingungsfaktoren der Schülerleistung

Wie oben schon deutlich geworden ist, sind für die Schülerleistung nicht nur Begabung, Intelligenz und Fleiß verantwortlich, sondern eine Reihe weiterer Faktoren, die sich unterstützend oder störend auswirken können. Sich bewusst zu sein, wie viele unterschiedliche Faktoren wirksam sein können, verhindert auch eine voreilige Festlegung auf die Begabung und verbessert die Beratung der Kinder und Eltern.

Bedingungsfaktoren der Schülerleistung liegen begründet:

- **in der Person des Schülers**
  - biographische Faktoren: Alter, private Biographie, Schulbiographie (Schulwechsel, Schulartwechsel, Wiederholer, Springer) …
  - kognitive Faktoren: Intelligenz, Begabung, (Vor-)Wissen, Gedächtnis, Kreativität, Lernbiographie …
  - emotionale Faktoren: Motivation, Interesse, Selbsteinschätzung, Erfolgsorientierung (auf Erfolg, Angst vor Misserfolg), Frustrationstoleranz, Wertordnung, (augenblickliche) psychische Disposition, Unglücksfälle, Prüfungs-/Versagensangst, Schulangst, Hobbys …
  - körperliche Merkmale: Entwicklungsstand, Motorik, Behinderungen, Allergien …
- **im sozialen Umfeld**
  - Familie: Struktur (Patchwork …), Sozialstatus (Wohnlage, wirtschaftliche Verhältnisse, Armut, Migrantensituation, Arbeitsplatz der Eltern, Bildungsgrad der Eltern, Erziehungsstil, Erwartung an die Kinder, Anregungsmöglichkeiten …)
  - Jugendkultur: Sportverein, Gruppenzugehörigkeit, Medienkonsum, Peergroups, gemeinschaftliche Hobbys, Freizeitverhalten, Freundschaften, Liebesbeziehung …
- **im schulischen Umfeld**
  - Lehrer (Motivationsgeschick, Qualität des Unterrichts, Führungsstil, Wertschätzung, Disziplinverständnis, Sympathie, angsteinflößende Prüfungssituation, Takt …)
  - Klasse (soziale Zusammensetzung, Größe, Atmosphäre, Sitzordnung …)
  - Schulorganisation (Standort, Größe, Ausstattung, Störpotenzial …)
  - Schulprofil (Schulleben, Feste, Veranstaltungen, Wir-Gefühl …)

Wer sich bewusst ist, dass all die genannten Faktoren Einfluss auf die Leistung haben, wird sich bemühen, möglichst viel über den einzelnen Schüler und dessen Umfeld zu erfahren, um ihm gerecht zu werden. So wird die Lehrkraft die Gelegenheit wahrnehmen und versuchen, mit den Eltern in der Sprechstunde, auf institutionalisierten und informellen Veranstaltungen ins Gespräch zu kommen, wie sie auch jede weitere Chance nutzt, mehr über den Schüler zu erfahren. Immer wieder sind Lehrkräfte erstaunt, dass Schüler, die in ihrem Unterricht nicht gerade glänzen, sich vielmehr desinteressiert und undiszipliniert verhalten, in einem anderen Fach ein hohes Maß an Arbeitsdisziplin zeigen und zu herausragenden Leistungen kommen. Den Schüler nur von seinem Lernverhalten und den gezeigten Leistungen in einem Fach her zu beurteilen und zu bewerten, bedeutet, seine Person, seine Persönlichkeit zu ignorieren.

2.5.4 Leistungserhebung

Soll eine Leistung erbracht werden, bedarf es einer „Leistungsprovokation“, einer Aufforderung zur Leistung, die weder unter- noch überfordert, aber herausfordert, also zur Tätigkeit motiviert.

Formen der Leistungserhebung

Schriftliche, mündliche und praktische Leistungsnachweise:

- *schriftliche Leistungserhebungen:*
  - groß: Schulaufgaben
  - klein: Kurzarbeiten (angekündigt), Stegreifaufgaben (unangekündigt), fachliche Leistungstests (angekündigt); schriftliche Leistungen bei Projekten
- *mündliche Leistungserhebungen:*
  - groß: Schulaufgabe in Form einer mündlichen Prüfung (moderne Fremdsprachen)
  - klein: vor allem Rechenschaftsablagen, Unterrichtsbeiträge, Referate, mündliche Leistungen bei Projekten
- praktische Leistungsnachweise:
  - groß: praktische Leistungsnachweise in Kunst, Musik, Dramatisches Gestalten, Sport in der Kursphase des neunjährigen Gymnasiums
  - klein: praktische Leistungsnachweise v.a. in Kunst, Musik, Sport; praktische Leistungen bei Projekten
- *Facharbeit*

Grundsätze und Empfehlungen zur Leistungserhebung in der Schule

- **Allgemein gültige Grundsätze**

Es wird nicht immer gelingen, in der Schule die Leistungsprovokation, besser: das Leistungsangebot, also die Leistungserhebung so zu gestalten, dass sie eine motivierende Herausforderung darstellt, doch ist es notwendig, Grundsätze zu beachten, die es dem Schüler ermöglichen, das Optimum seines Wissens und Könnens zu demonstrieren.

- Der Schüler muss wissen, dass ihm eine zu bewertende Leistung abgefordert wird.
- Er kennt die Bedeutung und Gewichtung der Leistungserhebung.
- Der Umfang des Lernstoffs, die Anforderungen und die Bearbeitungszeit sind dem Schüler bekannt.
- Er hat ausreichend Zeit zum Lernen und Üben in der Schule und zu Hause angeboten bekommen.
- Er hat Hinweise zur Methode der Stoffaufnahme und -vertiefung erhalten.
- Die Leistungserhebung findet in einer trotz der notwendigen Anspannung möglichst ruhigen Atmosphäre statt; ironische Bemerkungen oder gar Sarkasmus sind ebenso tabu wie taktloses, z. B. einzelne Schüler diskriminierendes Verhalten.

- **Mündliche Leistungserhebung im Unterricht (kleine Leistungsnachweise)**

Bei der Rechenschaftsablage, meist zu Beginn des Unterrichts, haben sich Rituale eingebürgert, deren Sinn gelegentlich hinterfragt werden muss. Da sich immer Argumente für und gegen eine bestimmte Maßnahme finden lassen, gilt es abzuwägen.

- Schüler bleibt an seinem Platz vs. steht vor der Klasse (Gefahr der unerlaubten Hilfe oder auch Störung durch Mitschüler, möglichst entspannte Situation? …).
- „Joker“: Schüler kann einmal im Halbjahr/Jahr auf Wunsch die Leistungserhebung ohne Nachteil umgehen?
- Vortrag über den Stoff der letzten Stunde fordern vs. mit strukturierenden Fragen helfen
- zwei Schüler gleichzeitig prüfen: Was der eine nicht weiß, ergänzt der zweite (zweiter benachteiligt, da ihm das Schwierigere bleibt?).
- Hilfestellung geben (?),
- sofortige Bekanntgabe der Note vor der Klasse (Schutz der Privatsphäre des Schülers?) vs. am Ende der Stunde/vor Beginn der nächsten Stunde

- **Vorbereitung angekündigter großer und kleiner Leistungsnachweise**
  – letzten schriftlichen Leistungsnachweis rechtzeitig vorher zurückgeben,
  – rechtzeitige (nicht unbedingt erst eine Woche zuvor) Bekanntgabe des Termins,
  – bei der Terminierung Rahmenbedingungen mit beachten (letzter Tag vor/erster Tag nach Ferien/Fahrten ...?),
  – klare Vereinbarung des Lernstoffs; Hinweis auf das geforderte Grundwissen,
  – eindeutige Bezeichnung der Anforderungen,
  – ausreichend Gelegenheit zum Festigen des Lernstoffes im Unterricht und zu Hause sowie methodische Hinweise zum Lernen geben.

- **Gestaltung schriftlicher Leistungserhebungen**
  – Wert auf eine ansprechende äußere Form der Angabe legen (Schriftgröße, Anschaulichkeit, Übersichtlichkeit, ...),
  – Aufgaben verständlich formulieren und sinnvoll ordnen (z. B. mit einfacheren Aufgaben beginnen, ...),
  – Gewichtung der Teilaufgaben über die zu erreichende Punktzahl angeben,
  – Bearbeitungszeit wohlwollend einschätzen,
  – unterschiedlichen Lerntypen gerecht werden (?),
  – Wahlmöglichkeiten anbieten (?),
  – Umfang und Art der gewünschten Lösungsform angeben (Stichpunkte, Skizze, Graphik, ausführlicher Text ...).

- **Durchführung schriftlicher Leistungserhebungen**
  Vor Beginn der Arbeitszeit:
  – Zeitrahmen bekannt geben,
  – erlaubte Hilfsmittel angeben,
  – Hinweise auf Konsequenzen bei Abschreiben,
  – Zusatzinformationen an die Tafel schreiben,
  – ür Ruhe und konzentrierte Atmosphäre sorgen,
  – Verhalten bei Rückfragen einzelner Schüler klären (Lehrkraft kommt an deren Platz; Fragen leise stellen! in der Regel keine Auskunft; wenn Zusatzinformation oder Hilfe angeboten wird, sie allen an der Tafel zugänglich machen).

  Während der Arbeit:
  – pünktlicher und entspannter Beginn,
  – den Arbeitsfortschritt überprüfen und ggf. den Zeitrahmen ändern, aber für alle (!) und rechtzeitig, um nicht die zu benachteiligen, die sich um Einhaltung der Zeitgrenze bemüht haben und nachträglich (Teil-)Aufgaben kaum noch sinnvoll erweitern können,
  – mit Zeitangaben auf das Ende hinweisen (aber nur einige wenige Hinweise, kein minütlicher ‚Countdown'),
  – ein verbindliches Ende für alle einhalten,
  – Regelung für die Schüler, die früher fertig sind, festlegen,
  – Arbeiten einsammeln und sofort auf Vollzähligkeit überprüfen.

- **Korrektur und Beurteilung**
  – Erwartungshorizont erarbeiten
  – saubere und genaue Korrektur (mit Lineal?); keine Bleistiftnotizen auf den Schülerarbeiten, vor allem keine ersten Noteneindrücke!
  – vereinbarte Korrekturzeichen verwenden,
  – Fehler und Schwächen unterscheiden und unterschiedlich markieren,
  – Fehler ggf. nicht nur markieren, sondern auch verbessern?

– Fehlerorientierung oder Leistungspunkte?
– Transparenz in der Punkteverteilung und in der Notenvergabe ,
– äußere Form bewerten? („Kann“-Bestimmung; vorher bekannt geben!),
– sprachliche Fehler/Ausdrucksmängel kennzeichnen (nach GSO Pflicht) und ggf. angemessen bewerten (Kann-Bestimmung; vgl. GSO § 58),
– beim zweiten Durchgang eventuell in veränderter Reihenfolge der Arbeiten vorgehen,
– Note über eine zusätzliche Schlussbemerkung differenzieren,
– in der Schlussbemerkung möglichst eine Fehleranalyse vornehmen, die Benotung erläutern, den Lernfortschritt darstellen und Hinweise auf Verbesserungsmöglichkeiten geben,
– Verbesserung der Schulaufgabe planen.

- **Rückgabe der Arbeit**
  – schnellstmögliche Rückgabe, solange sich die Schüler noch an die Arbeit erinnern (Fristen und Zusagen einhalten!),
  – eingehende Besprechung der Ergebnisse (im unmittelbaren Zusammenhang mit der Rückgabe),
  – ggf. die Korrekturzeichen erläutern,
  – Punkteverteilung, Notenschlüssel, Notenverteilung (mit Noten 5/6?) und Durchschnitt bekannt geben,
  – Reihenfolge der Verteilung planen (auf keinen Fall nach Leistung!),
  – wohlwollende Kommentare (Trost?) bei schwächeren Arbeiten,
  – sich ggf. Zeit nehmen für Einzelgespräche bei Misserfolgen mit Beratung und Hilfsangebot.

- **Colloquium und mündliche Abiturprüfung**

Die mündliche Prüfung gehorcht eigenen Gesetzmäßigkeiten. Grundsätzlich sollte der Schüler die Einstellung haben: „Hier stehe ich und zeige, was ich kann“, und die Grundhaltung des Prüfers sollte sein: „Der Schüler soll die Gelegenheit haben zu zeigen, was er kann. Die Prüfung dient nicht dazu, ihm zu zeigen, was er nicht kann.“ (Studienseminar Koblenz: Mündlich prüfen, 16–1). Das eigenständige Referat gibt dem Prüfling zunächst die Chance, unabhängig von Prüferfragen sein Wissen und Können unter Beweis zu stellen. Der Prüfer beginnt mit leichteren Fragen, auch um das Niveau steigern zu können. Doch bestimmt der Prüfling mit der Art und Qualität seiner Antworten den Fortgang der Prüfung. Antwortet er kleinschrittig, zwingt er den Prüfer zu kleinschrittigen Fragen, die aber auf Dauer bessere Leistungen nicht zulassen. Bei kleinen Fehlern wird der Prüfer nicht unterbrechen, es sei denn, sie wirken sich in der Folge negativ aus (Sackgasse). Stellt er Fehler fest, weist er darauf hin, um dem Prüfling die Gelegenheit zur Korrektur zu geben, aber auch, damit sich der Prüfling selbst einschätzen kann. Ungünstig ist, so lange nachzufragen, bis die richtige Antwort kommt. Damit nimmt man dem Prüfling die Möglichkeit, in einem anderen Bereich Erfolg zu haben. Nicht zu unterschätzen ist auch die Bedeutung der (nonverbalen und verbalen) Signale, die dem Prüfling mitteilen, ob er mit der Antwort auf dem richtigen oder falschen Weg ist. Es gibt aber auch die Signale des Prüflings, die dem Prüfer den Weg weisen. Sacher (S. 159) spricht von fünf Dingen, die der Prüfer gleichzeitig tun muss:

– „dem Kandidaten zuhören und seine gerade gebotene Leistung auf ihre fachliche Richtigkeit hin beurteilen,
– einschätzen, ob dieser über- oder unterfordert oder angemessen beansprucht ist,
– sich in Abhängigkeit von dieser Einschätzung weitere Fragen auf einem angemessenen Niveau überlegen,

– Beziehungsbotschaften des Schülers registrieren und interpretieren,
– selbst Beziehungsbotschaften senden und deren Wirkung kontrollieren."

Um dem schwächeren wie dem stärkeren Schüler in gleicher Weise gerecht zu werden, muss der Prüfer mit leichten Fragen beginnen und bei guten Antworten den Schwierigkeitsgrad steigern, um dem Prüfling die Chance zu geben, zu sehr guten Leistungen zu kommen.
Für jede Prüfung ist es wichtig, eine angenehme Prüfungsatmosphäre zu schaffen:

– ein entspanntes Umfeld schaffen (Wahl des Raumes, Anordnung der Tische, ...),
– Aufmerksamkeit und Interesse beim Referat signalisieren,
– Zeitrahmen mit Augenmaß einhalten (Vergleichbarkeit beachten),
– Wahl der offenen bzw. engen Fragestellung am Prüfling orientieren.

- **Leistungserhebung in kooperativen Unterrichtsformen**

Mit der Zunahme von kooperativen Unterrichtsformen (Partnerarbeit, Gruppenarbeit, Projekten, Planspielen u. a.) wächst auch der Wunsch bei Lehrern und Schülern, dass die dabei gezeigten Leistungen gewürdigt werden. Da nur die nachweisbare Individualleistung beurteilt werden darf, sind Gruppenleistungen, die allen Mitgliedern der Gruppe gutgeschrieben werden, nicht gestattet. Doch ist es möglich, in der Gruppenarbeit gezielt Einzelleistungen zu beobachten und zu beurteilen. Auch hier gilt aber, dass der Beobachtete um die Prüfungssituation weiß und sich darauf einstellen kann. Dann kann sein Bericht über die Gruppenergebnisse gewürdigt werden, oder seine Beiträge während der Arbeit in der Gruppe werden wahrgenommen und beurteilt. Auch besondere Leistungen in einem Projekt (Informationsbeschaffung, Diskussionsbeiträge, Organisation und Gestaltung von Veranstaltungen, kreative Beiträge) können zur Beurteilung herangezogen werden. In Schulversuchen zur neuen Form der Oberstufe mit den beiden Seminaren werden derzeit auch Möglichkeiten der Leistungserhebung und -bewertung in kooperativen Unterrichtsformen erprobt, denn die Arbeit im Seminar 2 mündet in eine – angemessen zu bewertende – Projektpräsentation.

- **Leistungserhebung und Angst**

Unter den „Bedingungsfaktoren für Schülerleistungen" wird auch die Prüfungs- oder Versagensangst genannt. Sie darf nicht verwechselt werden mit Lampenfieber oder der Situation angemessener Aufregung, die eher eine Steigerung der Leistung bewirkt (Eustress). Prüfungsangst führt zu Denk- und Sprachblockaden und beeinflusst die Leistung negativ. Besonders leiden Schüler unter ihr, die dem Motivationstyp „Angst vor Misserfolg" zuzuordnen sind. Im Gegensatz zu den „Hoffnung-auf-Erfolg"-Typen beziehen sie ihren Antrieb aus der Angst zu versagen, was nicht bedeutet, dass sie weniger motiviert sind. Doch neigen sie dazu, die Prüfung, den Wettkampf zu vermeiden, um die Angst zu vermeiden. Der Konflikt zwischen Vermeidungstendenz und Leistungsforderung führt zu Spannungen, die einer Bestleistung im Wege stehen können.

Diese Ängste sind häufig nicht rational steuerbar und lassen sich nur bedingt erklären. Sicherlich werden die Ängste ausgelöst durch den (scheinbaren) Erwartungsdruck der Eltern, durch eine Konkurrenzsituation, die bewusst oder unbewusst aufgebaut wird, und den damit verbundenen befürchteten Prestigeverlust, durch das Aufbauschen der möglichen Folgen (Gefährdung des Vorrückens, Gefahr des Schulversagens) sowie durch ein schwaches Selbstwertgefühl und fehlende Frustrationstoleranz. Auch die Prüfungssituation kann den Zustand verschärfen: Zeitdruck, unfreundliches Lehrerverhalten, Lärm und Unruhe, undeutliche Aufgabenstellung, vorzeitige Abgabe der Schulaufgaben durch andere Schüler und andere Stressfaktoren.
Um Prüfungsangst wirksam bekämpfen zu können, muss der Lehrer zunächst einmal wissen, wer unter seinen Schülern darunter leidet. Dazu bedarf es genauer Beobachtung der Schüler

und der Gespräche mit dem betroffenen Schüler und dessen Eltern. Liegen die Ursachen in fehlender Stressresistenz des Schülers oder in Begleiterscheinungen der Leistungserhebung, kann der Lehrer darauf reagieren. Sicherlich helfen viele der oben aufgeführten Hinweise zur Leistungserhebung, eine möglichst entspannte Atmosphäre zu schaffen. Dass man mit sorgfältiger Vorbereitung, die viele kleine Feststellungen des Lernfortschritts und genügend Zeit zum Einüben vorsieht, Angst abbauen kann, versteht sich von selbst. Natürlich kann auch mangelnde oder methodisch ungeschickte Vorbereitung zu Prüfungsangst führen. Auch dann können Interventionen hilfreich sein. Alle diese Maßnahmen können ggf. Prüfungsangst nicht vermeiden. In diesen Fällen ist professionelle schulpsychologische oder psychotherapeutische Betreuung notwendig.

2.5.5 Gütekriterien der Leistungsbeurteilung

Leistung ist ein Zuschreibungsattribut: eine Tätigkeit ist nur dann eine „Leistung", wenn sie als solche wahrgenommen und anerkannt wird. Um Leistung angemessen zu beurteilen, bedarf es einiger Kriterien, die es zu beachten gilt (vgl. Sacher, S. 35 ff.).

- **Objektivität**

Hier geht es nicht um die Objektivität des Lehrers seinen Schülern gegenüber. Es wird vorausgesetzt, dass der Lehrer nicht subjektiv nach Laune und Sympathie seine Beurteilung vornimmt. Gemeint ist die Objektivität des Maßstabs: Ein Maßstab ist dann objektiv, wenn ein anderer Prüfer damit zum gleichen Ergebnis kommt. Der Prüfer ist also nicht maßgebend für die Bewertung. Man kann die Objektivität differenzieren:

  - **Durchführungsobjektivität:** gleiche Prüfung für alle, gleiche Hilfsmittel, ergänzende Hilfen für alle, gleiche Regelungen beim Gebrauch unerlaubter Hilfsmittel …
  - **Auswertungsobjektivität:** gleiches Auswertungsschema für alle Schüler; kein Schema, das einseitig die Besseren oder Schwächeren begünstigt. Käme also ein anderer Lehrer mit diesem Schema zu den gleichen Ergebnissen?
  - **Interpretationsobjektivität:** Werden bei allen Schülern die gleichen Richtlinien angewandt? Beispiel: In der Mathematik neigt mancher Lehrer dazu, ein falsches Vorzeichen bei einem schwächeren Schüler als Denkfehler, bei einem besseren Schüler als Achtlosigkeit zu interpretieren.

- **Reliabilität**

Dieser Fachbegriff bezeichnet die Zuverlässigkeit, Genauigkeit und Sicherheit des Messverfahrens: Repräsentiert die Messung den Ausprägungsgrad der Leistung? Erhält der Beste die beste Note? Überprüft werden kann die Reliabilität durch wiederholte Messung mit gleichem Messinstrument und gleichem Beurteiler.

- **Validität**

Wird tatsächlich das gemessen, was gemessen werden soll? Misst z. B. die Stegreifaufgabe tatsächlich das Denkvermögen oder nur die Gedächtnisleistung? Es wird immer mitgemessen, was möglicherweise nicht gemessen werden soll: sprachliches Vermögen, Schrift, Rechtschreibung. Wenn ein Schüler in Mathematik an einer Textaufgabe scheitert, muss der Grund dafür nicht in der eigentlich zu messenden Mathematikleistung liegen, sondern kann durch mangelndes Textverständnis erklärt werden. Man unterscheidet vier Formen von Validität:

  - **Inhaltsvalidität:** Misst die Prüfung Kompetenzen, welche die Schüler im Unterricht wirklich auch auf dem Niveau erwerben konnten? Ist die Arbeitsweise vergleichbar? Wird bei einer knappen Bearbeitungszeit tatsächlich die Stoffbeherrschung oder nur das individuelle Arbeitstempo gemessen?

- **curriculare Validität:** Wird das gemessen, was der Lehrplan fordert, oder werden etwa Spezialkenntnisse des Lehrers abgefragt und beurteilt?
- **Prognosevalidität:** Leistet das Ergebnis Aussagen über künftigen Lernerfolg? Passt die Prüfung in den weitergehenden Lernprozess? Bereitet sie ihn vor?
- **Übereinstimmungsgültigkeit:** Diese liegt vor, wenn die Beobachtungen aus verschiedenen Prüfungsformen übereinstimmen: z. B. mündlich : schriftlich.

Wenn sich etwa die mündlichen und die schriftlichen Leistungen in einem nichtsprachlichen Unterrichtsfach deutlich voneinander unterscheiden, ist zu fragen, ob die schriftlichen oder – was wahrscheinlicher ist – die mündlichen Leistungsergebnisse den Gütekriterien entsprechen. Für eine gute mündliche Note genügt häufig ein singuläres ad-hoc-Wissen, das nichts über das Verständnis aussagt, das etwa Lehrplan und Schulaufgaben einfordern. Es gilt offensichtlich auch nicht der gleiche Maßstab, also die vergleichbare Anforderung. Auch deshalb gilt die mündliche Note als Reparatur-Instanz für die Jahresnote.

- **Normierung**

Leistung muss durch die Messung zutreffend und entsprechend abgebildet sein; deshalb gibt es die Legaldefinitionen bei den Noten. Sehr gute Leistungen sollten auch sehr gute Noten ergeben. Überprüfen kann man das Kriterium durch den Vergleich mit früheren Leistungen des Einzelnen und den Leistungen der Bezugsgruppe (vgl. Weinert, 2002, S. 91). In diesem Zusammenhang ist auch zwischen Messung und Beurteilung zu unterscheiden. Bei der Messung gibt es genaue Skalen. So ist im Weitsprung eine Leistung von 4 m genau zu messen, aber sie als sehr gute Leistung zu erfassen, bedarf es der Beurteilung.

2.5.6 Problematik der Leistungsmessung und -beurteilung

Wie an anderer Stelle schon deutlich geworden ist, stimmen häufig das Leistungsvermögen und die Leistungsbeurteilung nicht überein. Selbst bei einer scheinbar eindeutig messbaren Leistung wie dem Weitsprung spielen die oben angesprochenen Bedingungsfaktoren eine Rolle (Gegenwind, Verletzung, fehlende Motivation u. a.). Auch die mögliche Fehlerhaftigkeit der Prüfungsverfahren und der Maßstäbe „verfälscht" das Ergebnis. Deshalb sollte man sich bewusst sein, dass die Leistungsmessungen und -beurteilungen fehlerhaft sein können. Wenn die Lehrer ihre Leistungserhebungen als Versuch und nicht als unfehlbares Mittel, die Leistung ihrer Schüler bestmöglich abzubilden, sehen, dann kommen sie der Gerechtigkeit der Leistungsbeurteilung näher. Es ist ein „Armutszeugnis", wenn die Entscheidung über eine schwankende Note (über das Bestehen der Klasse) „auf den Taschenrechner abgeschoben wird" (Sacher, S. 35).

- **Allgemeine Störfaktoren der Leistungsmessung und Leistungsbeurteilung**

Neben den genannten Bedingungsfaktoren (s. o.) für die Schülerleistung sind einige Aspekte zu nennen, welche die Aussagekraft von Leistungsmessungen und -beurteilungen in Frage stellen:

- Die Aufforderung zur Leistung (Schulaufgabenangabe, Fragestellung bei der Rechenschaftsablage, Ablehnung von Hilfeleistung durch den Lehrer) wirkt sich unterschiedlich auf die Schüler aus.
- Einer bestimmten Situation sind Schüler unterschiedlich gewachsen (Morgenmuffel bei der Rechenschaftsablage in der ersten Stunde am Morgen, Fragetechnik des Lehrers, Unruhe im Klassenzimmer ...).
- Lehrer nehmen Leistungen unterschiedlich wahr (häufige Meldungen im Unterricht werden schon als Leistungen wahrgenommen; ruhige Schüler erhalten trotz guter Leistungen

schlechtere mündliche Noten.).

- Schüler und Lehrer gehen von unterschiedlichen Leistungsmaßstäben aus („Du hast die Vokabeln nicht gelernt." – „Ich habe aber doch vier gewusst.").
- Schüler wollen für Leistungen belohnt werden, die der Lehrer nicht beurteilen kann (Leistung in der Gruppenarbeit).

• **Störfaktoren, die in der Person des Lehrers begründet sind**

Sacher (S. 48 ff.) unterscheidet zwischen der ungleichmäßigen Ausschöpfung des Bewertungsspektrums (fehlende Differenzierung) und den Interferenzen im Urteil, die er auch „Voreingenommenheiten" nennt.

Ungleichmäßiges Ausschöpfen des Bewertungsspektrums:

- <u>übertriebene Strenge:</u>
  Sie zeigt sich in der Neigung, kleine Fehler und Schwächen stark zu gewichten oder schlechte Notendurchschnitte für ein Zeichen von Qualität zu sehen, und kann begründet sein in dem hohen Anspruch an sich, den man auf seine Schüler überträgt. Dies kann zur Überforderung der ganzen Klasse führen. Misstrauisch gegenüber dem eigenen Anspruch sollte man werden, wenn die anderen Fachlehrer in der Klasse zu deutlich anderen Ergebnissen kommen.
- <u>übertriebene Milde:</u>
  Für die Schüler, die natürlich die Ergebnisse akzeptieren, geht die Informationsfunktion verloren. Sie schätzen sich falsch ein und ihre Chancen im nächsten Jahr sinken. Auch hier hilft der Vergleich mit den Ergebnissen der Kollegen in der Klasse.
- <u>Tendenz zur Mitte:</u>
  Der Lehrer nutzt nicht die gesamte Notenskala aus, er scheut die Entscheidung, sehr gute und sehr schlechte Noten zu vergeben, um Beschwerden der Eltern oder der Kollegen (wegen zu guter Notendurchschnitte) zu entgehen.
- <u>Tendenz zum Extremen:</u>
  Durchschnittliche Leistungen gibt es kaum. Bei fehlerorientierter Korrektur ohne Punkteverteilung wird häufig, was Mängel enthält, als schlecht, was keine Mängel enthält, als gut angesehen. Hier hilft der Blick auf die Normalverteilung.

Interferenzen im Urteil (Voreingenommenheiten):

- <u>Kontrastfehler:</u>
  Bei der Korrektur z. B. einer Schulaufgabe wird nach einer guten die nächste gute Arbeit schlechter bewertet.
- <u>Reihungsfehler:</u>
  Bei z. B. drei schlechten Arbeiten hintereinander wird der Lehrer automatisch milder, weil er sie für so schlecht nicht mehr hält oder aber weil er um den Durchschnitt fürchtet. Abhilfe schafft ein zweimaliger Korrekturdurchgang mit geänderter Reihenfolge der Arbeiten.
- <u>logische Fehler:</u>
  Man schließt unbewusst von einer (fehlenden) Kompetenz auf die andere: So vermutet der Deutschlehrer bei schwachen Ausdrucksmöglichkeiten auch leichter Gedankenfehler. Wer in Mathematik gut ist, kann doch eigentlich in Physik nicht schlecht sein. Schlampige äußere Form lässt auch auf schlampige Argumentation schließen. Abhilfe können dezidierte Vergleiche mit anderen Arbeiten schaffen.
- <u>Halo-Effekt:</u>
  Von einem auffallenden Merkmal oder vom Gesamteindruck wird auf andere, nicht direkt beobachtbare Merkmale geschlossen: Der Schüler ist ein guter Musiker, ist Wiederholer,

seine Kleidung provoziert, die Geschwister sind gut bekannt. Dies kann auf die Noten ausstrahlen.

- Sympathie, Zusatzinformationen, Vorurteile:
  Auch Sympathie und Antipathie können die Beurteilung beeinflussen. Repetenten werden schlechter beurteilt als die anderen Schüler. Sportler gelten als nicht so intelligent. Mädchen werden häufig günstiger beurteilt, da sie als fleißiger, angepasster und ordentlicher wahrgenommen werden (Paradies, u. a., S. 35). Auch ein Vorurteil wie: „Die Schüler werden immer schlechter.“, kann den Durchschnitt senken.
- Perseveration:
  An einer einmal gegebenen Noten wird bei der nächsten Prüfung festgehalten, weil das eigene Urteil bestätigt werden soll: „Mündlich ist der Schüler so gut; da kann er doch in der Schulaufgabe nicht plötzlich schlecht sein.“
- Projektion:
  Fehler, die der Lehrer an sich selbst erkennt, bewertet er besonders streng.
- Stimmungsabhängigkeit:
  Ärger über die Klasse oder einzelne Schüler, schlechte Laune, Erschöpfung, Unverständnis über schlechte Leistungen können den Bewertungsmaßstab verändern.

Viele Lehrer schließen aus, dass sie diesen Störfaktoren ausgesetzt sind, da sie objektiv im Sinne von gerecht beurteilen und benoten. Doch werden diese Faktoren häufig nicht wahrgenommen. Kaum ein Lehrer wird einen Schüler aus Sympathie bewusst bevorzugen. Die Kenntnis dieser Faktoren ist deshalb so wichtig, weil sie immer wieder zur Selbstkontrolle und -korrektur einlädt.

2.5.7 Bezugsnormen der Leistungsbeurteilung

Wer Leistungen beurteilt, sieht sich immer wieder Zwängen ausgesetzt, die ihn an einer, wie er meint, gerechten Bewertung hindern.

Lehrer A. hält seine Klasse nicht für gut. Allerdings hat der Unterricht der letzten Wochen gezeigt, dass sie sehr viel besser mitgearbeitet haben und gerade drei der Schwächeren haben ganz offensichtlich „die Kurve gekriegt“. Der Schulleiter hat den Durchschnitt der letzten Schulaufgabe mit 3,9 „angesprochen“ und der Fachbetreuer meinte, dass bei der Korrektur zu wenig Wert auf die Begrifflichkeit gelegt worden sei. In der Schulaufgabe stellt der Lehrer mit Unbehagen fest, dass die drei „Kurvenschüler“ leider nicht so erfolgreich waren, dass sich dies in einer Notensteigerung ausgedrückt hätte, und der Schnitt der Schulaufgabe bei 4.0 liegt, was einen Besuch beim Schulleiter nötig macht.

Lehrer A. „taumelt“ durch drei Bezugsnormen der Leistungsbeurteilung:

- **Soziale Norm**

Bezugsnorm für die Beurteilung ist die Gruppe (Klasse). Deren Durchschnittsleistung gilt als der Maßstab, an dem sich die Leistung des Einzelnen orientiert. Gut ist, was über dem Durchschnitt, schlecht, was unter dem Durchschnitt der Klasse ist. In diesem Fall ermittelt man nur die Leistungsposition des Einzelnen in der Klasse. Die Note 1 und die Note 6 erhalten dann die Schüler, die am deutlichsten vom Durchschnitt abweichen. Sinnvoll ist diese Norm zur Ermittlung eines Klassenrankings; allerdings fördert diese Norm auch das Konkurrenzdenken in der Klasse.

Blinde Flecken nennt Weinert (2002, S. 64 ff.) die Probleme solcher Normen. Für die soziale Norm gilt:

- Dank der Durchschnittshörigkeit ist in einer schlechten Klasse der Mittelmäßige gut und der Gute sehr gut.
- Parallelklassen lassen sich in ihrem Leistungsvermögen nicht unterscheiden (nur bei gleicher Schulaufgabe und der vergrößerten Gruppe als Bezugsnorm).
- Die Leistungssteigerung oder der Leistungsabfall einer Klasse wird nicht wahrgenommen.
- Die Leistungssteigerung eines Einzelnen wird in der besseren Klasse nicht sichtbar.
- Die Durchschnittorientierung überfordert die Schwächeren und langweilt die Stärkeren.

- **Individuelle Bezugsnorm**

Bezugsnorm für die Beurteilung ist die bereits erbrachte Leistung des einen Schülers. Gut ist also eine Leistung, wenn sie besser ist als beim letzten Mal oder wenn sie auf einem höheren Niveau gleichgeblieben ist; schlecht ist sie, wenn die Leistung im Vergleich stagniert oder einen Rückschritt darstellt. Es werden also die individuelle Verbesserung oder Verschlechterung wahrgenommen. Natürlich ist diese Norm in der Schulordnung nicht vorgesehen, doch wird bei Einzelleistungen (Referat, Unterrichtsbeitrag …) gelegentlich auch diese Norm (bewusst?) zu Rate gezogen, wenn der Lehrer zwischen zwei Noten schwankt. Berücksichtigt man bei Zeugnisnoten „aufsteigende/absteigende Tendenz", bedient man sich ebenfalls der individuellen Bezugsnorm.

Blinde Flecken

- Leistungsunterschiede zu anderen Schülern werden ausgeblendet.
- Diese Bezugsnorm verhindert die Rückmeldung über den tatsächlichen Leistungsstand, was zu späteren Enttäuschungen führen kann.
- Überforderung der Lehrer, weil sie viele Einzeldaten im Kopf haben müssen.

- **Sachliche (kriterienorientierte) Norm**

Bestimmte Anforderungen, die der Lehrplan, einheitliche Prüfungsanforderungen oder Standards vorgeben, werden zum Maßstab gemacht: Gut ist eine Leistung, wenn sie die Anforderungen erfüllt oder übertrifft; schlecht, wenn sie unterschritten werden. Wird die Differenzierung vermindert, sagt die Norm nur etwas über bestanden oder nicht bestanden aus.

Blinde Flecken

- Diese Standards sind häufig nicht greifbar oder nicht so präzise formuliert, dass sie Anhaltspunkte für die Bewertung geben können.
- Die Schüler kennen diese Standards nicht, nur die gruppeninternen, die vom Lehrer in seinem individuellen Unterricht formuliert worden sind.
- Bei dieser Norm können ganze Klassen unterdurchschnittlich sein.
- Die Schulaufsicht oder -leitung konterkariert diese Norm, wenn sie interne Bestimmungen (z. B. einen „Drittelerlass": Wenn ein Drittel der Klasse die Noten 5 und 6 erhalten hat, muss die Schulaufgabe wiederholt werden; oder die Pflicht die Schulleitung zu informieren, wenn der Klassendurchschnitt schlechter als 4,0 ist) erlässt.
- Individuelle Leistungsfortschritte werden nicht wahrgenommen.

Die Lehrer neigen zu einer Mischform aus sachlicher und sozialer Norm. Zunächst spielen bei der Korrektur sachliche Kriterien, fixiert über den Erwartungshorizont die entscheidende Rolle, dann erfolgt nach der Berechnung des Notendurchschnitts häufig eine Korrektur („Vielleicht habe ich zu viel/zu wenig verlangt; mit diesem Schnitt müsste ich beim Chef wieder einen Offenbarungseid leisten; die Kollegen unterstellen mir, dass ich zu wenig verlange"). Die individuelle Norm spielt gelegentlich dann eine Rolle, wenn eine Note schwankt:

„Sie hat sich so sehr angestrengt und ist auch besser geworden; das sollte sich in der Note zeigen.“

Die Bezugsnormen in den Unterrichtsverfahren und Leistungserhebungen
Dass Lehrer die unterschiedlichen Normen bei der Leistungsbeurteilung mischen, hat auch seinen Grund in den vorhergehenden Unterrichtsverfahren und Leistungserhebungen.

- **Sozialorientiert** ist ein Unterricht, der unterschiedliche Schüler mit gleichen Lehr-Lern-Methoden zu gleichen Zielen führen will. Dabei muss er in Kauf nehmen, dass sich bei den Schülern eine Leistungsstreuung ergibt. Die Leistungserhebung wird sich an dem Lernstand der Klasse und nicht ausschließlich an den Lehrplannormen orientieren.
- **Kriterienorientierter** Unterricht zielt auf den Abbau von Lernunterschieden: Möglichst alle erreichen durch eine Variation von Unterrichtsformen ein bestimmtes Minimalniveau, das festgelegt ist. Bei den Leistungserhebungen ist an Jahrgangsstufentests zu denken, welche die Sozialnorm ausschalten.
- **Individuumorientiert** arbeitet eine Lehrkraft, die den Einzelnen durch individualisierte Unterrichtsverfahren und Inhalte optimal fördert. Ziel ist der individuelle Lernzuwachs, der sich nicht an vorgegebenen Normen orientiert (denkbar vor allem in Sport, Musik, Kunst). Leistungserhebungen sind demnach praktischer Art oder durch die Aufgabenform (z. B. Referat) individualisiert.

Eigentlich gehen die Bestimmungen der Schulordnung ausschließlich von der kriteriumsorientierten Bezugsnorm aus. Andererseits ist die soziale Bezugsnorm nicht aus der Schule wegzudenken, sieht man die Klasse als Gemeinschaft. Wer die individuelle Förderung der Schüler als pädagogische Aufgabe sieht, kommt außerdem um die individuumorientierte Bezugsnorm nicht herum. Auch Weinert (S. 68 ff.) sieht das „Bewegen in den unterschiedlichen Bezugsnormen“ nicht ausschließlich als negativ an und fordert sogar, dass die Lehrer lernen müssten, mit der „Bezugsnormvielfalt“ umzugehen.

Als Konsequenzen im Sinne der Vergleichbarkeit von Leistungen ist es sinnvoll, gelegentlich gemeinsame Arbeiten in der gesamten Jahrgangsstufe zu schreiben, die von allen Beteiligten korrigiert werden, oder wenigstens den Kollegen der Parallelklassen die Arbeiten und deren Ergebnisse zu zeigen. Auch die Rolle des Fachbetreuers sollte aufgewertet werden. Es müsste im Interesse der Kollegen liegen, vom Fachbetreuer Näheres über die Qualität der Leistungserhebung und die Anforderungen bei der Leistungsbeurteilung zu erfahren. Sinnvoll ist auch, gelegentlich eine Schulaufgabe an alle Mitglieder der Fachschaft zur Korrektur auszugeben, um auf gleiche Korrekturstandards zu kommen. Außerdem können die Schüler selbst ein wichtiges Korrektiv sein. Viele verfügen über ein gutes Urteilsvermögen im Bereich der Selbst- und Fremdeinschätzung (mündliche Leistung, vorgestellte Schulaufgabe). Warum nicht sich dieser Möglichkeiten bedienen?!

2.5.8 Bedeutung der Ziffernnoten

Noten sind ein ebenso probates wie problematisches Mittel der Leistungsbeurteilung, probat (ökonomisch) deshalb, weil eine komplexe Korrektur auf eine Ziffer komprimiert wird, die Vergleiche zulässt, also Auslese möglich macht. Die Ziffern hinter dem Komma erlauben die (scheinbar) gerechte Entscheidung bei Jahresnoten („4,5 ist ausreichend; 4.6 ist mangelhaft“). Mit der Ziffer ist alles und nichts gesagt: Alles, was das Fortkommen beinhaltet, nichts über das Zustandekommen der Leistung, über das Leistungsspektrum, über Leistungssteigerung oder -abfall, nichts über Begabung. Die Jahresnote 3 in Deutsch z. B. repräsentiert völlig unterschiedliche Leistungen: Der eine ist aufgeschlossen, kann denken, hat aber noch Probleme, sich schriftlich zu artikulieren; auch die Sprachrichtigkeit lässt zu wünschen übrig; kreatives Schreiben liegt ihm nicht, aber er argumentiert schon sehr sicher. Die andere schreibt hinreißende Geschichten in einem adäquaten Stil, hat aber noch Schwierigkeiten mit dem sachlichen Schreiben und ist im Unterricht sehr zurückhaltend; erfreulich ist ihre Sicherheit in Grammatik und Rechtschreibung; ihre Argumentationskompetenz ist kaum zu überprüfen, weil sie im Unterricht (aus Angst?) blockiert. Beide zeigen „befriedigende Leistungen" = Note 3.

Wenn man darüber hinaus weiß, wie fehlerhaft Noten zustande kommen können, dann ist Misstrauen angesagt, das sich in einem distanzierten Verhältnis zu den Ziffernnoten ausdrücken sollte. Man soll die Ziffernnoten nicht überschätzen, so praktisch sie auch sind. Das Misstrauen in die Leistungsbeurteilung und Notengebung sollte sich wie folgt artikulieren:

- Die Zeugnisnote als alleinige Information über die Leistungen eines ganzen Schuljahres genügt nicht. Auch die winzige Bemerkung über Mitarbeit und Verhalten gibt nur unzureichend Aufschluss über die Arbeit eines Schülers während eines ganzen Schuljahres.
- Um dem einzelnen Schüler gerecht zu werden, reicht es nicht aus, die Noten der anderen Fächer wahrzunehmen. Die Aussprache mit den Kollegen formal (Klassenkonferenzen) und informell (Pausengespräch) kann das Spektrum erweitern.
- Die Berichtzeugnisse in der Grundschule und an privaten Schulen (Waldorfschulen) könnten ein Vorbild für die staatlichen Schulen sein. Jeder Bericht wird dann um die Note „ergänzt".
- Die ständige Prüfungssituation im Unterricht ist zu vermeiden. Die neue GSO (2007) fordert das Festlegen „prüfungsfreier Zeiten" (§ 53).

2.5.9 Professionelles Verhalten beim Umgang mit der Schülerleistung

Ingenkamp hat über Jahre die Leistungsmessung und Notengebung untersucht und ist zu dem Schluss gekommen, dass die Lehrer in hohem Maße fehlerhaft arbeiteten. Die gleiche Arbeit werde vom gleichen Lehrer Wochen später anders beurteilt. Verschiedene Lehrer beurteilten eine Arbeit von gut bis knapp ausreichend, im Extremfall Deutsch von sehr gut bis mangelhaft. Auch in Mathematik und in den Naturwissenschaften seien Bewertung und Benotung nicht signifikant besser. Dieses Kapitel hat einige Fehlerquellen verdeutlicht, mit dem Ziel, sensibel zu machen für ein Problem, das nach wie vor nicht zu lösen, vielleicht sogar unlösbar ist, aber den Auftrag enthält, ständig nach Verbesserung zu suchen.

- **Messgenauigkeit**

Mündliche Leistungen, fortlaufend im Unterricht erbracht, werden anders wahrgenommen als die Rechenschaftsablage zu Beginn einer Stunde; und auch diese unterscheidet sich von der Stegreifaufgabe und der Schulaufgabe. Weder gibt es erhebungs- noch fachspezifische Wahrnehmungskriterien, die bayernweit angeordnet und eingesetzt werden könnten, zumal die Lehrer auch zu Recht auf einen Ermessensspielraum pochen, den sie ihrer pädagogischen Verantwortung schulden.
Aber es gibt zahllose Untersuchungen, die sich mit der Messung beschäftigen, es gibt Empfehlungen, wie Tests standardisiert werden können, wie Textaufgaben in den Sprachen beurteilt werden können, wie kreative Leistungen gewürdigt werden können, auch wenn sie möglicherweise Fehler enthalten, es gibt Korrekturraster, die selbst so komplexen Aufgaben wie einem Deutschaufsatz oder dem commentaire personnelle in den neuen Fremdsprachen gerecht werden sollen. Selbst Punktetabellen für die Rechenschaftsablage werden diskutiert. Sich kundig zu machen, vor allem aber die eigenen Verfahren ständig auf den Prüfstand zu

stellen, ist Zeichen von Professionalität. Drei Fragen stellen sich dem verantwortlich Beurteilenden in jedem einzelnen Fall neu:

Was will ich tatsächlich beurteilen?
Welches Messverfahren eignet sich dafür?
Wie korrespondieren Messverfahren und Note?

- **Gerechtigkeit**

Gerechtigkeit ist eine der Eigenschaften, die von den Schülern (und Eltern) an den Lehrern am höchsten eingeschätzt wird. Dabei erwarten sie scheinbar immer, dass die Maxime „omnibus idem" (alle in gleicher Weise behandeln) Prinzip der Gerechtigkeit sei. Aber auch das andere Prinzip „suum cuique" (jedem nach seinen Möglichkeiten gerecht zu werden) wird immer dann eingefordert, wenn Einzelleistungen abgeliefert werden. Beide Formen der Gerechtigkeit schließen sich scheinbar aus, finden aber im Begriff des „pädagogischen Ermessensspielraums" eine gemeinsame Heimat. Das bedeutet nicht, dass zu den beiden Prinzipien ein drittes „ego sum norma", (ich bin das Maß) hinzukommt, sondern dass der Lehrer beide Formen der Gerechtigkeit in ihrem Verhältnis zueinander kennt, sie ständig neu auslotet und seine Gerechtigkeit mit der seiner Kollegen immer wieder abstimmt. Weder ist es professionell, den pädagogischen Freiraum aus Gründen falsch verstandener Gerechtigkeit abzulehnen, noch ihn unangemessen auszuweiten. Wer den Leistungsbegriff nicht allzu eng auslegt, sieht im pädagogischen Freiraum eine Chance zu mehr Gerechtigkeit, die Einschätzungsfehler korrigieren hilft, allerdings ein hohes Maß an Verantwortung fordert.

- **Alternative zur Benotung**

Arnold/Pätzold (S. 113, verkürzt) schlagen für die Beurteilung von Schülerleistungen in kooperativen Arbeiten und Projekten einen Beurteilungsbogen vor, der Beobachtungen über einen längeren Zeitraum aufzeichnet und seinerseits eine Grundlage für die Benotung einzelner Aspekte bietet. Es ist sinnvoll, den Lernenden diese Bogen zu zeigen und mit ihnen zu besprechen (s. nächste Seite):

- **Pädagogisches Verantwortungsbewusstsein**

Der Lehrer ist auch im Bereich der Leistungsbeurteilung, wie oben schon ausgeführt, sehr unterschiedlichen Erwartungen ausgesetzt: Schüler erwarten gute oder zumindesten gerechte Noten, Eltern wollen den Erfolg ihrer Kinder bestätigt erhalten, der Lehrplan setzt Standards, die Richtschnur für den Unterricht und die Leistungsfeststellung sind, der Staat erwartet einerseits viele Abiturienten, andererseits eine Auslese der Besten und eine berufliche Orientierung für alle. Aber auch der Lehrer hat eine Erwartungshaltung, setzt sich einen Leistungsmaßstab und entwickelt auch für seine Schüler einen solchen. Was im Bereich Pädagogik Erziehungsziel heißt, könnte hier Leistungsziel genannt werden. Es konkurrieren also mehrere Maßstäbe miteinander, die der professionelle Lehrer harmonisieren muss. Hier ist sein Verantwortungsbewusstsein gefragt, das die Gewichtung der Maßstäbe auslotet und sich nicht zum Knecht eines Maßstabs macht.

Wer sich dieser Probleme bewusst ist, darin eine zu lösende Aufgabe sieht, alle Chancen einer Optimierung nutzt und Verantwortung für den Schüler und nicht nur für dessen Leistung übernimmt, handelt professionell.

Beurteilungsbogen:

Name: ____________ Klasse: ________ Datum/Zeitraum: ____________							
Aspekte	Indikatoren	Ausprägung in Prozent					
		0	20	40	60	80	100
Handlungswissen	– Rückgriff auf Handlungswissen						
	– Weiterführende Beiträge						
	– Anwendung fachlicher Kenntnisse						
Kommunikation	– hört zu						
	– äußert sich						
	– geht auf Beiträge der Mitglieder ein						
Kooperation	– kompromissbereit						
	– bemüht sich um Beteiligung aller						
	– teilt neu gewonnene Kenntnisse mit						
Lernen/Informieren	– wendet geeignete Recherche-Verfahren an						
	– integriert neue Kenntnisse in Bekanntes						
Problemlösen	– erkennt den Problemgehalt in Teilaufgaben und -projekten						
Organisation/Plan	– leistet Strukturierung						
	– berücksichtigt Zeit- und materielle Ressourcen						
Kreativität	– entwickelt ggf. Lösungen außerhalb des fachlich Üblichen						

3 Fördern und beraten

> Lehrerinnen und Lehrer diagnostizieren Lernvoraussetzungen und Lernprozesse von Schülerinnen und Schülern; sie fördern Schülerinnen und Schüler gezielt und beraten Lernende und deren Eltern.
> KMK-Standards für die Lehrerbildung: Bildungswissenschaften, Kompetenz 7

3.1 Beraten und Fördern als Aufgabe des Lehrers – Begriffsbestimmung

Aufgabe des Lehrers

Seit dem Beschluss der Kultusministerkonferenz der Länder vom 14. 09. 1973 wird die Beratung als Aufgabe des Lehrers eingefordert und gleichwertig neben das Unterrichten, Bewerten, Erziehen und Innovieren gestellt. Dabei nimmt der Lehrer eine Sonderstellung ein. Er bewegt sich zwischen professionellen Beratern (Beratungslehrer, Schulpsychologe, Erziehungsberatungsstelle …) und Laienberatern. Sein Expertenwissen liegt weniger in der Gesprächsführung als im pädagogischen und fachlichen Bereich. Seiner Bedeutung als Berater tut dies keinen Abbruch:

- Für Schüler wie Eltern ist der Lehrer erster und täglicher Ansprechpartner in der Schule. Mit seiner Beratungsbereitschaft und -fähigkeit stehen die pädagogische Beziehung und das wechselseitige Vertrauen grundsätzlich auf dem Prüfstand.
- Das an Schulen über Sprechstunden, Elternsprechabende, Klassenelternabende … zur Verfügung gestellte Beratungsangebot übersteigt bei weitem das, was in einem Beratungsraum von professionellen Beratungseinrichtungen angeboten werden kann.
- Beratung findet tagtäglich in einem zumindest informellen Rahmen statt: Gespräche zwischen Tür und Angel während der Pause, beim Stundenwechsel, vor und nach dem Unterricht, am Telefon. Sie erfordert ein flexibles Reagieren und ist wegen des zeitlichen Drucks und der oft nicht möglichen Vorbereitung auf das Gespräch ebenso anspruchsvoll wie fordernd.

Begriff

„Beratung ist eine freiwillige, kurzfristige, oft nur situative, soziale Interaktion zwischen Ratsuchenden (Klienten) und Berater mit dem Ziel, im Beratungsprozess eine Entscheidungshilfe zur Bewältigung eines vom Klienten vorgegebenen aktuellen Problems durch Vermittlung von Informationen und/oder Einüben von Fertigkeiten gemeinsam zu erarbeiten." (Schwarzer/…, S. 634)

<u>Humanistische Psychologie</u> (Carl Ransom Rogers): Seine personenzentrierte Theorie geht von einem positiven Menschenbild aus: Jeder ist von Grund auf Entwicklung ausgerichtet (Tendenz zum Wachstum, zur Selbstaktualisierung). In der Arbeit mit Menschen kommt es zuerst darauf an, dessen subjektive Sicht der Welt zu erfassen. Dies ist Voraussetzung dafür, Ziele zu finden, die für die Person und ihre Ressourcen erreichbar sind. Sie können im Sinne eines Selbstheilungsprozesses neue Entwicklungen einleiten (Lernen, das verändert), die zu mehr Selbstakzeptanz und Selbstbewusstsein, größerer Flexibilität und Offenheit führen. Ein Berater schafft dafür lediglich die förderliche Atmosphäre (siehe die Beratervariablen nach Rogers und Tausch).

<u>Systemische Beratung:</u> Probleme werden in ihr nicht auf Eigenarten der Personen zurückgeführt („Schuld ist …"), diese werden vielmehr als in ein System (Familie, Schule, Gruppe der Gleichaltrigen, Klasse …) eingebunden gesehen. Damit wird mehr nach dem Sinn des Ver-

haltens innerhalb des Systems gefragt, und der Schwerpunkt auf die vorhandenen Ressourcen gelegt. Jede Veränderung eines Teils des Systems (Haltung der Eltern, Eingehen des Lehrers auf den Schüler, Zusammenarbeit miteinander …) bewirkt eine Gesamtveränderung.

3.2 Beratungsfelder und Beratungstätigkeit des Lehrers

Aufgabenbereiche der Lehrerberatung

- **Einzelfallhilfe für Schüler und Eltern**
  - Lernberatung (Leistungsbild und Leistungsveränderung, Fragen der Leistungsbewertung, Ursachen von Lernschwierigkeiten, Lern- und Arbeitstechniken, Fördermöglichkeiten, Konzentration und Ausdauer, Teilleistungsschwierigkeiten, (Selbst-)Disziplin, Ängste, Schulunlust, Gehemmtheit, Konflikte mit Mitschülern oder Lehrern, Entwicklungsschwierigkeiten, häusliche und persönliche Probleme …),
  - Erziehungsberatung (Verhaltensänderung)

- **Schullaufbahnberatung**

Übergang von einer Schulform zur anderen, Information über das Schulsystem und seine Durchlässigkeit, über die Anforderungen der Ausbildungszweige, Wahl von Schwerpunktfächern in der Oberstufe, Erläuterung von individuellen Bildungsmöglichkeiten und Berufsperspektiven

- **schulklassenbezogene Beratung**

Aufgreifen und Verändern von Problemen innerhalb der Klasse wie Außenseiterproblematik, Mobbing, Lehrer–Schüler–Beziehung, Disziplinschwierigkeiten und Konflikte, Gruppenbildung, soziales Lernen, Lern- und Arbeitabläufe …; (siehe dazu auch das Classroom-Management, S. 55 ff.)

- **Systemberatung**

Schulentwicklung mit Qualitätsentwicklung und Evaluation.

Darüber hinaus ist der Lehrer die Gelenkstelle zur Weitervermittlung an (außerschulische) Beratungseinrichtungen. Er kann Kontakte zu diesen herstellen und für einen hilfreichen Informationsfluss sorgen sowie unter Beachtung der Bestimmungen der Schweigepflicht Daten zu liefern.

Bedingungen und Grenzen

Inwieweit von Schülern, Eltern, Kollegen und Schulleitung die Beratung des Lehrers gesucht und geschätzt wird, ist nicht nur von dessen Beratungskompetenz, sondern auch von dessen Persönlichkeit und Erfahrung abhängig. Sehr sensibel wird registriert, inwieweit er Anliegen routinemäßig abtut und ein Standardrepertoire an Ratschlägen stereotyp formuliert oder ob er auf die Situation und die Bedürfnisse des Ratsuchenden zielgerichtet, differenziert und lösungsorientiert einzugehen versucht und dabei die Möglichkeiten (Ressourcen) des Gegenüber berücksichtigt. Dies ist gar nicht so einfach, da Lehrer aus ihrer Lehr- und Bewertungsrolle heraus auf Defizite und Mängel – der Schüler ist unkonzentriert, faul, arbeitet nicht mit … – fokussiert sein können und nach außen die Haltung eines „Wissenden" erwecken. Gerade die unter Zeitdruck stattfindenden Kurzberatungen sind durch vorschnelle Diagnosen, bewertende Ratschläge und ein mangelndes Eingehen auf die Sichtweise des Gesprächspartners charakterisiert.

Beratungen führen Lehrer noch an weitere Grenzen: Immer wieder sind sie nicht ausreichend vorinformiert oder selbst stark emotional beteiligt. Dies muss frühzeitig wahrgenommen werden, um zum Wohl des Ratsuchenden die Beratung zu verschieben oder den Beratungsauftrag an Experten oder andere Berater weiterzugeben. Im Gegensatz zur klassischen Beratung und Therapie sind zudem in der pädagogischen Beratung für den Ratsuchenden die Wahlfreiheit eines Beraters oder die Freiwilligkeit oft nicht gegeben. Bei allen Versuchen, eine möglichst symmetrische Beziehung zwischen dem Lehrer und den Ratsuchenden herzustellen, bleibt der Lehrer immer Teil der Institution Schule und ihres Reglements. Er verfügt über potentielle Macht, indem er Sanktionen ausspricht und zu einer (Leistungs-)Beurteilung der Schüler verpflichtet ist.

Die Ursachen schulischer Problemstellungen liegen in ganz unterschiedlichen Bereichen (Familie, Schüler, Lehrer, Klasse, schulisches System …). Daher ist es notwendig, dass der beratende Lehrer seinen Schwerpunkt bewusst auf den schulischen Bereich setzt. Liegt der Schwerpunkt auf persönlichen, emotionalen, sozialen und familiären Problemen, nähert er sich der psychologischen oder sozialpädagogischen Individualberatung an, zu der professionelle Berater hinzugezogen werden sollten. Dies meint nicht, dass die systemischen Zusammenhänge, in deren Spannungsfeld ein Problem angesiedelt ist, nicht berücksichtigt werden müssen. Ein solcher Blickwinkel ist auch deshalb wichtig, da ansonsten Veränderungen an den Bedingungen, in denen Menschen leben, scheitern können, Interventionen für Schüler und Eltern also nicht passend sind.

Beratende Lehrkräfte müssen also sensibel die eigenen Grenzen der Zuständigkeit und Kompetenzen erkennen. Pädagogische Beratung ist keine Therapie, wie Therapie allgemein in der Schule nichts zu suchen hat. Es geht vielmehr nach der Klärung der Problemstellung um pragmatische Impulse und Lösungen (entlasten, Orientierung geben, stärken, unterstützen, Entscheidungen ermöglichen). Dies findet im Hier und Jetzt statt, nicht in einer aufwändigen Diagnostik und Aufarbeitung der Vergangenheit. Entscheidungen zu fällen und Dinge zu verändern bleibt der Eigenverantwortung des Ratsuchenden im Rahmen seiner Ressourcen überlassen. Daher sind auch deren Stärken und Entwicklungsmöglichkeiten in den Blick zu nehmen.

Beratungsgespräche führen

Trotz der Grenzen ist es wichtig, dass sich Lehrer über Eigenstudium und Fortbildungen die Grundhaltungen der humanistischen Gesprächspsychotherapie (S. 199) aneignen und einüben. Dies meint nach Rogers und Tausch das Schaffen einer vertrauensvollen Atmosphäre über

- Empathie (einfühlendes Verstehen)
- Akzeptanz und positive Wertschätzung
- Echtheit und Offenheit

Weiter gehören dazu

- ein konzentriertes (aktives) Zuhören (Spiegeln, offenes Fragen, sinngemäßes Wiedergeben der Gedanken, der Gefühle),
- die Fähigkeit, sein Gegenüber zur Darstellung des Problems zu ermuntern,
- das Aufnehmen des wirklich Gesagten („tieferer Gehalt"), was eventuell erst durch ein Nachfragen und Nachspüren herausgearbeitet werden kann,
- den Gesprächsverlauf zu strukturieren, immer wieder zu bündeln und auf ein Ziel und Ergebnis hin auszurichten (Verantwortung für die Gesprächsleitung).

Nur so bleibt Beratung nicht in der reinen Informationsvermittlung stecken, sondern ermöglicht eine Auseinandersetzung des Ratsuchenden mit seinem Problem. Der Lehrer steuert dazu in zurückhaltender Form sein Expertenwissen über das schulische System, die Schulpädagogik, die pädagogische, Entwicklungs-, Lern- und Sozialpsychologie bei.

Der Ablauf eines vorbereiteten Beratungsgesprächs
Wie sieht nun eine geplante und vorbereitete Beratung jenseits der Kurzberatungen aus? In idealer Weise ist sie angemeldet und es besteht eine Absprache über den Zeitrahmen, der zur Verfügung steht. Auch sollte der Ort, an dem das Gespräch stattfindet, nach außen geschützt und angenehm sein (z. B. nicht auf einem Schulgang). Der Berater besorgt sich im Vorfeld die ihm verfügbaren Informationen. Hilfreich kann es sein, sich in der Vorbereitung des Gespräches die eigene Rolle nochmals bewusst zu machen: Bin ich als Beurteiler, als Experte für Erziehungsfragen, als Fachexperte, Außenstehender, Klassenleiter … gefragt?

Der eigentliche Beratungsablauf kann dann so gestaltet werden:

Eingangsphase, in der die Situation des Ratsuchenden zu verstehen versucht wird

- Begrüßung, „Aufwärmen", Zusichern von Vertraulichkeit und Frage nach dem Anliegen
- einen Überblick über den Aufbau und den Verlauf des Gespräches
- genaue Darstellung des Problems durch den Ratsuchenden
- Einstellen auf dessen Sprache, Erwartungen und Sichtweisen
- Formulierung erreichbarer Ziele des Gespräches
- Bearbeitung des Problems unter Berücksichtigung der Hintergrundinformationen (Analyse und Diagnose)

Suche nach Handlungsmöglichkeiten und alternativen Verhaltensweisen

- Sammlung von Vorschlägen und Prüfung ihrer Umsetzbarkeit sowie der Folgen (Primat der Kleinschrittigkeit)
- konkrete Festlegung und (schriftliche) Formulierung der Ergebnisse

Planung der Veränderung und deren Überprüfung

- Absprache über die weiteren Schritte und Kontakte
- Rückmeldung zum Gespräch
- Festsetzung eines Nachtermins (Evaluation)
- Verabschiedung

In diesem Sinne hilft der beratende Lehrer vor allem dabei, ein Problem zu klären und zu Entscheidungen und Veränderungen zu kommen. Die Verantwortung für die Veränderungen bleibt dabei letztlich dem Ratsuchenden überlassen.

Eine Beratung, die sich der professionellen Hilfestellung anzunähern versucht, bedarf einer steten Selbstreflexion und der Unterstützung von Kollegen (kollegiale Fallbesprechung; siehe Kap. 4.2.4) sowie der Supervision („beratungsbedürftiger Berater"). Lehrer unterliegen wie alle Berufsgruppen einer „professionellen Deformation": nur wenige Informationen führen zu weit reichenden Schlussfolgerungen, aufgrund von Vorurteilen werden Bewertungen und Entscheidungen gefällt (Verzerrungseffekte).

3.3 Förderung und Beratung von Schülerinnen und Schülern

Beratung ist eng mit der unterrichtenden, bewertenden und erziehenden Tätigkeit des Lehrers verknüpft. Lehrer können, wie es die Bildungsreform auch fordert, durch ihre Beratung selbst organisierte Lernprozesse der Schüler einleiten und optimieren. Damit ist sie Teil der alltäglichen Interaktion mit Schülern und erstreckt sich begleitend über das gesamte Schuljahr hinweg.

Der **Beratungsablauf einer Lernberatung** sei hier kurz nachvollzogen. Der Schüler wird schrittweise angeleitet, seinen Lernprozess selbst zu steuern:

- Feststellen eines Lernbedarfs: Dies meint nicht nur die Defizite eines Schülers in einem Fach (Diagnostik des Leistungsvermögens, Leistungsverlaufes und der Leistungsgrundlagen), sondern auch das Bedürfnis und das Interesse des Schülers, sich etwas anzueignen. Der defizitorientierte Blick ist also zu ergänzen durch eine Aufmerksamkeit für besondere Begabungen und Talente.
- Formulieren von Zielen: Zur Selbstkontrolle des Schülers ist es wichtig, dass er für sich selbst bestimmt, wann er was erreicht haben möchte.
- Vorgehensweise (Strategien, Methoden) und notwendige Mittel (Materialien, Ressourcen) festlegen: Verschriftlichung der Zwischenschritte zur Zielerreichung, der dafür notwendigen Lern- und Arbeitstechniken, Lernmittel, Lernzeit und Übungsphasen.
- Umsetzung der Lernplanung: Hier wird eine Begleitung bedeutsam, die neben der Ermutigung und Verstärkung auch kleinere Korrekturen der Teilziele, der Vorgehensweise und der Beschaffung der Mittel beinhaltet.
- Sicherung des Lernergebnisses und Bewertung des Lernprozesses: Es geht nicht allein um eine Leistungskontrolle durch den Lehrer, sondern vor allem um eine Auseinandersetzung des Schülers mit seiner Planung und seinem Lern- und Arbeitsprozess, um das Festhalten zukünftiger möglicher Veränderungen.

Die Beratung von Schülern birgt auch unangenehme Aspekte in sich, wenn an deren Verhalten und Leistungen Kritik geübt und Forderungen gestellt werden müssen. Damit die zu Beratenden offen für Veränderungen bleiben, haben sich folgende Grundsätze bewährt:

- als Lehrer trotz der Missstände dem Schüler gegenüber eine positive Grundhaltung wahren,
- die Kritik an konkreten Situationen festmachen und die Folgen, die sich daraus ergeben können, verdeutlichen,
- Bemühen und konstruktive Ansätze seitens des Schülers würdigen, also das hervorheben, was schon funktioniert,
- Veränderung der gegenwärtigen Situation als gemeinsames Ziel verdeutlichen,
- (schriftliche) Absprachen aushandeln, wie das Verhalten in Zukunft aussehen soll.

3.4 Beratung von Eltern

Besonderheit der Beratung von Eltern ist, dass diese als Erziehungsberechtigte in gleicher Weise wie der Lehrer für die schulische Ausbildung ihres Kindes verantwortlich sind. Damit überschneiden sich Verantwortlichkeiten, die jedoch von unterschiedlichen Einstellungen, Sichtweisen und Zielsetzungen aus übernommen werden und zu Kompetenzkonflikten und wechselseitigen Kränkungen führen können.

Eltern haben das Recht, Interessenvertreter ihres Kindes zu sein und dieses vorrangig im Blick zu haben. Sie versuchen, ihm optimale Start- und Zukunftsperspektiven zu ermöglichen und trauen ihm Erfolg auch zu. Dabei fehlt ihnen allerdings ein Vergleichsmaßstab zu anderen Schülern, und die Schule wird aus der Perspektive der eigenen Schulerfahrungen betrachtet.

Lehrer hingegen gehen von der Kenntnis der Anforderungen ihrer Schulart aus. Sie haben Erfahrungen bezüglich der Leistungsvoraussetzungen, Entwicklungsverläufe und auch bezüglich des Scheiterns von Kindern. Sie wissen, wie Leistungen erhoben werden und welche Voraussetzungen für ausreichende Leistungen notwendig sind. Andererseits fällt es ihnen schwer, Schüler intensiv und individuell zu fördern, sodass alle Leistungsmöglichkeiten realisiert werden, da sie auf ihre eigenen Belastungsgrenzen achten müssen.

Bei Elterngesprächen ist auch zu berücksichtigen, mit welchen Grundhaltungen Eltern in die Beratung kommen:

- **„Besucher"** wollen sich vorstellen und unterhalten, sind an der Person des Lehrers interessiert, wollen aber nichts ändern; sie haben kein Anliegen.
- **„(An)Klagenden"** ist die Beschwerde besonders wichtig. Sie haben ein Problem, unter dem sie und ihr Kind leiden; allerdings sehen sie andere als schuld daran an. Daher wollen sie es von anderen gelöst bekommen und selbst wenig an ihrer Situation ändern.
- **„Vorgeladene"** stehen vor der Situation einer Zwangsberatung. Für sie ist das Problem, kommen zu müssen oder beschämt zu werden. Das eigentliche Problem, um das es geht, tritt dabei in den Hintergrund.
- **„Kooperative"** sind sich ihres Problems bewusst und wollen es in Zusammenarbeit mit dem Berater lösen. Sie sind bereit, sich dafür im Rahmen ihrer Möglichkeiten einzusetzen (Hennig/Ehinger 1999, S. 75 f.).

Lehrer empfinden seitens der Eltern immer wieder eine Abwehrhaltung. Diese beruht zum Teil auf negativen Vorerfahrungen und daraus entstandenem mangelndem Vertrauen. Entsprechend wichtig ist die Vorbereitung des Beraters, der auch auf emotionale Reaktionen wie Vorwürfe, Enttäuschung, Aggression … gefasst sein muss. Diese in der Rolle des Lehrers auszuhalten und ihnen sachlich, ruhig und gelassen zu entgegnen, ist Teil kompetenten Beraterverhaltens.

Eskalierend in solchen Situationen wirkt, wenn der Lehrer selbst Schuld zuweist, kritisiert, moralisiert oder psychologische Interpretationen des Verhaltens unterbreitet.

Förderlich ist es hingegen:

- den Schwerpunkt zu Beginn des Gespräches auf die Entwicklung einer Beziehung zu den Eltern zu legen,
- kritische Rückmeldungen als Möglichkeit der Selbstüberprüfung und des eigenen Lernens zu verstehen,
- den Eltern Raum für eine ausführliche Beschreibung des Problems zu geben und durch eine aktive Gesprächsführung die sachlichen Aussagen herauszuarbeiten und die emotionalen Äußerungen zu würdigen,
- gerechtfertigte Kritik anzunehmen und Fehler oder Versäumnisse einzuräumen,
- bei einer Eskalation des Gespräches dieses in ruhigem und sachlichem Ton zu beenden und einen Folgetermin zu vereinbaren,
- Erwartungen und Ziele gemeinsam zu formulieren,
- erste einfache Lösungsschritte und die weitere Vorgehensweise bei dem Problem (schriftlich) abzusprechen; die Anteile der Eltern und die Anteile des Lehrers daran deutlich zu machen.

Hauptbedürfnis der Eltern ist neben der beständigen und umfassenden Information über Leistungen und Verhalten ihres Kindes, dass sie Entscheidungshilfen bezüglich der schulischen Laufbahn und Erziehungshilfen erhalten. Dabei stehen meist die folgenden Fragen im Mittelpunkt:

- Wie schaffe ich es, dass mein Kind konzentrierter, selbstständiger und kooperativer arbeitet?
- Wie können wir unser Kind bei Niederlagen in Leistungssituationen oder in sozialen Konflikten stützen?

– Wie kann ich mein Kind und seine Stärken fördern/Schwächen verringern?
– Wie gehe ich mit meinen Leistungserwartungen in der Beziehung zu meinem Kind um?

Empfehlungen zur weiteren Vertiefung des Themas:

Bachmair, Susanne u. a. (Hrsg.): Beraten will gelernt sein. (Beltz) Weinheim/Basel [4]2001 (Beltz).

Grewe, Norbert (Hrsg.): Praxishandbuch Beratung in der Schule. Grundlagen, Aufgaben, Fallbeispiele. (Luchterhand und Carl Link) München/Neuwied 2005

Hennig, Claudius/Ehinger, Wolfgang: Das Elterngespräch in der Schule. Von der Konfrontation zur Kooperation. (Auer) Donauwörth 1999

Köck, Peter: Praxis der Beobachtung und Beratung. Eine Handreichung für den Erziehungsund Unterrichtsalltag. (Auer) Donauwörth [6]2004 .

4 Schule gestalten und entwickeln

Kompetenzbereich: Innovieren
Lehrerinnen und Lehrer entwickeln ihre Kompetenzen ständig weiter.
Kompetenz 9:
Lehrerinnen und Lehrer sind sich der besonderen Anforderungen des Lehrerberufs bewusst. Sie verstehen ihren Beruf als ein öffentliches Amt mit besonderer Verantwortung und Verpflichtung (… lernen mit Belastungen umzugehen. […] praktizieren kollegiale Beratung als Hilfe zur Unterrichtsentwicklung und Arbeitsentlastung …).
Kompetenz 10:
Lehrerinnen und Lehrer verstehen ihren Beruf als ständige Lernaufgabe.
Kompetenz 11:
Lehrerinnen und Lehrer beteiligen sich an der Planung und Umsetzung schulischer Projekte und Vorhaben (… wenden Ergebnisse der Unterrichts- und Bildungsforschung auf die Schulentwicklung an. […] nutzen Verfahren und Instrumente der internen Evaluation von Unterricht und Schule …).
aus: KMK-Standards für die Lehrerbildung: Bildungswissenschaften

4.1 Schulkultur

Begriffe
Reformpädagogische Konzeptionen greifen mit dem Begriff **Schulleben** die um 1900 gängige Schulpraxis an: Gegen die auf „totes Wissen“ beschränkte „Buchschule“ wird die reformierte, Schule und Leben wieder und miteinander verbindende Schule gesetzt (vgl. Michael Göhlich, in: Apel/Sacher, S. 100). Zum Schulleben gehören alle Aktivitäten einer Schule, die nicht unmittelbar den Unterricht betreffen oder aus ihm hervorgehen. Diese Aktivitäten beziehen sich auf das Zusammenleben und -arbeiten der verschiedenen Gruppen (Lehrer, Schüler, Eltern, Schulleitung) der Schule untereinander und miteinander, auf die Gestaltung des Schuljahres und auf die Öffnung der Schule nach außen. Die Kinder und Jugendlichen sollen die Schule als Lebensraum wahrnehmen, der sie in ihrer Entwicklung prägt, sie Freiheit und Ordnung erfahren lässt und ihnen die Möglichkeit gibt, sich im sozialen Umfeld zurechtzufinden sowie sich selbst werteorientiert zu entfalten.

In den 1990er Jahren löst der Begriff der **Schulkultur** die älteren Begriffe wie Schulleben oder Schulklima ab. „Dabei sind zunächst zwei Varianten zu unterscheiden:

- zum einen Schulkultur als Bezeichnung für nicht unmittelbar lehrplanbezogene, zumeist außerunterrichtlich stattfindende Aktivitäten einer Schule (also Schulfeiern, thematisch offene Projekttage, Arbeitsgemeinschaften etc.), im Grunde also Synonym des älteren Begriffes „Schulleben“;
- zum anderen Schulkultur als auf die Eigenart und ganzheitliche Qualität der jeweiligen Schule bezogene Kategorie, die mit kulturanthropologischen Begriffen wie Ethos, Habitus, Symbol, Mythos oder Ritual nach der spezifischen Organisationsform gesellschaftlicher Ressourcen in der betreffenden Einzelschule fragt und dazu die obengenannten Aktivitäten wie etwa Schulfeiern ebenso untersucht wie unterrichtliche Aktivitäten oder das Pausengeschehen (vgl. „Profil“).

Theoretisch weiterführen kann nur die zweite Variante“ (Göhlich, in: Apel/Sacher, S. 106). Der Begriff „Schulkultur“ hat einen **wirtschaftswissenschaftlichen** Hintergrund: Als wichtigster Faktor bei Erfolg oder Misserfolg eines Unternehmens wurde in den 1980er Jahren seine „Corporate Culture“ angesehen. Weiterentwickelt zur „Corporate Identity“ umfasst die

Kultur eines Unternehmens die „strategisch geplante und operativ eingesetzte Selbstdarstellung und Verhaltensweise eines Unternehmens nach innen und außen. […] Dazu sollen Verhaltensmerkmale definiert werden, die zur Unverwechselbarkeit des Unternehmens, d. h. zum Profil des Unternehmens beitragen und den im Unternehmen Beschäftigten vermittelt werden" (Wiater 2002, S. 141). (Die Ausführungen im Folgenden sind teils wörtlich, teils sinngemäß übernommen aus Werner Wiater, 2002, S. 142–144).

Der Begriff **Schulkultur** führt bislang abgegrenzte, sachlich aber aufeinander bezogene Begriffe wie Schulprofil, Schulqualität, Schulleben oder Schulklima zusammen. Schulkultur zu entwickeln, zu verbessern oder auszugestalten ist gemeinsame Aufgabe der Schulleitung (als Impulsgeber), des Lehrerkollegiums, der Schülerinnen/Schüler und der Elternschaft:

1. „Das **Profil** einer Schule im Sinne der Corporate identity kann sich an der gemeinsamen „Erziehungsphilosophie" aller Beteiligten und an besonderen Aktionen und Aktivitäten des Schullebens herausbilden, die dem Leitbild der Schule entsprechen und jeweils im Schulprogramm festgelegt werden."
2. Bedeutendes Element einer verbesserten Schulkultur ist eine neue **Lehr-Lern-Kultur**:
   - „die Lehrkultur: Lehrer lassen Schüler durch ein adaptiv gestaltetes, differenzierendes Lernarrangement Lerninhalte aneignen, statt sie diese einfach rezipieren zu lassen. Lernen durch Erfahrung und im sozialen Miteinander erhalten – wenn immer möglich und gerechtfertigt – Vorzug vor direkter Instruktion.
   - die Lernkultur: Das Lernen der Schüler soll in einer offenen, vertrauensvollen und ermutigenden Atmosphäre stattfinden. Es soll ‚vom Schüler her' und mit ihm geplant werden, soll in weitgehender Selbsttätigkeit und mit Wahlmöglichkeiten bei den Lernmaterialien, der Lernzeit, den Lernorten und den Lernpartnern geschehen.
   - die Kultur der respektvollen Beziehungen beim Lernen: Lehrer und Schüler praktizieren kultivierte Formen des Gesprächs, der Fehlerkorrektur, der Konfliktanalyse, der Leistungsbewertung, des Zusammenlebens in der Klasse und in der Schule, im interkulturellen Dialog, in den Hierarchien usw.".
3. „Das **Schulleben**, verstanden als ‚belebende Gestaltung von Schule und Unterricht', als ‚Verbindung der Schule zur außerschulischen Wirklichkeit' und als ‚außerunterrichtliche und außerschulische Veranstaltungen' […] bietet besondere Möglichkeiten, Schulkultur entstehen zu lassen."
4. Auch das **Schulklima**, das von der emotionalen Befindlichkeit und der Stimmungslage der an der jeweiligen Schule beteiligten Personen (Lehrer, Schüler, Eltern) abhängt, wird geprägt von den für die Schulkultur entscheidenden Faktoren Konsens, Kooperation und Aktivitäten. „Als positiv oder negativ empfundenes Miteinanderleben und -arbeiten hat das Schulklima unmittelbare Auswirkungen auf die Erwartungen, die Motivation, die Arbeitszufriedenheit und die Leistungsergebnisse aller Beteiligten."

Schulleben

Die im Folgenden dargestellte Auswahl an außerunterrichtlichen Aktivitäten, wie sie den Jahresberichten der Schulen entnommen werden können, soll die Bandbreite des Schullebens verdeutlichen, aber auch die Vielfalt an Möglichkeiten für Lehrkräfte sich zu engagieren aufzeigen:

- SMV, Elternbeirat, Schulforum
- Fahrten: z. B. Skikurse, Wandertage, Exkursionen, Schullandheim, StudienfahrtenKontakte mit anderen Schulen: z. B. Schüleraustausch, Schulpartnerschaft
- Teilnahme an Wettbewerben: z. B. Jugend forscht, Jugend experimentiert
- Rituale: z. B. Schulfrühstück, Begrüßung der Fünftklässler, Verabschiedung, Abi-Streich

- Miteinander: Tutoren, Mediatoren, Sanitätsgruppe, ALF, Hausaufgabenbetreuung, Arbeitskreise
- Feste: z. B. Klassenfeste, Stufenball, Sommerfest
- Aktionen: z. B. Zeitung und Schule, Lesenacht, Projekttag(e)
- Berufsinformation, z. B. Eltern:Schüler, Rotary-Club, Betriebsbesichtigung, Business-at-school, Kinder am Arbeitsplatz der Eltern, Praktika
- Information nach außen: Homepage
- Informationen in der Schule: z. B. Schulfernsehen, -hörfunk, Schaukästen, Schülerzeitung
- Theater, z. B. Aufführung, Besichtigung, Theaterbesuch
- Musik: z. B. Konzertbesuch, Konzerte, Schulband, Musical
- Kunst: z. B. Ausstellungsbesuch, Ausstellung, Vernissage
- Sport: z. B. Bewegte Schule, Sportwettkämpfe, Sportfest
- Religion: z. B. Gebetskreis, Exerzitien, Schulgottesdienst

Bedeutung des Schullebens für die Schule
Schule ist ein Teil der Lebenswelt der Schüler. Mit der Tendenz hin zur Ganztagsschule (G8) verbringt der Schüler zwischen sechs und zehn Stunden am Tag in der Schule. Damit ist für ihn während der Unterrichtsstage der bestimmende Ort die Schule. Für viele Freizeitaktivitäten und Hobbys bleibt außerhalb der Schule kaum mehr Zeit. Die Schule muss deshalb zunehmend Möglichkeiten der Freizeitgestaltung bieten.

Die Familienstruktur hat sich gewandelt. Alleinerziehende Väter und Mütter, Patchworkfamilien, berufstätige Eltern sind oft gar nicht in der Lage, ihren Kindern Familie und Erziehung in der Weise zu bieten, wie Kinder/Jugendliche sie brauchen. Auch wenn die Schule die Familie nicht ersetzen kann und darf, kommen auf sie neue Aufgaben zu.

Das Schulleben ist das Feld, in dem auch das Leben gelernt werden kann. Selbstverwirklichung durch Selbsterprobung und -einschätzung, Belastbarkeit, Rollenlernen, Zuverlässigkeit, Verantwortung für sich und andere sind Ziele, die in der Schule realisiert werden können.

Auch für das Unterrichtsklima spielt das Schulleben eine wichtige Rolle. Erleben die Schüler die Lehrkraft nur im Unterricht, so erkennen sie hinter der Rolle häufig nicht die Persönlichkeit, die sich ihnen außerhalb des Unterrichts bei vielen gemeinsamen Aktivitäten erschließt. Umgekehrt schätzen die Lehrer ihre Schüler häufig nur auf der Grundlage der fachlichen Leistungen und des Verhaltens im Unterricht ein und sind oft höchst erstaunt über die Qualität außerunterrichtlicher Leistungen, das Engagement und das Verantwortungsbewusstsein ihrer Schüler.

Will die Schule als öffentliche Institution wahrgenommen werden, muss sie sich nach außen öffnen. Dies bedeutet, dass der Unterricht nicht auf den Lernort Schule beschränkt bleibt, sondern sich für andere Lernorte öffnet. Weit mehr Möglichkeiten der Öffnung bietet jedoch das Schulleben, wie sich an der Aufstellung oben zeigen lässt.
Ein funktionierendes Schulleben schafft in den Schülern ein Identifikationsgefühl mit der Schule, welches das Zusammenleben der verschiedenen Gruppen untereinander und miteinander erleichtert. Es herrscht ein anderer Ton, man fühlt sich als Mitglied der Schule verantwortlich für die Innen- und Außenwirkung der eigenen Schule.
Das Profil und die Kultur einer Schule werden neben der Unterrichtsqualität ganz wesentlich vom Schulleben geprägt. Hier lassen sich erzieherische, künstlerische, soziale, sportliche Schwerpunkte setzen, hier erhält das Erscheinungsbild der Schule seine Konturen und hier wird das Miteinander der an der Schule Beteiligten gut beschrieben. Eine gute Schule ist ohne ein reichhaltiges und funktionierendes Schulleben nicht vorstellbar.

Schulleben und Unterricht – ein nicht unproblematisches Verhältnis
Lehrkräfte und Schüler haben oft eine unterschiedliche Sicht auf die Bedeutung des Schullebens. Während sich Schüler ungleich interessierter an außerunterrichtlichen Aktivitäten zeigen, betonen die Lehrkräfte die Wichtigkeit des Unterrichts und empfinden das Schulleben häufig als Hindernis, ihrer Unterrichtsaufgabe im notwendigen Maße nachzukommen. Wenn etwa einzelne Schüler wegen eines Wettbewerbs eine Woche im Unterricht fehlen und deshalb auch keine Schulaufgaben geschrieben werden können, dann sehen ihre Lehrer dies als wesentliche Beeinträchtigung ihrer Unterrichtsplanung und -realisierung an. Dabei verläuft die Front keineswegs nur zwischen Schülern und Lehrern, sondern ggf. auch zwischen Schulleitung und Lehrern oder zwischen den Lehrkräften. Auch die Eltern sehen einerseits die Aktivitäten der Lehrer und Schüler mit Wohlwollen, beschweren sich aber andererseits über Unterrichtsausfall.

Hier muss in der Lehrerkonferenz mit der Schulleitung und Mitgliedern des Elternbeirates, in der Klassensprecherversammlung und endlich im Schulforum ein Kompromiss gefunden werden, der von allen getragen wird, damit es nicht zu einer Gegensatzbildung bei Unterricht und Schulleben kommt: hier Pflicht, dort Neigung; hier Ernst, dort Spaß; hier Desinteresse, dort Interesse. Diese Antinomie würde dem Unterricht genauso wie dem Schulleben schaden.

Aufgaben des Lehrers
Die Lehrkraft beteiligt sich in sehr unterschiedlichen Rollen am Schulleben, als Impulsgeber, Initiator, Organisator, Leiter, Teilnehmer, Mitwirkender, Begleiter, Zuschauer.
Dabei achtet sie darauf, dass so viel an Verantwortung für Gestaltung, Organisation und Durchführung auf die Schüler übertragen wird, wie sie tragen können. Ihnen alle Verantwortung zu übertragen, hieße sie zu überfordern, denn Verantwortung zu übernehmen muss gelernt werden.
Wichtig ist auch, dass die Lehrkraft sich den Wünschen der Schüler nicht verschließt. Es gehört zur Aufgabenbeschreibung des Lehrers, auch außerhalb des Unterrichts – wenn auch nicht uneingeschränkt – zur Verfügung zu stehen. Dies kann zum Beispiel bedeuten, im Schulchor mitzuwirken, eine Klasse zum Wettkampf oder ins Schullandheim zu begleiten, am Elternstammtisch teilzunehmen, sich als Verbindungslehrer zur Verfügung zu stellen, die Schülerzeitung zu betreuen oder bei der Gestaltung der Homepage ggf. zu helfen.
Auf jeden Fall bedeutet es, die Aktivitäten der Schüler wahrzunehmen (was auch bedeutet, sich sehen zu lassen) und sie zu würdigen. Auch das kleine Solo im Kammerkonzert an der Schule oder das Fußballspiel gegen die Parallelklasse verdient es, dass die Lehrer es erlebt haben und Rückmeldung geben. Zum einen lernen Lehrerinnen und Lehrer die Schülerinnen und Schüler nicht nur in der Schülerrolle, sondern als Persönlichkeiten kennen, zum anderen gehören auch außerunterrichtliche Aktivitäten zur Schulleistung. Abgesehen davon danken die Schüler diese Form der Aufmerksamkeit oft mit einem sehr viel angenehmeren Verhalten und mit mehr Motivation im Unterricht.

4.2 Beruf: Lehrer/Lehrerin am Gymnasium

4.2.1 Vom Fachwissenschaftler zum pädagogischen Profi

Im Lehrerzimmer eines Gymnasiums treffen sich ‚Mathematiker' und ‚Physiker' mit ‚Germanisten', ‚Chemikern', ‚Biologen' und ‚Geographen', ‚Historiker' mit ‚Sprachlern' und ‚Musiker' mit ‚Künstlern' und ‚Sportlern'. In der ersten Phase der Lehrerbildung, an der Universität, dominiert das Studium der gewählten Fächer, und so mancher Gymnasiallehrer hat sich in erster Linie für ein Fachstudium entschieden und erst in zweiter Linie für den

Lehrerberuf. Eine solide fachwissenschaftliche Basis ist in der Tat eine wesentliche Voraussetzung für eine Lehrkraft, die schließlich den Auftrag hat, ihre Schülerinnen und Schüler zur Hochschulreife zu führen. Fachliche Unsicherheiten und Schwächen belasten zudem die Lehrertätigkeit (zusätzlicher Aufwand bei der Unterrichtsvorbereitung, erhöhte Anspannung und weniger Flexibilität während des Unterrichts, da vom Konzept abweichende Schülerbeiträge verunsichern). Sie schaden auch dem Ansehen des Lehrers schon in der Unter- und Mittelstufe des Gymnasiums, vor allem aber bei seinen (fast) erwachsenen Schülerinnen und Schülern der Oberstufe, und untergraben seine Autorität, was sich auch auf seine erzieherische und beratende Tätigkeit negativ auswirkt. Die in ihren Fächern versierte und von ihnen begeisterte Lehrkraft kann schließlich auch Begeisterung bei ihren Schülerinnen und Schülern wecken und spielt damit eine wichtige Rolle für die Sicherung des notwendigen wissenschaftlichen Nachwuchses, der sich ja überwiegend aus den Absolventen des Gymnasiums rekrutiert.

Trotzdem ist ein guter Mathematiker noch kein guter Mathematiklehrer und die hervorragende Biologin noch keine ebensolche Biologielehrerin. Im Gegensatz zu voll ausgebildeten Professionen wie es etwa die Ärzte und die Juristen sind, gibt es für den Lehrerberuf nicht die (eine) Berufswissenschaft, die Basis für die berufliche Tätigkeit ist (vgl. Abbildung: Kriterien von Professionalität). Zum wissenschaftlichen Studium der Fächer, die der künftige Lehrer/die künftige Lehrerin unterrichten wird, müssen bildungswissenschaftliche Studien (Allgemeine Pädagogik, Schulpädagogik, Psychologie, Fachdidaktik) kommen. In der zweiten Phase der Ausbildung stehen die pädagogische Praxis und „deren theoriegeleitete Reflexion“ im Zentrum (vgl. KMK-Standards). „Fertiger“ Lehrer/„fertige“ Lehrerin ist man allerdings auch nach diesen zwei Jahren im Studienseminar nicht. Um souverän über ein umfassendes pädagogisches Handlungsrepertoire zu verfügen, braucht es jahrelange Berufspraxis und lebenslange Fort- und Weiterbildung (die „dritte Phase der Lehrerbildung“ laut KMK-Standards).

Was unterscheidet den Dilettanten vom Profi?
Ausgehend von Professionen wie der Ärzteschaft und den Juristen gehören folgende Kriterien zum Kernbereich von Professionalität (Bauer/Kopka/…, S. 10 f.):

- Autonomie (Entscheidungsspielräume haben gegenüber Mitgliedern anderer Professionen bezüglich Art und Formen des Umgangs mit Klienten, über Maßnahmen und Empfehlungen)
- Berufsethos (Gegenspieler zur Autonomie, damit Freiheiten und Spielräume nicht als Privilegien missbraucht werden)
- Reflexivität (wissen, was man tut; wahrnehmen, wie man handelt; v. a. in sozialen Aufgabenfeldern wichtige Haltung)
- Kooperation (interprofessionell und intraprofessionell)
- wissenschaftliche Basis (Berufswissenschaft)
- Berufssprache

Als beim Lehrerberuf umstritten bzw. defizitär führen Bauer/Kopka/Brindt an:
Den Bezug auf eine Berufswissenschaft und damit verknüpft der Bereich Berufssprache: Für Pädagogen gebe es keinen unumstrittenen Bereich des (wissenschaftlichen) Grundwissens wie etwa für Ärzte.

Der Bereich der Kooperation: Empirische Forschungen zeigen, dass Zusammenarbeit meist nur intraprofessionell und beschränkt auf Unterrichtsvorbereitung stattfindet; ausbaufähig sei die interprofessionelle Kooperation mit Fachleuten aus der Bereich der Forschung (z. B. der empirischen Bildungsforschung), der Beratung und psychosozialer Dienste.

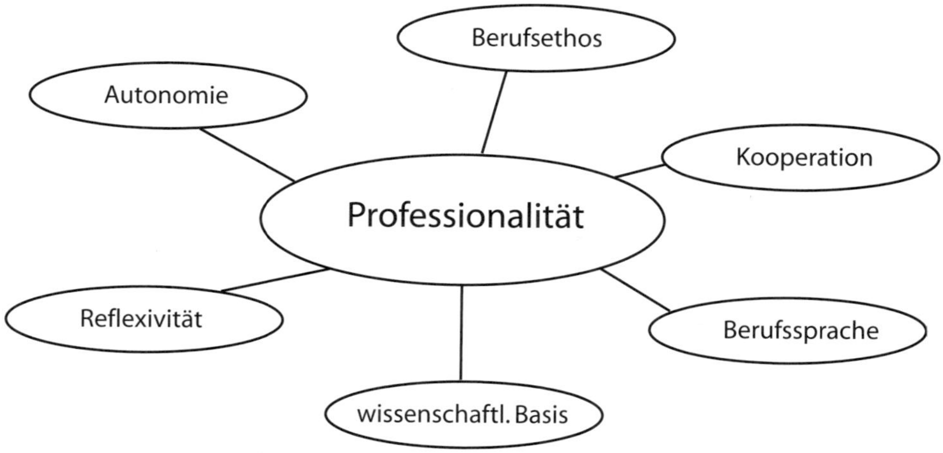

Abbildung: Zum Kernbereich von Professionalität gehörende Kriterien

Profi zu sein bedeutet deshalb für den Lehrer/die Lehrerin am Gymnasium professionell zu agieren in den Kernbereichen des Lehrerberufs: Unterrichten, Erziehen, Beraten, Beurteilen, Innovieren, d. h.

- das hierfür nötige theoretische Wissen zu erwerben und immer wieder zu ergänzen, um es auf aktuellem Stand zu halten; das betrifft Fachwissen bez. der unterrichteten Fächer und der Bildungswissenschaften, des Beratens, Beurteilens und der Schulentwicklung
- die eigene Praxis zu reflektieren (auch durch kollegiale Interaktion, Intervision, Supervision, Coaching; vgl. u. a. Kapitel 2.4 Lehrerselbstevaluation und Kap. 4.3 Schulentwicklung)
- intraprofessionell (mit anderen Lehrerinnen und Lehrern der eigenen Schule, anderer Gymnasien und anderer Schularten) und interprofessionell (mit Fachleuten aus angrenzenden Bereichen) zu kooperieren.

4.2.2 Lehrerbild

Der Lehrer hat die Aufgabe, eine Wandergruppe von Spitzensportlern und Behinderten bei Nacht durch unwegsames Gelände in nordsüdlicher Richtung zu führen, und zwar so, dass alle bei bester Laune gleichzeitig an drei verschiedenen Zielorten ankommen.
Müller-Limroth

Änderung des Lehrerbildes
Mit dem Zitat (oben) lässt sich fast die ganze Bandbreite des Lehrerbildes umreißen, das von Abschätzigkeit, Neid, Respekt und Mitleid gleichermaßen und gleichzeitig geprägt ist. Dies liegt daran, dass keine Berufsgruppe so intensiv und zeitlich lange in das Menschenleben eingreift wie die der Lehrer. So reagiert jeder auf das Stichwort „Lehrer“ betroffen (Misserfolge, Ungerechtigkeit, Kränkungen in der eigenen Schule) oder belustigt (Schülerstreiche, Karikaturen von Lehrern, unvergessliche Ereignisse) oder verärgert (vermeintliche Arbeitszeit der Lehrer, Behandlung der eigenen Kinder) oder mitleidig (Unterrichtsbedingungen, Erwartungen an die Lehrer), auf jeden Fall „fachkundig“ (eigene jahrelange Erfahrungen mit Lehrern). Dazu kommt, dass der Lehrerberuf in der Sozialprestigeskala früher am unteren Ende

rangierte (wegen schlechter Ausbildung und schlechter Bezahlung) und heute zwar ein leicht verbessertes Sozialprestige hat, aber eine ‚schlechte Presse' (geringes Ansehen heute eher in dem Sinne: „Mit dem möchte ich nicht tauschen.").

Warum ist es aber sinnvoll, über das Lehrerbild zu reflektieren, das geprägt ist von den Aufgaben, die sich aus der Verfassung und den Schulgesetzen ergeben, sowie aus den Erwartungen, welche die Betroffenen (alle, die mit Lehrern zusammenarbeiten, und die gesellschaftlichen Gruppen) an die Lehrer richten? Weil es notwendig ist, den Beruf kennenzulernen, um nicht in ihm zu scheitern. Viele Lehrer, die früh resignieren oder in späteren Jahren „ausgebrannt" sind, haben sich ursprünglich mit Elan und Engagement auf den Lehrerberuf gestürzt und sind an einer falschen Einschätzung ihres Berufes gescheitert und deshalb psychisch oder physisch krank geworden. Wer weiß, was auf ihn zukommt, kann sich entsprechend entscheiden und, wenn er sich entschieden hat, sich in der Ausbildung und in den Anfangsjahren seines Berufs so wappnen, dass er nicht scheitern muss.

Nun hat sich das Berufsbild allerdings deutlich verändert: Der Herr über das Wissen, das er präsentiert und das die Schüler zu lernen haben, wird zum **Organisator für Lernvorgänge** bei den Schülern. Nicht mehr das Lehren steht im Vordergrund, sondern das Lernen, das der Lehrer organisiert, initiiert, begleitet und evaluiert. Die Schüler lernen und der Lehrer informiert, gibt Anregungen, Hilfestellung, berät bei Organisation der Lerngruppen, bietet Lernmaterial an und sorgt für den notwendigen Ordnungsrahmen.

Während früher der Lehrer „nur" für die strukturierte, anschauliche Präsentation des vom Lehrplan geforderten und damit nicht zu hinterfragenden Unterrichtsstoffes (input) verantwortlich war und die Verantwortung für das Lernen und das Erbringen der Leistung (output) beim Schüler lag, muss sich der Lehrer stärker als früher für die Leistungen seiner Schüler verantworten. Man fragt, ob er auch seine Schüler ausreichend motiviert hat, ob er ihnen das Lernen beigebracht hat, ob sie ausreichend gefördert worden sind, ob er ihnen individuell gerecht geworden ist und ob er ihnen ausreichend Information über ihren Lernfortschritt gegeben hat.

Auch die erzieherische Aufgabe wurde am Gymnasium eher als Feigenblattfunktion gesehen, allenfalls in dem Sinne, dass zur Herstellung von Disziplin bestimmte Maßnahmen nötig waren, die sich auch Erziehungsmittel nannten. Der Lehrer war pädagogisch erfolgreich, wenn er einen geordneten Unterricht durchführen konnte. Dies genügt heute nicht mehr, da der Lehrer, ob er es gutheißt oder nicht, erzieherische Aufgaben übernehmen muss, die früher Angelegenheit der Familie waren. In dem Maße, in dem die Familie solche Aufgaben abgegeben hat bzw. abgeben musste, erwächst den Lehrerinnen und Lehrern ein neues Betätigungsfeld, auf das sie sich zum Teil nur ungern begeben.

Aufgaben des Lehrers
Unbestritten sind die Hauptaufgaben: Unterrichten, Erziehen, Klasse führen, Beurteilen und Beraten. Wenn sich etwas geändert hat, dann die Gewichtung der Aufgaben in der Tätigkeitsbeschreibung. Sie werden an anderer Stelle ausführlich dargestellt. Zu den genannten kommen weitere Aufgaben:

- **Verwalten**

Der Lehrer hat kein Büro, das die Verwaltung seiner Klasse übernimmt. Er teilt Elterninformationen aus, überwacht den Rücklauf, kontrolliert die Anwesenheit, überprüft das Klassenbuch, führt die Notenlisten, sammelt Kopiergeld und Elternspende ein, bucht Reisen, Theater- und Museumsbesuche, rechnet Fahrten und Exkursionen ab, schreibt Mitteilungen an die Eltern, vervielfältigt Unterrichtsmaterial (kopieren, laminieren …), überprüft die Noteneintragungen der Kollegen, schreibt Zeugnisse und sammelt sie wieder ein.

Der Lehrer hat kein Sekretariat, das diese Aufgaben übernähme und ihm mehr Zeit ließe für die (oben genannten) originären Aufgaben. Er erkennt den zeitlichen Aufwand und hinterfragt den Sinn solcher einfacher Tätigkeiten, die möglicherweise billiger und effizienter von dafür geschultem Personal erledigt werden könnten. Obwohl nach empirischen Analysen der Anteil der Verwaltungstätigkeiten an der Gesamttätigkeit des Lehrers „relativ gering ist, scheinen sie bezüglich der subjektiven Überlastung das ‚Zünglein an der Waage' zu sein" und sie haben „subjektiv zweierlei Wirkung: Einerseits fühlen sich die Lehrer quantitativ überfordert und andererseits qualitativ unterfordert" (Rudow, S. 61).

- **Beaufsichtigen**

Was viele als selbstverständliche Aufgabe in der Erziehung des einzelnen Schülers oder in der Führung einer Klasse sehen, ist für andere eine gewöhnungsbedürftige Tätigkeit, die sie in die Lehrertätigkeit nur schwer integrieren können, zumal sich ihr pädagogisches Verständnis nicht mit der Kontrolle oder Überwachung vereinbaren lässt. Gleichwohl gehört es schon aus versicherungstechnischen, aber auch aus pädagogischen Gründen zu den Aufgaben, Präsenz zu zeigen und auf diese Weise Konflikte zu vermeiden und Eskalation zu verhindern. Dass sich mit dieser Tätigkeit auch die Chance ergibt, engeren Kontakt zu den Schülern zu pflegen, soll nicht übersehen werden.

Allerdings wirft die Umstellung auf das achtjährige Gymnasium und die damit einhergehende Tendenz zur Ganztagsschule gerade auch in diesem Tätigkeitsbereich neue Fragen und Probleme auf: Viel mehr und vor allem viel jüngere Schülerinnen und Schüler halten sich in der Mittagspause (45–60 Minuten, nicht nur ca. 20 Minuten wie in den anderen Pausen) in der Schule auf und müssen beaufsichtigt werden. Sollen Schüler klassenübergreifend Intensivierungsstunden wählen und auch während des Jahres zwischen verschiedenen Angeboten bedarfsgemäß wechseln können, dann entstehen für sie auch Lücken im Stundenplan, so dass über die Nachmittagspause hinaus noch die Beaufsichtigung dieser gerade nicht im Unterricht befindlichen Schüler gesichert sein muss. Dass es erforderlich wäre, sie nicht nur zu beaufsichtigen, sondern sinnvoll (Bewegung, sportliche Betätigung, Hausaufgabenbetreuung, Spiele, Musizieren, kreative Tätigkeiten …) zu beschäftigen, steht außer Frage. Das würde jedoch die Arbeitszeit der Lehrkräfte enorm erhöhen und müsste folglich auch im Rahmen der offiziell festgelegten „Unterrichtspflichtzeit" berücksichtigt oder auf anderes pädagogisch geschultes Personal übertragen werden.

- **Kooperation**

Der Sinn dieser Tätigkeit wird überhaupt nicht in Frage gestellt und trotzdem bleibt der Lehrer vielfach Einzelkämpfer, d. h. er kämpft tatsächlich, wo er im Verbund mit Kollegen gar nicht kämpfen müsste. Das Kultusministerium hat die Teamarbeit der Lehrkräfte einer Klasse am Beispiel der 5. Jahrgangsstufe genauer aufgeschlüsselt: „Die Klassenteams besprechen,

- wie der Schulanfang gestaltet werden soll,
- wie die Schüler sich kennenlernen können,
- wie die Klassen das Schulhaus kennen lernen können,
- wie die Regeln, die in der Klasse gelten sollen, erarbeitet werden und wie das Team reagiert, wenn diese nicht eingehalten werden,
- wann welche Lerntechniken von welcher Lehrkraft eingeführt werden,
- wie das Klassenzimmer und die Sitzordnung gestaltet werden sollen,
- welche gemeinsamen ‚Rituale' es in der Klasse geben soll,
- welche Regeln für die Hausaufgaben gelten,
- welche Regeln für die Leistungserhebungen gelten
- wie oft sich das Team zu aktuellen Besprechungen trifft." (www.g8-in-bayern.de)

Ob bei der Unterrichtsvorbereitung, ob bei der Führung der Klasse, bei Disziplinproblemen, bei der Beurteilung von Schülern, immer überwiegen die Vorteile: Arbeitsersparnis, Vermeidung von Stress und Ärger, Beurteilungssicherheit, Teamgeist. An vielen Schulen wird die Kooperation institutionell verankert, gewissermaßen verordnet, und die Lehrer lernen die Vorteile kennen. Ein Pool von Schulaufgabenthemen und -texten, Klassenkonferenzen zu Problemfällen, Austausch von Vorbereitungsunterlagen, gegenseitige Unterrichtsbesuche, enger Informationsaustausch über die gemeinsame Klasse, gemeinsame Planung fächerübergreifender Arbeiten; dies alles sieht zunächst einmal wie Mehrarbeit aus. Doch stellt sich sehr schnell heraus, dass diese Zusammenarbeit Zeit und Ärger sparen hilft.

- **Kontaktpflege**

Das Zusammenwirken von Elternhaus und Schule gehört zu den zwingenden pädagogischen Aufgaben des Lehrers. Es kann sich nicht erschöpfen in dem einmaligen Elternsprechtag pro Halbjahr, an dem man sich fünf Minuten mit den Eltern über die Noten und das Verhalten austauscht. Kontaktpflege heißt auch, von sich aus auf die Eltern zuzugehen, wenn es Gesprächsanlässe gibt, und weitere Gelegenheiten (informeller Klassenelternabend, Einladung zu Veranstaltungen mit den Kindern, gemeinsamer Sporttag, gemeinsame Informationsveranstaltungen und geselliges Zusammensein) anzubieten. Das schließt gegebenenfalls auch das Gespräch „außerhalb der Dienstzeit" ein, also außerhalb der Elternsprechstunde, wenn es der Anlass erfordert oder die berufliche Situation der Eltern. Freilich darf die Verfügbarkeit des Lehrers auch nicht missbraucht werden; doch gehört sie in sein Tätigkeitsprofil.

- **Fortbildung**

Im Sinne lebenslangen Lernens ist es für den Lehrer/die Lehrerin unerlässlich sich fort- und weiterzubilden. Hier unterscheidet sich der Beruf des Lehrers von keinem anderen, und der Arbeitgeber fordert auch eine bestimmte Anzahl von Tagen und Stunden, die der Fortbildung dienen sollen. Allerdings kollidiert die Fortbildungszeit häufig mit der Unterrichtszeit. Da Unterricht nicht einfach nachgeholt werden kann, wird die Fortbildung zunehmend in die unterrichtsfreie Zeit (abends, Wochenende, Ferien) gelegt. Was für viele Berufsgruppen gilt, wird auch für die Lehrerschaft zur Normalität werden: sich in der freien Zeit auf eigene Kosten fortbilden. Man kann dies für richtig oder falsch halten. In das Berufsprofil des Lehrers ist die neu geordnete Fortbildung aufzunehmen.

- **Schul- und Klassenfahrten**

Auch bei diesen Aufgaben scheiden sich die Geister. Viele Lehrerinnen und Lehrer fahren mit ihren Schülerinnen und Schülern gerne in den Skikurs, in die Wanderwoche, auf Abiturfahrt, ins Schullandheim und verbringen 18–20 Stunden pro Tag mit ihnen. Andere verweigern sich schlicht, weil ihr Unterricht ausfällt, weil sie nur unzureichend Reisekosten erhalten, also vielfach erheblich draufzahlen, weil sie mehr als zehn Stunden Arbeitszeit als unzumutbar ansehen und weil sie den Stress mit den „dem Schulhaus entronnenen" Schülern fürchten. Wer allerdings den Lehrerberuf ergreift und ihn als pädagogische Herausforderung begreift, wird sich die Chance der Begegnung mit seinen Schülerinnen und Schülern außerhalb der Schule nicht entgehen lassen.

- **Schulleben mittragen und mitgestalten**

Auch diese Aufgaben kosten zusätzlich Zeit und Aufwand und, so die Ansicht vieler Lehrer, lenkten von der eigentlichen Tätigkeit des Lehrers, nämlich Unterricht vorzubereiten, durchzuführen und nachzubereiten, ab. Freilich ist das Tätigkeitsspektrum breiter geworden und der Lehrer als Teil der Schule kann sich dem Schulleben nicht einfach entziehen, will er von den Schülern, Eltern und Kollegen ernst genommen werden.

Erwartungen an den Lehrer

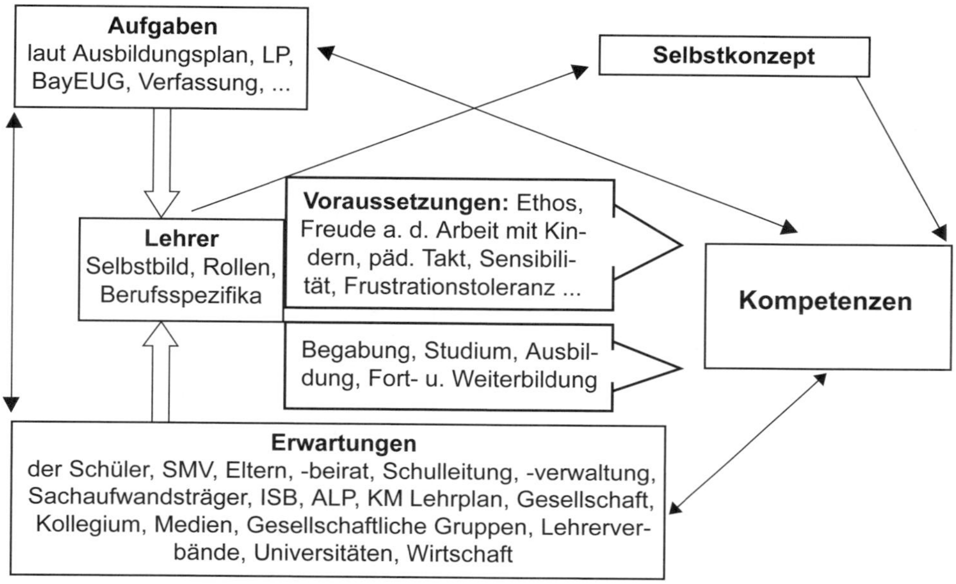

Die Skizze soll deutlich machen, dass den Lehrer neben der Vielzahl von Aufgaben vor allem die unterschiedlichen Erwartungen der verschiedenen Gruppen belasten bzw. herausfordern. Die **Eltern** wollen etwa, dass ihre Kinder alle Förderung erhalten, sodass gute Leistungen und damit gute Noten, also auch ein erfolgreicher Abschluss garantiert sind. Die Schulleitung wünscht Notenschnitte in einem bestimmten Rahmen, der zeigt, dass die Lehrer fordern und fördern und den Ergebnissen des Landesdurchschnitts entsprechen. Auf gar keinen Fall schätzt die Schule Beschwerden der Eltern zur Notenvergabe. Die **Schüler** wollen einen optimalen Ertrag (gute Noten) bei geringem Aufwand. Die **Universität** fordert bestausgebildete junge Menschen, die alle Voraussetzungen für eine erfolgreiche Uni-Laufbahn mitbringen. Und der **Lehrer** denkt möglicherweise weniger an ausgebildete, als vielmehr an gebildete junge Menschen, die im Sinne des Art. 131 der Bayer. Verfassung sicherlich über Qualifikationen verfügen, sich aber auch Werten verpflichtet fühlen.
Auch die Lebenswelt der Schüler unterscheidet sich von der der Lehrer. Hier prallen Erwachsenen- und Jugendkultur aufeinander. Zwei Lösungswege scheinen sich anzubieten: entweder die Inhalte den Schülerinteressen anpassen oder die fachwissenschaftliche Bastion: „Friss, Vogel, oder stirb!“, zu verteidigen. Dabei ist beides, für sich gesehen, untauglich. Denn es fehlt den Schülern an der produktiven Auseinandersetzung mit ihnen zunächst fremden Gegenständen, die aus ihrer kognitiven Landkarte weiße Flecken tilgen; andererseits muss sich der Lehrer an den Bedürfnissen und Interessen der Schüler orientieren, will er sie motivieren und für Neues öffnen.

Auch das dritte Beispiel soll zeigen, dass unterschiedliche oder sogar gegensätzliche Erwartungen das Lehrerbild prägen. Die von Peter Struck geforderten neuen Lehrer, die sich von ihrem Ethos, ihrem Elan und ihrem Reformeifer leiten lassen, treffen auf nicht unbedingt ältere Lehrer, die über manche Utopie lächeln, ihre Routine ins Feld führen, um den Wert von Ritualen wissen und von ihren Schülern wegen ihrer Verlässlichkeit geschätzt werden.

Sich in diesem Spannungsfeld zurecht, d. h. Platz zu finden, fällt Lehrern nicht immer leicht, zumal dann, wenn die Erwartungen der nächsten Kolleginnen und Kollegen den eigenen Zielen widersprechen.

Für Lehrerinnen und Lehrer ist es deshalb wichtig und hilfreich, ihre eigene Persönlichkeit als Grundlage ihrer Lehrertätigkeit zu erfassen, ihre eigenen Stärken zu erkennen und diese auszubauen. Kühne-Kamm/Kamm legen in ihrem SESAM-Konzept (Stärken erkennen, Stärken ausbauen, miteinander) für die Persönlichkeitsentwicklung von Lehrern dar, dass unterschiedliche Lehrerpersönlichkeiten auf ganz verschiedene Weise ihre Schülerinnen und Schüler überzeugen, weil sie von ihnen als stimmig und authentisch erlebt werden. Um deshalb die eigenen Stärken – z. B. „für Neues begeistern", „Verantwortung und Präzision", „heitere Kreativität und Teamgeist", „Feines Spüren und Einfühlen", „praktisch umsetzen und stabilisieren" (S. 19) – zu kultivieren (und sich auch der damit jeweils verbundenen Schwierigkeiten bewusst zu sein), müssen sie erkannt werden, wozu der Dialog mit anderen (offener Austausch von Selbstbildern und Fremdbildern z. B. in der Seminarausbildung, in Lehrerteams, im Mitarbeitergespräch, mit externen Trainern) und theoriegestützte Reflexion helfen.

Konsequenzen für Berufsanfänger

An der Vielfalt der Aufgaben und Anforderungen zu wachsen und zu einer realistischen Selbsteinschätzung zu kommen, die ein Verbrennen verhindert, dies ist die Aufgabe der Ausbildung im Seminar, aber auch der folgenden Lehrereingangsphase, die leider noch keine institutionelle Weihe erhalten hat und weitgehend unbegleitet verläuft. Die Sicherung der Lehrergesundheit beginnt in der Ausbildung!

Darüber muss sich der Referendar klar werden, wie er sich im Verhältnis zu den Schülern sieht und wie er glaubt, dass die Schüler ihr Verhältnis zu ihm sehen. Manche Referendare wähnen sich in einer vergleichbaren Situation wie die Schüler; auch sie werden ausgebildet, auch sie erhalten Noten. Da scheint der Gedanke nahe zu liegen, dass man im Verhältnis zu den Schülern eine Art Solidarität aufbaut: Wir sitzen gewissermaßen im gleichen Boot. Doch die Schüler sind überhaupt nicht dieser Ansicht. Wer sie zum Arbeiten treibt, wer ihnen Noten gibt, wer mit Sanktionen droht, kann nicht ihr Kumpel sein, sondern ist ein unerfahrener Lehrer, den es zu testen gilt. Wer sich zu nahe an die Schüler heranbegibt, läuft Gefahr, keinerlei Autorität zu gewinnen oder gewonnene wieder zu verlieren. Was ist aber die richtige Rolle? Kumpel, Vorgesetzter, primus inter pares oder einfach ein junger Lehrer, der mit Elan und Engagement, mit Einsatz und Ehrgeiz das kompensiert, was ihm an Erfahrung fehlt.

4.2.3 Das Profil des Gymnasiallehrers/der Gymnasiallehrerin

Die Lehrerbildung für das Lehramt an Gymnasien ist im Bayerischen Lehrerbildungsgesetz (BayLBG), der Lehrerprüfungsordnung (LPO) I und II geregelt. Sie verbindet den Erwerb fachwissenschaftlicher, erziehungswissenschaftlicher und fachdidaktischer Kompetenz, die zur Erfüllung des Bildungsund Erziehungsauftrags im Sinne des Grundgesetzes der Bundesrepublik Deutschland, der Verfassung des Freistaates Bayern und des Bayerischen Erziehungs- und Unterrichtsgesetzes notwendig ist.

Die drei Phasen der Lehrerbildung sind eng miteinander verzahnt und deshalb als integrierte Teile einer organischen Einheit zu verstehen.

In der 1. Phase werden (nach den Bestimmungen der LPO I) auf der Grundlage eines fachwissenschaftlichen und fachdidaktischen Studiums sowie eines erziehungswissenschaftlichen Grundstudiums an der Hochschule die notwendigen Kenntnisse und Fertigkeiten erworben.

In der 2. Phase werden nach den Bestimmungen der LPO II und der ZALG psychologischpädagogische und fachdidaktische Kenntnisse sowie methodische Fertigkeiten erweitert und auf eine erfolgreiche Unterrichtstätigkeit hin ausgerichtet und verfügbar gemacht.

In der 3. Phase erfolgt entsprechend der Notwendigkeit lebenslangen Lernens die fortwährende Weiterbildung im Bereich fachlicher und pädagogischer Kompetenz und die ständige kritische Analyse gesellschaftlicher Entwicklungen und ihrer Konsequenzen.

Die Lehrerinnen und Lehrer am Gymnasium übernehmen durch ihr persönliches Vorbild, ihr pädagogisches Engagement und ihre unterrichtliche Tätigkeit eine verantwortungsvolle Aufgabe in unserer Gesellschaft. So leisten sie zur Persönlichkeitsentwicklung junger Menschen wie zur gesellschaftlichen und kulturellen Entwicklung des Gemeinwesens in Erfüllung ihres Bildungs- und Erziehungsauftrags einen wesentlichen Beitrag.

Die Lehrer am Gymnasium sind den spezifischen Aufgaben dieser weiterführenden Schulart verpflichtet: Sie vermitteln ihren Schülern eine vertiefte Bildung, die mit der allgemeinen Hochschulreife abschließt und den jungen Menschen den Zugang zu einem Studium und damit zu zukünftigen Gestaltungs- und Führungsaufgaben eröffnet. Darüber hinaus vermitteln die Lehrer am Gymnasium ihren Schülern auch Befähigungen für einen erfolgreichen beruflichen Werdegang außerhalb der Hochschule. Bei der Erfüllung ihrer Aufgaben zeigen sie Sachkompetenz, Methodenkompetenz, Sozialkompetenz und Selbstkompetenz.

Das kann im Einzelnen als ständige Anforderung bedeuten:

- Durch ihr akademisches Studium haben sie ihre wissenschaftliche Kompetenz unter Beweis gestellt. Als Lehrer sind sie nicht nur auf dem aktuellen Stand des jeweiligen Fachwissens, sondern berücksichtigen bei ihrer Arbeit auch interdisziplinäre Zusammenhänge und können ihren Schülern allgemeine wissenschaftliche Grundlagen und Methoden vermitteln.
- Sie sind vertraut im Umgang mit den adäquaten Arbeits- und Hilfsmitteln ihrer Fächer und können mit den kommunikations- und informationstechnischen Medien umgehen.
- Sie verstehen es, Lerninhalte hierarchisch zu ordnen und in entsprechenden didaktischen Konzepten methodisch umzusetzen. Dabei schenken sie der Verankerung von Grundwissen gebührende Beachtung, verstehen die Nachhaltigkeit des Lernens zu steigern und der Vermittlung und Förderung selbständigen Arbeitens besonderes Gewicht zu verleihen. Das gymnasiale Profil zeigt sich in der Tiefe, mit der die Lerninhalte behandelt werden, und in der Komplexität und Abstraktion der Leistungsanforderungen. Kennzeichnend ist auch die Fähigkeit zur Multiperspektivität und zum Denken in Zusammenhängen, wie sie in der fächerübergreifenden Zusammenarbeit zum Ausdruck kommen, um Unterrichtsgegenstände aus ihrer fachlichen Isolierung zu lösen und mit Übersicht und fundierter Abwägung klare und verantwortbare Ziele zu formulieren und anzustreben.
- Sie verfügen über grundlegende pädagogische und psychologische Kenntnisse, die sie in der Praxis ständig weiterentwickeln und die es ihnen ermöglichen, ihr fachliches Wissen und Können in den Dienst ihrer erzieherischen Aufgabe zu stellen. Diese sich über einen Zeitraum von neun bzw. acht Jahren erstreckende Aufgabe verstehen sie im Sinne der ganzheitlichen Entwicklung eines jungen Menschen, der befähigt wird, als individuelle Persönlichkeit sich in der Gesellschaft zu orientieren.
- Dank ihrer Führungskompetenz sind sie befähigt, soziale Prozesse zu analysieren, kritisch zu begleiten und gegebenenfalls positiv zu beeinflussen. Damit stützen sie den Aufbau und die Stabilität von Gruppen und Gemeinschaften, die entsprechend den Prinzipien der Team-, Kommunikations- und Konfliktfähigkeit erfolgreich miteinander le-

ben und arbeiten können.

- Ihre analytische und diagnostische Kompetenz ist Grundlage für differenziertes Unterrichten, vor allem aber auch für fundierte Beratung von Schülern und Eltern. Ihr Augenmerk gilt gleichermaßen dem qualifizierten Umgang mit individuellen Lern- und Leistungsstörungen wie der Erkennung und gezielten Förderung besonderer Begabungen.
- Sie kennen sich in den Verwaltungsstrukturen und -mechanismen der Institution „Schule“ aus und gehen mit den schul- und dienstrechtlich relevanten Bestimmungen kompetent und rational um.
- Sie sind sich darüber im Klaren, dass hinter der notwendigen organisatorischen Aufgliederung des schulischen Prozesses ganzheitliche Bildungs- und Erziehungsziele stehen, die nur in der fortwährenden Kommunikation und Zusammenarbeit aller Beteiligten zu verwirklichen sind.
- Sie verstehen sich als Teil ihrer Schule, nehmen am Schulleben aktiv teil und gestalten mit ihrem Engagement die Weiterentwicklung ihrer Schule und des Schulwesens in seiner Gesamtheit mit.
- Sie haben Einsicht in grundlegende staatsrechtliche, politische, kulturelle, wirtschaftliche und gesellschaftliche Gegebenheiten, um den Verpflichtungen nachkommen zu können, die sich aus dem Eid auf das Grundgesetz der Bundesrepublik Deutschland und die Verfassung des Freistaates Bayern ergeben.
- In offener und kritischer Wahrnehmung und Einschätzung ihrer eigenen Person wie ihrer Rolle in der Gesellschaft entwickeln sie ihre Persönlichkeit weiter, die in Reden und Handeln gleichermaßen überzeugen und deshalb für die jungen Menschen Vorbild sein kann (aus der Einleitung des Entwurfes zur Neufassung der ASG durch die Fachberater für die Sem.-Ausbildung am Gymnasium in Bayern).

4.2.4 Kollegiale Fallberatung (Intervision)

Pädagogisch professionell handeln – gesund bleiben

In seinem Anspruch, professionell handeln zu wollen, bedarf im Grunde jeder Pädagoge einer ständigen Auffrischung und Erweiterung der

- **fachlichen Kompetenz** (z.B. Methodenkompetenz, Handlungswissen),
- **personalen Kompetenz** (z.B. Selbstwahrnehmung und Selbstreflexion, Bewusstsein über eigene Stärken und Schwächen, Verantwortungsbewusstsein, Innovationsfähigkeit und -bereitschaft) sowie
- **sozialen Kompetenz** (Beratungskompetenz, Kommunikationsfähigkeit, Kooperationsfähigkeit, Konfliktmanagement).

Die Weiterentwicklung dieser Fähigkeiten ist ein wesentlicher Beitrag zur Gesundheitsvorsorge und -erhaltung (Burnout-Prophylaxe) und zur Profilierung der Lehrerpersönlichkeit. Einerseits zielt berufliche Fortbildung darauf ab (Fortbildungsverpflichtung für Lehrer), einen anderen Weg bieten kollegiale Fallbesprechungsgruppen (Intervisionsgruppen), die berufsbegleitend Probleme, die aus der täglichen Lehrertätigkeit erwachsen, aufgreifen und bearbeiten. Ins Zentrum rücken dabei Problemstellungen und Belastungen des Lehrberufs, die mit dem Praxisschock, einem unklaren Rollenbild des Lehrers und dem Spannungsverhältnis zwischen überhöhten Idealen und kränkender Wirklichkeit einhergehen.

Aufgegriffen werden Fragen der Überforderung und des Zeitmanagements, Versagensängste und Konflikte mit Schulleitung, Kollegen, Schülern und Eltern … Die Auseinandersetzung mit alltäglichen Grenzen und kleinen Kunstfehlern stellt einen wichtigen Schritt zur Entmythisierung (Perfektion und Unfehlbarkeit) und Normalisierung des Lehrer(selbst)bildes dar. Dies ist gerade im Lehrberuf wichtig, da pädagogisches Handeln nicht an eindeutigen Kriterien objektivierbar ist (Standpunktabhängigkeit; Antinomien). Vielmehr gilt es, Widersprüche auszuhalten und nach Orientierung zu suchen, beides integrale Bestandteile der Berufstätigkeit.

Begriffe

Supervision
Oberbegriff für Beratungsverfahren in beruflichen Zusammenhängen, die von einem ausgebildeten (professionellen) Supervisor angeleitet und durchgeführt werden. Ziel ist es, Arbeitsergebnisse, Arbeitsbeziehungen und Arbeitszufriedenheit zu verbessern. Supervision lehnt sich, wenn auch in einem eklektizistischen Sinne und ohne therapeutische Zielsetzung, an therapeutischen Methoden und Vorgehensweisen an, sie ist aber keine Therapie.

Kollegiale Beratung/Fallbesprechung
Die kollegiale Beratung ist als wechselseitige Gruppenreflexion ohne formale Leitungsperson mit der Intervision weitgehend identisch. Sie wird vor allem von Rotering-Steinberg in Form von Selbsttrainingsprogrammen vertreten. Auch Supervisoren (Schlee) verdeutlichen die Bedeutung der Gruppe für die Weiterentwicklung beruflichen Handelns (Modelllernen).

Intervision
Intervision bezeichnet eine berufsbezogene kollegiale Beratung – im Sinne eines Erfahrungsaustausches, einer Kommunikation – in einer Gruppe durch einen Intervisor. Der Intervisor verfügt über Berufserfahrung (Berufskompetenz, Feldkompetenz) und Moderationswissen. Er geleitet durch einen strukturierten Sitzungsablauf und regt die Intervisionsgruppe an, ein Problem ziel- und lösungsorientiert durchzusprechen, sich wechselweise zu unterstützen und eigenverantwortliche Veränderungen zu initiieren (Aspekt der Selbsthilfe).

In der Intervisionsgruppe Gleichrangiger und Gleichgesinnter kann jeder sein Fachwissen, seine Erfahrungen und Kompetenzen einbringen, wodurch synergetische Effekte im Sinne eines sich wechselweise durchdringenden Lehr- und Lernprozesses entstehen (Modelllernen). Die Teilnehmer können mit unterschiedlichen Denk- und Verhaltensmustern experimentieren („Vielschichtigkeit und Vielrichtigkeit des beruflichen Alltags") und Handlungsalternativen entwerfen und erproben.

Ablauf einer Fallberatung
Ein Beispiel für einen Ablauf einer Fallberatungsgruppe kann sein:

0. Vereinbarungen
Treffen klarer und verbindlicher Absprachen im Vorfeld bezüglich Personenkreis (sechs bis acht Personen), Zeitplan, Ablauf, Regeln (Pünktlichkeit, Diskretion: „Was im Raum gesagt wird, bleibt im Raum." …)

1. Ankommen
Über kurze persönliche Gespräche wird die Phase des Einfindens und „Anwärmens" gestaltet; der Moderator (Chairperson) wird festgelegt.
Vorsicht: Es darf keine unverbindliche Kaffeerunde beginnen!

2. Rückblick
Die Teilnehmer blicken kurz zurück auf den Fall des vorhergehenden Treffens: Was hat sich getan? Gibt es unerledigte Reste? Ist es notwendig/kann das Beispiel nochmals eingebracht werden (Prozesscharakter der Intervision)?
Vorsicht: Sich nicht vorschnell in Diskussionen stürzen!

3. Sammeln
Der aktuelle Beratungsbedarf wird gesammelt und ein Fallgeber ausgewählt: Kurzskizze der Anliegen, Notieren auf einem Stichwortzettel, Entscheidung für eine Problemstellung nach den Kriterien persönlicher Belastung, (zeitlicher) Dringlichkeit und der Relevanz für die Gruppe.
Vorsicht: Es kann Teilnehmern schwerfallen, ein Problem in zwei, drei Sätzen zu umreißen. Das Bedürfnis, die Zusammenhänge transparent zu machen und genau zu sein, verführt zu einer vorzeitigen Falldarstellung. Hier müssen klare Stopp-Signale gesetzt werden. Die geforderte Knappheit erzwingt zuerst eine Selbstklärung („Worum geht es überhaupt?“).

4. Falldarstellung
Die knappe, aber möglichst konkrete und anschauliche Schilderung des Falles soll zu einem Ersteindruck verhelfen. Visualisierungen (Moderationskarten in unterschiedlichen Farben, Pfeile und Beschriftungen zur Verdeutlichung von Zusammenhängen ...) bewirken Ordnung und Strukturierung. Die Falldarstellung ist der erste Schritt zur Lösung.
Vorsicht: Der Moderator muss darauf achten, dass sich der Fallgeber nicht in Einzelheiten verliert.

5. Nachfragen
Die Gruppenteilnehmer klären mit ihren ergänzenden Fragen, was noch zum Verständnis des Falles notwendig ist.
Vorsicht: Hier entsteht die Neigung, zu diskutieren, das Problem zu zerreden, abzuschweifen, eigene Geschichten einzubringen, nach Nebensächlichkeiten zu fragen. Die Chairperson muss beharrlich auf das Fallbeispiel zurückführen, nur der Fallgeber erläutert knapp.

6. Formulierung des Anliegens und Ziels
Der Fallgeber formuliert seine Anliegen und Ziele („Was möchte ich erreicht haben, wenn die Sitzung vorüber ist?“). Dadurch gelingt es, die Komplexität des Problems auf das Wesentliche zu reduzieren. Diese Klärung ist ein erster Schritt in Richtung Beantwortung. Oft braucht es mehrere Anläufe, bis Anliegen und Ziel treffend formuliert sind; der Moderator sollte dazu mehrfach nachfragen. Hilfreich ist die Verschriftlichung auf einer großen Moderatorenkarte.
Vorsicht: Anliegen und Ziel dürfen nicht zu allgemein sein, sondern müssen sich konkret auf das Fallbeispiel beziehen (nicht: „Wie komme ich in Zukunft besser mit Schülern aus?“, sondern: „Was kann ich tun, wenn mich Bernd zu Beginn der nächsten Englischstunde in ein Streitgespräch verwickeln möchte?“). Das wirkliche Anliegen verbirgt sich oft hinter (unbewusst) vorgeschobenen Anliegen. Geduld und Beharrlichkeit sind notwendig!

7. Brainstorming und Diskussion
Im nächsten Schritt folgen Brainstorming und Diskussion zu den Aspekten:

- das ist dem Fallgeber schon alles geglückt, das funktioniert schon (Stärkung!).
- das sind Ursachen, Zusammenhänge und Hintergründe für das Geschehen.

Der Fallgeber ist hier nur Zuhörer, darf sich also selbst nicht in die Diskussion einschalten. Er lässt das Gesagte auf sich wirken, um die eigenen Sichtweisen zu erweitern.
Vorsicht: Die Gruppe darf sich keine Denkschranken auferlegen („Das geht sowieso nicht.“), sie sollte offen und unkonventionell an die Fragestellung herangehen. Eine Diskussion, was richtig und falsch ist, ist zu vermeiden. Wenig hilfreich ist es zu psychologisieren oder psy-

chologische und pädagogische Lehrbuchmodelle heranzuziehen. Sie stecken das Beispiel in eine Schublade und verhindern einen differenzierten und flexiblen Ansatz.

8. Rückmeldung des Fallgebers
Im Zentrum der Rückmeldung des Fallgebers zur Diskussion steht, was er als erhellend, ungewöhnlich, bedenkenswert erlebt hat und was Widerstand und Unbehagen ausgelöst hat. Gerade diese Punkte sollten zu Nachfragen genutzt werden, um verdeckten Konflikten nachzuspüren.
Vorsicht: Um sich selbst zu schützen und seine Sicht zu wahren, besteht die Neigung, Gedanken und Ideen abzulehnen und zu entkräften („Das stimmt nicht, weil …“, „Das habe ich auch schon vergeblich probiert …“). Der Moderator darf den Fallgeber an solchen Stellen unterbrechen, indem er ihn darauf hinweist, was gerade passiert.

9. Erarbeiten von Handlungsmöglichkeiten
Unter Rückbezug auf die Zielformulierung und die Diskussion sammelt die Intervisionsgruppe konkrete Handlungsalternativen und mögliche Verhaltensweisen. Sie dürfen widersprüchlich und ungewöhnlich sein und werden auf Karten festgehalten.
Vorsicht: Die innere Schere („Das ist eine zu verrückte Idee!“) vermeiden!

10. Entscheidung für den konkreten nächsten Schritt
Der Fallgeber wählt aus den Vorschlägen zwei, drei aus, die er aus seiner Sicht für hilfreich hält. Er kann auch eigene einbringen. Bei allen Handlungsschritten wird gemeinsam mit der Gruppe überprüft, ob sie umsetzbar sind (auch: Probehandeln im Rollenspiel), was der Fallgeber dafür braucht (Unterstützungsmöglichkeiten) und welche Gegenkräfte wirken. Der konkrete nächste Schritt wird mit Zeit und Ort festgelegt und ein Kriterium formuliert, wann er als erfolgreich anzusehen ist.
Vorsicht: An dieser Stelle nicht wieder mit der Falldiskussion beginnen! Der Moderator hat auch die Aufgabe, Fallgeber und Gruppe auf ein reflexartiges Abtun alternativer Verhaltensweisen hinzuweisen („Das bringt eh nichts, weil …“).

11. Feedbackrunde
Zum Ende der Sitzung findet eine Feedbackrunde über die Intervisionssitzung und Bestätigung des nächsten Termins statt.
Vorsicht: Der Akzent der Abschlussrunde liegt weniger darauf, was richtig und falsch oder gut und schlecht war, sondern darauf, was jeder für sich mitnimmt und worin weiterführende Impulse gelegen haben.

Bedingungen einer erfolgreichen Fallberatung
Damit kollegiale Fallberatungen ertragreich werden, sind folgende Aspekte zu überdenken:

- Geübt werden muss die Fähigkeit, das eigene Problem zurückzunehmen und sich ganz dem Problem und der Sichtweise eines anderen zu nähern. Dazu gehört auch, sich bei (der Länge von) Redebeiträgen zu disziplinieren.
- Die Einhaltung des klar strukturierten Ablaufs ist das Rückgrat der Intervision. Eine wichtige Aufgabe hat der von Sitzung zu Sitzung wechselnde Moderator (Chairperson), der auch Wächter der Zeit sein kann, da er über die ziel- und lösungsorientierte Arbeitsweise der Gruppe wacht.
- Zielpunkt einer Fallbesprechung ist die Erarbeitung eines konkreten nächsten Schrittes. Erwartungen, schnelle Lösungen für komplexe Fälle zu erhalten, überfordern die Intervision.
- Intervision nimmt die berufliche Rolle und Identität in den Blick, sie ist ein berufsnaher Lehr-Lern-Prozess. Sie schließt bewusst eine therapeutische Vorgehensweise und Intervention aus.

- Damit die Gruppe eigenständig laufen lernt, kann es hilfreich sein, zu Beginn eine Anzahl von Sitzungen unter Hinzuziehung eines Supervisors oder erfahrenen Intervisors durchzuführen. Auf diese Weise kann der Sitzungsablauf kontrolliert eingeübt und darauf von dem wechselnden Moderator übernommen werden. Diese finanzielle Investition lohnt sich insofern, als Dauerhaftigkeit und Effektivität der Gruppe so erst eine Chance bekommen. Auch im späteren Stadium der Gruppe ist eine sporadische „Qualitätskontrolle" des Prozesses durch einen Berater von außen hilfreich.
- Förderlich ist weiter, wenn sich zumindest ein Teil der Teilnehmer – über Fortbildungen oder eine Ausbildung – Methoden der pädagogisch-psychologischen Gesprächsführung (aktives Zuhören und Spiegeln, Formulierung von Ich-Botschaften, Wertschätzung, Empathie, Authentizität, hilfreiches Fragen) aneignet. Dies lässt die Sitzungen im Gesprächsablauf zielgerichteter und effektiver werden. Auch werden die Gruppenmitglieder in ihrer Haltung dem Fallgeber gegenüber besser gerecht.
- Von der Gruppe im Auge behalten werden muss, dass sie durch größere und komplexe Probleme überfordert sein kann, sich gemeinsame blinde Flecken (wechselweise Bestätigung der „Vorurteile") ergeben oder die soziale Dynamik innerhalb der Gruppe den Lehr-Lern-Prozess überlagert. In einem solchen Fall kann dann eine professionelle Einzelsupervision angebracht sein.

Schlussbemerkung
Die kollegiale Fallberatung weist eine Reihe unterstützender Effekte auf, die die Berufszufriedenheit erhöhen können – selbst wenn man nicht Fallgeber der Sitzung war:

- Erkenntnis, dass man mit seinen Erfahrungen und Belastungen nicht allein ist, dass es anderen ähnlich geht, man von deren Erfahrungen und Ideen modellhaft lernen kann und unterstützt wird (Ende des Einzelkämpferstatus)
- Erlebnis, wie sich Sichtweisen und Haltungen über einen Perspektivenwechsel verändern und sich dadurch Handlungsmöglichkeiten eröffnen; Erweiterung des (beruflichen) Selbstbildes, Entwicklung der (beruflichen) Identität und Persönlichkeit
- Erfahrung, innehalten und in Ruhe betrachten zu dürfen, Gefühl der Entlastung und stärkeren Balance.

Literaturempfehlungen:
Hendriksen, Jeroen: Intervision. Kollegiale Beratung in Sozialer Arbeit und Schule.
Schlee, Jörg: Kollegiale Beratung und Supervision für Pädagogische Berufe. Hilfe zur Selbsthilfe. Ein Arbeitsbuch.

4.3. Schulentwicklung

Unterricht ist und bleibt das Kerngeschäft von Schule.

4.3.1. Innovieren als Aufgabe des Lehrers

Neben den Hauptkompetenzbereichen **Unterrichten, Erziehen** und **Beurteilen** kommt dem **Innovieren** (Lehrer entwickeln ihre Kompetenzen ständig weiter) laut der Ständigen Konferenz der Kultusminister der Länder (KMK) eine besondere Bedeutung zu. Dies wird nicht nur in den „Standards für die Lehrerbildung: Bildungswissenschaften" vom 16. 12. 2004 formuliert, sondern entsprechendauchim„Leitfadenzur Einführung des neuen bayerischen Gymnasiums" (www.g8-in-bayern.de) übernommen. Der Beruf des Lehrers ist in diesem Zusammenhangalsständige Lernaufgabebeschrieben, inder **Unterrichtsentwicklung, Teamentwicklung**

(Kooperation der Lehrkräfte einer Klasse, eines Faches, einer Schule, zwischen den Schularten …) und **Organisationsentwicklung** zentrale Bereiche sind. Um den Schülern und den sich ständig wandelnden Rahmenbedingungen von Schule gerecht zu werden, entsteht die Forderung eines beständigen Hinzulernens über den gesamten Berufsweg hinweg. Es geht um eine stetig fortschreitende Professionalisierung des beruflichen Handelns. Schulentwicklung wird auch deshalb immer mehr zu einer Aufgabe jeder einzelnen Schule, weil mit einer erweiterten Selbstständigkeit (siehe MODUS 21) den Schulen mehr Verantwortung für Unterricht und Erziehung, Personalmanagement und Personalführung, Kooperation mit anderen Einrichtungen, Verantwortung für Sachmittel … zukommt.

Entwicklungsprozesse gestalten: Strategien – Vorgehen – Beteiligte

Im Rahmen der Schulentwicklung ist damit die beständige Selbstüberprüfung und Veränderung nicht nur Aufgabe des gesamten schulischen Systems, für das die Schulleitung die zentrale Verantwortung trägt (Top-down-Strategie), sondern Teil des persönlichen Engagements eines jeden Lehrers (Bottom-up-Strategie). Soll eine Weiterentwicklung einer Schule glücken, sind alle zur Mitgestaltung vieler kleiner Veränderungsschritte aufgerufen. Nur so kann eine notwendige Breitenwirkung und Nachhaltigkeit erreicht werden („lernende Schule“).

Ausgangspunkt vieler Veränderungen ist ein **Schulprogramm**, durch das das Gesicht und die Perspektive der Schule geprägt werden soll (vgl. Hans-Günther Rolff). Es ist Ausdruck des pädagogischen Selbstverständnisses, der Orientierungsrahmen für die Entwicklung der Schule und eine Form der Selbstverpflichtung. So kann sich eine Schule z. B. den Erwerb von Lernkompetenzen für ein eigenverantwortliches Lernen als Hauptanliegen vorgeben, womit der Lernfortschritt der Schüler als „ultimativer Bezugspunkt“ in den Blick rückt. Ein Entwicklungsimpuls kann aber auch durch eine schulische Problemstellung gesetzt werden (z. B. überdurchschnittlich viele Absenzen, Zerstörungen am Schulinventar …), die im Sinne eines von allen gespürten Veränderungsdrucks der Motor für Reformen wird.

Initiativen einzelner engagierter Kollegen, die von der Schulleitung eingesetzte Steuergruppe (vgl. Blombach/Wibbing, S. 36–39) und die Zusammenarbeit der Lehrer in Teams fungieren in der Folge als Knotenpunkte der Veränderungsprozesse, wenn ihnen der dafür notwendige Freiraum gewährt wird. Die Gesamtverantwortung und die Entwicklung der Strukturen obliegt der Schulleitung. In der Steuergruppe sollte sich ein Querschnitt des Kollegiums und der Fachbereiche abbilden. Sie koordiniert die eingeleiteten Prozesse und trifft Entscheidungen über Fortbildungen sowie über den Einsatz von Instrumenten und Methoden. Dazu gehört als Teil der „Rechenschaftsablage“ auch die Selbstevaluation, bezogen auf das formulierte Leitbild und die in Gang gesetzten Vorhaben (Entwicklung einer Feedback-Kultur). Manche Schulen unterwerfen sich einem komplexen Programm der Schulentwicklung, in dem in systematischer Form viele Bereiche einer Neugestaltung und einem Qualitätsmanagement unterzogen werden (z. B. EVA nach Klippert, 2001 Förderung der Methodenkompetenz nach Kollegium der Realschule Enger). Im Zentrum der Schulentwicklungsarbeit sollte aber in jedem Fall eine professionelle Entwicklung des Unterrichts stehen.

Schulentwicklung und Lehrer(selbst)evaluation

Fundament der Schulentwicklung bleibt letztlich die (Selbst-)Evaluation eines jeden Lehrers: „Die Kraft zur Änderung entsteht dann, wenn ich meine Defizite selbst erkenne …“ (Seydel (2005), S. 12). Diese befördert zudem die Lehrergesundheit:

- Die Erweiterung der eigenen Handlungsmöglichkeiten und das Arbeiten an einem gesunden Selbstkonzept schützen vor „blinden Flecken“, nagender Selbstkritik und Gefühlen der Hilflosigkeit. Es wächst die Gewissheit, etwas bewirken zu können (Selbstwirksamkeitsüberzeugung, „pädagogischer Optimismus“).

- Professionalität drückt sich darin aus, Verantwortung für das eigene berufliche Handeln und die von diesem Betroffenen zu übernehmen.
- Zu lernen und sich weiterzuentwickeln ist mit innerer Erneuerung, Anerkennung und Wohlbefinden verknüpft. Werden die eigenen Möglichkeiten zu unterrichten gefördert, steigert sich ein Gefühl der Leistungsfähigkeit und verbessert sich die Gesundheit.
- Die mit Schulentwicklung eng verbundenen Rückmeldungen über die eigene Person und ihre Beziehungen innerhalb des schulischen Systems fördern Bindungen zu Kollegen und Vertrauen. Konfliktlösungen können konstruktiver erreicht werden.

4.3.2 Qualitätsbegriff – Qualitätsentwicklung

Seit PISA und TIMSS ist die Qualität des deutschen Schulsystems nicht nur auf dem Prüfstand, sie wird vielmehr deutlich in Zweifel gezogen. So überrascht es nicht, dass die Schulen sich einer Welle internationaler, nationaler, länderbezogener und innerschulischer Vergleichsarbeiten ausgesetzt sehen, die nicht nur das Ziel haben, die vorhandene Qualität (der eigenen Schule, des schulischen Systems im Vergleich zu anderen) zu erfassen, sondern sie vor allem zu verbessern: über eine differenzierte Diagnostik, über Lern- und Förderangebote und über Maßnahmen der Unterrichtsentwicklung.

Qualitätsbegriff
Zunächst ist zu definieren, was Qualität eigentlich ist: **Qualität ist das, was den Anforderungen entspricht** („Qualität ist die Beschaffenheit einer Einheit bezüglich ihrer Eignung, festgelegte und vorausgesetzte Erfordernisse zu erfüllen“ DIN 55350, Teil 11). Sie wird erreicht durch die (optimale) Beschaffenheit und Güte eines Bereiches, wobei sie sich an Standards orientiert. Qualitätssicherung meint entsprechend das Bemühen um den Erhalt und ggf. um die Verbesserung von Qualität.

Für Lehrer ergibt sich mit dem Qualitätsbegriff und dem Bezug auf eine Industrienorm ein scheinbar grundsätzliches Problem: Sind Denkmodelle aus der Wirtschaft und die Ausrichtung auf Effektivität und Effizienz überhaupt auf die Schule übertragbar? Folgt man damit nicht von bestimmten Interessengruppen formulierten Ansprüchen, die für das Bildungssystem eher kontraproduktiv sind? Ist das Lehrangebot wirklich ein Produkt, sind Schüler und Eltern Kunden? Andererseits muss festgestellt werden, dass sich das schulische System zu lange der Frage entzogen hat, ob die Ressourcen wirklich sinnvoll und ergebnisorientiert eingesetzt werden und ob auf eine größtmögliche Qualität aller schulischen Prozesse hingearbeitet wird. Stellt man sich der Diskussion, was Qualität für Lehrer bedeuten kann, wird schnell deutlich, wie wichtig stete (berufliche) Qualifizierung ist und dass damit auch ein langfristiger Prozess der Persönlichkeitsbildung einhergehen muss. Gelingen kann dies nur innerhalb möglichst optimaler Rahmenbedingungen von Bildungsprozessen („Haus des Lernens“).

Es können unterschiedliche Modelle gefunden werden (vgl. Arnold/Faber, Kempfert/Rolff, S. 12 und Heider bei www.qis.at), welche **Qualitätsbereiche** es innerhalb von Schule überhaupt gibt. Unterschieden werden:

- Lehren und Lernen, Lernkultur als Kerngeschäft
- Lebensraum Klasse und Schule
- Schulpartnerschaften und Außenbeziehungen
- Schulmanagement, Organisationsentwicklung
- Lehrerprofessionalität und Personalentwicklung.

Eine differenziertere Auffächerung der Bereiche würde hier zu weit führen, die folgenden Ausführungen sollen sich daher vor allem am Kernbereich Unterricht orientieren.

Der zyklische Prozess der Qualitätssicherung und -entwicklung

Qualität zu sichern und zu verbessern, ist ein im Grunde nie endender zyklischer Prozess: Zu Beginn steht eine

- **Bestandsaufnahme:** Was ist an Stärken und Schwächen vorhanden (definiert an den von der Schule, dem ISB vorgegebenen Standards)? Ihr folgt eine
- **Leitzieldefinition** (KISS: **k**eep **i**t **s**mall and **s**imple), in der die Oberziele formuliert werden. Erkennt man als Problemstellung z. B. die Qualität des Lehrens und Lernens, kann sie in einer Verbesserung der Unterrichtsqualität im Sinne „guten Unterrichts" liegen. Mit den Zielen werden letztlich auch die Hauptbeteiligten und der Umfang der Qualitätsentwicklung beschrieben.
- Ist das Problem genauer analysiert (Erhebung der vorhandenen Unterrichtspraxis), können **Kriterien und Indikatoren für die Zielerreichung** formuliert werden, anhand derer man die erfolgreiche Verwirklichung der Zielsetzung erkennen kann. Der nächste Schritt besteht in einem
- **Entwurf von Lösungswegen:** Was ist zu tun, um den formulierten Normen zu entsprechen? Lösungswege wie z. B. Methodenwechsel, Einsatz offener Unterrichtsmethoden, straffe Unterrichtsführung ... werden auf ihre Eignung und Durchführbarkeit hin bewertet und dann ausgewählt. Die Umsetzung der Veränderungen wird in einem
- **Aktionsplan** festgeschrieben. Parallel dazu müssen die
- **Methoden und Instrumente zur Evaluation** (siehe S. 228) entwickelt werden, mit denen mögliche Veränderungen erhoben werden können. Die eigentliche
- **Evaluation** überprüft dann die Auswirkungen der getroffenen Maßnahmen. Aus dem Vergleich der Ergebnisse mit den formulierten Zielsetzungen werden Schlussfolgerungen gezogen: Welche Maßnahmen und Veränderungen sind sinnvoller Weise beizubehalten und festzuschreiben? Was sind Erfahrungen, die in einem nächsten Schritt zu einer
- **modifizierten Planung und neu formulierten Zielsetzungen** führen können?

Ist das Ziel formuliert, das Lehren und Lernen in der Schule zu verbessern, stellt sich die Frage nach den Maßstäben, an denen man sich messen will. Die entworfenen Standards im Sinne zu **erfüllender Normen oder Gütekriterien** haben dabei folgende Anforderungen zu erfüllen:

- Sie müssen auf die konkrete Unterrichtspraxis ausgerichtet (z. B. von den Schülern zu erwerbende Sach-, Methoden-, Sozial- und Personalkompetenzen, Schlüsselqualifikationen, Lernprozesse, Lernergebnisse, Bildungsziele ...),
- dabei aber auf einen Kernbereich konzentriert sein (Begrenzung),
- sie sollen abgesprochen (Akzeptanz) werden und
- verbindlich für alle wirken sowie
- verständlich, erfüllbar und überprüfbar sein (Klarheit).

Qualitätssicherung entsteht, wenn Standards formuliert worden sind und die in der Schule durch die Anstrengungen der Qualitätsentwicklung erreichten Ergebnisse mit ihnen verglichen werden können.

4.3.3 Unterrichtsqualität: Merkmale „guten Unterrichts“

Unterrichtsverbesserung ist Kern der Schulentwicklung.

Viele Lehrer definieren ihren beruflichen Selbstwert über einen von ihnen gehaltenen „guten Unterricht“. Dabei wird oft übersehen, dass die Wirksamkeit des Unterrichts nur zu einem Teil während des eigentlichen Unterrichtsprozesses erzielt wird. Die Schüler sind Koproduzenten ihres Lernens, weitere Einflussfaktoren liegen im sozialen Umfeld der Schüler, dem Elternhaus, den Freizeitgewohnheiten, der Persönlichkeit der Lehrperson, der Intelligenz des Schülers und der Zusammensetzung der Klasse. Und wer garantiert, dass der vom Lehrer als gut empfundene Unterricht wirklich gut ist?

Bedingungen, unter denen Unterricht gelingt, sind oft untersucht und zu beschreiben versucht worden. Hilpert Meyer hat die Vielzahl möglicher Ansätze in zehn recht griffigen Punkten zusammengefasst (Meyer 2003, S. 36–43). Sie stellen die Entwicklung von Kompetenzen und den Lernerfolg von Schülern ins Zentrum. Für die Verbesserung von Unterrichtsqualität haben aus seiner Sicht die ersten beiden Aspekte eine besondere Bedeutung.

Die zehn Punkte sind:

1. klare Strukturierung der Lehr-Lernprozesse:
Der rote Faden des Unterrichts kann durch klare Rollendefinitionen von Lehrern und Schülern, durch eine sorgfältige Unterrichtsvorbereitung und bereitgestellte Lernmaterialien, durch eine systematische Gliederung der Unterrichtsinhalte und sukzessive Unterrichtsschritte, durch transparente Aufgabenstellungen, verständliche verbale Formulierungen, eine klare Körpersprache und eine bewusste Proxemik hergestellt werden. Didaktisch wird dies unterstützt durch informierende Unterrichtseinstiege, durch das Anknüpfen an Bekanntes und verbindliche Absprachen über Regeln und Rituale.

2. intensive Nutzung der Lernzeit:
Dies meint die Zeit, in der Schüler aktiv bei der Sache sind und zielgerichtet an gestellten Aufgaben arbeiten. Entsprechend sind wenige Disziplinstörungen eine Voraussetzung, der Lehrer schweift nicht ab und stört die Schüler nicht beim Lernen. Erreicht werden kann dies, wenn der Unterricht pünktlich beginnt, organisatorische Aufgaben aus dem Unterricht ausgelagert werden, der Lehrer bei Störungen unauffällig, aber systematisch und zielgerichtet reagiert und die Zeitabsprachen für die Schüler transparent und verbindlich sind.

3. lernförderliches Unterrichtsklima:
Dahinter verbergen sich nicht nur eine Arbeitshaltung, die auf die im Unterricht zu bewältigenden Aufgaben ausgerichtet ist, sondern auch Grundhaltungen von Höflichkeit, Respekt und Gerechtigkeit sowie ein verantwortungsbewusster Umgang mit Personen und Gegenständen. Erleben Schüler den Unterricht als positiv, entsteht eher eine zufriedene und fröhliche Grundstimmung, in der auch Interessen wachsen. Der Lehrer kann durch eine authentische Grundhaltung, durch Zielvereinbarungen, in die die Schüler einbezogen werden, dazu beitragen.

4. inhaltliche Klarheit:
Hierzu ist es nicht nur notwendig, dass die Aufgabenstellungen verständlich sind, die Vorgehensweise des Lehrers plausibel erscheint und die Ergebnisse systematisch und verbindlich gesichert werden. Auch sind in solchen „runden“ Unterrichtsstunden Ziele, Inhalte und Methoden ausgewogen. Eine sorgfältige didaktische Analyse stellt einen rhythmischen Ablauf her, Methoden werden auf ihre Eignung und didaktische Funktion hin geprüft. Dabei sollte der Lehrer je nach Unterrichtsverlauf offen für flexible Variationen bleiben.

5. sinnstiftendes Kommunizieren:
Schüler werden an der Planung von und Rückmeldung über die Unterrichtsstunden beteiligt. Im nicht nur lehrerzentrierten Unterrichtsgespräch fassen die Schüler die Lernschritte immer wieder mit eigenen Worten zusammen, sie stellen kritische und weiterführende Fragen, knüpfen an schon Gelerntes an, bringen eigenes Wissen ein und können so einen Transfer herstellen. Hilfreich ist es dazu, dass die Schüler in den unterschiedlichen Gesprächsformen wie Lehrgespräch, fragend-entwickelndes Gespräch, Diskussion oder Prüfungsgespräch geübt sind und im Unterricht die einzelnen Formen klar voneinander getrennt werden.

6. Methodenvielfalt:
Meyer versteht darunter einen „Reichtum der verfügbaren Inszenierungstechniken, Handlungs- und Verlaufsmuster des Unterrichts". Die Sozialformen (Einzel-, Partner-, Gruppenarbeit) werden ebenso variiert wie die Grundformen des Unterrichts (z. B. Projektarbeit, Planarbeit, Freiarbeit, Frontalunterricht, gelenktes Unterrichtsgespräch …). Die Methodenvielfalt muss dabei in einem stimmigen Verhältnis zu Zielen und Inhalten bleiben, darf also nicht um ihrer selbst willen angestrebt werden.

7. individuelles Fördern:
Dieser Punkt erschöpft sich nicht in der Diagnose des Lernstandes der Schüler und einer inneren Differenzierung des Unterrichts, er meint vor allem auch eine den Schülern zugewandte Haltung, die sich in Geduld, zur Verfügung gestellter Lernzeit und Freiräumen äußert. Förderlich ist es für Schüler, wenn sie in Hilfsstrategien angeleitet werden: Wiederholen und Auswendiglernen, Selbstkontrolle, Herangehen an schwierige oder unbekannte Inhalte, Strukturieren und Querverbinden von Stoffen …

8. intelligentes Üben:
Üben wird als zentrales Element des Lernens angesehen. Der Erfolg wird dann erhöht, wenn es der Schüler vermag, dem Übungsgegenstand Bedeutung beizumessen, wenn die Übungsmethoden abgewechselt werden (methodische Fantasie), auf eine Rhythmisierung geachtet wird sowie sinnvolle zeitliche Abstände angestrebt werden. Unterstützt werden können Schülerinnen und Schüler, wenn ihnen Lernstrategien bewusst sind und die Übungsaufträge zielgerichtet formuliert werden.

9. transparente Leistungserwartungen:
Die Leistungserwartungen müssen freundlich, aber klar formuliert sein und es müssen neben den Lernzielen auch die Art der Aufgabenstellungen, das Schwierigkeitsniveau und die Methoden bekannt und damit übbar sein. Der Lehrer kann dies den Schülern über systematische Leistungsrückmeldungen (Prüfungen, Gespräche, Lernentwicklungsberichte …) gewähren, eine steigende Bedeutung kommt der Selbstkontrolle und Selbstbewertung der Schüler z. B. über Portfolios zu.

10. vorbereitete Lernumgebung:
Sie ist dann gegeben, wenn die Einrichtung funktional ist und eine gute Ordnung herrscht. Auch werden die notwendigen und brauchbare Lehr- und Lernmittel bereitgehalten. Eine Identifikation der Schüler mit ihrem Lernort kann erreicht werden, indem sie ihn als ihr „Eigentum" begreifen und in einem ästhetischen Sinne ausgestalten.

Meyers „Oldenburger Dekalog" ist bezüglich Qualitätsentwicklung und Evaluation von Unterricht insofern praktikabel und hilfreich, als er zu jedem der zehn Punkte konkrete Indikatoren – nach unserem Verständnis wohl eher Kriterien – angibt, wann er als beachtet oder erreicht angesehen werden kann. Als Beispiel seien die Indikatoren für „lernförderliches Klima" (3.) angegeben (Meyer (2004), S. 49):

- Der Lehrer geht respektvoll mit den Schülern um.
- Kein Schüler wird wegen geringer Leistungen diskriminiert.
- Die Schüler nehmen beim Lernen Rücksicht aufeinander und helfen einander.
- Es gibt kein aggressives Verhalten einzelner Schüler gegeneinander.
- Die Schüler beschimpfen einander nicht.
- Ihre Sprache ist frei von Beleidigungen, Zoten usw..
- Es gibt keine Bevorzugungen oder Benachteiligungen einzelner Schüler.
- Es gibt nur wenig Rivalitäten und Machtkämpfe zwischen Schüler-Cliquen.
- Es gibt keine versteckte Diskriminierung von Mitschülern.
- Es gibt klar definierte Klassenämter.
- Die Schüler ermahnen sich selbst, gemeinsam vereinbarte Regeln einzuhalten.
- Hin und wieder wird gelacht.

Natürlich kann kein Lehrer alle Aspekte eines „guten Unterrichts" gleichzeitig oder auch nur nacheinander erfüllen oder herstellen, es geht vielmehr um eine sukzessive Annäherung, die durch Evaluation empirisch begleitet wird. Die zehn Punkte dienen so als Anhaltspunkte für eine Personalentwicklung und stetige Professionalisierung der beruflichen Tätigkeit. Jeder Lehrer kann die für ihn wichtigen Entwicklungsbereiche erkennen und auswählen, um sich in ihnen zu verbessern.

Es ist sinnvoll, nicht nur die Lehrer mit der Diskussion über die Unterrichtsqualität zu befassen, sondern auch die Schüler mit einzubeziehen. Eine geeignete Diskussionsgrundlage bilden die zehn Punkte Meyers. Die Vorstellungen werden im Plenum konkretisiert und visualisiert. Ein wichtiger Aspekt der Diskussion sollte dabei sein, was Schüler als ihren Anteil zum Gelingen von Lehren und Lernen beitragen können. Sie erkennen dadurch ihren Anteil an der Unterrichtsgestaltung und nehmen ihre Verantwortung für die Unterrichtsqualität wahr. Dies kann sich in einem Programm niederschlagen, das wie ein Vertrag von Lehrer und Schülern unterschrieben wird und damit der ständigen Überprüfung unterliegt.

4.3.4 Evaluation und ihre Durchführung

Man muss nicht evaluieren, was man schon weiß oder was man überhaupt nicht verändern kann.

Evaluation ist ganz allgemein die systematische Sammlung, Analyse und Bewertung von Informationen über schulische Arbeit. Durch sie kann der Nutzen oder Wert eines Gegenstandes untersucht werden. Sie stellt ein Instrument zur Überprüfung (Ist eine vorgegebene Norm erfüllt?) und Entwicklung der Qualität des Lehrens und Lernens dar. Neben der Rechenschaftsablegung und der Selbstvergewisserung hat Evaluation damit die Funktion der Planung, Steuerung von und Beteiligung an Schulentwicklung (Welche Stärken haben wir? Was können wir an uns würdigen? Aber auch: Sind wir schon so gut, wie wir es sein könnten?). Erfolgen kann Evaluation durch die Beteiligten vor Ort (schulinterne Evaluation) oder durch Beauftragte außerhalb der Schule, die anschließend eine Hilfestellung bei der weiteren Entwicklung der Schule geben (vgl. ISB: Externe Evaluation ...).

Lehrerevaluation durch Selbstevaluation und Schüler-, Kollegen- und Elternfeedback

Evaluation löst erst einmal die Angst aus, in der Qualität der eigenen Arbeit und dem beruflichen Selbstverständnis in Frage gestellt zu werden. Nur wenige Schulen oder Lehrer stellen sich freiwillig und gern einer (externen) Evaluation, die Ergebnisse werden am liebsten vorenthalten. Es scheint also an einer entsprechenden Akzeptanz zu fehlen; Rückmeldungen, in denen ein Unterschied zwischen Ideal und Wirklichkeit deutlich wird, können verletzen, es entsteht der Eindruck, dass sich der Bewertende über einen stellt.

Andererseits besteht ein Hauptmotor der Evaluation in der Neugier, wissen zu wollen, wie man ankommt, welche Wirkungen man als Lehrer erzielt (Aspekt persönlicher Rückmeldung), ein zweiter in dem professionellen Wunsch, in seiner Arbeit gut zu sein. Hinzu können noch andere Motive kommen:

- das Ausmaß, in dem ein Schulprofil oder Leitbild erfüllt wird, erfassen zu wollen,
- sich des Erreichens von Schulentwicklungszielen oder Arbeitsvorhaben zu vergewissern,
- eine Bestandsaufnahme der eigenen Tätigkeit zu betreiben,
- Vorfällen und Beschwerden nachzugehen,
- persönliche Probleme abzuklären.

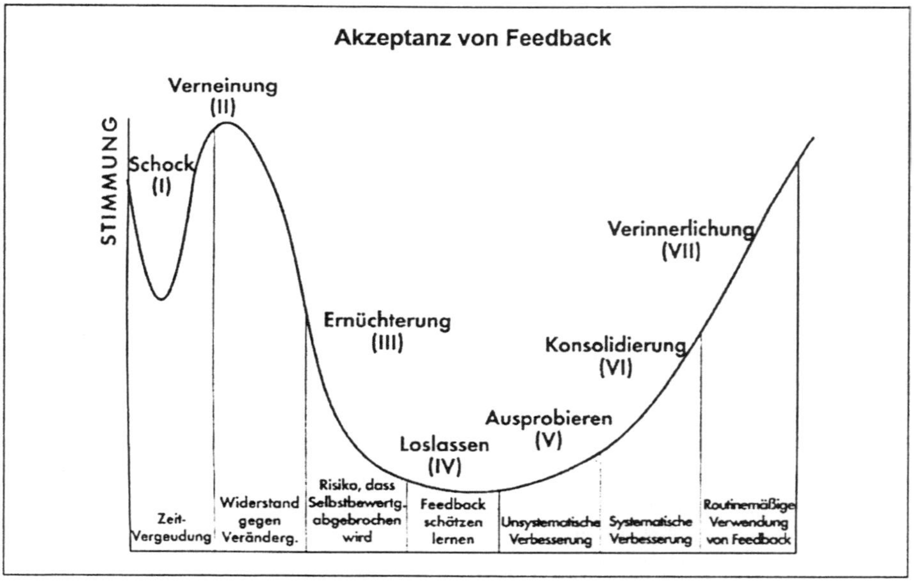

Schema nach Kempfert / Rolff ([4]2005), S. 63.

Planung und Ablauf der schulischen Evaluation ist Teil des umfassenderen Zyklus der Schul- und Qualitätsentwicklung. Evaluierende können neben den Schülern (z. B. Bewertung der Lern- und Arbeitprozesse, des Arbeitsklimas, der Gerechtigkeit ...), Eltern (z. B. Bewertung der Durchführung von Elternabenden, außerunterrichtlicher Aktivitäten ...) oder Kollegen (z. B. Bewertung der Didaktik, des fachlichen Niveaus, Verhaltens ...) und natürlich die Lehrer selbst sein.

Bei der (Selbst-)Evaluation von Lehrern geht es vor allem um die Qualitätsbereiche Lehren und Lernen sowie Lebensraum Klasse. Sie stellen die Mikroebene der Evaluation dar.

Konkret verbirgt sich dahinter:

- die Vorbereitung und Gestaltung des Unterrichts
- die Bedeutung der Lerninhalte für die Schüler
- die Förderung und Unterstützung von Schülern, auch deren Motivation und Lernbereitschaft
- die Lernanforderungen und Belastungen
- das häusliche Üben und Lernen
- die Bewertungsverfahren, Leistungsfeststellungen und Rückmeldungen
- die Fachkompetenz
- die Kommunikation und Zusammenarbeit zwischen Lehrer und Schülern
- die Klassenführung
- das Wohlbefinden der Schüler in der Klasse und das Klassenklima
- das Einhalten von Regeln und Disziplin, der Umgang mit Problemen und Auseinandersetzungen
- die Unterrichtsergebnisse
- die längerfristigen Auswirkungen bis hin zu Abschlusserfolgen
- die außerunterrichtlichen Unternehmungen …

Aus der Vielzahl der möglichen Evaluationsbereiche wird deutlich, dass der erste Schritt in einer Auswahl und Beschränkung liegen muss. Maßstab dafür können die berufliche und subjektive Bedeutsamkeit und der Aufwand in der Durchführung sein. Zu prüfen ist auch immer, ob sich die Selbstevaluation in einem sinnvollen Wechselspiel zur Schulentwicklung bewegt. Jeder einzelne der benannten Bereiche ist so komplex, dass er eine weitere Konkretisierung durch die Formulierung klarer Kriterien erfordert (Woran wollen wir festmachen, dass wir unsere Ziele tatsächlich erreicht haben und in welchem Ausmaß dies geschieht?).

Beispiel: Evaluation des Merkmals „das Ausmaß echter Lernzeit“
Bezogen auf die oben diskutierte Frage „guten Unterrichts“ kann beispielsweise das Bedürfnis entstehen, das Ausmaß echter Lernzeit während einer Unterrichtsstunde zu evaluieren. Als zu überprüfende **Kriterien** könnten beispielsweise formuliert werden: „Die Mehrzahl der Schüler ist aktiv bei der Sache.“, „Der Lehrer schweift nicht ab.“ oder „Es gibt nur wenige Unterrichtsstörungen.“. In welchem Ausmaß dies zutrifft, würde dann von einem Evaluationsinstrument (z. B. Fragebogen, Unterrichtsbeobachtung durch einen Kollegen, Aufzeichnung des Unterrichts …) mittels entsprechender **Indikatoren** („Die Schüler bearbeiten selbstständig das Material zum Thema.“; „Die Schüler bringen eigene Ideen zum Thema ein.“ „Die Schüler versuchen zunächst, Lösungen ohne Hilfe des Lehrers zu finden.“ …) erhoben. Es geht also darum, wie nahe man an gesetzte (Qualitäts-)Ziele gekommen ist:
„Evaluationsprojekte ‚treiben' daher typischerweise Zieldiskussionen vor sich her.“ (Altrichter/Messner, S. 9).

Regelmäßig evaluieren
Grundsätzlich ist es notwendig, die Evaluation durch Lehrer und Schüler regelmäßig in die Abläufe des Schuljahres einzubinden und an den konkreten Unterrichtsalltag anzuknüpfen. Sie sollte nicht gesondert inszeniert werden: Evaluation „knüpft an geleistete Arbeit an mit dem Ziel, die Erfahrungen und Ergebnisse für die daran anschließende Arbeit zu nutzen und dadurch die Lehr- und Lernprozesse positiv zu steuern.“ (Buschmann, S. 32). Damit gewinnt sie an Normalität, Sinn und Ziel, sie verliert den ungewohnten oder den Lehrer bewertenden Charakter und wird erkennbar zu einem Gestaltungsinstrument, über das sich Unterricht weiterentwickeln und verbessern lässt.

Schülerfeedback

Evaluation durch Schülerfeedback ermöglicht es, die Sichtweise der „Kundschaft“ über die schulischen Abläufe kennen und verstehen zu lernen. Unterschiede in den Perspektiven und Erfahrungen können so ertragreich einbezogen werden (Verantwortungsgemeinschaft der Lehrer und Schüler für das Lehren und Lernen). Seitens der Schüler entsteht der Eindruck einer Wechselseitigkeit und Mitgestaltungsmöglichkeit. Voraussetzung dafür ist, dass die Schüler erleben, wie die Ergebnisse transparent veröffentlicht und Konsequenzen aus den Ergebnissen gezogen werden (Entwurf von Zielen, Festlegen von Handlungsschritten). Evaluation ist damit Ausgangspunkt für Gespräche über den Unterricht, die Klasse und die Lehrer-Schüler-Interaktion. Auch die (objektivierten) Einschätzungen des Lehrers gehören in den Dialog. Ein beobachtetes Ergebnis beständigen Schülerfeedbacks ist, dass die Beurteilung der Unterrichtspraxis von Pauschalisierungen immer mehr absieht und differenzierter wird. Der Unterricht wird für die Schüler durchschaubarer, überzogene und falsche Erwartungen mindern sich.

Auch muss im Vorfeld zwischen Lehrer und Schülern vereinbart sein, dass Evaluation als Form einer Rückmeldung den **Regeln für das Feedback** folgt.
So muss deutlich werden, dass die Person grundsätzlich geachtet und wertgeschätzt wird. Rückmeldungen sollten zudem

- zeitnah zu einem Verhalten gegeben werden, das genau am Beispiel einer Situation beschrieben wird (keine Verallgemeinerungen);
- positive Aspekte mit benennen;
- verwirklichbare Veränderungsvorschläge beinhalten.

Der Feedback Gebende sollte von sich sprechen („Ich fand …“, „Mir hat …“) und sich so ausdrücken, dass man ihm selbst gegenüber die Aussage in gleicher Weise aussprechen dürfte (Reversibilität).

Methodenrepertoire der Lehrerselbstevaluation

Voraussetzung der Selbstevaluation des Lehrers ist ein entsprechendes Methodenrepertoire:

- Selbstevaluation des Lehrers über die Bewertung von Unterrichtsstunden oder Unterrichtstagen mittels Führen eines Reflexionsjournals, Medienaufzeichnung …
- Schülerfeedback durch Kurzfeedbacks (Blitzlicht, Ampelfeedback, Fishbowl), Impulsfragen, (standardisierte) Fragebögen, Beobachtungsbögen, gezielte Interviews und Gespräche, Auswertung von Schülerarbeiten oder Heften …;
- Rückmeldung von Kollegen über Medienaufzeichnung und deren Besprechung, Hospitationen, gezielte Interviews und Gespräche …

Methoden sollten nicht einfach übernommen werden, sondern möglichst auf die individuellen Bedürfnisse und Situation abgestimmt sein. Unterschieden werden können Befragungen (schriftlich, mündlich, offen, geschlossen), Beobachtungen (Selbstbeobachtung, Fremdbeobachtung, offen, strukturiert), Simulationen und Rollenspiele, die Auswertung zugänglicher Daten (z. B. Klassenarbeiten, Vergleichstests) und kleine und schnelle Feedbackmethoden. Ein weiteres Schlüsselwort in diesem Zusammenhang ist die **Triangulation**. Das meint, dass ein Evaluationsgegenstand von mindestens zwei Punkten aus betrachtet und durch mindestens zwei unterschiedliche methodische Zugänge erfasst werden sollte. Die Lehrerselbstevaluation ist nie ausreichend, sie muss durch eine kollegiale Evaluation oder durch Schülerfeedback ergänzt werden. Fragebogenverfahren allein sind zu dürftig; sie sollten durch qualitative Gespräche oder Beobachtungsverfahren erweitert werden.

Beispiele unterschiedlicher Evaluationsformen

Eine für den Lehrer ertragreiche Form, über den eigenen Unterricht nachzudenken, ist das **Reflexionsjournal**. In ihm werden in Tagebuchform oder fragengeleitet die Geschehnisse eines Unterrichtstages festgehalten, wobei es vor allem darum geht, neben den problematischen Punkten sich geglückte Situationen und Erfolge bewusst zu machen (Stärkung einer positiven Grundhaltung und Selbstwertschätzung). Zeitlich bieten sich für die Dauer der Aufzeichnungen etwa zwei Wochen an.

Die Einzeleinträge sollten nach Abschluss der Selbstreflexionsphase zusammengefasst und ausgewertet werden. Aus den erkannten Schwächen können einzelne persönliche Zielsetzungen formuliert werden, die man in einem festgelegten Zeitraum zu erreichen versucht.

Reflexionsjournal von: am:
1. Besondere Freude und Zufriedenheit hat mir heute an meinem Unterricht bereitet …
2. Die Gründe dafür sehe ich darin …
3. Nicht so zufrieden war ich heute in meinem Unterricht …
4. Die Gründe dafür sehe ich darin …
5. Sonst ist mir noch aufgefallen, bewegt mich …

Reflexionsjournal – Auswertung von: am:
1. Meine Haupterkenntnisse aus den Eintragungen sind …
2. Ich möchte folgende Zielsetzungen für mich ableiten …
3. Den Weg zum Erreichen der Ziele kann ich mir so vorstellen …
4. Mein erster Schritt wird sein …
5. Daran erkenne ich, dass meine Ziele erreicht sind …
6. Als zeitlichen Rahmen setze ich mir … In dieser Form möchte ich die Veränderungen überprüfen …

Beispiel nach Kempfert/Rolff ([4]2005), S. 128–129.

Bezieht man **Schüler** in die Evaluation des Unterrichts mit ein, müssen einige grundsätzliche Aspekte bedacht werden. Schüler sind deshalb für Rückmeldungen prädestiniert, da sie die eigentliche Zielgruppe des Unterrichts sind, auf einem längeren, also nicht ausschnittsweisen,

Erfahrungshintergrund aufbauen und eine breite Stichprobe darstellen, durch die Verzerrungen und Fehler minimiert werden. Allerdings können Schülerrückmeldungen die Schüler auch überfordern: Sie haben bezüglich der Unterrichtsführung weder eine fachliche noch eine didaktische Kompetenz, die Maßstäbe, die von ihnen angelegt werden, sind oft unklar; Angaben können durch extreme Haltungen, Herabsetzungen oder Aufwertungen des Lehrers verzerrt werden. Vorhandene bzw. nicht vorhandene Beliebtheit und Wertschätzung des Lehrers überlagern differenziertere Aussagen. Trotz allem stellen Schülerurteile einen unverzichtbaren Teil der Bewertung von Unterricht dar.

Formen der Rückmeldung durch Schülerinnen und Schüler
Moderationsformen bieten viele Möglichkeiten, die Rückmeldungen der Schüler unterschiedlich differenziert zu erfassen und auszuwerten.

- **Kartenabfrage**

Die Schüler schreiben je zwei Karten zu gegebenen Impulsen (z. B.„Besonders angesprochen hat mich am Unterricht …", „Die Behandlung der Themen hat mir nicht so gefallen, weil…", „Ich persönlich habe gelernt …"); die Karten werden an der Plakatwand geordnet. Während der Auswertung werden Missverständnisse geklärt, gemeinsame Ziele formuliert und die Realisierung geplant.

- **Rollenverhandlung**

Die Schüler antworten schriftlich auf drei Fragen:

- Mit dem folgenden Verhalten helfen Sie mir, gut zu lernen und mich in der Gruppe wohl zu fühlen …
- Folgendes Verhalten vermisse ich, und ich würde mich freuen, wenn Sie es häufiger zeigen …
- Folgendes Verhalten erlebe ich als hinderlich für mein Lernen und Wohlbefinden in der Gruppe …

Die durch den Lehrer zusammengestellte Auswertung der Texte ist die Grundlage für die Beschlussfassung über drei Verhaltensweisen, die der Lehrer in der nächsten Zeit zeigen soll.

- **Fishbowl, Blitzlicht, Stimmungsbarometer, Zielscheibe**

Eine rasche, aber durchaus fundierte und differenzierte Rückmeldung z. B. über eine Doppelstunde oder Unterrichtssequenz kann in Form des **„Fishbowl"** erreicht werden (Diskussion anhand vorbereiteter Fragen zum Unterricht).Ein schnelles punktuelles Feedback kann neben einem **Blitzlicht** am Ende der Unterrichtsstunde ein **Stimmungsbarometer** bieten (z. B. Hochhalten roter, gelber, grüner Karten zu einem vereinbarten Aspekt als „Ampelfeedback"). Einen Gesamtüberblick über den Unterricht und die Klasse kann eine Zielscheibe bieten.

- **Halbjahreszeugnis**

Die Schüler schreiben vor dem Erhalt ihres Halbjahreszeugnis auch ihrem Lehrer ein solches, das Rückmeldungen über Methodik, Stundengestaltung, Themenwahl, Materialien, Verhalten und Beziehung gegenüber den Schülern, Motivation, Bemühen, Fairness und Korrektur enthält. Die Rückmeldungen werden vom Lehrer ausgewertet und sind Teil der Zielsetzungen und Absprachen für das zweite Halbjahr.

- **Lerntagebuch**

Schüler notieren sich über einen festgesetzten Zeitraum am Ende jeder Unterrichtsstunde eines Faches, worin ihr persönliches Ergebnis liegt. Die Einträge können am Ende z. B. einer Unterrichtssequenz von den Schülern zusammengefasst und ausgewertet oder vom Lehrer zur Grundlage eines umfassenden Feedbacks der Klasse herangezogen werden.

Lerntagebuch Fach: Name:

Datum	Was habe ich heute gelernt?	Das war mein heutiger Beitrag …	Besonders interessiert hat mich …	Über die Unterrichtsinhalte hinaus würde mich weiter interessieren …	Heute bin ich zufrieden/nicht zufrieden, weil …

Damit ist die Grenze zwischen **Evaluation** von Unterricht, Lehrer und Klasse **durch Schüler** und der **Selbstevaluation des Schülers** markiert. Auch Schüler brauchen vielfältige und differenzierte Rückmeldungen über ihr Lernen und ihre Ergebnisse, die über die reine Notengebung hinausgehen. Im Sinne des selbstständigen und selbstkritischen Lernens müssen die Rückmeldungen der Lehrer durch von den Schülern selbst gesteuerte Formen ergänzt werden. Zum Lerntagebuch könnten z. B. die Abfassung von **Lernbilanzen** (Bewertung des eigenen Lernens über einen Zeitabschnitt hinweg) oder die **Portfolioarbeit** kommen (vgl. Schwarz, S. 24–27 und Werner, G.). Eine modifizierte Form stellt die Lerninventur dar, bei der Schüler in regelmäßigen Abständen angehalten werden, einen planmäßigen Rückblick der eigenen Arbeit durchzuführen. Die Hefte, Arbeitsblätter und Materialien werden auf die behandelten Themen, das eigene Lernergebnis und noch bestehende Lerndefizite hin durchgearbeitet (vgl. Eikenbusch und Kempfert/Rolff, S. 136–145).

Fragebogenverfahren

Ein Fragebogenverfahren stellt eine leicht einsetzbare und schnell auswertbare Methode der Evaluation dar. So kann beispielsweise eine Befragung über den Unterricht in unterschiedlichen Klassen(stufen) in objektivierter Form eine Rückmeldung über die eigenen Stärken und Schwächen als Lehrender jenseits der Selbstwahrnehmung geben. Wird dies mit dem gleichen Fragebogen über einen längeren Zeitraum hinweg praktiziert, können auch Veränderungen und Entwicklungen interpretiert werden.

Zu beachten ist, dass neben dem **Themenbereich** die **Zielgruppe** des Fragebogens bewusst überlegt werden muss. Fragebögen sollten nicht zu umfangreich und detailliert sein. Darunter leiden nicht nur die Motivation und Genauigkeit beim Ausfüllen, auch das Auswerten wird sehr aufwändig; die Vielfalt der Ergebnisse macht es dann schwer, einen roten Faden der Veränderung zu finden. Kürzere und zielgerichtete Fragebögen zu einem im Vorfeld bewusst ausgesuchten Teilbereich (z. B. Gruppenarbeit, Lehrer–Schüler–Beziehung, Umgang mit Arbeitsmaterial …) lassen die Ergebnisse leichter in Veränderungen münden und differenzieren genauer. Die einzelnen Indikatoren müssen als bewertbare Aussagen (4er Rating-Skalen mit klar voneinander abgegrenzten Antwortalternativen), nicht als Fragen formuliert werden. Suggestivfragen und hypothetische Formulierungen sind zu vermeiden.

Fragebogen zur Beurteilung des Unterrichts Fülle den Fragebogen gewissenhaft aus, denn es kommt mir auf Deine ehrliche Rückmeldung an. Mache dazu um die jeweilige Zahl einen Kreis. Deine Antworten helfen mir, über meinen Unterricht nachzudenken und ihn zu verbessern.					
Ich habe im Unterricht viel gelernt und verstanden.	1	2	3	4	Ich habe im Unterricht wenig gelernt und verstanden.
Der Lehrer hat ein fundiertes Wissen.	1	2	3	4	Dem Lehrer fehlt ein fundiertes Wissen.

Die Unterrichtsvorbereitung war schlecht.	1	2	3	4	Die Unterrichtsvorbereitung war sorgfältig.
Der Lehrer konnte auf Nachfragen nicht eingehen.	1	2	3	4	Der Lehrer beantwortete Nachfragen.
Der Unterricht war interessant.	1	2	3	4	Der Unterricht war langweilig.
Die Schüler wurden zur Mitarbeit motiviert.	1	2	3	4	Die Schüler fühlten sich vom Unterricht nicht angesprochen.
Dem Lehrer war ein selbstständiges Arbeiten der Schüler wichtig.	1	2	3	4	Selbstständiges Arbeiten spielte im Unterricht keine Rolle.
Nach den Hefteinträgen konnte gut gelernt werden.	1	2	3	4	Die Hefteinträge ermöglichten keine Vorbereitung auf Unterricht und Prüfungen.
Auf Anregungen der Schüler wurde nicht eingegangen, andere Meinungen wurden nicht beachtet.	1	2	3	4	Der Lehrer griff Unterrichtsbeiträge auf und respektierte Meinungen der Schüler.
Der Unterricht wurde abwechslungsreich gestaltet.	1	2	3	4	Der Unterricht war eintönig und monoton.
Der Lehrer konnte sich nicht durchsetzen.	1	2	3	4	Die Klasse zeigte gegenüber dem Lehrer wenig Respekt.
Das Verhältnis zwischen Lehrer und Schülern war kameradschaftlich.	1	2	3	4	Das Verhältnis zwischen Lehrer und Schülern war distanziert.

Die Fragen sind unterschiedlich „gepolt“, die Durchschnittswerte müssen also, damit sie untereinander vergleichbar sind, gespiegelt werden. Bei Fragebögen ist zudem zu überprüfen, ob sich eine Tendenz zur Mitte oder eine Tendenz zum Extremwert in den Antworten abzeichnet. Nach der Auswertung können, analog zu oben, zwei, drei Bereiche formuliert werden, die über einen bestimmten Zeitraum hinweg besonders beachtet werden. Wichtig ist es dabei zu konkretisieren, was verändert werden soll (z. B.: „Der Lehrer wechselt zwischen Lehrvortrag, Unterrichtsgespräch, Gruppenarbeit und offenen Unterrichtsformen beständig ab.“ oder: „Unterrichtsstörungen werden sofort und konsequent unterbunden.“).

Fragebögen können auch von Schülern zur Verbesserung der Selbsteinschätzung genutzt werden, indem sie z. B. ihr Urteil über ihr Arbeitsverhalten mit dem des Lehrers vergleichen. Dazu ein Beispiel verändert nach Buhren :

Einschätzungsbogen zum Verhalten während der Gruppenarbeit
Schätze Deine Aktivitäten und Haltungen während der Gruppenarbeit ein. Eine 1 vergibst Du, wenn Du es selten so machst, eine 2, wenn Du es manchmal so machst, eine 3 wenn Du es in der Regel so machst.
Dein Lehrer wird seine Einschätzung hinter die Deine eintragen. Vergleicht in einem Auswertungsgespräch beide miteinander und trefft danach eine Vereinbarung.

	Selbsteinschätzung	**Einschätzung des Lehrers**
Ich beachte die Arbeitsanweisungen.		
Ich beteilige mich an der Planung der Gruppenarbeit.		
Ich nehme Meinungen anderer in der Gruppe ernst.		
Ich leiste meinen Beitrag zur Gruppenarbeit.		

Ich arbeite gut ohne Beaufsichtigung.		
Ich übernehme Verantwortung für die Fertigstellung einer Projektaufgabe.		
Ich arbeite mit den anderen in der Gruppe zusammen.		
Ich beteilige mich an der Präsentation der Gruppenarbeit.		
Mein besonderer Beitrag ist … (1 Zusatzpunkt)		
Mögliche Höchstpunktzahl 25 Punkte		

Leitfrageninterview

In einem Leitfrageninterview werden Lehrern, Eltern und Schülern in einem Gespräch zuvor schriftlich formulierte Fragen gestellt. Im Gegensatz zu Fragebögen beispielsweise können so im Vorfeld nicht erkannte Aspekte erfasst und ein tieferer Einblick (qualitative Aussage) gewonnen werden. Weiter eignet sich die Methode dazu, sich einen ersten Überblick über einen Bereich zu verschaffen (Vorbereitung einer weiterführenden Evaluation).
Die Interviewfragen müssen dabei so gestellt werden, dass sie einen offenen Impuls für eine ausführlichere Beschreibung und Erzählung beinhalten. Zudem sollten sie auf konkrete Beispiele des Unterrichtsalltags des Interviewten bezogen sein: „Beschreibe den charakteristischen Ablauf einer Deutschstunde!“ Gut lassen sich auf dieses Weise auch Bewertungen („Was ist im Unterricht der letzten vier Wochen besonders gut gelaufen?“) und Verläufe („In welchen Bereichen hat sich der Unterricht seit … verändert?“) erfassen. Ertragreich für Veränderungen sind Fragen nach Gestaltungsmöglichkeiten: „Was kann ich aus Deiner Sicht tun, um mehr Abwechslung in die Unterrichtsstunden zu bekommen?“, „Wie sieht aus Deiner Sicht eine perfekte Mathematikstunde aus?“
Um eine aussagekräftige Rückmeldung zu bekommen, reichen etwa zehn Personen, denen fünf bis sieben Fragen gestellt werden. Die Auswertung der Antworten sollte wiederum in einer Diskussion und der gemeinsamen Formulierung von Veränderungen und Zielen münden.

Schüler der Oberstufe treten bei Elternsprechtagen kaum in Erscheinung. Hier bietet sich eine weitere Möglichkeit, sich als Lehrer über vorbereitete und strukturierte Einzelgespräche Rückmeldungen zum Unterricht einzuholen.

Mediale und kollegiale Unterrichtsbeobachtung (Hospitation)

Die Qualität des eigenen Lehrens objektiv zu überprüfen, ist für Lehrer fast unmöglich: Sie sind nicht nur während des Unterrichtsgeschehens durch hunderten von Reizen, Aufgaben und Ent-scheidungen permanent in ihrer Aufmerksamkeit gebunden, ihre subjektive Wahrnehmung und „blinde Flecken“ ermöglichen es ihnen zudem nicht, sich in ausreichender Weise von sich zu dissoziieren und zu außenstehenden Beobachtern zu werden. Eine wichtige Möglichkeit eröffnet sich aber über eine **mediale Aufzeichnung des Unterrichts**:

Die Lehrkraft selbst (oder ein Kollege) stellt vor Beginn des Unterrichts eine Kamera auf einem Stativ ins Klassenzimmer, überprüft, dass der Bereich, in dem der/die Unterrichtende sich in der Regel bewegt, erfasst ist und startet die Aufzeichnung. Läuft die Kamera dann weiter, ohne dass sich jemand an ihr zu schaffen macht, richtet sich die Aufmerksamkeit aller Beteiligten recht schnell auf das Unterrichtsgeschehen und die Kamera wird ‚vergessen’, so dass die Aufzeichnung ‚normalen’ (also nicht durch eine ‚fremde’ Person veränderten) Unterricht zeigt. Die mediale Aufzeichnung des Unterrichts ermöglicht es dem Lehrer, sich selbst aus der Perspektive der Schüler wahrzunehmen, und stellt eine wichtige Möglichkeit dar, das eigene Lehrerverhalten zu kontrollieren und weiterzuentwickeln.

Eine andere Möglichkeit, die Qualität des eigenen Unterrichts zu überprüfen, sind Hospitationen anderer Lehrer **(kollegiale Unterrichtsbeobachtung)**. Letztere können die Qualitätsentwicklung fördern, wenn sie vom Lehrer gewollt sind, auf Wechselseitigkeit beruhen, keinen Beurteilungscharakter haben und die Besuche vor- und nachbereitet werden. Unterrichtsbesuche haben auch für den Hospitierenden einen weitreichenden Effekt: Über den distanzierten Blick auf einen anderen wird ein kritischer Blick auf sich selbst ermöglicht. Aus jedem Unterrichtsbesuch ergibt sich eine Vielzahl von Anregungen für die eigene Unterrichtspraxis. Die Vor- und Nachbereitung der Unterrichtsbeobachtungen führen zu einer Auseinandersetzung über methodische und didaktische Grundfragen.

Der **Ablauf einer Hospitation** kann so geplant werden:

- Ist ein Hospitationsteam gebildet (2–4 Personen), besteht der nächste Schritt darin, den/die für den Einzelnen wichtigen Beobachtungsbereich(e) (Zielklärung) in einer Vorbe-sprechung auszuwählen (z. B. Körpersprache vor der Klasse, Fragetechnik, Selbsttätigkeit der Schüler ...).
- Vor der Durchführung des Unterrichtsbesuches müssen konkrete und trennungsscharfe Indikatoren festgelegt werden, woran das Erreichen eines Ziels erkennbar ist (z. B. die Schüler überprüfen selbst die von ihnen erarbeiteten Ergebnisse. Arbeitsmaterialien werden selbstständig organisiert und bereitgelegt ...).
- Der Hospitant trägt während des Unterrichtsbesuches in einen Hospitationsbogen konkrete Beobachtungen in sachlichen und beschreibenden Formulierungen ein. Sie können ergänzt werden durch Kurzkommentare.

Hospitationsbogen
Beobachter: bei: Klasse: Datum:
Beobachtungsthema:

Indikator	**Beobachtung**	**Anmerkung**
Die Schüler überprüfen selbst die von ihnen erarbeiteten Ergebnisse.		
Arbeitsmaterialien werden selbstständig organisiert und bereitgelegt.		
...		

- In einem Besprechungstermin (60 Minuten) werden die Beobachtungen diskutiert. Damit der Hospitierte sich vorbereiten kann, ist es sinnvoll, ihm den Bogen zuvor zu kopieren und auszuhändigen. Wichtig ist dabei, darauf zu achten, dass der hospitierte Lehrer nicht in einen Rechtfertigungsdruck gerät (Unterschiede zwischen Selbst- und Fremdwahrnehmung; siehe auch die Regeln zum Feedback, S. 231 ff.). Dem kann teils dadurch vorgebeugt werden, dass der Besprechung wechselseitige Beobachtungen vorausgehen. Als Schlusspunkt des Austausches sollte eine Selbstformulierung von Zielen bezüglich des Beobachtungsbereiches stehen. Diese müssen konkrete Schritte zum Erreichen des Vorsatzes beinhalten (z. B. Unterrichtsstörungen unterbinde ich in der Phase ihres Entstehens, indem ich mich auf den Störenden zubewege, ihn direkt anschaue und mit dem Namen anspreche.) und können durch eine weitere Hospitation überprüft werden.

Hinweise: Weitere Evaluationsinstrumente sind zu finden bei Burkhard/Eikenbusch, Helmke, Kempfert/Rolff, Schatz (siehe Literaturverzeichnis). Darüber hinaus sind folgende Links zu empfehlen:

- www.paed.uni-muenchen.de/unius/L3_materialien_auszahlliste.pdf
- www.das-macht-schule.de/arbeitsmaterial
- www.qis.at/qisfb.asp?dokument=9
- www.theodor-litt-hs.bonn.de/ende6.htm
- www.wi.tum.de („A bis Z"; „UEva")
- www.das-macht-schule.de/seis-instrument („Arbeitsmaterialien")
- www.fb12.uni-dortmund.de/institute/ifs („Service"; „Werkzeugkasten")

Begriffe zum Bereich der Evaluation
(verändert und ergänzt nach: Burkard, Christoph/Eikenbusch, Gerhard: Kleines Wörterbuch der „Evaluation in der Schule". In: Pädagogik 11 (2001), S. 38–39.)

Evaluationsmethoden und -instrumente: Verfahren, um Daten im Hinblick auf einen untersuchten Gegenstandsbereich zu sammeln (schriftliche Befragung durch Fragebogen oder Parallelarbeiten, mündliche Befragung über Interviewleitfaden, Beobachtungsverfahren)

„Haus des Lernens": Meint die Schule als Ort, an dem alle willkommen sind, die Lehrenden wie die Lernenden in ihrer Individualität angenommen werden, die persönliche Eigenart in der Gestaltung von Schule ihren Platz findet;

- in dem Zeit gegeben wird zum Wachsen, gegenseitige Rücksichtnahme und Respekt voreinander gepflegt werden;
- dessen Räume zum Verweilen einladen, dessen Angebote und Herausforderungen zum Lernen, zur selbstständigen Auseinandersetzung locken;
- an dem Umwege und Fehler erlaubt sind und Bewertungen als Feedback hilfreiche Orientierung geben,
- an dem intensiv gearbeitet wird und die Freude am eigenen Lernen wachsen kann. (nach der Bildungskommission NRW).

Indikator: „Anzeiger" oder „Messgrößen", mit deren Hilfe man feststellen kann, inwieweit Kriterien erreicht wurden.

Kriterien: Merkmale, an denen die Umsetzung von pädagogischen Zielen in der Schul- und Unterrichtspraxis festgemacht werden soll.

Qualitätsentwicklung und Qualitätssicherung: Sie verbindet die Erfassung, Beschreibung und Bewertung eines erreichten Qualitätsstandes mit dessen Bewahrung und dynamischer Weiterentwicklung.

Qualitätsmanagement: Alle an Schulen systematisch eingesetzten Verfahren, die dazu dienen sollen, die Qualität zu verbessern und abzusichern.

Organisationsentwicklung: Ansätze, die durch eine Änderung der Einstellung und des Verhaltens der Organisationsmitglieder sowie eine Änderung der Organisationsstrukturen diese leistungsfähiger machen, die Zusammenarbeit effizienter und die Arbeitsbedingungen befriedigender gestalten. Erhöht wird damit auch die Anpassungsfähigkeit der Organisation an Veränderungen.

Schülerfeedback: Rückmeldungen von Schülern zum (Fach-)Unterricht an die verantwortlichen Lehrerinnen oder Lehrer.

Selbstevaluation: Evaluation, die von Personen durchgeführt wird, um die selbstverantworteten Arbeitsprozesse und -ergebnisse überprüfen und verbessern zu können.

Standards: Voraussetzungen, die erfüllt sein müssen, damit die Schulqualität für einen bestimmten Arbeitsbereich genügend ist.

Literatur

(Zu den Kapiteln 1.4.3 „Unterrichtsstörungen" und 4.3 „Schulentwicklung" sind im Anschluss an das folgende Literaturverzeichnis, das alle Themen des vorliegenden Buches umfasst, zusätzlich eigene bibliographische Angaben angeführt.)

Aebli, Hans: Grundlagen des Lehrens. (Klett-Cotta) Stuttgart ^{4}2001

Aktion Jugendschutz (Hrsg.): Mobbing unter Kindern und Jugendlichen in der Schule. Ein Ratgeber zur Konfliktlösung für Eltern, Lehrerinnen und Lehrer, Schülerinnen und Schüler. (Landesarbeitsstelle Bayern e. V.) München 2004

ALP (Akademie für Lehrerfortbildung und Personalführung) Dilllingen (Hrsg.): Pädagogik. Materialien für das Studienseminar am Gymnasium. (Akademiebericht Nr. 221) Dillingen ^{3}1999

ALP (Akademie für Lehrerfortbildung und Personalführung) Dilllingen (Hrsg.): Pädagogik für die Studienseminare an Realschulen in Bayern. (Akademiebericht Nr. 332) Dillingen 2005

ALP (Akademie für Lehrerfortbildung und Personalführung) Dilllingen (Hrsg.): Psychologie für das Studienseminar. Ein Manual für die Schulpraxis am Gymnasium (Akademiebericht Nr. 177) Dillingen 2004

Aktion Jugendschutz Landesarbeitsstelle Bayern e. V.: Mobbing unter Kindern und Jugendlichen in der Schule. Ein Ratgeber zur Konfliktlösung für Eltern, Lehrerinnen und Lehrer, Schülerinnen und Schüler. München 2004

Apel, Hans Jürgen/Sacher, Werner (Hrsg.): Studienbuch Schulpädagogik Verlag Julius Klinkhardt, 2002

Apel, Hans Jürgen/Knoll, Michael: Aus Projekten lernen. (Oldenbourg) München 2001 Aregger, Kurt/Buholzer, Alois: Didaktische Prinzipien. Studienbuch für die Unterrichtsgestaltung. (Sauerländer) Aarau 2002

Arnold, Rolf/Pätzold, Henning: Schulpädagogik kompakt. Prüfungswissen auf den Punkt gebracht. (Cornelsen scriptor) Berlin ^{3}2006

Auernheimer, Georg: Einführung in die interkulturelle Pädagogik. (WBG) Darmstadt 2005

Bachmair, Susanne u. a. (Hrsg.): Beraten will gelernt sein. (Beltz) Weinheim/Basel ^{4}2001

Bastian, Johannes/Combe, Arno/Langer, Roman: Feedback-Methoden. Erprobte Konzepte, evaluierte Erfahrungen. (Beltz) Weinheim/Basel ^{2}2005

Bauer, Karl-Oswald/Kopka, Andreas/Brindt, Stefan: Pädagogische Professionalität und Lehrerarbeit. (Juventa) Weinheim/München 1996

Bayerischer Philologenverband (Hrsg.): Lehrergesundheit. Wege zur Erfolg und Wohlbefinden. München 2005

Bayerisches Staatsministerium für Unterricht und Kultus (Hrsg.): Medienwelten. Kritische Betrachtung zur Medienwirkung auf Kinder und Jugendliche. München 2005

Bayerisches Staatsministerium für Unterricht und Kultus (Hrsg.): Lehrplan für das Gymnasium in Bayern. München 2004

Bayerisches Staatsministerium für Unterricht und Kultus, Wissenschaft und Kunst (Hrsg.): Wissen und Werte für die Welt von morgen. Bildungskongress. (Auer) München 1998 Bayerisches Staatsministerium für Unterricht und Kultus, Wissenschaft und Kunst (Hrsg.): Sammelwerk „Medienzeit". (Auer) Donauwörth (seit 1996 erscheinende „Basisbausteine" und „Praxisbausteine")

Becker, Georg E.: Unterricht auswerten und beurteilen. (Beltz) Weinheim und Basel ^{8}2005

Belardi, Nando: Supervision. Grundlagen, Techniken, Perspektiven. (Beck) München 2002

Benner, Dietrich: Wilhelm von Humboldts Bildungstheorie. (Juventa) Weinheim/München ^{2}1995

Bergmann, Wolfgang: Gute Autorität. (Beltz) Weinheim und Basel 2005

Bohl, Thorsten: Prüfen und Bewerten im offenen Unterricht (Beltz) Weinheim und Basel 2006

Böhm, Winfried: Wörterbuch der Pädagogik. (Kröner) [16]2005
Bönsch, Manfred: Bildung in der Schule. In: Seibert, Norbert/Serve, Helmut J.: Bildung und Erziehung an der Schwelle zum dritten Jahrtausend. Marquartstein 1996
Bönsch, Manfred: Selbstgesteuertes Lernen in der Schule. (Luchterhand) Neuwied 2002 Brenner, Gerd/Brenner, Kira: Fundgrube. Methoden I. (Cornelsen) Berlin 2005
Brezinka, Wolfgang: Grundbegriffe der Erziehungswissenschaft. (Reinhardt) München 1990
Brinkmann, Ralf D.: Intervision. Ein Trainings- und Methodenbuch für die kollegiale Beratung. (Sauer) Heidelberg 2002
Bruno, Tiziana/Adamczyk, Gregor: Karrierefaktor Körpersprache. (Haufe) Freiburg i.Br. 2005
Burkard, Christoph/Eikenbusch, Gerhard: Praxishandbuch Evaluation in der Schule. (Cornelsen) Berlin [3]2004
Czerwanski, Annette: Erziehender Unterricht. In: Pädagogik (Zs) 9/2004, (Beltz) S. 6–9 Czerwanski, Annette/Solzbacher, Claudia/Vollstädt, Witlof: Förderung von Lernkompetenz in der Schule. Bd. 1 (Bertelsmann Stiftung) Gütersloh 2001. Bd 2 (Bertelsmann Stiftung) Gütersloh 2004
Engelbrecht, Arthur/Meißner, Bernhard: Supervision für bayerische Schulpsycholog/innen. Eine Profession emanzipiert sich. In: Schreyögg, A. (Hrsg.) Supervision und Coaching für die Schulentwicklung. (Deutscher Psychologenverlag) Bonn 2000, S. 40–51
Enkhardt, Dieter: Zoff mit der Schule. Konfliktgespräche mit Lehrern führen. (Cornelsen Scriptor) Berlin 2002
Felten, Michael (Hrsg.): Neue Mythen in der Pädagogik. (Auer) Donauwörth [2]2001 Frydrych, Gabriele: Du hast es gut. Glossen aus dem Schulalltag. (Books on demand GmbH) Norderstedt 2005
Fuhr, Reinhard/Gremmler-Fuhr, Martina: Integrale Beratung für die Schule der Zukunft. Oder: Worauf warten wir noch. In: Pädagogik (Zs) 6/2005, (Beltz) S. 14–18
Fuhrmann, Manfred: Bildung. Europas kulturelle Identität. (Reclam) Stuttgart 2002
Funiok, Rüdiger: Über Medien auf Werte zu sprechen kommen. In: Bayerisches Staatsministerium für Unterricht, Kultus, Wissenschaften und Kunst (Hrsg.): Medien und Werteerziehung. Basisbaustein aus der Reihe „Sammelwerk Medienzeit" (Auer) Donauwörth o. J., S. 16–20
Gaude, Peter: Beobachten, Beurteilen, Beraten von Schülern. (Diesterweg) Frankfurt/M. 1989
Geißler, Erich E.: Erziehungsmittel. (Klinkhardt) Bad Heilbrunn 1982
Geißler, Erich E./Wollersheim, Heinz-Werner: Autorität und Disziplin. In: Roth, Leo (Hrsg.): Pädagogik. Handbuch für Studium und Praxis. (Oldenbourg) München [2]2001, S. 1032–1042
Glöckel, Hans: Vom Unterricht. (Klinkhardt) Bad Heilbrunn [4]2003
Görisch, Axel: In: www.bildung.hessen.de/abereich/rplan/index4htm, S. 1 (21. 06. 06) Göhlich, Michael: Schulkultur. In: Apel/Sacher: Studienbuch Schulpädagogik. (s. d.) S. 99–115
Greiten, Silvia: Was tust du und was tust du nicht, wenn du übst? In: Pädagogik (Zs) 11/2005, (Beltz) S. 38/41
Grewe, Norbert (Hrsg.): Praxishandbuch Beratung in der Schule. Grundlagen, Aufgaben, Fallbeispiele. (Luchterhand und Carl Link) München/Neuwied 2005
Grewe, Norbert: Der Beratungsalltag des Lehrers. Anlässe – Erfahrungen – Hilfen. In: Pädagogik (Zs) 6/2005, (Beltz) S. 10–13
Grone-Lübke, Wibke v./Petersen, Jörg: Moderieren können. Moderation in Theorie und Praxis. (Auer) Donauwörth 2006
Gudjons, Dörte/Kömm, Birte: Wir beraten uns gegenseitig. Peer Coaching unter Referendar(inn)en. In: Pädagogik (Zs) 6/2005, (Beltz) S. 32–34
Gudjons, Herbert: Handlungsorientiert lehren und lernen. Schüleraktivierung, Selbsttätigkeit, Projektarbeit. (Klinkhardt) Bad Heilbrunn [5]1997

Gudjons, Herbert: Didaktik zum Anfassen. In: Gudjons, Herbert: Pädagogisches Grundwissen. Überblick — Kompendium - Studienbuch, Verlag Julius Klinkhardt, 1999
Gudjons, Herbert (Hrsg.): Die Moderationsmethode in Schule und Unterricht. (Bergmann+Helbig) Hamburg 1998
Gudjons, Herbert: Ich bin doch kein Psychologe! Beraten als Grundfunktion des Lehrerberufes. In: Pädagogik (Zs) 6/2005, (Beltz) S. 6–9
Gugel, Günther: Methoden-Manual <Neues Lernen>. (Beltz Pädagogik) Weinheim/Basel 2006
Haarmann, Dieter (Hrsg.): Wörterbuch neue Schule. (Beltz) Weinheim/Basel 1998
Hanewinkel, R./Knaack, R. Mobbing: Gewaltprävention in Schulen in Schleswig-Holstein. GUVV und IPTS, 1997
Hatto, Christian: Das Klassenklima fördern. Ein Methoden-Handbuch. (Cornelsen Scriptor) Berlin 2003
Hayer Tobias/...: Schüler als Täter – Lehrer als Opfer?! In: Ittel, Angela/Salisch, Maria v.: Lügen, Lästern, leiden Lassen. Aggressives Verhalten von Kindern und Jugendlichen (Kohlhammer) Stuttgart 2005
Hendriksen, Jeroen: Intervision. Kollegiale Beratung in Sozialer Arbeit und Schule. (Beltz) Weinheim/Basel ^{2}2000
Henning, Claudius/Ehinger, Wolfgang: Das Elterngespräch in der Schule. Von der Konfrontation zur Kooperation. (Auer) Donauwörth 1999
Hentig, Hartmut von: Bildung – Ein Essay. (Beltz) München/Wien ^{5}2004
Heymann, Hans Werner: Autorität im Schulalltag. In: Pädagogik (Zs) 2/2006, (Beltz) S. 6–9
Hoffmann, Wolfram: Konzeption und Wirklichkeit des schulrelevanten Beratungswesens in Bayern. (Roderer) Regensburg 1988
Holzbrecher, Alfred: Interkulturelle Pädagogik. (Cornelsen) Berlin 2004
Hubrig, Christa/Herrmann, Peter: Lösungen in der Schule. Systemisches Denken in Unterricht, Beratung und Schulentwicklung. (Carl Auer) Heidelberg ^{2}2007
ISB (Staatsinstitut für Schulqualität und Bildungsforschung) München (Hrsg.): Glossar. Begriffe im Kontext von Lehrplänen und Bildungsstandards. (www.isb.bayern.de). München 2006
ISB (Hrsg.): Glossar. Begriffe im Kontext von Leistungserhebung und Prüfung. (online: www.isb.bayern.de). München 2006
ISB (Hrsg.): Intensivierungsstunden am achtjährigen Gymnasium in Bayern. (online: www.isb.bayern.de). München 2006
ISB (Hrsg.): Intensivierungsstunden Latein am achtjährigen Gymnasium in Bayern. (online: www.isb.bayern.de). München 2006
ISB (Hrsg.): Medienbildung in der Lehrerausbildung (Phase II). (Online-Zeitschrift: www.isb.bayern.de). München 2006
ISB (Hrsg.): Schulische Prozesse gestalten. (online: www.isb.bayern.de) München 2007 Ittel, Angela/Salisch, Maria v. (Hrsg.): Lügen, Lästern, Leiden lassen. Aggressives Verhalten von Kindern und Jugendlichen. (Kohlhammer) Stuttgart 2005
Jank, Werner/Meyer, Hilbert: Didaktische Modelle. (Cornelsen Scriptor) Berlin ^{5}2005 Jefferys-Duden, Karin: Konfliktlösung und Streitschlichtung. Das Sekundarstufenprogramm. (Beltz) Weinheim/Basel 2003
Jürgens, Eiko: Die `neue´ Reformpädagogik und die Bewegung Offener Unterricht. (Academia) Sankt Augustin 62004
Kaiser, Arnim/Kaiser, Ruth: Studienbuch Pädagogik. (Cornelsen Scriptor) Berlin ^{10}2001 Kaspar, Horst: Mobbing in der Schule. Probleme annehmen und Konflikte lösen. (AOL) Lichtenau 1998

Kaspar, Horst: Schülermobbing – tun wir was dagegen! Der Smob-Fragebogen mit Anleitung und Auswertungshilfe und mit Materialien für die Schulentwicklung. (AOL) Lichtenau 2001
Kaspar, Horst: Streber, Petzer, Sündenböcke. Wege aus dem täglichen Elend des Schülermobbings. (AOL) Lichtenau 2001
Keller, Gustav: Konfliktmanagement in der Schule. (Kallmeyer) Seelze/Velber 2001 Kempfert, Guy/Rolff, Hans-Günther: Pädagogische Qualitätsentwicklung. Ein Arbeitsbuch für Schule und Unterricht. (Beltz) Weinheim/Basel [2]2000
Kindler, Wolfgang: Gegen Mobbing und Gewalt! Ein Arbeitsbuch für Lehrer, Schüler und Peergruppen. (Kallermeyersche Verlagsbuchhandlung) Seelze-Velber 2002
Kiper, Hanna: Einführung in die Schulpädagogik. (Beltz) Weinheim/Basel 2001
Kiper, Hanna/Mischke, Wolfgang: Einführung in die Theorie des Unterrichts. (Beltz) Weinheim und Basel 2006
Klafki, Wolfgang: Studien zur Bildungstheorie und Didaktik. (Beltz) Weinheim und Basel, 1985
Klippert, Heinz: Eigenverantwortliches Arbeiten und Lernen. Bausteine für den Fachunterricht. (Beltz) Weinheim und Basel 2001
Klippert, Heinz: Kommunikationstraining. (Beltz Pädagogik) Weinheim und Basel [10]2005
Klippert, Heinz: Lehrerbildung. (Beltz) Weinheim und Basel 2004
Klippert, Heinz: Methodentraining. (Beltz Pädagogik) Weinheim und Basel [15]2005 Klippert, Heinz: Teamentwicklung im Klassenraum. (Beltz) Weinheim und Basel [7]2005 Köck, Peter: Handbuch der Schulpädagogik für Studium – Praxis – Prüfling. (Auer) Donauwörth 2000
Köck, Peter: Praxis der Beobachtung und Beratung. Eine Handreichung für den Erziehungs- und Unterrichtsalltag. (Auer) Donauwörth [6]2004
Köck, Peter/Ott, Hanns: Wörterbuch für Erziehung und Unterricht. (Auer) Donauwörth [7]2002
Kollegium der Realschule Enger: Lernkompetenz. Bde 1–3 (Cornelsen Scriptor) Berlin 2005
Kowalczyk, Walter/Ottich, Klaus: Erziehen: Handlungsrezepte für den Schulalltag in der Sekundarstufe. Grundlagenband (Cornelsen Scriptor) Berlin 2004
Kretschmann, Rudolf: Stressmanagement für Lehrerinnen und Lehrer. (Beltz Pädagogik) Weinheim/Basel 2006
Kron, Friedrich W.: Grundwissen Pädagogik. (Ernst Reinhardt) München [6]2001 Kron, Friedrich W.: Grundwissen Didaktik. (Ernst Reinhardt) München 42004
Krowatschek, Dieter/Krowatschek, Gita: Cool bleiben? Mobbing unter Kindern. (AOL) Lichtenau 2001
Krumm, Volker/Weiß, Susanne: Ungerechte Lehrer. Zu einem Defizit in der Forschung über Gewalt an Schulen. In: Psychosozial (Zs) 23 (2000), Heft 1, S. 57–73
Kühne-Kamm, Pia/Kamm, Bernhard: Persönlichkeitsentwicklung für Lehrer. (Auer) Donauwörth 2003
Lenhard, Hartmut: Das neue Bild von Lehrerin und Lehrer. In: Lehrerausbildung konkret (www.learn-line.de/angebote/lakonkret) (30. 08. 2007)
Lenzen, Dieter (Hrsg.): Pädagogische Grundbegriffe. 2 Bde. (Rowohlt) Reinbek [7]2005 Lienert, Chr.: Schüler lösen Konflikte. In: Müllr Uta E. C. (s. d.)
Löhle, Monika: Lernen lernen. Ratgeber für die Schüler. (Hogrefe) Göttingen/... 2005
Lohmann, Gert: Mit Schülern klarkommen. (Cornelsen Scriptor) Berlin 2003
Louise-Schröder-Gymnasium München (Hrsg.): Unterricht im Computerraum. In: www.lsg.musin.de/geschichte/unterrichten.htm
Maras, Rainer/Ametsbichler, Josef/Eckert-Kalthoff, Beate: Handbuch für die Unterrichtsgestaltung in der Grundschule. (Auer) Donauwörth 2003
Martin, Jean-Pol: Lernen durch Lehrer. In: Die Schulleitung – Zeitschrift für pädagogische Führung und Fortbildung in Bayern. H. 4. 29 Jg. Dezember 2002

Meeh, Holger: Computergestützter Unterricht (sowi-online e. V.) Bielefeld 2002 (www.sowi-online.de/methoden)
Meixner, Johanna/Müller, Klaus: Konstruktivistische Schulpraxis. Beispiele für den Unterricht. (Beltz) Weinheim und Basel 2005
Merkert, Paul Reinhart: In: www.plaz.uni-paderborn.de (30. 05. 2006)
Meuler, Erhard: Kompetenz oder das allseits vermessene funktionale Subjekt. In: polis 4/2005
Meyer, Hilbert: UnterrichtsMethoden. 2 Bde. (Cornelsen) Berlin ⁴2003 Meyer, Hilbert: Was ist guter Unterricht? (Cornelsen) Berlin 2004
Miller, Reinhold: 99 Schritte zum professionellen Lehrer. Erfahrungen – Impulse – Empfehlungen. (Kallmeyersche Verlagsbuchhandlung) Seelze-Velber 2004
Müller, Frank: Selbstständigkeit fördern und fordern. (Beltz Pädagogik) Weinheim/Basel 2006
Müller, Uta E. C.: Schule – Konflikte – Mediation. Zwei Trainingsprogramme zur Streitschlichtung und Lebenskompetenzförderung an Schulen. (Em-we) Nürnberg 2001
Mutzek, Wolfgang: Kooperative Beratung. (Beltz) Weinheim und Basel 52005 Nolting, Hans-Peter: Störungen in der Schulklasse. (Beltz) Weinheim und Basel 2002
Olweus, Dan: Gewalt in der Schule. Was Lehrer und Eltern wissen sollten – und tun können. (Huber) Bern ³2002
Paradies, Liane/Wester, Franz/Greving, Johannes: Leistungsmessung und Bewertung. (Cornelsen Scriptor) Berlin 2005
Petermann, Franz/Jugert, Gert/Rehder, Anke: Sozialtraining in der Schule. (Beltz PVU) Weinheim ²1999
Petermann, Franz / Petermann, Ulrike: Erfassungsbogen für aggressives Verhalten in konkreten Situationen (EAS). (Hofgrefe) Göttingen ⁴2000
Petermann, Franz / Petermann, Ulrike: Training mit aggressiven Kindern. (Beltz PVU) Weinheim ¹⁰2001
Peterßen, Wilhelm H.: Kleines Methoden-Lexikon. (Oldenbourg) München ²2001 Reich, Kirsten: Konstruktivistische Didaktik (Beltz) Weinheim und Basel ²2006
Reimers, Heino/…: Und wer berät die Lehrerinnen und Lehrer? Supervision zur Professionalisierung des Lehrerhandelns. In: Pädagogik (Zs) 6/2005 (Beltz)
Reinhardt, Volker (Hrsg.): Projekte machen Schule. Projektunterricht in der politischen Bildung. (Wochenschau Verlag) Schwalbach/Ts 2005
Rolff, Hans-Günter: Qualität sichern und entwickeln. Ein Modell Pädagogischen Qualitätsmanagements. In: Pädagogik (Zs) 6/2002, S. 39-41
Rolff, Hans-Günter/Philipp, Elmar: Schulprogramme und Leitbilder entwickeln. Ein Arbeitsbuch. (Beltz Pädagogik) Weinheim/Basel 2006
Röll, Franz Josef: Pädagogik der Navigation. Selbstgesteuertes Lernen durch neue Medien. (Kopaed) München 2003
Rosenbusch, Heinz/Schober, Otto: Körpersprache und Pädagogik. (Hohengehren) Baltmannsweiler 2004
Rotering-Steinberg, Sigrid: Anleitungen zur kollegialen Supervision. (Deutsche Gesellschaft für Verhaltenstherapie) Tübingen 1999
Roth, Leo (Hrsg.): Pädagogik. Handbuch für Studium und Praxis. (München: Oldenburg) 2001
Rudow, Bernd: Die Arbeit des Lehrers. Zur Psychologie der Lehrertätigkeit, Lehrerbelastung und Lehrergesundheit. (Hans Huber) Bern/Göttingen/Toronto/Seattle 1994
Sacher, Werner: Leistungen entwickeln, überprüfen und beurteilen. (Klinkhardt) Bad Heilbrunn ⁴2004
Scheithauer, Herbert/Hayer, Tobias/Petermann, Franz: Bullying unter Schülern. Reihe: Klinische Kinderpsychologie, Hogrefe 2003
Schlee, Jörg: Kollegiale Beratung und Supervision für Pädagogische Berufe. Hilfe zur Selbsthilfe. (Kohlhammer) Stuttgart 2004

Schneider, Regina: Schulprobleme, Lebensprobleme, persönliche Krisen. Beratung als Orientierungshilfe. In: Pädagogik (Zs) 4/2002 S. 34–37
Schröder, Hartwig (Hrsg.): Didaktisches Wörterbuch. München/Wien 32001 Schulministerium NRW: www.learn-line.nrw.de/angebote/uekontaktschulen/medio/Arbeitshilfen
Schwarzer, Christine/Posse, Norbert: Beratung. In: Krapp, Bernd/Weidenmann, Andreas (Hrsg.): Pädagogische Psychologie. München/Weinheim 1986, S. 633–666
Scianna, Rosetta: Bewertung im offenen Unterricht. (Verlag an der Ruhr) Mühlheim an der Ruhr 2004
Siewert, Jörg: „An meiner Freundlichkeit wäre ich beinahe gescheitert …“. In: Pädagogik (Zs) 2/2006 (Beltz) S. 14–17
Spiewak, Martin: Vibrierende Pädagogen, aus: DIE ZEIT, 30/2005
Staatl. Studienseminar für das Lehramt an Gymnasien Koblenz: www.studienseminar-koblenz.de/(Methodenwerkzeuge) Koblenz (28. 07. 2007)
Stangl, Werner/Taller: Präsentation. In: www.arbeitsblaetter.stangl-taller.at/PRAESENTATION (30. 07. 07)
Terhart, Ewald: Lehr-Lern-Methoden (Juventa) Weinheim [4]2005
Tulodziecki, Gerhard/Herzig, Bardo: Computer und Internet im Unterricht. (Cornelsen) Berlin 2002
Waag, Wolf-Dieter u. a.: Aktives Präsentieren. Präsentationstechnik für Techniker und Ingenieure. (abreast) Oberschleißheim 2004
Wallrabenstein, Wulf: Offene Schule – offener Unterricht. (rororo) Hamburg [9]2001 Weber, Erich: Pädagogik. Bd. 1 Teil 3. (Auer) Donauwörth 1999
Weinert, Franz: Neue Unterrichtskonzepte zwischen gesellschaftlichen Notwendigkeiten, pädagogischen Visionen und psychologischen Möglichkeiten. In: Bayerisches Staatsministerium für Unterricht, Kultus, Wissenschaft und Kunst (Hrsg.): Wissen und Werte für die Welt von morgen. München 1998
Weinert, Franz E. (Hrsg.): Leistungsmessungen in Schulen. (Beltz Pädagogik) Weinheim und Basel [2]2002
Wiater, Werner (Hrsg.): Kompetenzerwerb in der Schule von morgen. (Auer) Donauwörth 2001
Wiater, Werner: Theorie der Schule. (Auer) Donauwörth 2002 Wiater, Werner: Unterrichtsprinzipien. (Auer) Donauwörth 2005
Wiechmann, Jürgen: Zwölf Unterrichtsmethoden. (Beltz Pädagogik) Weinheim und Basel 2006

zu Kapitel 1.4.3 Unterrichtsstörungen

Becker, Gerold, Heisterberg, Werner, Höfer, Christoph, Tymister, Hans Josef, Werning, Rolf (Hrsg.): Disziplin. Sinn schaffen – Rahmen geben – Konflikte bearbeiten. Friedrich Jahresheft XX 2002.
Bröckelmann, Wilfried, Felten, Michael: „Sind Sie streng?“ Zum Wandel von Abstand und Differenz in pädagogischen Beziehungen. In: Pädagogik (Zs) 11/2002, S. 23–26.
Grimminger, Markus: Hey, Lehrer! Schulangst? (Auer) Donauwörth 2005. Hanke, Ottman: Konflikte bearbeiten und lösen. (Cornelsen Scriptor) Berlin 2004.
Hummel, Cornelia, Papadopulu, Fotini: Keine Toleranz bei Gewalt! (Cornelsen Scriptor) Berlin 2004.
Humpert, Winfried, Dann, Hanns-Dietrich: KTM kompakt. Basistraining zur Störungsprävention und Gewaltprävention. (Huber) Bern 2001.
Kleinknecht, Marc: „Fassen Sie mich nicht an!“ Der alltägliche Umgang eines Junglehrers mit schwierigen Schülern. In: Pädagogik (Zs) 2/2002, S. 20–21.
Kowalczyk, Walter, Ottich, Klaus: Die Selbstdisziplin stärken – das Klassenklima entwickeln. (Cornelsen Scriptor) Berlin 2004.

Krowatschek, Dieter, Krowatschek, Gita, Wingert, Gordon: Disziplin im Klassenzimmer. Bewährtes und Neues: ein Erziehungsprogramm aus der Praxis. (AOL) Lichtenau 2005.
Krumm, Volker: Wie Lehrer Schüler disziplinieren: ein Beitrag zur „Schwarzen Pädagogik". In: Pädagogik (Zs) 2/2003, S. 30–34.
Mattes, Wolfgang: Routiniert planen – effizient unterrichten. (Schöningh) Paderborn 2006.
Petersen, Susanne: Regeln und Rituale. Orientierung bieten in Schulstunden. In: Pädagogik (Zs) 4/2002, S. 30–33.
Schmitz, Matthias: Die Angst des Lehrers vor dem Liebesentzug. Konsequenzen der Selbstpsychologie für den pädagogischen Alltag. In: Pädagogik (Zs) 5/2005, S. 40–43.
Seydel, Otto: Sekundärtugenden in der Schule. Höflichkeit und Hefte-TÜV. In: Pädagogik (Zs) 12/2003, S. 25–29.
Vogt, Rüdiger: Konflikte im Unterricht thematisieren. Wenn Lehrer Kontroversen fördern, leisten sie einen Beitrag zur Herausbildung von Konflikten. In: Pädagogik (Zs) 1/2003, S. 35–38.
Wehnert, Dieter: Disziplin in der Schule. Wege zu einer neuen Umgangskultur. Donauwörth (Auer) 2003.

zu Kapitel 4.3 Schulentwicklung

Altrichter, Herber/Messner, Elgrid: Im Dickicht der Evaluation. Wie evaluieren, ohne den Spaß daran zu verlieren? In: Pädagogik (Zs) 11/2001, S. 6–11.
Arnold, Rolf/Faber, Konrad: Qualität entwickeln – aber wie? Qualitätssysteme und ihre Relevanz für die Schule: Einführung und Überblick. (Kallmeyersche Verlagsbuchhandlung) Seelze/Velber 2000.
Bastian, Johannes/Combe, Arno: Unterrichtsentwicklung. Entwicklungsaufgaben und Gelingensbedingungen. In: Pädagogik (Zs) 3/2002, S. 6–9.
Bastian, Johannes/...: Durch Schülerrückmeldung den Unterricht verbessern. In: Pädagogik (Zs) 5/2001, S. 6–9.
Bauer, Karl-Oswald: Unterrichtsentwicklung, pädagogischer Optimismus und Lehrergesundheit. In: Pädagogik (Zs) 1/2002, S. 48–52.
Becker, Gerold/...: Evaluation: Erwartungen – Erfahrungen – Herausforderungen. In: Qualität entwickeln: evaluieren. Friedrich Jahresheft XIX (2001), S. 4–7.
Blombach, Joachim/Wibbing, Gisela: Unterrichtsentwicklung durch Steuergruppenarbeit unterstützen. Praxishilfen zur Gestaltung einer unterrichtszentrierten Steuergruppenarbeit. In: Pädagogik (Zs) 3/2002, S. 36–39.
Burkhard, Christoph/Peek, Rainer: Anforderungen an zentrale Lernstandserhebungen. Ein Werkstattbericht aus Nordrhein-Westfalen. In: Pädagogik (Zs) 6/2004, S. 24–27.
Burkhard, Christoph, Eikenbusch, Gerhard: Kleines Wörterbuch der „Evaluation in der Schule". In: Pädagogik (Zs) 11/2001, S. 38–39.
Burkhard, Christoph: Wie evaluiert man ein Schulprogramm? In: Pädagogik (Zs) 11/2001, S. 32–36.
Buhren, Claus G.: Lehrer und Schüler entwickeln einen Fragebogen. In: Pädagogik (Zs) 11/2001, S. 28–30.
Buschmann, Renate: Wie lässt sich pädagogisches Handeln evaluieren? In: Pädagogik (Zs) 9/2005, S. 31–34.
Eikenbusch, Gerhard: Erfahrungen mit Schülerrückmeldungen in der Oberstufe. In: Pädagogik (Zs) 5/2001, S. 18–22.
Eikenbusch, Gerhard: „Pfadfinder" und andere Instrumente. Deutschunterricht und Evaluation. In: Qualität entwickeln: evaluieren. Friedrich Jahresheft XIX (2001), S. 44–47.
Fritz, Bern-Ulrich/Vilaumie, Ilsemarie: Das Gespräch über Unterricht entwickeln. Feedback als Instrument der Unterrichtsentwicklung. In: Pädagogik (Zs) 3/2002, S. 26–30.

Graf, Barbara: Verbesserungen des Unterrichts gemeinsam planen und umsetzen. In: Pädagogik (Zs) 5/2001, S. 10–13.
Hascher, Tina: Pädagogische Standards in der Lehrerbildung. In: Pädagogik (Zs) 9/2005, S. 35–38.
Helmke, Andreas: Unterrichtsqualität. Erfassen – bewerten – verbessern. (Kallmeyer) Seelze 2003.
Helmke, Andreas/Weinert/Franz-Emanuel: Unterrichtsqualität und Leistungsentwicklung. In: Weinert, Franz-Emanuel/Helmke, Andreas (Hrsg.): Entwicklung im Grundschulalter. (Beltz) Weinheim/Basel 1997.
Heymann, Hans Werner: Besserer Unterricht durch Sicherung von „Standards"? In: Pädagogik (Zs) 4/2004, S. 6–9
Heymann, Hans Werner: Es kommt auf jeden an! Schulentwicklung „von unten" und in kleinen Schritten. In: Pädagogik (Zs) 6/2003, S. 6–9.
Horstkemper, Marianne: Standards. Vermessungspädagogik oder Antrieb zur Verbesserung der Bildungsqualität. In: Pädagogik (Zs) 9/2005, S. 6–9.
ISB (Staatsinstitut für Schulqualität und Bildungsforschung (Hrsg.): Externe Evaluation an Bayerns Schulen. Das Konzept, die Instrumente, die Umsetzung. München 2005 (online: isb.bayern.de).
Kempfert, Guy/Rolff, Hans-Günter: Qualität und Evaluation. Ein Leitfaden für Pädagogisches Qualitätsmanagement. (Beltz) Weinheim/Basel [4]2005.
Klippert, Heinz: Vom Methodentraining zur systematischen Unterrichtsentwicklung. Anregungen zur Effektivierung schulischer Lehr- und Lernprozesse. In: Pädagogik (Zs) 9/2003, S. 38–43.
Langer, Roman: Interviews durchführen und auswerten. Leitfadeninterviews als Evaluationsinstrument. In: Pädagogik (Zs) 11/2001, S. 25–27.
Langer, Roman: SchülerInnenfeedback. Rahmenorientierung und Methoden. In: Pädagogik (Zs) 5/2001, S. 30–33.
Leutert, Hans, Mohr, Elke: Wunschbilder von Unterricht. Wie können Schülerinnen und Schüler in die Entwicklung des Unterrichts einbezogen werden. In: Pädagogik (Zs) 7–8/2003, S. 23–25.
Meyer, Hilpert: Zehn Merkmale guten Unterrichts. Empirische Befunde und didaktische Ratschläge. In: Pädagogik (Zs) 10/2003, S. 36–43.
Ministerium für Schule und Weiterbildung, Wissenschaft und Forschung: Evaluation. Eine Handreichung. Ferchen 1999.
Kollegium der Realschule Enger: Lernkompetenz Bd. 1–3. (Cornelsen Verlag Scriptor) Berlin 2005.
Schratz, Michael: Methodenkoffer. Erste Hilfe zur Selbstevaluation. In: Qualität entwickeln: evaluieren. Friedrich Jahresheft XIX (2001), S. 113–136.
Schwarz, Johanna: Die einen Stärken veröffentlichen. Portfolios als Lernstrategie und alternative Leistungsbewertung. In: Qualität entwickeln: evaluieren. Friedrich Jahresheft XIX (2001), S. 24–27.
Seydel, Otto: „Hilfe! Der Inspektor kommt." Oder: Sind Schulen Kunstwerke? In: Pädagogik (Zs) 9/2005, S. 10–14.
Strittmatter, Anton: Langzeiterfahrungen mit SchülerInnenfeedback. In: Pädagogik (Zs) 5/2001, S. 36–39.
Wagner, Björn, Zahn, Jürgen: Die Chance des Neubeginns nutzen! Schulprogrammarbeit an einer neu gegründeten Realschule. In: Pädagogik (Zs) 6/2003, S. 18–22.
Werner, Gunther: Faire Noten mit Portfolioarbeit. Transparent bewerten – Lernklima aktiv verbessern. (AOL) Lichtenau 2006.

Stichwortverzeichnis

(Das Verzeichnis enthält nur für das Verständnis relevante Textstellen; fett gedruckt sind Verweise, die zur Definition des jeweiligen Begriffs beitragen.)